U0043378

失落的聖典

．追尋世界宗教的真義．

THE LOST ART OF SCRIPTURE

RESCUING THE SACRED TEXTS

凱倫・阿姆斯壯——著
KAREN ARMSTRONG
朱怡康——譯

獻給菲莉熙娣・布萊恩（Felicity Bryan）

於是，參孫（Shimshon）跟父母到亭拿（Timna）去。
在那裡時，一隻獅子吼叫衝向他！
雅威的靈臨到參孫
他赤手空拳撕裂了那隻獅子，好像在撕一隻小山羊。
他並沒有把他所做的事告訴父母……
一年後，參孫回來……
途中，他轉去看他殺死的獅子，
想不到竟在獅子的屍首內發現一群蜜蜂和一些蜂蜜！
他挖了一點蜂蜜放在手上，
一面走一面吃。
然後他到父母那裡，
給他們蜂蜜，他們也吃了。
但他沒有告訴他們蜂蜜是從獅子的屍首內拿出來的。

——〈士師記〉（Judges）第十四章第五至九節（據艾弗列特．福克斯〔Everett Fox〕譯本）❶

一沙一世界，
一花一天堂，
掌中握無限，
剎那即永恆。

——威廉．布雷克（William Blake），〈純真的預示〉（Auguries of Innocence，一八〇三年）

結論：如果缺乏詩人的或先知的特質，哲學和實驗會馬上化約成萬物的理則，窒塞凝滯，只是一再重複同樣乏味的回合。

應用：在萬物中見無限者，即見神；只見理則者，只見自身。

是故：神變得有如我們，好讓我們可以如祂。

——布雷克，《沒有自然宗教》（*There Is No Natural Religion*，一七八八年）

---

❶ 譯注：作者通曉《聖經》原文，有時會為詮釋需要而自行翻譯《聖經》，或採用非官方譯本。遇到這種段落，譯者會依作者的用詞調整目前通行的《聖經》中文翻譯，原則上以聯合聖經公會的現代中文本為主，和合本與天主教思高譯本為輔。

目次

CONTENTS

推薦序一

喚醒現代人失落的宗教潛意識

蔡源林（國立政治大學宗教研究所專任副教授）

凱倫．阿姆斯壯是最受國內出版界青睞的國際知名宗教學者，從《神的歷史》於一九九〇年代末出版中譯本迄今，她的著作已有超過十本中譯問世，遠多於二十世紀宗教學理論大師伊里亞德（Mircea Eliade）著作的中譯本數量。阿姆斯壯年輕時期曾加入天主教修女會，隨後亦入學牛津大學接受學院派訓練，原本可成為一位具有博士學位的修女，兼具學者與神職人員雙重角色。但因志趣不合先離開修女會，數年後在攻讀博士學位時，提交的論文題目不被審查委員所接受，毅然決定放棄博士學位。她無意被特定宗教規範所束縛，亦不想被學術體制所框限，此番重大的生命抉擇成就其為堅守自由派立場的宗教學者與公共知識分子，將畢生心力投注於轉化深奧的宗教傳統為現代閱聽大眾可以理解的知性論述，並致力於跨宗教的相互理解，積極參與各種宗教對話論壇，嘗試以知性的力量化解宗教間的誤解與衝突，掃除無宗教信仰者對宗教的偏見。特別是在西方社會掀起與伊斯蘭世界「文明衝突」論調之際，她開始發表一系列闡述伊斯蘭與穆罕默德先知事蹟的著作，致力於翻轉西方人對伊斯蘭由來已久的成見，逆風而行的道德勇氣令人嘆服。

貫穿阿姆斯壯著作的核心主題為闡揚東、西方各大宗教傳統皆有共通之慈悲精神與靈性智慧，批判現代文明將宗教傳統邊緣化，乃是科學理性主義過度發展的不幸後果。她堅信宗教的靈性力量無法發揚或甚至被扭曲為非理性的禍源，乃是當前各種全球性危機難以化解的根本原因。現代人對宗教的負面觀感，源自於近代西方兩大同源但相互對立的思潮所致——無神論與宗教的基要主義。因此，阿姆斯壯以學術與實踐雙管齊下，致力於探索宗教信仰的本來面貌，釐清被無神論與基要主義所扭曲的宗教傳統，重新找回慈悲且包容的宗教理想與實踐，以便改革理性與信仰失衡的現代文明。

《失落的聖典》是阿姆斯壯近期的力作，乃是其比較宗教學諸作之中時空跨域幅度最大的偉構，除了持續闡明前述之跨宗教貫通的真理觀及批判現代文明的理性與信仰二元對立之外，又一次挑戰宗教學視域的廣度與深度之極限。與其早期著作以猶太教、基督宗教、伊斯蘭三大一神教為論述主軸，東方諸宗教只是配角不同，本書的一神教與中國、印度宗教各占一半的篇幅，並以宗教聖典的釋經傳統做為貫穿全書的比較主題。每一章皆引領讀者跨越時空與文明藩籬，品味一神教、印度與中國宗教聖典詮釋的多元面貌與深刻內涵，像是穿越時光隧道的一首又一首氣勢磅礴的三重奏，從孕育各大宗教傳統的遠古時代出發，穿越上古、中世、近現代而抵達當代的終章。

阿姆斯壯以宗教學界普遍採用的軸心時代做為宗教史的分水嶺，全書的三部分依序為前軸心時代的「宇宙與世界」、軸心時代至中世紀結束的「神話」、近代至當代的「理性」，每一部分皆依序勾勒出同一時期中東與西方的一神教、印度與中國的主要宗教之基本輪廓與歷史脈絡，然後聚焦於各宗教聖典的編纂、釋經、傳承等核心議題。最早提出軸心時代的概念為德國哲學家雅斯培（Karl Jaspers），基於東、西方各大文明的宗教意識大突破不約而同地發生在約公元前八百年至公元前兩百年期間，主要世界宗教的開創者皆在此時期提出影響未來文明走向深遠的宗教與倫理洞見，包括：西亞的猶太教以賽亞、耶利米等先知，以及姓名不可考的一群猶太聖典編纂者，祆教的瑣羅亞斯德；印度則有佛教的釋迦牟尼，耆那教的大雄，乃至印度教《奧義書》的不知名傳述者；中國儒家的孔子、孟子，道家的老子、莊子，乃至其他先秦諸子，皆在春秋、戰國時代（與軸心時代幾乎重疊）著書立說、講學授徒；甚至古希臘文明的黃金時代也在此時期，包括：蘇格拉底、柏拉圖、亞里斯多德三大哲，埃斯庫羅斯、索福克里斯、尤里比底斯三大悲劇作家等文學經典大家，開創西方文明的古典泉源。雅斯培點出軸心時代精神革命的共通特質之後，後繼學者承接此一問題意識，進一步探索促成此一精神革命的外在經濟、政治、社會與文化因素，大致歸納出在這六百年期間，東、西方各大文明皆經歷舊制度崩解、政治動亂、社會失序、人心迷惘的混沌期，上述宗教聖賢與哲人都企圖為時代的病態提出根本的解方，也為即將來臨的新制度與新秩序建立思想、倫理與精神基礎。

阿姆斯壯對於宗教聖典採取較具批判性與人文性的詮釋視角。雖然，各大宗教傳統皆視各自的聖典為其開創者生平教誨與行誼之忠實紀錄，甚至是該創教者得自神明的啟示，從而確立無可取代的神聖地位，並據以為該教的信仰、義理、儀式、宇宙觀、人生觀、倫理規範等面向的權威文本。但是，阿姆斯壯採納宗教史學者的一般見解，認為宗教傳統的誕生並非始於聖典的出現，聖典亦不見得是創教者親授予門徒，從創教者宣揚其宗教教導至該宗教聖典結集與編纂成固定文本，通常歷經複雜而多元的傳述過程，部分宗教的早期傳人甚至反對將創教者的教導與行誼寫成文本，堅持以師徒相傳的口述形式才能保留該宗教教導的原貌，避免聖典文本被有心人士或宗教根器不足者誤讀而以訛傳訛，導致偏離原始教導的詮釋層出不窮，正信的傳承反而難以伸張。

本書顛覆吾人對宗教聖典是固定而權威的書寫文本之刻板印象，代之以更為動態而創新的觀點重新認識聖典，如其英文標題所示，吾人必須重新找回已經「失落的聖典藝術」（the lost art of scripture），換言之，宗教聖典是包含多種形式的藝術作品，各大宗教有主張聖典經文應以韻律的方式朗誦，所以誦讀聖典可視為一種音樂或音聲的藝術形式；亦有聖典的唸誦須結合肢體動作與保持特定的身體姿態，成為類似舞蹈的表演藝術；更普遍的做法是唸誦聖典或其他禮敬聖典的動作，結合整套標準化的儀式演練，此為各大宗教傳統最具可見度的面向，換言之，宗教儀式可視為信仰者透過聖典唸誦、身體律動與集體的角色扮演所組成的一齣神聖戲劇，引導參與信眾邁向超凡入聖、人神共融的境界。阿姆斯壯以現代宗教學「儀式先於信仰」的理論預設，結合藝術與文學作品的詮釋方法，搭配個人宗教修行的體驗，建構出其獨特的聖典釋經學，深具個人的原創性，亦不失其學理根據。

阿姆斯壯以聖典為超凡入聖之藝術形式的釋經學銳見，挑戰聖典權威性與定於一尊的約定俗成觀點，並主張古代各宗教聖賢並不像吾人所想得那麼教條化，對聖典的詮釋相當多元與包容，從未主張獨尊單一聖典與單一詮釋，反而認為聖典可因應不同時空脈絡而做與時俱進的新詮釋，如同今日《聖經》學者所言的「處境化」，甚至有必要還可以增添聖典的內容。這點在一神教或許較難，但阿姆斯壯認為猶太教已有先例，而印度與中國宗教傳統更無定於一尊的聖典觀念，足見基督宗教獨尊《聖經》、伊斯蘭獨尊《古蘭經》，從比較宗教的角度來看反而是特例。即便如此，基督宗教與伊斯蘭的釋經學傳統仍然相當多元開放，阿姆斯壯認為基要主義式的排他性釋經學是現代文明的產物，乃是被反宗教的世俗主義所激發出來。反之，無論東方或西方的古代社會，宗教仍主導人們思維與生活方式的質樸年代，聖典是以更為開放而包容的方式被鑽研與詮釋。此一論點或許違反一般人的常識，但若仔細推敲阿姆斯壯所引述之各大宗教傳統大量的釋經學文本，並做古今對讀，應足以顛覆古人較為古板守舊，現代人較為自由開放的尋常成見。

阿姆斯壯還提出另一極具挑戰性的論點，即以當代腦神經科學的發現來說明宗教與科學認識論上的根本差異，進而解釋現代文明的問題癥結所在。或許是深知科學已成為現代人的新宗教，對於堅持排他式理性主義觀點而信仰科學至上者，既無法被任何宗教傳統所說服，也缺乏藝術與人文涵養來欣賞聖典的藝術，所以阿姆斯壯透過當代腦神經科學研究來解釋其宗教史觀與聖典釋經學，嘗試跨越科學、宗教與人文的藩籬。腦神經科學區分人類的右半腦與左半腦兩種不同的功能模式，左半腦主導語言、分析、邏輯推理等思維模式，右半腦主導直觀、連結、整合等思維模式；前者導向技術與科學的運作系統，後者導向藝術與宗教的運作系統。現代人理性主義與科技至上的偏執，乃是左半腦被過度運用與右半腦被持續壓抑的後果，導致科技發展日新月異，眩人耳目卻又物欲橫流，但宗教靈性的認知遲鈍、藝術創造力停滯、人文精神消沉。阿姆斯壯認為左、右兩半腦應該平衡發展，人類潛能才能發揮到極致，宗教聖典的釋經藝術應是重啟右半腦思維的不二法門。超越現代性的新文明，宗教與科學應是互補而非互斥的關係。

雖然，本書和阿姆斯壯的其他著作一樣，皆以一般知識大眾為訴求，並非學術著作，但或許對臺灣讀者仍有閱讀障礙，因為書中所提到的大部分宗教及其聖典傳統皆是臺灣讀者相當陌生的。歐美大多數的自由民主國家在各級學校皆有系統且客觀中立的多元宗教教育，其目的不在宣揚特定宗教傳統，而是從全球文明的角度了解宗教傳統的發展軌跡及其與世俗領域的互動關係；反之，臺灣的教育制度受阿姆斯壯所嚴厲批判的排他性世俗主義與基要派無神論的影響深遠，長期以來在各級教育系統性地排除宗教主題與內容，僅在少數公、私立大學以學術專科納入宗教研究科系，遂致宗教知識侷限於高等教育的學術殿堂，普及率不高，也難以翻轉一般臺灣大眾既定的無神論或基要主義兩種相反卻又共生的宗教觀點。期盼阿姆斯壯新書的出版，有助於帶動扭轉上述二元對立宗教觀點的契機，喚起更多讀者重拾塵封已久的宗教聖典，如同欣賞藝術作品般地細細品味聖典經句的微言大義，並打開眼界重新認識宗教傳統對各大民族的深刻啟迪與激勵人心的精神力量。

推薦序二

宗教史的全景式遊覽

鄭印君（輔仁大學宗教學系副教授兼系主任）

凱倫・阿姆斯壯是世上著名的宗教領域作家之一。她年輕時曾是一名修女，在離開修道院後，投身於宗教比較領域。她的作品包括《女性觀點福音書：基督教在西方引起的性別戰爭》（*The Gospel According to Woman: Christianity's Creation of the Sex War in the West*, 1986）、《神的歷史》（*A History of God*, 1993）、《耶路撒冷：一座城市，三個信仰》（*Jerusalem: One City, Three Faiths*, 1996）、《為神而戰》（*The Battle for God*, 2000）、《血田：暴力的歷史與宗教》（*Fields of Blood: Religion and the History of Violence*, 2014）等，已經被翻譯成超過四十五種語言，在全球五十多個國家出版。其中，《神的歷史》自一九九三年首次出版以來，一直常駐於暢銷書排行榜上。二〇〇八年，阿姆斯壯被授予TED大獎外，並與世界各宗教領袖共同創立了「仁愛憲章」（Charter for Compassion），以促進不同宗教之間的包容和對話。該宣言於二〇〇九年發布，受到世界各地宗教社群的重視與熱烈歡迎，後來並成為全球推動仁愛的伊斯蘭運動。她現任聯合國文明大使，致力於促進一個更加文明和互相尊重的世界。

本書《失落的聖典》原文版出版於二〇一九年，在書中她主張現代性及其理性主義、文字主義和左腦思維的傾向，剝奪了全球宗教對經文的神祕和彈性力量的價值。她指出，許多聖典詮釋運動傾向於回歸其經文背後的信仰傳統，使信徒們在最需要展望未來時，卻回望過去。而現代性對於科學和理性地位的重視，更進一步地加劇了對這種對於經文詮釋的錯誤看法，使得信仰者將經文解讀為文字，而不是寓言，導致聖典無法直接回應現代的困境。這也使得今日的人們要不是對於聖典經文以過於字面化方式理解，不然就是以完全摒棄它的態度來對待經文。因此，阿姆斯壯於本書中籲求我們需要一種閱讀聖典的藝術來重新詮釋聖典，以便直接回應今日肆虐全球、危害人類的苦難、憤怒和仇恨。

就全書的形式而言，《失落的聖典》的序章和後記以一種宣言式的語氣來揭開與完結其整體敘述，但若我們進行閱讀，會發現本書實際上是對宗教歷史的全景式遊覽。阿姆斯壯在本書中，以提供世界宗教中聖典的迷人歷史之方式，述說了它們的形成、重要性，以及與當代的相關性。全書主要分為三個部分——宇宙與世界、神話和理性，比較了聖典在亞伯拉罕傳統、印度和中國等地的發展背景，並涉及希臘文本和歷史。在亞伯拉罕傳統部分，阿姆斯壯重新探討了其先前著作中已經彙整的材料，特別是《神的歷史》一書，追溯希伯來聖經的發展，並加以詳細解釋。之後，其敘述從以色列轉向印度，探索吠陀經的起源，再轉向中國，研究現代意義上的最早經文——甲骨文。在敘述以色列、印度和中國的過程中，她並追蹤了反映公元前六世紀的「主要社會、政治和經濟變革」的經文革命，含括以斯拉、孔子和奧義書（Upanishads），然後是孟子、伐達摩那・闍那特拉普特拉、老子和佛陀。在書的中間部分，阿姆斯壯談及了福音書，並將之稱為米大示（midrash），即「把《聖經》經文織成故事，為令人困惑難解的現在注入意義和希望」。在對塔木德學者、新儒家、中世紀神學家和卡巴拉學家進行詳細研究之後，阿姆斯壯繼續講述了關於大覺醒、哈西迪主義和現代原教旨主義的故事。在其敘述鋪陳中，上述的連結與轉向似乎言之成理，但是否能真實地對照出這些宗教發展的過程，則有待商榷。話雖如此，《失落的聖典》就其整體而言，是一個令人驚嘆的故事，也能視為宗教哲學的綜合概要。

此外，在其安排中，書中的每一章都遵循相似的模式，藉由追蹤一個主題，以介紹這些偉大文明。在將這些龐大的歷史編織成一個連貫且迷人的敘述時，阿姆斯壯同時呈現了一個讓讀者產生出隨著歷史前進並伴隨重要性的感覺，也一再地強調不要失去閱讀經文與當代相關的藝術。此即，經文若需要滿足現代需求和當前困境，就意味著我們必須以遠離字面的閱讀方式來理解與詮釋經文。換句話說，我們應該將聖典視為具有流動性的文本，因此其「歧義」（ambiguity）能被認為是更好地表達人類困境複雜性的方式。同時，我們在上述的流動性文本概念裡，應將聖典視為有助於協助個體達成超越與道德轉化、具發展性的藝術作品，因為當人們僅將聖典用來表述我們想要之物時，聖典的內容就會成為了用來促進分裂和不容忍的依據。

除了上述所提及者外，令我印象深刻的另一部分，就是阿姆斯壯在書中所提及的經文閱讀。她提到，我們不應該以眼睛迅速地掠過頁面來進行閱讀，而應當是以某種方式來吸收經文的信息，並將其銘刻於心靈深處，使其與個人的內心深處融合為一。而這也正是聖典的經文如何使閱讀者能夠具體化傳統的方式——使自己也成為文本。透過這種方式，聖典就成為了前述所提及的，有助於超越與道德轉化、具發展性的藝術作品。此外，她在序章中所提及的：「神經學家發現右腦對創作詩歌、音樂和宗教至關重要。」這一發現，使她繼續寫道：「在印度，修行者用吟誦真言擺脫嘮叨又好分析的左腦，轉入更深也更直觀的意識形式。」她還斷言聖經中的上帝「不能以左腦的認知方式理解，認識祂需要的是右腦的全觀視野，在這種視野中，善與惡或能以某種無以言詮的方式融合……」。這種對於神經科學的訴求是否過於簡化，我無法證實，但是對於閱讀經文有實際體驗者應該都會注意到，經文的閱讀所涉及的更深層次應當是心靈，而非大腦。因此關於這部分的論點，就有待具備相關背景的讀者來釋疑了。

最後，本書作者儘管藉由巧妙地切換基督教、佛教、伊斯蘭教、儒家等眾多信仰傳統，來引領讀者以一種更為寬廣的宗教比較視角進行閱讀，但不可諱言，西方宗教和西方思想仍是她論述的主要參考點。她對於全球宗教歷史和思想的理解令人感到相當地印象深刻，但在其令人驚嘆的敘事話語之下的分析深度，則可能會讓許多未具備這些背景知識的普通讀者感到不知所措（儘管文後有超過三十頁的名詞釋義表應能有所幫助）。但是，對於願意跟隨作者的引領進入本書之閱讀者來說，這將是一段廣闊且具有價值的旅程，在此一旅程中將使沉浸於本書的讀者，重新思考經文對那些欽佩它的人來說意味著什麼。而阿姆斯壯於本書所提出的經文相關性，以及對其更精緻的理解，如何能夠應對我們所面臨全球挑戰的迫切問題，是其全書題旨，也是各位讀者在閱讀本書時，應當尋求的答案。

序章

烏爾姆博物館（Ulm Museum）裡的一座象牙小雕像，也許是人類宗教活動最早的證據。獅人（Lion Man）的歷史已有四萬年之久，它有人類的身體和穴獅（cave-lion）的頭，三十一公分高，平靜而專注地凝視看它的人。這座雕像的碎片原本被小心收藏在南德史塔爾洞（Stadel Cave）的內室，第二次世界大戰爆發前幾天才被發現。有趣的是，智人雖然會在這塊區域狩獵長毛象、馴鹿、野牛、野馬和其他動物，但似乎沒有住進史塔爾洞。也許史塔爾洞和南法的拉斯科洞（Lascaux Caves）一樣，也是專供群體儀式之用，讓大家聚在這裡重演（enact）神話，讓神話為他們艱辛（而且經常充滿驚恐）的生活賦予意義和目的。獅人像外觀破舊，可能是因為敬拜者講述它的故事時不斷拍擊、撫摸。它也顯示人類當時已能想像並不存在的事物，既然在所有動物中，只有智人有能力想像並不顯而易見或尚未出現的事物，我們可以說創作獅人像的人已完全成為人類。獅人是想像力的產物，而依據尚－保羅．沙特（Jean-Paul Sartre）的定義，想像力是思索不存在的事物的能力。[1]這時候的人活在超越經驗和事實的實在（reality）裡——人類在歷史上有好長一段時間都是如此。

我們在科學、技術、藝術或宗教上的重大成就，都與想像力有關。雖然從理性角度嚴格來看，獅人或許是不值一哂的幻想，但神經學家告訴我們：我們其實只有透過神經系統複雜回路傳來的觀點，並未直接接觸自己所在的世界。所以無論是科學家還是密契者（mystics），我們認識的只是實在的表象，而非實在本身。我們用世界在自己眼中的模樣，決定怎麼和它互動，而不是用世界原本的樣子，決定怎麼與它互動。因此，有的人對世界的詮釋可能比其他人正確。這個讓人或多或少感到不安的訊息透露的是，我們以為可以依賴的「客觀真理」本身就是幻覺。[2] 沒錯，世界就在那裡，它的能量與形式也的確存在，可是我們對它的理解只是心理投射，世界外於我們的身體，卻不外於我們的心。本篤會密契者伯達．格里菲斯（Bede Griffiths，一九〇六－一九九三）說：「我們就是小宇宙——呈現大宇宙全像（hologram）的小宇宙。」[3] 圍繞我們的實在，凌駕（transcend）——或「超過」（go beyond）——我們概念上的理解之外。

因此我們所認定的真理，必然與我們為自己建構的世界密不可分。人類一學會運用工具，就透過創作藝術品來理解生命裡的恐懼、驚奇與奧祕。藝術從一開始就與我們所說的「宗教」緊密相連，而宗教本身就是一種藝術形式。拉斯科洞從公元前一萬七千年就是敬拜場所，裡面裝飾當地野生動物的神祕圖像。在附近阿列日省（Ariège）的三兄弟地下迷宮（Trois Frères），則有壯觀的長毛象、野牛、狼獾和麝香牛的石刻，雄踞畫面的是一幅大型半人半獸壁畫。這座史前神殿只有一條地下隧道，當前來敬拜的人好不容易鑽出洞口時，迎面而來就是它定睛凝視的懾人目光。這個混種生物和獅人一樣，既超越我們的一切感官經驗，又隱約訴說著動物、人類和神靈的根本合一。

獅人為我們點出幾個討論聖典的重要主題。首先，它代表人類從一開始就有心培養有別於經驗感知的存在感知（perception of existence），並且天生就對更高的存在狀態——有時稱為神聖——感興趣。在所謂「長青哲學」（perennial philosophy）看來（因為直到近代，所有的文化都有這種觀點，故名長青），世界被智性（intellect）所不能及的實在滲透，也可以在實在中得到解釋，是自明之理。這並不令人意外，畢竟就像我們已經看到的：人的確被超越包圍——被我們無法客觀理解的實在包圍。在現代世界，雖然我們或許不像祖先那麼勤於培養超越感，但都有內在被深深觸動的時刻，在那些時刻，我們似乎暫時跳脫日常生活的自己，流露出比平時更完整的人性。而那樣的時刻不但蟄伏在舞蹈、音樂、詩歌和大自然之中，也閃現於愛、性、運動及我們稱為「宗教」的體驗裡。

人的大腦並未產生神聖感的特定「神區」（God-spot），但近數十年來，神經學家發現右腦對創作詩歌、音樂和宗教至關重要。右腦與形成自我意識有關，它的注意力模式較廣，但也較不集中；左腦則較為實際，也比較具有選擇性。最重要的是，右腦認為自己和外在世界是連結的，左腦則與外在世界保持距離。左腦雖然長於語言、分析和解決問題，但會壓抑無法以概念掌握的資訊；右腦的功能在以前雖然受到科學家忽視，但視野卻是全觀的（holistic），不是分析的，傾向留意每個事物與整體的關係，也能感知到實在的相互連結性（interconnectedness）。因此，右腦深諳將不同實體合而為一的隱喻，左腦看重的則是字面意義，而且總會把事物剝離脈絡，以便分類、運用。新訊息會先到右腦，呈現為相互連結的整體的一部分；接著再到左腦，由左腦定義、分析，評估它的用處；左腦處理完後，資訊又會被送回右腦，讓我們在能力範圍內從整體脈絡理解。[4]

現代社會十分看重左腦提供的經驗和客觀洞見，而這種重視顯然已經為人類帶來諸多好處。它拓展我們的心理和生理疆界，不但戲劇化提高我們對世界的認識，也大幅減少人類的苦難，讓身心安適的人比以往更多。於是現代教育漸漸側重科學研究，邊緣化那些被我們稱為「人文學科」的學門。這種風氣著實令人遺憾，因為這代表我們甘冒只培養一半心智能量的危險。事實上，這種做法就和漠視左腦提供的邏輯、分析及理性一樣荒謬。心理學家和神經學家都曾告訴我們：人生在世，若想發揮創意，穩健生活，左、右腦的活動必須統合。

左腦天生偏好競爭，而且往往過度自信，對右腦的成果多半置之不理。右腦對實在看得更全面（但是就像剛剛談過的，我們永遠無法完全掌握實在），也比左腦更熟悉具體（embodiment）和身體（physical）。雖然左腦與生存息息相關，讓我們能探索和掌控環境，但只能提供抽象的表徵（representation，這是它把從右腦接收的複雜資訊抽象化的結果）。由於右腦較不自我中心，比左腦更貼近實在。右腦的寬闊視野讓它能同時看見實在的不同面向，可是它和左腦不一樣，不會形成以抽象為基礎的篤定感。右腦善於覺察他者（一切非我之物皆為他者），對關係十分敏銳，也是我們的同理心、憐憫和正義感之所在，因為它能看見他者的觀點，所以能克制我們的自私天性。[5]

左、右腦通常並行，功能也緊密交織，可是在歷史上的某些階段，大家對它們厚此薄彼。舉例來說，直到最近，還是有神經科學家稱右腦為「小」（minor）半腦，暴露出現代世界對分析和命題式思考的偏愛。但是綜觀歷史，藝術家、詩人和密契者都仔細耕耘右腦的洞見，早在科學界完整探索左右腦的活動之前，美國哲學家威廉・詹姆士（William James，一八四二－一九一〇）就主張：我們平時的理性覺察（rational awareness）只是意識的一種，除了它以外，還有別的感知模式，與它只隔著薄薄一層。在這些感知模式中，主導我們更為平凡的思維習慣的規則似乎被中止。詹姆士相信：想要完全了解自己，就必須從「高峰」經驗（"peak" experience）中汲取養分，而高峰經驗總發生在日常意識中止的時刻——用現在的話來說，就是發生在左腦意識中止的時刻。[6]接下來會談到：從很古老的階段開始，就有人刻意培養我們今日稱為右腦覺察的意識，而且認識到實在的無以言詮的統一。在這些先知、詩人、先見（seers）中，有人是在聖典裡傳達洞見，也有人是受聖典啟發而培養這種覺察。不過，他們通常都小心整合右腦的直觀和左腦的實踐指令。這些人並不是怪胎，也不是受到迷惑，他們只是勤練與生俱來的能力，讓這種能力帶給他們重要的洞見。我們也會馬上看到，這些洞見對人類至關緊要。

雕刻獅人像的人從右腦得到靈感，創作出這個作品。右腦見萬物為一的識見提供他靈感，讓他發現天地間有著某種神祕的連結，以某種未知方式把凶猛的穴獅和脆弱的智人融合在一起。在人類歷史上，狩獵社會的人並不認為物種分野是明確而永久的，他們毋寧相信人能變成動物，動物可以化為人身，薩滿也崇敬野獸如更高力量的使者。[7] 雕刻獅人像的象牙取自當地最大的動物——長毛象，它的眼神彷彿正專心聆聽，顯示它和它的人類崇拜者並不遙遠，彼此在某個層面是相近的。當年聚在史塔爾洞的群體，創意也深情地結合兩個看似敵對的物種，將兩者的綜合體尊為神聖。與其說這群獵人在敬拜一位「超自然」神祇，不如說在獅人像身上，兩個凡塵中必朽的受造物神祕合一，肖似於神，三兄弟地下迷宮的神祕圖像也是如此。

獅人挑戰我們現在對神聖的一些觀念，我們常把神聖想成遙遠、獨一無二、無所不能的造物主，但如果超越只是遙在「彼岸」的實在，即使凡人有幸親炙，也只能遠遠匆匆一瞥，「宗教」不可能盛行。我們接下來會談到的聖典幾乎全都強調：人必須在自身之中發現神聖，也必須在身處的世界裡發現神聖。這些聖典主張每個人都分受終極實在，所以都有無窮的潛能。千百年來，不少人講到「神化」（deified）、「開悟」（enlightened）或「實現神性」（God-realised）——這種洞見就是來自右腦的全觀視野，在全觀視野裡，聖與俗相互滲透。不過，這並不代表我們談論的聖或神只是心理經驗或「幻覺」。我們會看到，刻意培養這些經驗的先知、密契者和先見都堅決認為：這些經驗只是那超乎凡人理解的實在的提示而已。可是如果不仔細耕耘右腦的全觀視野，絕不可能得到這種超越的洞見。

因此，獅人也傳達出人對轉化（transformation）的深層渴望。人不只追求超越經驗，也希望能體現這種經驗，並在某種程度上與它合一。人不只企盼遙遠的神靈，也希冀提升人性。我們會發現聖典的重要主題之一是：人希望能「超過」苦難和死亡，找出達成這個目標的方法。我們現在目標沒那麼高，只希望自己比實際上更苗條、更健康、更年輕、更迷人；我們覺得有個「更好的自己」被埋沒在不完美的自己底下；我們想變得更和善、更勇敢、更出色、更有魅力。但聖典追求的不只如此，它們堅信每個人都能成為佛陀、聖賢、基督，甚至成神。美國學者菲德列克．斯川（Frederick Streng）為宗教下的工作定義是：

> 宗教是終極蛻變的方法……終極蛻變（ultimate transformation）是根本性的改變，從困於凡常生命面臨的難題（罪、無明），轉變成能在最深的層次處理這些難題。這種能力讓人經驗到最真實（或最深刻）的實在——終極。[8]

宗教的神話、儀式、聖典和倫理實踐，發展出一套行動計畫，「讓人能藉著它超越自己，與真實而終極的實在連結。終極實在將拯救他們免於日常存在的毀滅力量之害」。[9]與終極真實的實在同行的人發現，他們不只更能承擔這些毀滅壓力，生命本身也得到新的深度和意義。

然而，什麼是「真實而終極的實在」？我們接下來會談到聖典給予的各種名稱：梨多（rta）、梵、道、涅槃、伊羅興（Elohim）或神。可是在現代西方，我們已經對「神聖」發展出一種既不恰當又極其無用的概念。在前人眼中，這樣看待神聖是天真而幼稚的。對於「什麼是神？」這個問題，我小時候在天主教教理問答裡學到的回答是：「神是至高之靈，唯有祂自立自存，在所有圓滿中俱為無限。」這不但枯燥無味又無法令人感動，基本上也是不正確的。因為界定（define）的字面意義是「設立限制」，界定「神」猶如為本質上無可限制的實在設限。我們接下來會看到，在左腦還不像今天這樣被大肆開發的時代，我們稱為「神」的存在，既不是個別「神靈」（a "spirit"），也不是個別「存在物」（a "being"），而是實在本身。神不但沒有性別，而且重要的神學家和密契者個個堅持，神不以我們所能理解的任何方式「存在」。在近代以前，「終極實在」接近德國哲學家馬丁・海德格（Martin Heidegger，一八九九－一九七六）說的「存有」（Being），一股支持又滲透一切存在之物的能量。你看不到、摸不到，也聽不到它，只能見它以神祕的方式作用在涉入的人、物及自然力量上。它在本質上是不能界定的，因為你不可能外於它而客觀地觀察。

在傳統上，神聖被經驗為瀰漫實在全體——人、動物、植物、星辰、風和雨——的臨在（presence）。浪漫派詩人威廉・華茲華斯（William Wordsworth，一七七〇－一八五〇）小心謹慎地稱為「某種東西」（something），因為它無法定義，所以也超越一切命題式思考。他表示自己經驗到：

……一種莊嚴的感覺，
彷彿有某種深刻交融的東西，
寓於落日的光輝、
渾圓的碧海、大氣、
藍天，也寓於人類的心靈。[10]

他說，他已「學到」如何獲得這種洞見。[11] 我們或許可以推測，他應該也是在一定時間內，刻意抑制左腦分析活動，藉此培養右腦覺察，才達到這個成果。因此，當人們嘗試接觸「終極」，他們並不是屈從於一個異於自己、無所不能、高高在上的「生命」（being），而是試著達到更真實的存在狀態。我們會發現直到近代早期，聖賢、詩人和神學家依然堅持：被我們稱為「神」、「梵」或「道」的某種東西，是無法言詮、無法描述，也無法理解的，但它就在自身之內，是生命、能量和靈感的無盡泉源。所以對他們來說，宗教和聖典都是藝術形式，能幫助他們與超越的實在建立關係，也讓他們在某種程度上能體現實在。但當然，製作獅人像的年代比創發聖典古老得多。要到人類開始生活在更大也更複雜的社會，需要有共同精神凝聚彼此之後，才會出現聖典。最早的文明在公元前四千五百年於中東現蹤，在發展出現代工業化經濟之前，每個國家和帝國在經濟上都仰賴農業，而國力只能靠著殘酷剝削來維持。稍後會談到，在農業社會，農人的盈餘總是被一小群貴族和侍從橫征暴斂，用以資助後者的文化大業。雖然這種做法讓九成的人難以溫飽，但沒有任何一個前現代社會能跳脫這套模式。不過，歷史學家也告訴我們，要是沒有這套不合理的制度，我們恐怕永遠無法跨出原始階段。因為這套制度創造出有閒的特權階級，他們有餘裕創作藝術、研究科學，我們的進步端賴於此。[12]

聖典是這類文明化的藝術（civilised arts）之一，依賴文明化的儀式科學（civilised science of ritual）。在前現代世界，「科學」是指一套需要專門技藝和訓練的知識。接下來會談到，精心設計的儀式性身體規訓（physical disciplines of ritual）能幫助參與者培養右腦全觀視野，而這種視野更適合認識神聖的體現（embodiment）。我們即將談到的聖賢、先知和哲學家幾乎全都是精英階級，只有他們有時間從事密集的沉思和遵循繁複的儀式。的確，以色列的聖典一開始是一群邊緣人發展和傳遞的，但他們的子孫後來也建立農業國家。耶穌及其門徒雖然出身農民階級，但《新約聖經》卻是在他死後由受過教育的猶太精英編纂而成。儘管如此，這些聖典幾乎都對社會裡的不公表達神聖的不滿，更堅持即使最卑微的人也是可貴的，他們不但值得尊敬，也有成聖的潛能。

因此，聖典一開始是貴族的藝術形式。我們可以這樣界定「聖典」（scripture）：聖典是被奉為神聖的文本（text）。它們之所以被尊為神聖，常常（但並不必然）是因為出自天啟，並構成權威正典（canon）的一部分。雖然「scripture」這個英文詞彙有書面文本的意味，但大多數聖典一開始是透過口傳來編纂和傳遞。事實上，在某些傳統中，蒙啟示而發的文句的聲音比它們的字義還重要。聖典往往是用詠唱或吟誦的，不然就是要用有別於一般說話方式的腔調朗讀，好讓文字——左腦的產物——融入右腦難以言表的情感。出自右腦的音樂並不「意指」（mean）任何事物，只意指它自己。聖典即使已經書寫成文，人們常常還是認為經文本身沒有生命，必須用活的聲音點燃，就像音符只有在樂器詮釋時才真正活著。因此聖典本質上是表演藝術，直到近代以前，幾乎總是用戲劇化的儀式來表現，屬於神話的世界。

現在，「神話」常常被用來指不真實的事。如果有政治人物被指控以前犯過什麼小錯，他可能會說那是神話——意思是「根本沒有那回事」。可是在傳統上，神話傳達的是超越時間的真理，它在某種意義上曾經發生，也一直都在發生，讓人把眼前的困境放進超越時間的脈絡，從而為自己的人生找出意義。神話曾被稱為心理學的雛形：英雄克服萬難通過迷宮或與妖怪奮戰的故事，能照亮理性探索難以觸及的心靈朦朧區域，讓我們看見蟄伏其中的衝動。神話本質上是行動綱領：不論在儀式上或倫理上，它的意義在展演出來前是朦朧的。神話故事只能為你設定正確的性靈或心理態度，你必須自己踏出下一步。聖典中的神話不是用來確證你的信念，也不是用來為你目前的生活方式背書，而是呼召你澈底轉化意（mind）與心（heart）。神話不能用邏輯證明，因為它和藝術一樣，是依賴右腦迸發洞見。它是一種想像世界奧祕實在的方式，因為我們無法在概念上理解這個實在。神話只有在儀式裡展演時才是活的，沒有儀式的神話顯得抽象，甚至異常。由於神話和儀式的關係千絲萬縷，盤根錯節，誰先誰後一直是學界熱議的主題：到底是神話故事先誕生？還是附著於神話的儀式先出現？

新教西方世界常認為儀式次於聖典，甚至把儀式當成「天主教愚夫愚婦」的迷信。可是在近代早期以前，在聖典的儀式化脈絡之外讀聖典，就像讀歌劇歌詞一樣不自然，感覺總像少了什麼東西。稍後也會談到，儀式有時候被看得比聖典還重要。有些根本教理植基於儀式，在聖典裡反而著墨不多，基督宗教的「耶穌是道成肉身的神之子」的信仰就是如此。雖然對某些傳統來說（例如佛教禪宗），聖典猶如敝屣，但卻很少拋開儀式。以往曾經摒棄當時儀式的改革派，後來幾乎全都發展出取代舊儀式的新規儀。舉例來說，儘管佛陀不喜婆羅門繁複的吠陀祭儀，但要求弟子將日常生活的一舉一動儀式化，讓走路、說話、梳洗都展現出涅槃的美與莊嚴。儀式之所以重要，是因為身體參與其中。而神經生理學家現在也說明，我們有大量資訊得自感官和身體姿勢。[13]

然而，現代社會立基於「logos」——「理性」，理性若要在世界有效發揮作用，就必須精確切合事實的、客觀的、經驗的實在。換言之，理性是典型的左腦思維模式。可是，正如左腦和右腦對完整發揮能力缺一不可，神話和理性對人的健全也不可或缺——不過也各有侷限。神話無法帶來全新的東西，但是理性可以。對於一直以來無法治癒的疾病，科學家可以用理性找出治療辦法，但是對於生命裡的死亡、悲劇和無意義，理性無法讓人免於陷入絕望。[14]

現代社會和教育充斥理性的結果，讓聖典顯得漏洞百出。從近代早期開始，西方就把《聖經》

敘事當成logoi❶——曾經發生的事的事實紀錄，並以理性為標準嚴加檢視。然而，我們接下來看到的是，《聖經》敘事從未自命為創世或物種演化的精準描述，也不以提供古代聖賢、先知或族長的史實為志。精確的歷史書寫是晚近的現象，只有在考古方法和對古代語言的掌握有所進展，大幅提升我們對過去的認識之後，這種歷史書寫才有可能。由於聖典不符現代科學和歷史學規範，很多人嗤之以鼻，認為它們不但不可信，顯然也「不真實」。可是，他們不會拿同一套標準評判其他藝術作品——儘管小說是虛構的，他們卻不看輕其中深刻而可貴的洞見；儘管約翰・米爾頓（John Milton）的《失樂園》（*Paradise Lost*）對創造亞當（Adam）的記述不符演化論假說，但卻不會抹煞其中的詩意。無論是小說、詩歌或聖典，藝術作品必須依照其所屬類型的準則（laws）來閱讀。欣賞聖典就像欣賞所有藝術作品一樣，需要有紀律地培養一種恰當的意識狀態。稍後會看到，人在閱讀聖典時常會採取特定姿勢，以能讓聖典融入身體的方式坐定、活動或呼吸。

⁂

我們無法在本書裡討論每一本聖典，畢竟有些傳統的正典（scriptural canons）卷帙浩繁，龐大到連信徒都不奢望盡讀，但是為了解釋聖典這種文類，我會依時序追溯印度和中國主要正典的發展，也會討論猶太教、基督宗教及伊斯蘭教等一神論傳統的經書。雖然對於如何與超越和諧共處的問題，這些典籍提供的途徑各有不同，但有一點是共通的：人若想與斯川口中不可知的「終極」建立真正的關係，就必須去除自我中心，希臘人說的虛己（kenosis，「空虛」自我）是聖典的核心主題。除了這一點之外，聖典也都主張：超越自我的最佳途徑是培養同理心（empathy）與慈悲心

（compassion）——它們都是右腦的產物。現在常有人說宗教聖典煽動暴力和仇恨，我們也會檢視某些態度強硬的段落。儘管聖典之間存在分歧，但仍各以不同的方式提出相同的結論：不能只善待自己人，還要尊重陌生人，甚至敵人。在這個因為分裂而危機四伏的世界，很難想像有哪個倫理訴求會比這個更迫切。

由於虛己要求的自我超越極難達成，所以有些傳統堅持不可自行閱讀聖典，你需要拜師求教，學習有系統地「超過」自我的生活方式，去除把自己當作世界中心的本能傾向。中國有位聖賢講過，沒有這樣的老師，你不可能參透經典。在此同時，幾乎每部聖典都有同樣的目標：讓你成為完成蛻變、超凡入聖的人。這樣的人不再執迷異於實在的力量，反而完全與終極的、遍於一切的「某種東西」同在，進入更真實的存在狀態。聖典堅持這不是少數能人異士的專利，而是人人都能達成的成就，連販夫走卒都不例外，因為想到「人」時，你不可能不想到「聖」。有的傳統把神性視為人性的第三個向度，雖然這個神祕的要素總是難以捉摸，但我們還是能在自己和他人身上與它相遇。

不過，每個傳統強調的面向的確有所不同，有的傳統把焦點放在宇宙，有的傳統看重的是社會。印度和中國的聖典從一開始就主張：人類必須與宇宙的韻律相應，印度尤其相信宇宙正慢慢衰頹，我們必須回報某些東西來維繫這個脆弱的世界。在科學家疾呼氣候變遷正惡化到無可轉圜的此刻，聆聽古印度的這則訊息再切題不過。另一方面，重視正義與公平的一神論傳統也依舊犀利，一針見血地直指我們眼前的困境。雖然我們現在已經相當看重平等和人權，但還是需要先知們的諄

❶譯注：logoi為logos之複數型。

指點。我寫下這些話時正值寒冬，可是在英國這個財富傲視全球的國家裡，卻還是有人被迫露宿街頭，而且人數多到令人難以接受。人類是為了追求超越而「連結」，宗教在這幾十年得到復興，就連壓迫宗教數十年的前蘇聯和中國，也有很多人回到宗教。北歐振振有詞的懷疑論立場開始改變，舊時的信仰態度重新得到青睞。不過真正的宗教復興不能只是個人追求，還必須重新詮釋聖典，用它們直接回應今日肆虐全球、危害人類的苦難、憤怒和仇恨。

近代早期時，文藝復興人文主義者和新教改革者提倡「追本溯源」（ad fontes），矢志回到基督宗教的源頭，以《聖經》（*Bible*）為唯一依歸。可是在此之前，人們會修訂和更新《聖經》，對其中的訊息大幅重新詮釋，以回應當時的需求。閱讀聖典的藝術，並不是回到想像中的舊日完美時光，因為聖典永遠會隨著時代前進。因此，解釋《聖經》是一套發明的、想像的、創意的藝術，所以為了正確閱讀聖典並讀出真義，必須讓它們直接回應現代的困境。然而，以復古為志的信徒至今仍比比皆是，基督教基本教義派志在恢復《希伯來聖經》（*Hebrew Bible*）中青銅器時代（Bronze Age）的律法；穆斯林改革派也一窩蜂地想重建七世紀的阿拉伯習尚。

聖典深信每個人都有神聖潛能，在面對當前問題時，這種信念似乎尤其發人深省。有一件事或許值得一提：在史塔爾洞發現獅人像時，正值第二次世界大戰爆發前夕。那場戰爭帶給我們的教訓不淺：在每個人都失去神聖感時，大禍就在眼前。

第一部
PART ONE

宇宙與世界
COSMOS
AND SOCIETY

第一章

以色列：為歸屬而銘記

亞當和夏娃（Eve）的墮落，是《希伯來聖經》最有名的故事之一。神聖造物主雅威（Yahweh）❶將第一對人類安頓在伊甸園（Garden of Eden），那裡「生長各種美麗的樹木，出產好吃的果子。在那園子中間有一棵賜生命的樹，也有一棵能使人辨別善惡的樹」。[1]但雅威嚴格告誡亞當：園子裡每棵樹的果子都可以吃——除了那棵善惡樹的果子以外，「你吃了，當天一定死亡」。[2]可嘆的是，夏娃抵擋不過蛇的誘惑，和亞當被判終身辛勞，磨難不斷，至死方休。

這個故事深深銘刻在猶太－基督教意識裡，深到你知道真相後，恐怕要大吃一驚，這個故事其實深受美索不達米亞智慧傳統（Wisdom traditions）影響，而後者體現的是凝聚統治精英的倫理理想。[3]文明大約在公元前三千五百年開始於蘇美（Sumer，今伊拉克）。底格里斯河（Tigris）和幼發拉底河（Euphrates）之間的平原土地肥沃，蘇美人是第一個靠著徵收農穫而建立統治特權階級的族群。到了公元前三千年左右，美索不達米亞平原本已有十二座城市，每座都靠附近農村耕種的農產品維持。蘇美貴族及其侍從（retainers，含官員、軍人、文士、商人和家僕）橫征暴斂，農民收穫的穀物有二分之一到三分之二必須上繳，生活猶如農奴。[4]他們苦不堪言的日子有留下片段的紀錄，其中一個人哀嘆：「窮人死了倒比活著好。」[5]蘇美人設計的制度在結構上就是不公平的，但每個國家都承襲這套制度。直到近代環境丕變，農業不再是文明的經濟基礎，這個制度才走入歷史。[6]

然而亞當、夏娃和蘇美人不一樣，他們活在時間之初，當時地上還沒有遍布刺藤與荊棘，人類還不必揮汗對付頑固的土地，為了掙口飯吃而狼狽不堪。他們在伊甸園的生活如田園詩般愜意，直到夏娃遇到那條被形容為arum的蛇，牠是動物之中最「詭祕」、「精明」和「有智慧」的。「神真的禁止你們吃園子裡任何果樹的果子嗎？」蛇問夏娃。她說只有善惡樹的果子不准吃，吃了馬上會死。這條精明的蛇對亞當和夏娃的回覆，充滿蘇美智慧傳統的色彩：「不！你們才不會死！神知道你們一吃了那果子，眼就開了，你們會像神一樣能辨別善惡。」夏娃果然中計，她想超越自己的人性，變得像神。吃了禁果之後，這對夫婦並沒有像雅威警告的那樣立刻喪命，反而和蛇說的一樣：他們「眼開了」[7]——這讓人想到一個美索不達米亞學生對老師的讚嘆：

師尊，是您塑造人性，您是我的神！
我如幼犬，是您開了我的眼；
在我裡頭的人性是您所塑！[8]

對這個學生來說，「神性」不是「超自然的」，而是他未開化的本性——亦即，低於人的本

❶譯注：《希伯來聖經》以「YHWH」四子音指涉上主名諱，後世為其加上母音而有「Jehovah」（耶和華）和「Yahweh」（雅威）兩種讀法，作者採用的是後一種。

性——得到提升。可是對亞當和夏娃來說，知道善惡反而讓他們對自己赤裸、不加修飾的人性感到羞恥，所以「上主雅威用獸皮為亞當和他的妻子做了衣服，他們穿上了」[9]——這扭轉美索不達米亞《吉爾伽美什史詩》（*Epic of Gilgamesh*）裡的一件事：在《吉爾伽美什史詩》裡，原人（primal man）恩奇杜（Enkidu）是穿上文明生活要求的衣服後，才得到完整的人性。

《聖經》作者以一種獨特，甚至帶一點挖苦的方式，帶入這些美索不達米亞主題。換句話說，這則放在《聖經》開頭的敘事清楚顯示，聖典並非直接從天而降，而是人的作品，根植於他們與未蒙天啟的民族共享的文化前提。這則謎般的故事也告訴我們：聖典提供的不一定是明確而毫不含糊的教誨，反而常常讓我們大惑不解，如墜五里霧中。在《聖經》開篇第一章裡，神一再宣告整個創造都是「好的」，經文還特別提到慫恿夏娃違反神的命令的那條蛇也是神創造的。[10]這難道是說，抗命和悖逆的潛能就藏在萬有之根——所以也是「好的」？還有雅威為什麼要對亞當撒謊？為什麼要對他說吃了禁果馬上會死？《聖經》作者並未回答這些問題，接下來也會看到，對這則猶如謎團的故事，猶太教徒和基督徒的詮釋南轅北轍。

這不是美索不達米亞文化影響《希伯來聖經》的孤例，舉例來說，美索不達米亞和以色列的法律與契約傳統顯然相似[11]——兩者的史詩都提到古代曾爆發大洪水；摩西（Moses）的故事說，他小時候被媽媽藏在蘆葦叢中，躲避法老官員的追殺，和薩爾貢（Sargon）的傳說十分接近（薩爾貢是公元前三千年建立第一個農業帝國的君王，疆域橫跨今日伊朗、伊拉克、敘利亞及黎巴嫩）。更重要的是，雖然猶太教、基督宗教和伊斯蘭教的聖典都崇尚社會正義與公平，可是對公義的強調並非領受天啟的結果，看重它們的也不只有以色列。儘管農業經濟靠著壓迫九〇%的人口，但是古代近東社會仍普遍重視保護弱勢。[12]蘇美君王相信，對窮人、孤兒和寡婦必須秉公行義，因為這是太陽神沙瑪什（Shamash）要求的神聖責任，祂會留心聆聽他們求助的哀哭。後來在美索不達米亞建立巴比倫帝國的漢摩拉比王（Hammurabi，約公元前一七二八－一六八六）也是如此，他頒布的法典表示：除非君王和貴族不壓迫百姓，否則太陽不會照耀萬民。在埃及，法老必須公正對待臣民，因為太陽神拉（Re）是「窮人的首輔」。[13]也許這不僅反映出上位者對農業國家根深柢固的不義感到不安，也企圖在「仁君」和執行政策的臣子之間做出區隔。建立文明的代價高昂，其中的道德兩難似乎無解。在《吉爾伽美什史詩》裡，眾神聽見百姓埋怨國王殘暴，向至高神安努（Anu）提出控訴，但安努只能悲傷地搖頭，無力改變不公平已久的體系。

亞當和夏娃違反與雅威的正式協議，反映的是中東對破壞聖約普遍心存恐懼。毀棄聖約是他們眼中的「原罪」。從公元前一千五百年開始，聖約的主題便盛行於古代近東，後來也貫穿《希伯來聖經》。[14]埃及的文士也為年輕精英規劃教育內容，灌輸一套既能凝聚社會，又能凸顯獨特精神的意識形態，他們稱為「瑪特」（Maat），意為「真理、公平、正義」。「瑪特」要求一個人顧及別人，並遵循常被稱為黃金律（Golden Rule）的原則，亦即希望別人怎麼對待自己，就怎麼對待別人——但是這當然並不適用於田裡汗流浹背的農民。

人不是天生就懂瑪特，必須以所謂「文化記憶」（cultural memory）培養。文化記憶包括一連串的回憶、過往的舊事和未來的願景，一起創造出社群意識。想打造團結的社會，就必須讓成員刻意培養這種記憶，並設計能讓他們銘記在心的儀式。[15]古代社會通常會把理想中的規範上溯到很遙遠的過去，再把超絕群倫的人視為它的化身，例如古蘇美王吉爾伽美什（Gilgamesh），那部以他為名的美索不達米亞偉大史詩，就是為了歌頌他的功業。這不是為了念舊，而是呼召行動，曾經實現的理想可以由我們再次成就。換言之，過去是可以實現的「現在」，是每個世代的行動綱領。[16]在美索不達米亞、腓尼基（Phoenicia）和埃及，貴族青年都要經歷這樣的教育過程，把核心文本（例如《吉爾伽美什史詩》）、格言、讚歌、重要的歷史協定與開天闢地的故事烙於心、存於意。

雖然最重要的文本會書寫留存，但它們必須先深深刻進統治階級的靈魂裡，因為脆弱的農業經濟必須交給他們負責。雖然「聖典」（scripture）這個詞彙讓人想到書面文本，印刷術發明後，識字不再是少數人的特權，甚至顯得稀鬆平常，閱讀也變成一個人安靜進行的活動，可是在古代，抄本常常既沉重又龐大，而且字跡非常難認。拿最古老的希臘文抄本來說，不但每個字母都是大寫，而且字詞之間沒有空格；[17]在美索不達米亞，楔形文字泥版也常常小到難以解讀，因為它們本來就不是給初學者看的，反而比較接近樂譜，供已經知道內容的演奏家參考。當時的人看到有人在讀《吉爾伽美什史詩》或荷馬《伊利亞德》（*Iliad*）的抄本，會認定他已經對內容了然於心。就這些與社會密不可分的文本來說，書面版本只是背誦和傳遞它們的永久參考點。[18]因此學生並不是透過抄本來背誦文章，而是聽人一次又一次朗讀、吟誦或詠唱，直到能一字不漏地背下來。

在美索不達米亞和埃及，這個文化傳統被文士們存於心、繫於意。他們「頭納萬卷書」，肩負凝聚社會之責，從求學階段就受到嚴格要求，必須能分毫不差地背出重要文本，以便完整地傳給下一代。「你當然是功力過人的文士（scribe），為你的同胞帶頭（head）。」我們在一份古埃及諷刺作品裡讀到，「每本書的教導都刻（inscribe）在你的腦袋（head）。」[19]文士學校通常不大，以家傳為主，由父親將兒子領入智慧傳統。但是因為死亡率高，父親也會收其他的弟子。不過教育的目的不是傳授知識，而是把統治階級的價值刻進學生心裡，直到他們能體現滲入社會的精神特質。只有達到這個要求時，他們才算是「開化」的人。一則美索不達米亞謎語這麼說文士學校的功能：

閉眼進去，
睜眼出來。[20]

就像剛剛提過的，學生視老師如「神」，因為是老師讓他們得到「人性」，不過這並不代表教育讓他們有同情心或人道情操，因為只有完全內化蘇美貴族精神的學生，才會被視為完整的人，農民只被當成低等物種。學生學到的不是獨立思考，因為延續脆弱的蘇美文明需要順民，需要他們完完全全、毫不質疑地服從統治階級的價值觀，這套信念必須成為每個年輕貴族和文士的第二天性。君王被當成卓爾不群的聖者，因為這樣的「人性」在他們身上體現得最為完整。因此，書寫和權力及壓迫是分不開的。楔形文字最早是為了記錄向農民壓榨的稅金，後來又進一步強化政治控制和中央集權。書寫讓政府能遠距溝通，對商業、政事及法律事務都有幫助。然而，沒有一個國家有資源促成普遍識字——事實上，根本沒有國家有這種動機，所以即使在書寫發明幾百年後，傳統的知識傳遞仍以口傳為主。[21]文士受命以填鴨教育改造沒有上過學的學生，把他們變成唯唯諾諾、俯首貼耳的「自己人」。[22]學習往往伴隨著體罰，學生的腦袋也因為死背而日益遲鈍，硬記下來的這些古蘇美文資訊不但過時、乏味，而且似乎互不相干，久而久之，古蘇美文成為一種晦澀到幾乎無法理解的語言。[23]

不過蘇美政權雖然高壓，卻未必扼殺創意。才華過人的文士有時會受命改寫古代傳統，以回應當前的問題，甚至允許這些文士增添新頁，在舊的故事和智慧傳統裡加入新的元素。這正好讓我們看到聖典歷史裡的一項重要主題：我們現在往往認為正典已定，不可更動，它的文本神聖不可侵犯。可是在所有文化裡，聖典基本上是進行中的作品，會不斷為了回應新環境而改變。古代美索不達米亞無疑正是如此，他們准許——甚至期待——出類拔萃的文士即興創作。這種老幹接新枝的做法維繫美索不達米亞文化的命脈，讓它捱過最早的蘇美王朝更迭，順利傳給後來的阿卡德（Akkadian）和巴比倫政權。於是，古蘇美創世詩《至高之天》（*Enuma Elish*）先是被巴比倫文士改編，以漢摩拉比創立巴比倫為高潮；後來又被阿卡德文士改編，以薩爾貢定都阿卡德作結。除了《至高之天》以外，文士們也把《吉爾伽美什史詩》改成阿卡德版，歌頌薩爾貢功業的部分也大量取用古蘇美故事。值得說明的是，文士們不是把這些較早的作品「剪下再貼上」，也不只是「援引」，毋寧說這些文本已經被他們通透記住，變成他們思考的零件，他們像爵士音樂家一樣，已經把各種材料融入生命，隨時可以即興改編成新的作品，直接回應當下的處境。[24]

埃及偏重闡揚瑪特的智慧文本，目的也一樣，就是防止統治階級為了自身利益而犧牲他人，以凝聚社會團結。埃及智慧傳統奉德行為成功之因，視懲罰為僭越之果。和美索不達米亞一樣，埃及也以記憶與背誦對精英施教，但他們似乎有為文本搭配吟誦或詠唱的音樂。文士會不斷叮嚀學生「聆聽」這些格言佳句，把它們放在「心」上，用身體感受。這些再三強調瑪特的口傳教誨是什麼樣子？後來出現在《希伯來聖經》的〈阿蒙內莫普的教誨〉（Instructions of Amenemope），讓我們得以一窺它們的風格：

側耳聆聽我的話語，
用心慎思明辨。
你若細心存想，常在口中誦唸，
必會令你喜悅。

我要你一心倚靠雅威，
所以把這些智言告訴你……
你不可因為人窮而剝削窮人，
亦不可在城門口欺壓弱小者；
因雅威必為他們辯護，
也必奪取那掠奪者的命。
易怒的人，不可與他交結，
暴躁的人，不要與他往來。[25]

公元前十六世紀，貝都因（Bedouin）部落民在尼羅河三角洲建立王朝。雖然埃及最後還是趕走他們口中的這群「西克索人」（Hyksos，意為「外方酋領」），可是在這一次的教訓後，埃及也變得好戰，不再是一直以來相對和平的農業國。帝國主義式的征服似乎是最好的防禦，為了長保四境平安，埃及降服南邊的努比亞（Nubia）和北邊的迦南（Canaan）海岸（後來的以色列國土），迦南南部城邦的領袖從此必須聽命於埃及官員，埃及官員也可能曾以本國的教育同化迦南統治階級。可是公元前一千五百年以後，近東頻頻落入外族侵略者之手。來自高加索（Caucasus）的加西特族（Kassite）占領巴比倫帝國（約公元前一六〇〇年到一一五五年）；一支貴族制印歐部族在小亞細亞建立西臺帝國（公元前一四二〇年）；另一支叫米坦尼（Mitanni）的亞利安部族也入侵這裡，在公元前一千五百年左右控制大美索不達米亞，直到被東底格里斯地區的西臺人（Hittites）征服為止。最後，亞述人（Assyrians）在同一片地區崛起，從西臺人手中奪下米坦尼的舊領土，成為近東軍事和經濟霸權。

而後在大約公元前一二〇〇年左右，近東文明進入黑暗時代，迦南則興起一支叫以色列的民族。雖然我們無法確切知道究竟發生什麼事（也許是激烈的氣候變化摧毀農業經濟），但是迦南大港烏加列（Ugarit），以及米吉多（Megiddo）、夏瑣（Hazor）等城市被毀，埃及被迫放棄控制迦南沿海平原的城邦。埃及殖民官員一走，迦南城邦一個接著一個崩潰，流離失所又求助無門的人在這片地區到處流浪。[26]隨著城邦解體，當地的貴族和農民可能曾爆發衝突（畢竟當時經濟仰賴農民種植的作物），貴族集團之間也可能曾為填補埃及留下的權力真空而交戰。

但值得注意的是，在一連串的亂局中，迦南高地出現一批新屯墾區。這裡原本土壤貧瘠，並不適合耕作，但是新的技術讓開墾和儲水都變得可行。沒有證據顯示這些高地拓荒者是外地人——這些村落的物質文化大致上和沿海平原一模一樣，所以考古學家認為，可能是由逃離沒落城市的迦南本地人建立。[27]在那個時代，農民改善生活的極少數方式之一，就是在環境惡劣到無法忍受時搬遷，變成經濟難民。[28]黑暗時代的政治騷亂可能迫使這些迦南農民放手一搏，離開即將瓦解的城市，建立不再需要擔心貴族報復的獨立社會。早在公元前一二〇一年，當迦南城邦的埃及殖民官員不得不向母國請求軍事增援時，高地便已聚集大約八萬人。一座埃及石碑上刻著法老王麥倫普塔（Mernepteh）擊敗的一群叛民的名稱：「以色列」（Israel）。《聖經》文本顯示，「以色列」是由好幾個為了自衛而結合的地方族群組成。[29]來自迦南南部的部族帶來他們的神——雅威，他們的傳統後來也成為以色列的主流。[30]不過，他們和地中海沿岸那些逃離埃及統治的城邦的迦南農民一樣，也真真切切有一股「出埃及」感。

《聖經》顯示以色列輕視農業城邦，亞當和夏娃被逐出伊甸園後，他們的兒子該隱（Cain）成為第一位農夫，建立第一座城邦，也成為第一個殺人犯。[31]雖然摩西五經（Pentateuch）——《希伯來聖經》的頭五卷書——直到公元前二世紀才全部完成，但最後底定的版本告訴我們，以色列的故事大約在公元前一七五〇年開始，雅威當時召叫以色列的先祖亞伯拉罕（Abraham），要他離開美索不達米亞的城邦吾珥（Ur），遷往迦南，好讓他和兒子以撒（Isaac）、孫子雅各（Jacob，亦名「以色列」）自由生活，不受農業帝國主義壓迫。雖然雅威允諾他們的子孫將來能擁有迦南地，但是雅各和他的十二個兒子（即以色列十二支派的始祖）卻迫於饑荒而遷往埃及，在那裡受到奴役。最後，在大約公元前一二五〇年，雅威命摩西領導他們出埃及。雖然法老王和埃及軍隊窮追不捨，可是在以色列人到達紅海（Sea of Reeds）時，海水奇蹟似地分開，他們通過時連鞋子都沒有沾溼，但是埃及追兵一到，海水馬上恢復原狀，淹沒他們。以色列人從此在曠野裡流浪四十年，在西奈山（Mount Sinai）上，雅威把妥拉（torah）交給他們，要他們依照這套律法生活。雖然摩西在以色列人進入迦南之前去世，但副手約書亞（Joshua）帶領以色列人走向勝利，摧毀所有迦南的城市，殺盡當地百姓。

然而考古紀錄無法證實這段故事，沒有證據顯示迦南曾經發生〈約書亞記〉（Joshua）中的那種大規模滅族，也沒有外地勢力大舉入侵的跡象。[32]不過，聖典敘事本來就無意假裝是對過去的精確紀錄，它真正值得我們注意的是，以色列人顯然在自身歷史中看到神聖力量相助。他們能宣告獨立是一件非凡的成就——當時的農民多半注定要像農奴一般勞碌終身，但以色列顛覆這道鐵律，不但成功存續，還克服一切難關，勢力日益強大。最後，他們可能認定一切只能歸功某種超乎人類的力量——某種東西揀選他們，賦予他們不凡的命運。

贏得一連串不可思議的勝利後，以色列人將這股助佑他們爭取自由的神聖力量擬人化。不過他們這時候還不是一神論者，仍與鄰近族群分享許多傳統，例如把雅威視為迦南至高神伊爾（El）的「神聖者」（holy ones）或「眾子」（sons）之一，是伊爾的神聖會議的一員。我們可以在《希伯來聖經》最早的文本之一裡讀到：在太初，伊爾為世上七十個國家的每國指派一名「神聖者」，指派給以色列的「神聖者」是雅威：

至高者分配列國的領土，
他按照伊爾眾子的數目劃定他們的疆界。
但雅威的份是他的百姓，
他的產業就是雅各（按：以色列）。[33]

在近東帝國一一崩潰後，各地流行「地位平等的神祇組成神聖會議」的觀念很合理，因為這反映出小國乘勢崛起（除了以色列之外，還有以東〔Edom〕、摩押〔Moab〕、亞蘭〔Aram〕、亞捫〔Amman〕等），彼此國力相當，相互爭奪可耕地。通常譯為「神」的希伯來文詞彙「伊羅興」，指的是一切被人視為神聖之物。這股力量超越「諸神」，不囿於任何一種特定形式，而近東的「神聖者」既分受（participate in）也反映它的光明與智慧。[34]這是右腦對滲透整體實在的神祕力量的直觀，感知到凡是能讓人對正義產生共感之情的事物，都是彼此相關的。而正義，正是以色列和這片區域的其他社會共享的價值。雖然雅威後來與伊爾融合為一，可是在〈詩篇〉第八十二篇中，祂仍被視為伊爾的「眾子」之一。不過這時的祂已經開始反叛，因為祂和護佑富強國家的其他「伊爾眾子」不同，雅威被描繪成為被壓迫農民發聲的神祇，在神聖會議中斥責其他的神：

別再踐踏正義
別再偏袒惡人！
讓弱者和孤兒得到正義，
秉公對待困苦和窮乏的人；
拯救窮苦貧寒的人，
救他們脫離惡人的手。[35]

以色列的宗教從一開始就重視社會問題，以關懷弱者和窮人為誡命。因此以色列及其啟發的一神論傳統都強調社會正義，它的聖典本來是反農業經濟的，與埃及和美索不達米亞的傳統不同。《希伯來聖經》裡的一些早期律法別具特色，勾勒出很不一樣的社會：土地歸大家族所有，貴族不可奪走；以色列人有義務無息借款給貧窮的同胞；工資必須立刻發放；限制奴隸買賣；特別照顧社會上的弱勢族群——孤兒、寡婦和外僑。[36]

在迦南高地上，雅威的子民（am Yahweh）似乎結為同盟，以彼此同意的約定團結在一起。隨著黑暗時代危機結束，他們開始要和鄰近族群爭奪可耕地，於是雅威也染上該地區其他神祇的好戰習氣。不同的是，其他神祇是自然力量的化身——例如巴力（Baal）是暴風之神，也是雨水和豐收之源；末特（Mot）主掌死亡、不育及旱災；楊－納哈爾（Yam-Nahar）代表威脅淹沒陸地的原初之海。[37]但是有別於巴力，雅威會直接介入人類事務，《聖經》裡最早的一些文本描述，為了營救祂的子民，雅威會離開西奈的聖所，一路穿過迦南南部，直奔高地：

雅威從西奈而來，
從西珥向他們顯現，
從巴蘭山發出光輝，
從萬萬聖者中來臨，
由他的右邊有烈火發出。[38]

在雅威的子民的節期中吟誦的這些詩，訴說的或許是以色列早年的經驗：在克服萬難爭取獨立的過程裡，一直感覺有一股超越人類的神聖力量在帶領他們前進。[39]

另一首古老的戰詩，說的是雅威把埃及追兵淹沒在紅海。敵人直撲而來，一心要殺這些逃走的奴隸，但雅威在彈指之間就救了祂的子民：

你向海洋吹氣，水就堆積，
像牆壁豎立；
海底變為乾地……
你只吹一口氣，海水就淹沒他們；
他們像鉛沉沒於深水中。[40]

這首詩繼續描述：見到雅威帶著以色列人安全脫險，敵人驚懼萬分，只能眼睜睜看著他們離開：

你帶他們進到你的山，
你要在那裡栽培他們；
雅威啊，那裡是你自己預備的住處，
雅威啊，那裡是你親手建立的聖所。
雅威啊，你要永遠作王！[41]

在掙脫埃及帝國統治和奉雅威為王的過程中，以色列人顛覆農業時代的基本政治結構。在曾經叱吒風雲的近東帝國一一崩潰時，這群逃亡農奴居然所向披靡，在高地成功建立獨立社群。對居住在鄰近地區的其他族群來說，這完全顛覆他們的觀念世界（conceptual world），難怪他們會畏懼以色列人。不過，詩中那些「驚惶」、「喪膽」、「顫抖」的敵人不是埃及人，而是當地百姓——他們是以色列的鄰居迦南、非利士（Philistia）、以東和摩押。[42]

儘管以色列人是在迦南地區遷徙，從一處移動到另一處，但我們已能看出一部偉大神話的雛形，整部《希伯來聖經》最後也將由它串起。不過在早期階段，「出埃及」（Exodus）尚未成為以色列的國家神話，〈海之歌〉（Song of the Sea）可能只在北部高地的敬拜地點吟誦，因為敬摩西為以色列偉大英雄的是北部。[43]然而，由不同族群組成的雅威的子民若想成為一個民族，就必須具有凝聚彼此的共同歷史。一開始時，這些互無關聯的族群可能各自傳誦自家祖先的故事，後來才變成以色列全體一同紀念這些先祖。凝聚以色列的歷史與我們理解的歷史並不一樣，雖然現在認為歷史理所當然應該講求正確，但是直到發明定年、考古和語言研究的現代科學方法之前，人根本不可能精確記錄過去的事件，事實上也沒有必要這麼做。因為對他們而言，「歷史」與其說是對過去的事實記錄，不如說是描述一起事件的意義。

雅威此時已經與伊爾融合，雅威的子民開始一同慶祝，紀念發生在迦南高地不同地方的重大事件和關鍵時刻。儀式讓他們與新的土地產生連結，也聖化這塊土地。伊爾彷彿成為一股千變萬化的神聖力量，會在不同場合以不同形式示現。北部高地有些部落崇敬雅各，據說他在伯特利（Bethel）做過一個神祕的夢，見到一道連接天地的梯子。醒來後，他說：「雅威真的在這裡，我竟不知道！這裡一定是『神的家』（beth-el，譯按：即伊爾之家），是通往天上的門戶。」[44]此時的伊爾有時也會化為人形：在雅博渡口（Ford of Jabbok）旁的批努伊勒（Peniel），雅各與一名神祕的陌生人摔角一整夜，之後才發現自己竟然見到「神的面」（peni-el，譯按：即伊爾之面）。因為這件事，雅各得到以色列（Isra-el）這個稱號（意思是「與神搏鬥的人」），後來北迦南各族也都採用這個名字。[45]雅各最喜愛的兒子約瑟（Joseph）也是北方英雄，死後葬在示劍（Schechem）。至於住在南方高地的部落（臨近西臺人控制的城邦耶路撒冷〔Jerusalem〕），崇敬的是曾在幔利（Mamre）生活，死後安葬於希伯崙（Hebron）的亞伯拉罕。但迦南南北的敬拜活動不是相互競爭的，稍後也會看到，它們會融合為共同的歷史，鞏固雅威的子民聯盟。

不過公元前十一世紀進入尾聲時，聯盟已無力抵擋非利士雄兵入侵。非利士人屬印歐民族，可能來自愛琴海，從青銅器時代危機起就住在迦南南部（大約在公元前一一七五年）。他們在那裡有迦薩（Gaza）、亞實基倫（Ashkelon）、亞實突（Ashdod）、以革倫（Ekron）、迦特（Gath）五座城邦，也有開疆拓土之志。在軍事威脅下，以色列人不得不放棄原本的特殊政治形態，建立王國。

傳統上說，大衛（David）擊敗非利士巨人歌利亞（Goliath），割下對方的頭顱，後來成為以色列永遠的君王典範；還從西臺人耶布斯人（Jebusites）手裡奪下古城耶路撒冷，定為首都，將南、北方的部落統一為一個國家。[46]據說他的兒子所羅門（Solomon）把國家改造成不折不扣的帝國：設立騎兵，與鄰國君王進行鉅額武器交易，而且不只向以色列臣民徵稅，還強迫他們服傜役，以實現他龐大的建設計畫。耶路撒冷聖殿是其中最著名的一個，它的格局以當地建築為範，儀式也深受鄰近地區烏加列的巴力崇拜影響。[47]

雅威的角色發生奇特轉變，從為流離失所、受盡鄙視的農民申冤的神祇，搖身一變成為另一個高壓農業國家的守護神。曾有一些學者主張，因為所羅門帝國沒有留下考古證據，可能根本不存在。但現在普遍同意的是，公元前一千年左右，迦南高地從村落社會快速轉變成「原始都市」（proto-urban）社會——權力更加集中，邊界日益擴大，國際貿易盛行。[48]以色列的新貴族政體變得像其他國家一樣，也必須培養文士階級和設定教育內容，以便為新一代的以色列精英灌輸國族價值。這群文士將編定以色列第一部官方正典，但它和我們現在看到的《希伯來聖經》非常不同。

我們對大衛和所羅門時代的文士學校所知極少，但以色列後來的文士文化有保存在《聖經》智慧書裡——它和這塊地區其他帝國的制度顯然相似。大衛的隨員包括「王室書記」，[49]這個職位是世襲的，因為書記的兒子也成為所羅門的書記。[50]所羅門王與蘇美和埃及諸王一樣，也被視為聖賢中的聖賢，文士必學的〈箴言〉就被歸為他的作品：

側耳聆聽我的話語，
用心（leb）慎思明辨。

你若把它們長存腹中，常在口中誦唸，
必會令你喜悅。
我要你一心倚靠雅威，
所以把這些智言告訴你。[51]

教學還是口授——學生必須「側耳聆聽」——老師也仍沿用古代世界的辦法：透過不斷複誦，把智慧深深植入學生的leb（這個詞彙既指「心」，也指「意」）。為了幫助記憶，這些格言可能會搭配音樂——藝術裡最具體的形式。在學生們吟誦或詠唱時，這些神聖的文句會在他們體內產生共振，在心中引起共鳴，乃至幾乎被身體吸收，「長存腹中」。別的箴言也告訴學生要「專心尋求」、「側耳細聽」，把所羅門智慧的言語「刻在你心版上」[52]。《希伯來聖經》〈箴言〉的雋語簡短而富有節奏，似乎編寫之初就是要讓人背誦的。此外，以色列的老師與美索不達米亞和埃及的老師一樣，也把責打當成教育過程的一部分。[53]有個學生在全體文士面前丟臉，嘆道：

唉！為什麼我憎惡了教訓？
為什麼我的心藐視了規勸？
為什麼我沒有聽從師長的勸告？
沒有側耳傾聽教訓我的人？
當著整群人的面，
我墜入悲慘深淵。[54]

〈箴言〉裡不斷出現的「父」與「子」兩個詞彙，顯示這些學校在以色列也是以家傳為主。老師的目的是在學生身上複製自己，讓他們由衷接受同一套價值觀——敬畏雅威、慎言，並且尊敬當權者，以成為適任的文官或可靠的貴族。[55]

幾乎可以確定的是，他們的課程內容包括〈箴言〉的某些部分。古代文士學校向來會以讚美詩和詩歌為教材，有些希伯來詩篇還依離合詩格式或字母順序寫成，以方便背誦。舉例來說，大衛王的宮廷頌詩著意灌輸對君王的敬意。〈詩篇〉裡說，在新王即位時，雅威會納他為神聖會議的一員，讓他坐上位，並允諾制伏敵人：

> 雅威對你，我的主，說：「你坐在我的右邊，
> 等我使你的仇敵作你的腳凳！」[56]

近東的君王常被提高到神的地位，所以〈詩篇〉也讓雅威正式收君王為義子：「你是我的兒子，我今天作了你的父親。」[57]描述以色列榮渡約旦河的〈海之歌〉可能也在課程裡，前面那首伊爾指派雅威為以色列保護神的古詩，或許也在課程裡。妥拉（torah）一詞雖然常譯成「律法」，但原意是「教導」——每一代都該入於耳、記於心、時時誦唸以「紀念」或「提醒」（zikkaron）的教導。[58]

我們只能猜測古代這群年輕精英的課程內容，但每個以色列人都知道的是，雅威在西奈山上寫下妥拉，傳給祂的子民。祂一開始先口授給摩西，接著「在西奈山和摩西說完話，雅威就把兩塊

約版交給他，是伊羅興用手指寫的」。神用這種方式將神聖的力量注入約版，讓它們成為祂臨在的永恆保證。[59]對沒有上過學的人來說，書寫具有神祕的力量，「寫」這個詞彙為一句話賦予神聖權威。[60]在前面講過，書寫可能是為了會計需要而發明的。以色列人普遍相信雅威在天上有一本「冊子」（sefer）——更精確地說，是有一個「卷軸」（scroll）——祂會在上面記錄每個人的命運和所作所為，像文士一樣。[61]

可是，這裡出現一個奇怪的變化。雅威當初之所以會帶領以色列人「出埃及」，是因為祂是被壓迫的農民的守護者，但此時的以色列卻寫出一套培育佞臣的聖典，以打造唯昏君之命是聽的文官貴族為目標，以服務以色列先民避之唯恐不及的暴君為職志。早年詩歌歡慶的是雅威的子民逃離壓迫，智慧傳統的格言卻預設世襲統治階級的存在。無論如何，這種嚴格而密集的教學方式，透露出所有聖典教育的共同特徵：閱讀聖典不能只是匆匆掃視文字，囫圇吞棗，略識皮毛，而必須消化它的訊息，存於心，繫於意，深深融入生命。

在所羅門王於公元前九二八年左右去世後，以色列南北分裂，各自建國，像近東的其他小國一樣，在周遭沒有出現帝國強權的情況下獨立發展。可是沒過多久，亞述再度崛起，憑藉龐大的軍事力量讓弱國一一稱臣。這未必沒有好處，以色列王耶羅波安二世（Jeroboam II，約公元前七八六年到七四六年在位）成為亞述信任的盟友，王國經濟繁榮一時。北國以色列接近主要貿易路線，比孤立的南國猶大更大也更富裕。猶大缺乏資源，幾乎全境都是難以利用的草原和山麓，唯一的好處是各大強權對它興趣缺缺，置之不理將近一個世紀。

稍早提過，有些北方部族一直以出「埃及」為以色列史的決定性時刻，可是在大衛王朝建立後，向來以亞伯拉罕為榮的南方部族開始改變視角，把重點放在雅威與大衛王立的約，他們的聖地也變成前西臺大城耶路撒冷：

> 我要使你和世界上最偉大的君王齊名。我為我的子民以色列選了一個地方，把他們安頓在那裡，在那裡久住，再也不受驚恐，再也不像先前那樣受惡人的欺壓……你的家室和王權，在我面前永遠存在，你的王位也永遠堅定不移。[62]

在近東，神廟是神聖之所在，而耶路撒冷的雅威崇拜採納此地先前巴力崇拜的面向。根據巴力神話，巴力在消滅大敵末特和楊－納哈爾後，伊爾允許祂在烏加列國的撒分山（Mount Zaphon）旁建立璀璨耀眼的宮殿，巴力稱撒分為「神聖之地，我產業裡的山岳……蒙揀選之地……得勝之丘」。[63]撒分將是人間樂園，永遠平安、豐饒而和睦。[64]在烏加列人進入祂的聖殿時，再次感受到塵世難尋的神聖生命節奏，融入其中。在代表新年之始的秋節裡，巴力的勝利透過儀式重新上演，確保賦予生命的雨水再次降下，而這座城市也將被巴力從癲狂的毀滅勢力中拯救。耶路撒冷所羅門聖殿裡的雅威崇拜，緊緊對映烏加列神殿中的巴力崇拜：有讚美詩稱頌雅威在錫安山（Mount Zion）的寶座，[65]雅威也護佑耶路撒冷成為平安之城。而平安的希伯來文shalom，不只有安全之意，也代表圓滿與和諧。[66]有的詩歌甚至說耶路撒冷永遠不會傾覆，因為戰神雅威是祂的子民的堡壘。他們邀朝聖者讚頌耶路撒冷宏偉的城郭，因為它正是「上主在此」的明證。[67]可是當雅威對上亞述的守護神亞述（Ashur）時，得勝的會是哪一方？

亞述帝國的國策是將「語言各異」的人民結合為「同操一語」的國家，如薩爾貢王（公元前七二二年到七〇五年在位）所言：

天下四方之民，縱聲腔有別，語言各異，或居高山，或住低地，吾奉我主亞述之命，以我王權雷霆之力，盡令同歸眾神之光、萬有之主，使彼等同操一語，各安其位。[68]

在亞述統治下，書寫得到新的重要性，雖然帝國政府派文士和監督到附庸國理政，但他們選的官方語言不是自己的阿卡德語，而是亞蘭文（Aramaic，因為亞蘭文的字母書寫比複雜的楔形文字系統好學）。於是，書寫的技藝就這樣從亞述官僚傳給其他社群團體。[69]然而，如果因此以為一般大眾變得普遍識字，或是書寫的蓬勃取代口傳習慣，可是一大誤會。此外，雖然有人宣稱以色列和猶大諸王有建立皇家檔案室與圖書館，但沒有證據顯示如此（不過宮裡的確可能有零星收藏書寫敘事、古代法規或詩歌的卷軸）。古老傳統還是以背誦和口傳傳遞，像以前一樣。[70]擔任祭司的利未人（Levites）被特別任命為文本的守護者，負責教導以色列人。[71]他們同時也是樂手和歌手，所以這些文本可能也是以吟誦或詠唱來幫助背誦。[72]就像〈詩篇〉說的：智者（或賢人）「愛好雅威的妥拉（『教誨』），晝夜默誦祂的妥拉」，這樣的人已經透過不斷複誦內化，從此心口不離神的教誨。[73]

在此同時，一套全新的教育內容也在以色列發展。公元前九世紀，我們開始聽聞北國出現「先知」和「先知的弟子」，可是對他們所知極少。[74]在中東，先知是歷史悠久的聖職，從迦南到幼發拉底流域中游的馬里（Mari），先知們為眾神「代言」。在以色列和猶大，先知通常與宮廷有關。可是到了公元前八世紀，先知們開始在猶大設立「學校」，而且傳授給弟子的是嚴厲批判官方智慧傳統的「反課程」（counter-curriculum）。舉例來說，以賽亞（Isaiah）說文士教導的詩歌和格言都是外來的，只不過是「凡人的規條，熟讀背誦而已」。[75]猶大先知宣告：因為這個時代的人對他們充耳不聞，雅威命令他們寫下教誨，盼望能裨益來者。[76]這些先知的預言似乎的確被弟子保存下來，其中一些文本後來還被納為貴族的固定教材，因此在《希伯來聖經》中占有一席之地，並在中東出現非常特殊的發展：先知的警告似乎被用來教育學生汲取歷史教訓——避開過去的錯誤，就能創造更成功的未來。[77]

不過，講的話被這樣保存下來的第一位先知，並沒有上過先知學校，他堅稱：「我原不是先知，也不是先知的弟子。」[78]阿摩司（Amos）原本是猶大王國提哥亞（Tekoa）的牧羊人，大約在公元前七八〇年奉雅威之命放下羊群，前往以色列發預言。當時在位的是耶羅波安二世，他向亞述稱臣，也獲得亞述賞識，以色列在他治下成為繁榮的農業國家——所以也充滿不公。耶羅波安二世當時剛占領外約旦（Transjordan）的新領土，也開始用強迫勞力在米吉多、夏瑣和基色（Gezer）大興土木，還建立職業軍隊，規劃綿密的官僚體系。[79]稍早已經提過，在以色列歷史之初，雅威是農業國家裡受壓迫者的守護者。現在雅威透過阿摩司呼籲祂的子民記起最初的使命：提倡正義，也表示準備懲罰撒馬利亞（Samaria）權貴，因為他們住在烏木華屋、睡在象牙床，卻對窮苦的人視若無睹：

他們為銀子賣了義人，
為一雙鞋賣了窮人，
他們把寒微之人的頭踏在地上，
又推開路上的窮人。[80]

阿摩司對儀式毫無好感：雅威厭惡祭司鬧烘烘地吟誦和沒完沒了地鼓琴，真正的宗教應該呼召眾人付出憐憫，而不是用來滿足統治階級的美感品味。雅威要公義「如大水滾滾，公道如江河滔滔」。[81]阿摩司警告撒馬利亞人：不久後，會有敵人入侵你們的國家，摧毀你們的宮殿，而那個敵人不是別人，就是你們的哥倆好亞述人。曾經帶領雅威的子民出「埃及」的戰神雅威，即將再次踏上征途，粉碎大馬士革（Damascus）、非利士、推羅（Tyre）、摩押和亞捫，因為他們的不公不義人神共憤，而且全都犯下令人髮指的戰爭罪行。這一次，雅威不但不會站在以色列這邊，還會以亞述為武器討伐以色列與猶大。[82]推卸自己對窮人的神聖責任的耶羅波安二世將死於兵刃，他的王國將被滅亡，而以色列人一定會被「趕出本土，流亡國外」。[83]

這則預言被寫下保存，幾代以後聽見它的人將怖畏顫抖，不能自已，因為在阿摩司講出這則預言大約六十年後，曾經不可一世的以色列王國真的亡於亞述之手。事實上，阿摩司無須天啟也能提出這個預測——當時的先知和現在的政治評論家差不多。亞述位於今天的伊拉克北部，當時不但已一一吞併西邊的國家，也已漸漸控制它和地中海之間的平原與貿易路線，而領土擴大的以色列正擋了亞述的路。亞述的軍事實力原已無可匹敵，領袖又刻意營造嚴刑峻法的形象，讓各國聞風喪膽。[84]耶羅波安二世只要走錯一步，雅威就能用亞述嚴懲以色列，讓它為冷血對待黎民百姓付出代價。於是，當後世以色列人參考過去的先知預言預測未來時，建立一套避免惹禍上身的政治學，阿摩司的預言提醒他們，為了追求物質成功而犧牲道德，會帶來可怕的惡果。

不過，阿摩司憑藉的也不完全是自己的政治見識，他覺得被神驅使，像是心裡有一股無法抗拒的力量推著他走。「獅子一咆哮，誰能不心驚膽戰？」他問，「主雅威一開口，誰能不發預言？」[85]是雅威逼他違背自己的意願，從提哥亞奔赴人生地不熟的北國以色列。[86]他說見到異象，看見雅威「站在祭壇旁邊」，然而在此同時，也覺得神是一股在他心裡的力量[87]，這是這則《聖經》故事的重要主題：雅威不只是外於自己的一個「存有」（a "Being"），更是無所不在的實在，既內在於心靈，又遍布於大自然和歷史事件之中。以色列人並不強調向內探索，但公元前六世紀在耶路撒冷發預言的耶利米（Jeremiah）告訴我們，預言的啟示在本質上似乎是非自願的。他堅稱是雅威把神聖的話語放進他的口中，讓這些話變得像是他自己說的。[88] 他覺得這些啟示有如誘惑，像是有一股無可違逆的力量逼著他說，無論願意與否：

> 但當我說：「我不再想念祂，
> 不再以祂的名發言。」
> 我心中就像有火在焚燒，
> 鑽進我的骨髓，
> 我雖竭力抑制，
> 卻不得不說出口。[89]

與阿摩司同時的何西阿（Hosea）是唯一一位北國先知，他似乎被雅威逼著做出驚世駭俗之事，「雅威對他說：『你去娶一個娼婦為妻，與那娼婦生兒育女，因為這個國度淫亂放蕩，背離了雅威。』」[90] 於是，何西阿成為以色列對雅威不忠的化身。正如我們已經看到的，這時候的以色列人和猶大人還不是一神論者，雅威是戰神，無人確知祂是否有辦法讓五穀豐收，可是經濟倚靠著農業。另外，以色列人和其他民族一樣，也相信大自然的力量是神聖的，所以對他們來說，慶祝巴力和亞娜（Anat）的結合是順理成章的事。大地當初被不毛之神末特變為荒漠，不就是靠這兩個神祇交媾而恢復生機嗎？將已行之有年的好辦法棄而不用，似乎不只是做作，還愚蠢得可恨，畢竟歉收並不是鬧著玩的，誰也承受不起隨之而來的大禍。巴力崇拜包括儀式性交媾，可以想見的是，當何西阿的妻子歌篾（Gomer）成為廟妓時，他開始相信自己的心情正如雅威的心情——見到祂的子民與外族神祇勾搭，怎麼可能不生妒意？他渴望歌篾回心轉意的心，豈不是就像雅威渴望不忠的以色列人再次忠誠的心？[91]不過，與何西阿同時的大多數人都把他當成怪人，對他們來說，譴責巴力崇拜不但乖僻、挑釁，而且褻瀆神明。

何西阿說以色列人曾有一段時間獨獨敬拜雅威，但是這樣的時代很可能根本從未出現。值得注意的是，何西阿宣講的不是一神論（monotheism），而是獨拜一神（monolatry），亦即他雖然同意也許還有別的神祇，但堅持以色列只應敬拜一個神——雅威。何西阿口中的雅威是冷血君王，像亞述諸王一樣，會毫不留情地鎮壓有不臣之心的盟友：

> 撒馬利亞必要承當罪罰，因為她背叛了她的神；
> 那裡的人必喪身刀下，他們的嬰兒必被摔死，
> 他們的孕婦必被剖腹。[92]

同樣地，當後世讀到這些預言時，想到亞述的確後來消滅以色列，有些人會開始相信，對雅威不忠而敬拜其他神祇，在政治上是危險的。

何西阿描繪的神令人不寒而慄。《聖經》常常反映出當時的暴力與殘酷：亞述之所以能在這片地區保持權力，靠的正是何西阿說雅威必將使出的狠毒手段，背叛亞述的附庸國無一例外，馬上會

遭到血腥的軍事報復，而且最後還是得奉上大批禮物，在莊嚴的立約儀式中宣誓獨獨效忠亞述。亞述人堅持，無論是貴族或平民，每個人都必須向亞述王盡「忠」（hesed）。hesed這個字雖然常譯為「愛」，但精確一點來說更接近「忠」。附庸國不必對心狠手辣的宗主國抱持惓惓之忱，最重要的是絕不能結交它的敵對勢力。[93]公元前七二二年，以色列亡於亞述，但何西阿的預言是在很久後才編定的。那時的編輯已經對後來的事瞭若指掌：以色列加入反叛亞述的行列，而亞述軍隊以屠殺作為報復，不分男女老幼，見人就殺。於是往後的世代得到的結論是：如果他們崇拜其他神祇，恐怕也會付出非常沉重的代價。雅威已經警告何西阿，別以為用古老的獻祭儀式可以安撫祂，因為「我要的是忠，不是牲祭」。[94]引入「雅威與以色列立約」的概念的可能是何西阿，雖然這個概念也出現在一些時間設定遠早於何西阿的故事裡，但我們不知道那些敘事是在什麼時候、透過什麼方式變成最後的樣貌。[95]

接下來會看到，猶大先知回應政治危機的思路很不一樣。面臨強權的威脅，他們倚靠的是神與大衛的約，從來不提以色列出「埃及」的事。可是何西阿有說雅各的故事：雅各是讓「以色列」得到這個名字的北方英雄，據說他曾在伯特利「與神相搏」。雅各曾背叛哥哥以掃（Esau）——正如以色列現在背叛雅威，所以若想重新得到雅威的眷顧，以色列就必須像雅各一樣，與雅威，也與自己搏鬥：

> 他（按：雅各）在母胎中就欺騙了他的弟兄，
> 及至壯年又曾與神搏鬥。
> 他與天使搏鬥，並且獲得了勝利；

他曾哀哭，懇求開恩。
神在伯特利又見了他，
對他說話。[96]

何西阿還談起雅威當年領以色列「出埃及」的回憶：神那時與這個新生的民族在曠野同行，以色列天真無邪，與雅威親密無間。[97]這是《聖經》最早也最明確提到「曠野歲月」的地方，當時的以色列剛剛逃離帝國霸權，在雅威帶領下，活在文明世界之外：

我用慈繩愛索牽引他們。
我抱起他們，像抱嬰孩偎貼在面頰上。[98]

然而由於以色列向巴力獻祭，他們將再次落入帝國的魔爪：「他們必將返回埃及，亞述要作他們的王。」[99]

公元前七四五年，提革拉－比列色三世（Tigleth-Pileser III）把各地直接納入亞述治下，不再容許附庸國保持獨立。他放逐所有對亞述有不臣之心的統治階級，以帝國其他地區的人取代，幾乎無人敢抱持異議，這是南國先知以賽亞見到異象的政治背景。[100]以賽亞出身王族，可能也是祭司。以賽亞的預言以大衛之城耶路撒冷為中心，他和同時代的南國先知彌迦（Micah）都沒有提過出埃及。以賽亞深信「萬國」有朝一日都將湧入耶路撒冷，到雅威在錫安山的聖殿敬拜祂，那裡將是人間天堂，是伊甸園的翻版。回到最初的樂園後，所有的動物都將和睦共處，豺狼與綿羊、豹子和幼兒相與為鄰。[101]

直到此時，猶大王國仍未受到亞述崛起影響，可是亞哈斯王（Ahaz）在位期間（公元前七三六年到七一六年），猶大也被捲入衝突，因為拒絕加入大馬士革和以色列的反亞述同盟，兩國於是發兵南侵，圍攻耶路撒冷。以賽亞深信雅威之城耶路撒冷堅不可摧，力勸亞哈斯堅守立場，不可屈服，更何況雅威已親自給予亞哈斯一個記號：王后懷的兒子將恢復大衛王的榮光：「有年輕女子（alma）要懷孕生子，並要給他取名以馬內利（Immanu-El，意為神與我們同在）。」[102]結果，孩子仍在幼沖，以色列和大馬士革便遭亞述重手摧殘，以賽亞更具信心，再次勸告亞哈斯應該獨獨信奉雅威。但令他憤怒的是，亞哈斯看到亞述迅速入侵以色列和大馬士革的領土，還大舉放逐那些地方的住民，居然選擇降服。到了公元前七三三年，曾經盛極一時的以色列王國已經弱如城邦，雖然還有著自己的君主，但只是傀儡。亞哈斯為了向新主子表忠，下令將所羅門聖殿內院的祭壇改為亞述風格。

看到國君對神必守護耶路撒冷一事缺乏信心，以賽亞深深嘆息，他堅信以色列王國的慘敗只是暫時的挫折，雅威就要實現祂與大衛的約。王子希西家（Hezekiah）的誕生就是神與祂的子民同在的記號，所以以賽亞早說過他堪得以馬內利之名，他甚至也是猶大沒落的鄰國的希望之光：「在黑暗中行走的百姓看見一道皓光，曾住在死蔭之地的人現在有光照耀！」[103]以賽亞想像，在希西家誕生時，天上一定高聲歡唱：

有一個嬰兒為我們而生，
有一個兒子將賜給我們，

權能就擔在他的肩上。[104]

在即位那天，希西家會成為神聖會議的一員，並得到猶大之君的諸多尊號：「神妙策士、全能之神、永在之父、和平之君。」[105]

不幸的是，當和平之君終於在公元前七一六年即位為王，卻把國家帶到毀滅邊緣。公元前七二二年，在一場徒勞無功的叛變後，撒馬利亞——民窮財盡的以色列王國的最後一座堡壘——被亞述王撒縵以色五世（Shalmaneser V）攻陷。超過兩萬七千名以色列人被放逐到亞述，從此杳無音訊。取而代之的是來自帝國各地的殖民者，他們也拜雅威，但只當祂是地方神，和自己的神一起拜。有些未被放逐的以色列人試著重建殘破的國家，其他人則遷往猶大，把北方傳統一起帶過去。

一開始時，希西家試著和父親的宗教融合策略保持距離。公元前七〇五年，撒縵以色五世去世，各國趁機舉事。也許是受到以賽亞對耶路撒冷永不隕落的信心鼓舞，希西家和其他君王結為同盟。然而，亞述新王西拿基立（Sennacherib）一即位就平定叛亂，隨即劍指猶大。以賽亞依然堅信雅威會擊敗西拿基立，恢復和平。奇怪的是，由於我們不知道的原因，西拿基立真的解除包圍耶路撒冷——不過是在他蹂躪農村、橫掃四十六座城邑，把猶大削弱為城邦規模之後。公元前六九八年，希西家之子瑪拿西（Manasseh）即位，他機靈地再次採取宗教融合政策，為巴力築祭壇，也重建幾個神祇在地方城鎮的丘壇，在聖殿裡設置大母神亞舍拉（Asherah）像，還在聖殿的院子為廟妓蓋屋。[106]雖然後來的《聖經》作者譴責這些政策，但瑪拿西的長久統治讓猶大恢復生機，他在公元前六四二年去世時，猶大已收復部分失土。從考古證據來看，對他的宗教改革不滿的臣民不多，因為很多人家裡也有類似的「偶像」。[107]不過，受亞述入侵傷害最重的農村地區民怨日深，瑪拿西死後，這些怒火引爆宮廷政變，罷黜瑪拿西之子亞們（Amon），立亞們八歲大的幼子約西亞（Josiah）為王。

到了這時候，公元前七二二年被以色列難民帶進猶大的北方傳統，已經無孔不入地滲透南方傳統。有些學者認為，在公元前八世紀，隨著近東的識字人口普遍增加，有兩份文獻在這個階段編成——一份出現在猶大，被現代學者稱為「J典」，因為它的作者群稱以色列的神為「Jahwe」或「Yahweh」；另一份典籍則出現在北方，稱為「E典」，因為作者群偏好稱神為伊羅興。也有學者認為，在公元前七世紀，有人以「剪下再貼上」的方式把這兩份文獻合而為一。[108]可是，這套理論其實囿於現代編輯手法而不自知——由於古代卷軸十分笨重，「剪下再貼上」在那個時代是不可能的。事實上，北方難民一定對猶大人講述他們的故事，而看到以色列的慘狀，也險些遭遇同樣命運的猶大人，一定也聽了進去。因此，下個階段的《聖經》發展深受北方傳統影響。

此時亞述勢衰，埃及崛起。公元前六三三年，法老王逼亞述軍隊撤出黎凡特（Levant）。拜強權相爭之賜，猶大得以自行其是，國族情緒再次升高，但這股自信也許是誤判局勢。公元前六二二年，約西亞開始修復猶大往日榮光的象徵——所羅門聖殿。工程進行期間，大祭司希勒家（Hilkiah）宣稱發現雅威在西奈山賜給摩西的「妥拉卷」（Sefer Torah）。[109]我們不清楚這卷書是什麼，可能是〈申命記〉（Deuteronomy）的早期版本，記錄摩西在死前不久口述的「第二部律法」（〈申命記〉的英文來自希臘文deuteronomion，字義為「第二部法」）；也可能是北方一部簡短的法律文本，規定以色列的敬拜活動必須集中於基利心山（Mount Gerizim）或以巴路山（Mount Ebal）。[110]我們也不曉得妥拉在這個脈絡裡指的是什麼——是指一套法律嗎？像十誡（Ten Commandments）那樣？（十誡是在〈申命記〉中首次出現的）還是一部說明以色列王的責任的律法？[111]

這卷書似乎難以解讀，所以約西亞請女先知戶勒大（Huldah）闡明意義。戶勒大從雅威得到神諭，她說這卷書只有一個訊息：「我要照著猶大王聽到這書上所寫的一切話，降災於此地和它所有的居民，因為他們離棄我，向別的神燒香。」[112]於是約西亞向全體臣民朗讀這卷書，並開始改革。《聖經》〈列王記〉（Kings）對這場改革的紀錄顯示出強烈的北方影響，明確地為何西阿的獨拜一神主張背書，而且是以出埃及而非大衛傳統為基礎。約西亞剷除瑪拿西的祭神改革，燒毀巴力像和亞舍拉像，廢除地方城鎮的丘壇，最後更入侵以色列王國的舊領土，摧毀雅威在伯特利和撒馬利亞的縠神廟，殺盡城鎮丘壇的祭司。[113]

無論這則尋獲「失落的書卷」的故事是真是假，它顯然是因亡國滅種的恐懼而起。往日的敬虔既然救不了以色列人，恐怕也救不了公元前七世紀末新處境下的猶大人。誠如所見，聖典告訴我們該記住什麼，然而在此同時，它也告訴我們該遺忘什麼。肅清北方聖地是以暴力的方式強迫遺忘，剷除曾獲鼓勵卻已然失敗的信仰，粗野地抹除曾被珍視的記憶，迫使某些舊日傳統退場，把焦點放在可以——但願可以——幫助猶大安度這次難關的傳統。[114]改革者結集的〈申命記〉定本是行動號召：首先，它否定所有的迦南象徵，即使是以前完全可接受，甚至所羅門聖殿裡也比比皆是的聖柱（asherah）和石柱（masseboth），都不再為律法許可。[115]其次，敬拜活動被嚴格集中，以確保純一不雜：從此以後，獻祭只能去「雅威立祂的名」的地方——[116]耶路撒冷聖殿，如今碩果僅存的聖所。最後一項改變大幅顛覆近東傳統：君王不再被當成超凡入聖的神聖模範，他也必須遵守律法，研讀並切實奉行妥拉是他的職責。[117]

雖然這場改革不乏有力的支持者（先知耶利米也是其中之一），但終究擋不住物換星移。儘管如此，〈申命記〉的經文還是成為《希伯來聖經》的重要部分，也因此深刻影響未來的世代。這些經文還不是「一神論」，以十誡第一誡為例：「在我的臨在之前，你不可有別的神。」這條誡命針對的顯然是瑪拿西把「別的神」供奉在聖殿——雅威的「臨在」（榭基納〔Shekhinah〕）❷受敬拜之處，不過它並未否認其他神祇的存在。三十年後，以色列人依然膜拜美索不達米亞女神伊什塔爾（Ishtar），雅威的聖殿也還是畫滿其他神祇。[118]

這種毀像神學（iconoclastic theology）對當時來說太新，新到申命記派（Deuteronomists）不得不重寫以色列和猶大的歷史來自圓其說，後來的〈約書亞記〉、〈士師記〉、〈撒母耳記〉（Samuel）和〈列王記〉都是他們結合兩國敘事而成。這個版本的歷史「證明」，北國之所以覆滅，是因為偶像崇拜。申命記派把約書亞寫得有如亞述將領，他大肆屠殺應許之地的迦南住民，毫不留情地摧毀他們的城市。遭到外部敵人威脅時，人們常常會轉而攻擊內部敵人，改革派開始把迦南宗教視為「可憎的」，下令搜捕所有參與其中的以色列人，絕不寬宥。[119]

亂世之中，昔日不慍不火的智慧傳統課程顯得過時，於是申命記派改弦易轍。[120]現在年輕學子必須讀出埃及和摩西妥拉等北方傳統，受教育也成為所有以色列男性的義務，不再限於精英階級。[121]教育的目的仍是把「教誨」（妥拉）刻在心版，藉由不斷複誦灌輸何西阿的hesed——「愛」或「（對聖約的）忠」：[122]

> 以色列啊，你要聽！雅威，我們的伊羅興，是唯一的雅威。你們要全心、全靈、全力愛雅

❷譯注：「榭基納」是猶太教密契主義重要主題，請見名詞釋義。

威——你們的伊羅興。我今天吩咐你的這些話，你要寫在心上，也要不斷教導你的兒女；無論你在家、在外、或臥或立，都要吟誦；要繫在手上作記號，戴在額上作經匣；又要寫在你家的門框和大門上。[123]

在這段政治動盪的日子，申命記派要求猶大人成為「以色列人」，「遺忘」農業帝國時期的輝煌歲月，「銘記」自己曾是沒有國家的異鄉人；「遺忘」對所羅門王智慧的推崇，「銘記」自己是被雅威「救出埃及」，他們必須日夜研讀妥拉，[124]獨獨依賴《聖經》的話，不仰仗「偶像」的儀式化支持。[125]

在〈申命記〉中，摩西對即將進入應許之地的族人致最後一言，他懇請他們銘記在曠野裡流浪的落魄時光：雅威之所以讓他們在沙漠待了四十年，是為了「使你們謙卑……使你們知道人的生存不僅是靠食物」。[126]他們絕不能受迦南文明的奶與蜜誘惑，必須和安逸的農業生活保持距離，因為那不是自己得來的：

> 雅威必領你們進入祂向你們的列祖亞伯拉罕、以撒、雅各起誓要給你們的土地，那裡宏偉而繁榮的城市不是你們建造的，屋裡堆滿的好東西也不是你們積存的。那裡的水井不是你們挖掘的；葡萄園、橄欖園也不是你們培植的。在你們吃飽的時候，你們應留心，不要忘了領你們從埃及那奴役之地出來的雅威。[127]

深耕曠野流浪歲月的回憶，是曾受壓迫的邊緣人責無旁貸的反抗手段。[128]在〈申命記〉令人畏懼的強硬態度下，埋藏的是以色列人亡國、遭受血腥屠戮和被蠻橫驅逐的恐怖記憶。

公元前六〇九年，約西亞追求國族獨立的雄心以悲劇收場，他在與法老王尼哥（Neco）的一場小型軍事衝突中陣亡。新巴比倫帝國此時已取代亞述，正與埃及爭奪近東地區的控制權。猶大靠著閃躲強權求存，儘管耶利米多次警告這種做法既無謂又危險，但他們還是這樣撐過幾年。雅威吩咐耶利米寫下祂的神諭，好讓後世記住祂曾一次又一次地要以色列向巴比倫投降。[129] 耶利米向文士巴錄（Baruch）口述雅威的話，但新王約雅敬（Jehoiakim，約西亞之子）焚毀書卷。雖然耶利米再次口述，留下第二份書卷，但被焚毀的卷軸就像在預言耶路撒冷的命運。[130] 公元前五九七年，巴比倫王尼布甲尼撒二世（Nebuchadnezzar II）為懲罰猶大叛亂，一舉驅逐八千名貴族、士兵和匠人。公元前五八六年，猶大再次興兵失敗後，尼布甲尼撒二世將所羅門聖殿夷為平地。儘管猶大至此似乎已窮途末路，但有些被放逐者注意到申命記派，也勤用他們的記憶抵抗國族滅亡。在放逐期間，他們在新聖典中找出路，以研經替代被毀的聖殿儀式。新的聖典將他們彼此迥異的口傳傳統轉化成摩西五經——《希伯來聖經》的頭五卷書。以色列的國族浩劫即將掀起一場聖典革命，但是現在暫且按下不表。

第二章

印度：音聲與靜默

公元前一千五百年左右，一群又一群的游牧人離開高加索大草原，往南移動，穿過阿富汗，最後在今日巴基斯坦的旁遮普（Punjab）一帶落腳。這些移民既不是大規模遷徙，也不是武力入侵，比較可能是好幾群亞利安人（Aryans）在數百年間慢慢移入。[1]其他亞利安人則已遷往更遠的地方，把他們的語言和神話一起帶去。亞利安人並不是族群明確的族群，而是由擁有共同文化的部族組成的鬆散聯盟，他們共享的語言現在被稱為「印歐語」（Indo-European），因為它是好幾種歐洲和亞洲語言的基礎。旁遮普的這群亞利安移居者說的已是早期形式的梵文——世上最古老的聖典語言之一。

大約三百年後，祭司精英階級開始大規模選編梵文讚歌，這套讚歌就是《梨俱吠陀》（*Rig Veda*，意為「詩中之知」），印度大部頭聖典《吠陀經》（*Veda*，「真知」）中最崇高的典籍。最古老的幾首從遠古時代即已傳給七名偉大的仙人（rishis，意為「先見」），再由他們一字不差地傳給後代，七個祭司家族透過背誦，代代相傳，把祖先蒙啟示得來的讚歌口傳給子女。[2]直到現在，即使他們已經幾乎不懂古老的梵文，卻還是能準確唱出原始的音調和轉折，伴以儀式規定的手臂與手指動作。[3]對亞利安人來說，聲音永遠是神聖的——甚至比歌詞的意義重要得多——所以在祭司吟詠和背誦這些讚歌時，他們感覺自己浸淫於神聖之中。

我們現在提到「聖典」，馬上會想到書面文本，恐怕不太容易消化「經文的聲音重於其所傳達的真理」的觀念。可是印度對書寫很陌生，直到公元前七世紀左右總算有了書寫，但還是把它當成邪魔歪道。年代較晚的吠陀文獻有這樣的規定：「弟子食肉、見血、交媾或書寫後不應吟誦吠陀。」[4]書寫之於古代印度，就如「偶像」之於約西亞治下的以色列，是一種降低格調又充滿陷阱的載體，用它承載神聖是不入流的。因此儘管書寫技術不斷推進，吠陀讚歌還是繼續以心學習、以口傳授。歐洲人在十八、十九世紀到達印度後，因為完全看不到吠陀的抄本和書籍，一度懷疑它是否真的存在，但婆羅門祭司堅決告訴他們：「吠陀屬於宗教，書上沒有。」[5]

在今天的西方世界，往往認為聖典是絕對的，永遠封印，不可增刪，神聖不容侵犯。但我們之前已經看到的是，在前現代世界，聖典始終是進行式。古代典籍雖然備受尊重，卻不是化石，聖典必須對不斷變動的環境提出回應，也常常在這個過程中澈底蛻變。《梨俱吠陀》顯然正是如此：在現存《梨俱吠陀》中，卷二到卷七是最早的「家傳書」（Family Books）；卷八和卷九是另一個世代的詩人祭司之作，可是它們的地位與最初七位仙人的讚歌相同；卷一和卷十又出於另一群看法非常不同的仙人之手，但後來還是被加入。[6]美國學者布萊恩・K・史密斯（Brian K. Smith）表示，吠陀是「獨具一格的正典……不斷重新思考，卻又永恆不變」。[7]

亞利安人看起來實在不像創作聖典的人，因為他們過得和我們認為的「虔誠」天差地遠：他們的謀生方式是偷敵對亞利安部落的牲口、搶本地原住民的土地，還把本地原住民蔑稱為達薩（dasas），意思是「蠻人」。他們不覺得這麼做有什麼不對，因為對他們來說，這是「上等人」

（arya）唯一能接受取得財貨的方式，這種態度與農業文明中強徵農民作物的貴族並無二致。[8]亞利安人只有在掠奪和戰鬥時，才真正覺得活著，他們不是愛好和平的瑜伽行者，而是粗魯無文、飲酒無度的牛仔，為了更多的牛和牧場不斷東擴。[9]

《梨俱吠陀》讚揚這種精神，最早的讚歌歌頌戰神因陀羅（Indra），消滅惡龍弗栗多（Vritra）的英雄。弗栗多象徵亞利安移民的一切阻礙，牠的名字出自印歐字根VR，意思是「阻擋、封閉、包圍」。亞利安人把弗栗多想像成巨蛇，牠在時間之初緊緊纏繞著宇宙山，讓生命所需的水流不出去，導致遍地乾旱，寸草不生。因陀羅將祂光芒萬丈的雷電擲向弗栗多，割下牠的頭，使大地恢復生機。這則暴力的神話明白道出亞利安人的困境，他們覺得自己被敵人團團包圍，必須殺出一條血路才能繼續前進，奪下生存所需的牛、馬和食物。每個聖典傳統都有自己的核心主題或動機（motif），反映出這個傳統對人類困境的獨特觀點。我們馬上會看到，這群印度移民對解脫（moksha）有著根深柢固的渴望，即使在弗栗多幾乎被人遺忘很久以後，印度人還是覺得自己陷於生死困境中動彈不得。解脫的相反是amhas（「困」），與英文的「anxiety」和德文的Angst是同一個印歐字根，帶來深層的不安與幽閉恐懼般的苦惱。以後的人會為了超脫人生之苦而精進禪修和持戒，古代亞利安人則只有奮勇突圍一途。

我們不該以為這些仙人只是肅立一旁遠觀衝突，他們跟著打家劫舍，也參與每場戰鬥。[10]在讚歌裡，這些詩人祭司說自己與因陀羅一同衝鋒陷陣，[11]並聲稱是自己的吟誦儀式賦予因陀羅力量，讓祂擊垮伐羅（Vala）囚禁太陽和牛隻的山洞，讓大地重獲光明、溫暖及食物。[12]其他讚歌也提到因陀羅的同伴摩錄多（Maruts），他們的歌聲不但能強化因陀羅上陣殺敵的力量，[13]也能掃蕩所有阻礙。[14]因此這些詩歌顯然非同小可，對戰爭技能、草原經濟、戰士福祉和亞利安人的存續都至關緊要。雖然後來的印度聖典發展出不害（ahimsa）信條，可是在這個階段，仙人們得自天啟的話語攸關存亡，若能正確吟誦，即可置亞利安人的敵人於死地。

要是你問這群亞利安人：這些激烈的宇宙大戰真的曾經發生嗎？有沒有證據能證明因陀羅或弗栗多的存在？他們會一頭霧水，甚至不懂你究竟想問什麼。因陀羅、弗栗多和伐羅屬於神話——屬於聖典的語言——帶你回到原初時間，思考什麼才是人類生命裡關鍵不變的。對一直感覺身陷重圍的亞利安人來說，弗栗多和伐羅既不是想像，也不是歷史，因為牠們體現的是永存當下的真實，是存在核心永不休止的生死衝突。他們在營地四周的達薩身上看見弗栗多和伐羅；他們知道動物不是獵殺，就是被獵，為了求生，只能不斷爭鬥；而可怕的風暴、地震及乾旱，會一視同仁地讓所有生物陷入險境。太陽每天晚上都被黑暗勢力吞滅，但不可思議的是隔天早上總能再次升起。

這群人始終感覺八面受敵，[15]連較為平和的亞利安神祇的名字都與團結對外有關——密多羅（Mitra）指的是「緊密」或「同盟」，而伐樓那（Varuna）的意思則是「掩護」或「結合」，這些名字不但把凝聚不同部落的「忠」神聖化，也預設敵人無處不在。[16]亞利安人永遠面臨威脅，也將隨時備戰的處境投射到宇宙，相信他們的神祇提婆（devas）就在那裡與阿修羅（asuras）交戰，對抗著這群落入魔道的古老原始神明。有的詩歌提到晚上有惡靈在營外梭巡，[17]有的詩歌一再警告饑荒和疾病的幽魂近在眼前。[18]隨著吠陀思想的發展，亞利安人似乎認為蛻變之前必須經歷危險和解體——在伐樓那帶來和平與秩序之前，弗栗多必然得勢。[19]吠陀神話說原初的一崩裂為多，說宇宙是從神祇被支解的身體形成的，還說聖言（the divine Word）自天界墜落，碎成數不清的音節，仙人們努力要重新拼回。[20]

人類和其他動物不一樣，人無法認為世界現在的樣子是理所當然的。亞利安人以神話解釋生命，同時也以務實的理性改善處境。為了讓每個人分到好處，攻擊必須預先計畫，戰技必須設法精進，草原經濟也必須盤算周全。不過他們也像每個戰士一樣，總是告訴自己出征是為了撥亂反正。亞利安神話與這些理性主導的活動並不衝突；事實上，神話不但肯定這些活動，也幫助他們更加順利。例如在發動攻擊前，祭司會吟唱歌頌因陀羅獲勝的讚詩；戰士們將馬匹套上戰車後，會喝下一種名為蘇摩（soma）的迷幻藥，像因陀羅開始作戰前一樣。雖然換個角度來看，這種生活方式似乎野蠻、恐怖又沒有意義，但《梨俱吠陀》神祕的吟唱讓它顯得莊嚴而重要。

這麼做得到回報，到了公元前十世紀，亞利安人不但穩定東擴，還在亞穆納河（Yamuna）和恆河（Ganges）之間的陀坡（Doab）安頓下來，這片地區此後便以亞利安．伐爾塔（Arya Varta）為名，意為「亞利安之地」。每年天氣轉涼後，他們會派出一隊又一隊戰士攻擊當地人，建立新領土，把勢力範圍再往東推進一點，並以新的儀式將逐步擴張的過程神聖化。[21] 到了這個階段，亞利安人最重視的英雄變成火神阿耆尼（Agni），因為拓荒者在紮營之前必須放火燒林，清出空間。對亞利安人來說，提婆不是「他者」，不是有別於他們的「另一種」存在，而是他們自己的神聖面向。阿耆尼不只象徵拓荒者征服和控制新環境的能力，也是他們的「第二自我」（alter ego）——他們最高貴、最深刻，而且同樣具有神性的「真我」（atman，「阿特曼」）。[22]

提婆和現代西方的「神」的概念不可混為一談。提婆的意思是「照耀」和「提升」，不論讚歌、情感、河流、風暴或山岳，任何事物都適用這種特質，而亞利安人也在其中瞥見超越的潛能。[23] 對亞利安人來說，神聖絕非封閉於自己的形上領域，而是滲透於整體實在。所以提婆不但是自然力量的縮影，也象徵似乎能讓人暫時登上更強烈存在狀態的激情，例如愛與戰鬥時的狂喜。近代以來的西方科學已經把物質和心理及靈性分開，可是對受右腦全觀視野啟發的吠陀仙人而言，沒有任何事物純粹是物質的，因為一切全都浸潤在超越的潛能之中。[24]

因此，阿耆尼等於亞利安祭典中最關鍵的聖火：據說太陽——維持生命的火——曾落入我們的世界，被埋在地殼底下。但是只要摩擦或敲擊木條或石頭，阿耆尼就會再次燃起，把拋入聖火的禮物帶回天界。阿耆尼也是心中之「火」，從我們存在深處某個神祕的角落升起，在思維裡展現。讓人迷醉的蘇摩也是提婆，因為它不但能提高戰士的勇氣，而且是強化仙人直觀能力的啟示之源，讓他們能暫時超凡入聖。[25]對這種掙脫塵世束縛而無限擴大的感覺，有位仙人是這樣說的：

> 我們已飲下蘇摩，我們已化為不朽；我們已奔向光明；我們已見著眾神。喔，不朽者啊，必朽之人的憎恨與惡意如今於我何傷？……
>
> 軟弱和病痛皆已消失，黑暗的力量已落荒而逃。蘇摩已攀上我心，擴大。我們已到他們延長壽命之地。[26]

凡是能擴大亞利安人的視野、讓他們想起神聖的，都是提婆：提婆幫助他們在凡塵世界裡安然自在。在《梨俱吠陀》中，阿耆尼和蘇摩都被稱為亞利安人的「慈悲的朋友」；而每天清晨喚醒亞利安人的白晝之神密多羅，字義也是「朋友」。[27]仙人們想像：在祭祀場上，密多羅和黑夜之神伐樓那會一起坐在亞利安人旁邊，猶如交情深厚的友伴。[28]

亞利安人沒有井然有序的神譜，也沒有至高神或「高位神」，因為所有的提婆都分受一股遍在、終極、非人格的力量。「智者以很多方式稱呼一，」有一位仙人說，「他們稱它為因陀羅、密多羅、伐樓那、阿耆尼。」[29]每個提婆都被歌頌為宇宙的創造者和維繫者，因為祂們都像一面透鏡，讓人得以一窺整體實在，也讓人看見絕對（Absolute）的不同面向。不過，這個實在不是至高無上、獨立自存、無所不能的存有，它「存在」的方式也和我們認識的脆弱、必朽、會出錯的東西不一樣，這無所不包又極端神祕的實在，毋寧說是存有本身。

亞利安人觀察宇宙的複雜運作，對它的規律驚奇不已。每朝升起的太陽就像天天發生的奇蹟：為什麼太陽、月亮和群星不會從天上掉下來？為什麼河流會源源不斷流入大海，卻不會淹沒土地？季節怎麼能這麼規律地一再更迭？現代科學的確回答了這些問題，但亞利安人著力的方向是神話而非理性。在沉思宇宙運作之理時，他們察覺到宇宙裡似乎有一股力量，把可能發生衝突的各種要素拉在一起。這股力量既不是提婆，也不是現代所理解的造物之神，而是一股超越的、非人格的力（force），亞利安人稱為梨多，意為宇宙的韻律。他們發現，宇宙裡的要素似乎總會回到源頭，所以也試著模仿這套規則，透過祭典，請阿耆尼將他們獻上的供品帶回天界。任何一項引起紛爭、把東西據為己有的行為，都違背梨多——所以是「錯」（false）的。弗栗多和伐羅之所以要破壞宇宙的完整，侷限自然秩序的無垠之美，創造出黑暗、貧瘠、死亡的世界，就是因為有這種心態。[30]

雖然仙人們強調終極實在無法言詮，但他們不知怎的還是透過語言「見」著它。《梨俱吠陀》晚期的一首讚歌說，聖言（Vac）自陳她是涵容提婆和世間一切的超越實在：

> 我與樓陀羅（Rudras）同行，與婆蘇（Vasus）同行，與阿迭多（Adityas）同行，也與一切諸神同行。我懷密多羅和伐樓那，懷因陀羅和阿耆尼，懷雙馬童（Ashvins）……
>
> 我在世界之頂生下父親。我的子宮在水裡，在大海裡。我從那裡散播一切生靈，我頭上的冠冕觸及高天。

> 我如風吹送，擁抱一切生靈。在天空之上，在大地之下，我成就如此偉業。[31]

在《希伯來聖經》和《新約聖經》裡，神的「聖言」（Word）❶也是創造之力：「萬物都是藉著他造的。」[32]以言為喻的現象幾乎無處不在，傳達出人類境況的一項真理：我們藉言語為自己創造世界。小孩喜歡說話，因為使用語言能為自己創造「宇宙」（cosmos）——一個有秩序的世界，小孩對環境的認識和他們對語言的掌握是同時發展的。[33]所以是語言讓實在對我們產生意義，但若想表達在它範圍之外的事物，便只會詞窮。

據說吠陀萬古以來一直出聲，但是直到仙人出現才第一次被聽見。[34]在蘇摩（或許還有早期形式的瑜伽）加持下，仙人們感覺到凝聚宇宙的那股神祕力量。雖然他們沒有記錄過程，但是或許曾經刻意培養這種洞見。「密契主義」（mysticism）一詞源於希臘動詞muo，意思是「關閉」。據後來的冥想者解釋，他們會在冥想時「關閉」分析和推論活動（我們現在已經知道，分析和推論是左腦的特徵）。佛雷芒（Flemish）密契者若望・魯斯堡（Johannes Ruysbroek，一二九三－一三八一）曾以基督宗教的詞彙描述這種操練：

> 聖父的啟示將靈魂抬高到理智之上，到達無形無象的赤裸。去到那裡的靈魂單純、純淨而無瑕，空掉一切，而聖父就在這種絕對的空的狀態現出祂神聖的光輝。理智、感覺、評論和分辨都無法服事這光輝，那些東西必須待在底下。[35]

---

❶譯注：新教現代中文譯本及和合本譯為「道」。

心一旦這樣「空」掉，右腦的全觀視野就能自由揮灑。對魯斯堡來說，這種狀態是他稱為「聖父」的存在賜予的，可是在印度，密契者認為這是人類主動達成的，他們還發現調息能引發這種「內在專注狀態」（internally focused states）。[36]（稍後會談到調息對瑜伽的重要性。）《梨俱吠陀》的讚歌反映的似乎是右腦的視野，見到的是宇宙中相異的部分在靈性層次相連。這告訴我們：從《梨俱吠陀》那麼早的時代開始，聖典傳授的真理就不同於事實知識。畢竟，事實知識出自我們一般的、左腦式的對世界的看法，而世界只是複雜得多的實在表象。

《梨俱吠陀》的讚歌說仙人們「聽」到聖言——一種與人間語言無關的神聖之聲，因為他們也用智（dhi，「內在之見」〔inner vision〕、「洞見」）「見」到它。他們說，雖然「真知」（veda）超越一般語言所能描述，而且我們幾乎無法用平常吸收和處理資訊的方法認識它，但是「內在之眼」會以某種方式將「真知」「視覺化」。[37]那麼，這些仙人究竟「見」到什麼呢？他們似乎驚鴻一瞥見到梨多。在「異象」（visions）中，梨多化為光芒萬丈的提婆，有的駕戰車，有的坐在天界的金色寶座上。仙人們接收到一連串靜止又毫無關聯的畫面，也試著以生澀的人間語言傳達這些異象，期期艾艾地說：「我們真的使出我們的洞見（dhi）之力，在祢們的寶座上有金色的某種東西，我們用心去看，透過自己的眼，透過蘇摩獨有的眼。」[38]這「金色的某種東西」與一切凡塵俗物不盡然相關。仙人們並不打算用明確的線性敘事描述這些提婆的活動，因為迸入他們心中的聖言就像一連串「劇照」，一張張一閃而過，彼此在邏輯和時間上都不連貫。他們見到的超越時間，可能是過去、現在或未來——也可能同時包括過去、現在和未來。[39]《梨俱吠陀》裡的讚歌是一道道倏忽而逝的靈光，而且形式常常是謎語、悖論和意義不明的問答。[40]印度人至今依然相信只憑理智無法獲得真知，因為神聖超越智性、教理和經驗。

不過天啟並非只供仙人獨享，而是為了他的同胞。印度有一種說法：見到異象的人必須「回到鬧市」，恢復正常生活，用一般人能懂的方式傳遞這些神祕的洞見。換言之，仙人（或稱「先見」）必須成為「詩人」（kavi），必須以某種方式得到「偈語」（verbal formula），即梵（brahman），以凡俗的語言訴說無法言詮之事。仙人有時也會祈請提婆協助。[41]梵的字根意思是「漲」或「長」，詩人似乎感到有某種非常強大的東西從內在掀起波濤。談到自己創作詩歌的過程，說那就像裁縫製作「美麗大方又做工講究的袍子……也像能工巧匠打造戰車」，[42]把已經存在的不同東西巧妙結合，創造出新的東西。[43]

仙人只能傳達這無以名狀的異象，因為他不知不覺體現出它——[44]仙人也被稱為悸動者（vipra）❷，因為他隨著梨多的節奏「震顫」或「發抖」。[45]在超越的異象裡，仙人不只是與另一種存在相會，也是使自己以某種方式神聖化。讓個人達成這種蛻變，是獲得超越異象的全部重點。右腦揭示萬物之間深層的相連，因此聖與俗、神性與人性之間並沒有鴻溝。這是隱喻的世界，而隱喻連結明顯相異的事物，讓我們以不同的方式看待彼此，說「人即是神」代表我們對人性和神性的認識都幡然改變。在印度，人們經驗真理的主要方式，依然是藉著接觸那些流露神聖智慧的人。[46]

當亞利安人在獻祭時吟誦仙人的讚歌時，以梨多的精神將這些讚歌還給曾經協助創作它們的提婆。真心聽過聖典的人永遠必須回報。在異象中，仙人們看見提婆在天界付出多少努力，所以認為自己也立下維護宇宙秩序的神聖誓言（vrata）。每天清晨，密多羅和伐樓那都會將太陽升上高天，[47]

❷譯注：通常譯為「智者」，此處從其字面意義譯為「悸動者」。

而伐樓那還會讓天空保持在大地上方，好讓雨水降下，滋潤土壤。[48]在提婆操作宇宙祭儀以維持世界存在時，亞利安人會請阿耆尼把他們的供品（食物和蘇摩）帶到天界，為忙碌的提婆提供支持，補給能量。[49]這些神話和相應的儀式，有助於亞利安人培養敬畏與感恩的態度，不把世界當作理所當然。他們拒絕為私利剝削大自然，因為有協助維護宇宙的法（dharma）——「道德責任」。無論是將看不見的自然之力擬人化，或是把特定提婆與風、太陽、大海和星辰連結起來，都是他們表達與宇宙奧祕親近感的方式。[50]

因此在印度，儀式從一開始就與聖典密不可分。雖然我們對早期吠陀儀式認識有限，可是對新年祭典已經略知端倪。在亞利安人看來，宇宙在新舊年之交有回復原初混亂的危險。[51]為了強化梨多，讓它成功勝過黑暗力量，亞利安人也會在儀式性的戰車賽、射箭、拔河、擲骰子和模擬戰中激烈較勁。[52]競賽項目之一是作詩，仙人靠自己的守護神為靈感即興創作，由於競爭非常激烈，甚至有詩人比擬為因陀羅與弗栗多之戰。[53]舊的一年的逝去，再次引發他們對人人終有一死的焦慮，因此詩人的重任就是化解他們對死亡的恐懼，全力道出傳遞洞見的梵——「偈語」。[54]

在其中一首讚歌裡，一名青澀的年輕詩人站在臺上，環顧對手，承認他深感惶恐。雖然他已經得到靈感——在新舊年之交的關鍵時刻，阿耆尼會「像君王一樣以祂的光逼退黑暗」。[55]但是他真的有本事講出能緩和聽眾恐懼的梵嗎？他也擔心搶了前輩的風頭。不過他吟出第三節時，突然恍然大悟——構思並道出梵的不是他，而是阿耆尼，因為阿耆尼與他在天啟當下為一：

祂知道如何穿針引線、縫布織衣；
祂自有翩翩文采，出口成章。

> 領悟這點（智慧）的人是不死的保護者；
> 即使他不離紅塵，仍看得比任何人更高。[56]

阿耆尼不是這個年輕人必須信奉的遙遠神祇，祂就是他胸中澎湃的超越經驗，以人的語言無法描述的異象之光點燃他的心。「我該說什麼？」他吶喊，「我該想什麼？」[57]

吠陀社會熱中一較高下，這個年輕詩人很擔心會讓前輩下不了臺，因為他知道詩歌競賽常常令人顏面盡失。在這麼重要的場合表現笨拙（amati，意為「腦袋不清」），可能連祭司的身分都會被剝奪。[58]儘管如此，另一篇讚歌堅決表示：詩歌應該能凝聚社群，而非引起紛爭。要論最早的七位仙人最大的成就，莫過於：

> 最開始的時候，當他們啟動語言——為萬物賦予名稱時，他們藉著愛揭露了最純粹，也守得最嚴的祕密。
> 當這群智者以思考形塑話語時，像用篩子篩穀物一樣篩選話語，朋友們看出這份友誼。他們在話語裡放進善的標記。[59]

作詩有如在儀式中過濾蘇摩，榨出它神聖的汁液。以詩人有限的心過濾聖言是極度困難的，又因為靈感生於愛，所以如果他們只為自利而作，必定失敗。聖言「就像充滿愛意又精心打扮的妻子，向丈夫展露自己的身體」。[60]因此，啟示應該要讓人團結。仙人責備一個「拖累這段友誼」的詩人，因為真正的覺悟與敵意水火不容：[61]「拋下曾一同學習的朋友的人，與聖言無份。」[62]

公元前十世紀，亞利安人進一步推進對終極實在的概念，稱終極實在為梵。如前所述，這個字原本是指偈語（poetic formula），此時則用以指涉遍在宇宙的能量：梵讓萬物成長、擴張、茁壯，因為它就是生命本身。[63]梵和梨多一樣，不是提婆，而是一股比眾神更高、更深也更根本的力量。[64]它無法被定義或描述，因為它無所不包，人不可能外於它而見其全貌。不過，人可以在戲劇性的儀式裡憑直覺經驗到它。到了這時候，祭儀常以一種名為參梵（brahmodya）的儀式性競賽作結。詩人祭司透過交相詰問挑戰彼此，試著想出「偈語」（brahman）來界定無法言詮的梵。參梵的進行方式是：挑戰者先提出艱深的問題，對手再回以同樣晦澀的提問，直到其中一名參賽者的問題讓眾人陷入沉默，他就是贏家。不過，他之所以得勝不是因為博學多聞、聰明絕頂或有天縱之才，而是因為帶大家領會到那無從描述的梵。隨之而來的沉默，也許或多或少就像交響樂章的最後一個音符淡去之後，音樂廳裡短暫陷入的靜默。這樣的沉默是圓滿、雋永而神聖的，因為梵臨在其中。祭司們精妙的思考和睿智的嘉言消失，忙碌的心也靜止下來，他們感到與那股串起整體實在的神祕力量為一。梵超越人類的一切範疇，只有在驚覺言語力有未逮的啞然中才能經驗到它。[65]

《梨俱吠陀》晚期的一首讚歌就是參梵，一開始就說太初是無，既非存在，亦非不存在。仙人們接著提出一連串難以回答的問題，想知道這個井然有序又化育萬物的宇宙，是怎麼從混沌虛空裡浮現的？

誰真的知道？這裡有誰能向大家說說？如果它是受生，它生自何處？如果它是受造，它造自何處？連眾神都是隨宇宙創生而生，不知道更早的事。所以，到底有誰知道宇宙從何而來？也許它是自己形成的，但也可能不是；也許在至高天界俯瞰著它的那一位知道——但也許連祂也不知道。[66]

最後，仙人們陷入沉默，承認自己面對的是無法言傳之事。甚至連提婆都無法回答這些提問。向來熱愛競爭又好發議論的亞利安人，終於學到一個關於聖典的重要真理：就算是天啟而來的文本，也無法回答一切問題。所有宗教語言最後都將遁入沉默，連來自天啟的聖典文句也不例外，這樣的沉默流露出的是敬畏、詫異和不知。

⁂

到了公元前九世紀，亞利安人已經東擴更遠，在恆河和亞穆納河之間建立兩個小國：一個由俱盧族（Kuru）和般度族（Panchala）創建；另一個則由雅達瓦族（Yadava）建立。亞利安人這時候治理的是不折不扣的農業國家，雖然在此之前，亞利安社會沒有嚴格的階級之分，但是農業國家需要社會分工。換言之，他們需要與精通農作的原住民達薩合作，於是妖魔化達薩的舊神話退場，現在每年只有精英戰士才會被派去打劫。昔日的戰士有的在田裡和達薩一起工作，有的變成陶匠、皮匠、鐵匠和織工。這時的亞利安社會有四個階級，頂端是婆羅門（Brahmins），主持儀式的祭司；接著是戰士階級羅闍（Rajanya，後來稱為剎帝利〔Kshatriya〕，意為「權勢者」）；然後是常民階級吠舍（Vaishya）；最後是擔任「首陀羅」（Shudra，意為僕役）的達薩。

這時的祭司有更多空閒將神的概念精緻化，也發展出以儀式而非提婆為重心的儀式科學，並將新的見解記錄於梵書（Brahmanas）。這些新的文本最後大約在公元前六百年編纂成集，明確宣示聖典從屬於儀式，[67]目的只是為祭司提供祭祀（yajna）細節的指導。[68]吠陀這時分成四部：第一部是《梨俱吠陀》，其他三部分別是《娑摩吠陀》（*Sama Veda*）、《夜柔吠陀》（*Yajur Veda*）和《阿闥婆吠陀》（*Atharva Veda*）。《梨俱吠陀》裡的是讚歌（rig）；《娑摩吠陀》收錄詠歌（samen）和祭祀時吟誦它們的指示；《夜柔吠陀》匯集祭祀時使用的散文體短偈（short prose formulae）；《阿闥婆吠陀》則是讚歌和咒語選集。四個祭司學派必須各自背誦和傳承其中一部吠陀，並在儀式中擔任祭官。[69]專精《梨俱吠陀》的勸請（hotr）祭官負責主要吟誦，協助他的是「大聲詠唱」《娑摩吠陀》裡詠歌的歌詠（udgatr）祭官，擅長《夜柔吠陀》的行祭（advaryu）祭官則執行祭祀動作。第四位祭官是婆羅門（brahmin），雖然他在儀式中從頭到尾默不作聲，但他的在場是重中之重。婆羅門必須監督整個過程，確保儀式正確進行，如果出錯，他會在心中補全失誤的部分。[70]據說婆羅門的沉默「占祭祀之半」。[71]雖然梵書把重點放在道出的言語，但代表那無以名之之物的沉默，仍是儀式裡所有口誦之詞的核心。[72]

新的儀式因渴求蛻變者眾而得到力量，昔日喧鬧的儀式化競賽被象徵性的天界之旅取代。剎帝利或吠舍可以資助儀式，成為「祭主」（sacrificer）或「功德主」（patron），在四名祭官的引導下經驗整套儀式，暫時獲得神聖的地位。[73]祭主會先沐浴，再塗上新鮮的奶油，接著進入祭火旁聖化過的小屋（Hut of the Consecrated）。在那裡，創生的熱（tapas）會以神聖的力量充滿身體，讓他發熱，乃至象徵性地在眾神的世界重生。[74]新儀式以連結（bandhus）為本，他們相信天上和人間的現象是相連的，所以儀式裡的每個動作、道具及讚歌，都和宇宙實在連在一起。換言之，新儀式試著把仙人們對宇宙的全觀視野具體化。如果參與儀式的人能完全意識到這些「連結」，儀式就能跨越天界與人間的鴻溝，將神與人、人與動物、可見的與不可見的，以及神聖的與凡俗的，都接在一起。[75]

左右腦額葉是協同行動的。梵書的儀式科學猶如左腦，它解釋、分析、系統化右腦對萬物相連的直觀認識。不過，儀式的戲劇過程和感官經驗也會被蘇摩強化，將對於連結的分析送到右腦，讓功德主在身體和情緒上經驗到這些「連結」，從而獲得點化：超越的梵匯集宇宙不同元素，將它們拉入神聖的統一。舉行儀式時，功德主必須察覺每件道具（如柴薪）的意義——因為它們都與創生宇宙的原初儀式裡用過的道具有關；必須想像自己和倒入聖火的酥油是一體的，好讓自己真的把自己獻給神明，在煙裡上升到天界；他也必須深信自己和牲禮密不可分，所以牠的死就是自己的死，而他至少在儀式進行時能不再被死亡的恐懼所苦：[76]「祭主自己成為牲禮，讓自己脫離死亡。」[77]

功德主也要提醒自己正循著提婆的足跡前進，因為祂們在原初時間裡也是藉著這些儀式獲得神聖地位與不死。「諸神那時做到了，所以人現在也做得到。」[78]不同的是，諸神能把儀式進行得完美無瑕，但對凡人來說幾乎不可能。由於儀式過程極其複雜，可能出錯的細節太多，所以有祭官懷疑是否有人真能完成天界之旅——事實上，即使有人成功，也無法在還需要身體時繼續待在眾神的世界。儀式只能帶祭主到天界一段時間，讓他在那裡為死後的自己保留一方天地。[79]若想確保死後永生不朽，祭主必須一次又一次地經歷儀式。他們相信，若能持續一生正確累積儀式之「業」（karma，行為），最後就能永遠安居眾神的世界。[80]

有的詩人推進對提婆的看法，也在新讚歌裡表達洞見，這些讚歌在公元前十世紀被加進《梨俱吠陀》，成為新儀式科學的憲章神話（charter myths）❸。第一首以參梵為形式，提出一連串無法回答的問題，最後默然領悟存在核心的奧祕，欲辯已忘言。一位仙人不斷追問：「誰（Ka）是我們應以祭物膜拜的神祇？」這個問題像副歌一樣貫穿全詩，可是似乎沒有任何提婆夠資格。誰是人和牲口真正的主？白雪覆蓋的高山屬於誰？大海又屬於誰？哪個提婆能支持天界？最後，詩人見到一名提婆從原初的混沌中現身，那是終極的梵化為人形。祂叫生主（Prajapati），意為「一切」（the All），因為祂就是宇宙，就是維繫宇宙的力量和人類心中的意識種子。不過終極實在雖然化為人形，卻絲毫不減其無以言詮的特質，因為沒有人能了解「一切」，所以人還是無法談論生主。[81]事實上，據說生主的真名就是這首讚歌一開始的那個疑問代名詞：「Ka?」——「誰？」

二十世紀初，在牛頓體系的幾個重大問題得到解決後，有人認為我們很快就能完全了解宇宙。但亞伯特・愛因斯坦（Albert Einstein，一八七九－一九五五）沒過多久就拓展量子物理，幾乎推翻牛頓科學的每個主要假設，勾勒出一個無法理解的宇宙。不過，愛因斯坦並未對此心神不寧，因為他像吠陀仙人一樣樂在驚奇，甚至說過：「對這種情懷陌生的人……跟死了也沒兩樣」：

> 知道我們無法參透的東西真的存在，知道它以至高智慧和至耀之美之姿向我們展現，而我們鈍拙的官能只能以最原始的方式認識它——這份了悟、這種感受，是所有真正的宗教性的核心。[82]

仙人們參梵不是故弄玄虛，也不是故意語焉不詳，而是如實面對我們了解宇宙的能力。無獨有偶的是，現代物理學也指出有些問題永遠無解。「也許，我們的思考過程終究不足以回應自然的結構，以致根本無法好好思考它，」美國物理學家派西・布里奇曼（Percy Bridgman，一八八二－一九六一）寫道，「世界隱晦莫名，閃避一切揣度……我們遇上的是真正無法言喻的東西。」[83]

加入《梨俱吠陀》的第二首讚歌訴說一則古代亞利安神話，關於原人（Purusha / First Man）以神聖的虛己行動——自願將自己當牲禮獻上——讓世界誕生。這首讚歌的仙人說：「原人」憑自由意志走進祭場，躺在剛剛割過的草地，讓眾神殺了他。他的身體四分五裂，化為宇宙和天地萬物，連提婆和亞利安社會的四大階級都出自他：

> 他的口化為婆羅門，手臂成為戰士（剎帝利），軀幹成為常民（吠舍），雙腳生出僕役（首陀羅）。
>
> 他的心化為月亮，他的眼化作太陽，他的口化為因陀羅和阿耆尼，他的呼吸化作風。
>
> 空界生於他肚臍，天界生於他的心，地界出自他的雙足，四方出自他的耳。[84]

連四吠陀都出自原人的身體：「這次獻祭獻上了萬物，讚歌、詠歌和咒語都從它而出，偈頌也從它而出。」[85]這首讚歌歌頌萬物之間的互相依賴和神聖本質，因為每個人和物都出自這個既是人也是神的身體。將人視為匯聚全宇宙的終極實在是聖典中常見的主題。原人是這個主題的古老例子，早期基督徒也是這樣看待耶穌（耶穌同樣是虛己而死，並得到榮耀）。[86]直到現代，仍有人相信人是呈現出大宇宙全像（hologram）的小宇宙，與這個主題相似得令人詫異。

到了公元前九世紀，原人和生主在吠陀的想像世界中合而為一，但他們的故事變得陰鬱。梵書說生主（「一切」）透過儀式性的苦行（tapas），從自身生出天界、空界和地界，[87]然後又「重新進入」他創造的一切，成為它的呼吸、身體和最深的自我——阿特曼。[88]雖然這幾點都和原始讚歌的

❸譯注：指正當化權力關係和風俗習慣的神話。

描述一致，但其他段落的生主不再平靜而自信：祂變得寂寞而脆弱，因為渴求陪伴而造物，但創造的世界一團混亂。祂造的生物虛弱多病，有的不能呼吸，有的被惡魔折磨，[89]有的彼此相殘，有的躲生主遠遠的。而生主因為創世而精疲力竭，還需要靠祂自己創造的眾神出手相助。[90]「幫我恢復從前吧。」祂懇求道。於是阿耆尼一塊一塊地重建他，就像婆羅門在儀式時搭建火壇：「（祭司）建起五層壇，祂也以五個身體部分建起生主。」[91]

神話從來不只一個版本。聖典常常並列同一個神話的不同紀錄，而每個紀錄都有重要的訊息。雖然這些新故事強調的是生主的脆弱和宇宙的單薄，但是其他梵書提出不一樣的觀點，還賦予人類宇宙使命，表示生主創造三界的方式是發出三個神聖的音——bhu、bhuvah和svah，這三個音雖然沒有語意上的意義，卻表現出吠陀的神祕本質。[92]這些梵書中的生主是第一位「見」著吠陀讚歌、格律及儀式的仙人，[93]接著還付諸實行——祂像勸請祭官一樣吟誦讚歌，像歌詠祭官一樣詠唱詠歌，像行祭祭官一樣道出神聖的偈頌[94]——所以在祭官們吟唱真言（mantras）時，也是在支撐生主破碎的世界，維繫它的存在。[95]

到了公元前九世紀，曾在新年祭典中緩和亞利安人焦慮的「睿智之語」（mantra）也得到創造力量。這股力量和它的字義完全無關（就像生主發出的三個音一樣），只需要被仙人正確發音、大聲說出口，就能發揮神力。這股力量來自梨多——穩定宇宙的神聖之力。[96]真言很難定義。依照荷蘭學者楊．貢達（Jan Gonda）的解釋，「真言」是一連串字詞的總稱，「人們相信它有法術的、宗教的或靈性的效力，在吠陀儀式中會吟誦它、詠唱它或低聲道出它」。[97]真言與祈禱無關，祈禱是用人間的語言將超越帶進我們的理解範圍；真言和聖典敘事也沒有共同點，聖典敘事是以人的方式詮釋神聖。真言是非人的、實用的，可是對現代人來說，它簡直不理性到無可救藥。[98]印度學家弗里茨．

施塔爾（Fritz Staal）就曾表示，真言在本質上是無意義的，像生主的bhu、bhuvah和svah一樣。真言只是退回前語言狀態（prelinguistic state）而已，和神迷（trance）、出神（ecstasy）或嬰兒咿咿呀呀出聲差不多。[99]

在現代西方，字詞和客觀實在有一對一的連結；可是在印度，語言被當作事件（event）。語言的目的不是給某個東西名稱，而是做某件事——一言以蔽之：轉化自己。[100]除非我們試著了解和接受這一點，否則對聖典的觀念仍是不完整的。[101]德國學者揚．亞斯曼（Jan Assmann）曾介紹敘利亞哲學家楊布里科斯（Iamblichus，約公元二五〇—三三八）的看法，楊布里科斯指出：我們之所以認為埃及祭司的咒語毫無意義，是因為我們已經忘了它們的意義，可是眾神還懂得，所以當祭司講出祂們的語言時，就被提升到神的層次。因此神聖的話語具有與其意義無關的轉化之力，在我們講出或聽見它時，我們本身就已受到轉化。[102]

在印度，修行者用吟誦真言擺脫嘮叨又好分析的左腦，轉入更深也更直觀的意識形式。冥想時以舒適的姿勢安坐，背打直，眼睛閉起，不斷吟誦老師傳授的真言。字詞的意義並不重要，因為真言是象徵的，代表有別於它自身的某種東西。毋寧說吟誦是一種身體振動，藉由純然單調的練習，緩緩停止大腦的理性活動。要是修持者對真言的意義太感興趣，恐怕會想留在左腦的推論世界；但是若能全心專注於毫無變化的吟誦，成功切換到更為直觀的右腦感知模式，就可能帶出更深的洞見。[103]

貢達指出，雖然初代仙人是「聽」到或「見」到神聖的話語，今人則是吟誦和聆聽它們，可是印度基本上認為兩者的經驗並無二致，因為按韻律吟出的偈頌本身就是「力量的載體」。雖然我們無法從中獲得更多提婆的資訊，但它們是「眾神的本質」，[104]對應於基督宗教的聖禮，是神聖在身體上和物質上化為肉身。[105]把真言想成回音繚繞的聖殿也許比較好懂：[106]它是神聖之所在，是與其他場域隔絕的神聖空間，也是親炙神聖之處，既圍繞我們，也把我們包覆在神聖之中。強而有力的聲音同樣能吞沒我們，讓我們蕩氣迴腸。在管弦樂無所不包的樂聲裡，我們經驗到超越的訊息，身體為之震撼，情感為之觸動，而我們也暫時被它提升到自己之上。

不過無論是沉浸冥想或得到超越的洞見，都一定會讓人獻身行動——在古代印度，這代表舉行儀式。在生主的神話故事裡，梵——一切萬有——必須被眾神重新結合。[107]因此，我們必須一再以吠陀祭儀重演生主的故事，好讓這個世界不斷得到治癒：

> 我們現在（在祭壇上）點燃的火，就是變得支離破碎的生主。在收回之前空空如也的火盆，就像不支倒地的生主……他（祭司）溫暖火上的（空壺），正如眾神曾經溫暖（生主）。[108]

祭場複製生主的身體：「（祭壇）長寬應如雙臂展開……因為人就是這般大小，而祭壇大小應如人的大小。」[109]兩個供盤代表雙手，兩壺牛奶代表雙耳，兩塊黃金代表雙眼，還有其他法器代表側腹、腸、臀部、大腿和陽具。[110]祭司朝夕點燃柴薪，為生主供給食物：「這些事整年都要做……否則我等之父生主會四分五裂。」[111]亞利安人刻意養成「宇宙既脆弱又神聖」的意識，人每天都要崇敬它，也要挽救它，不容一絲怠慢。[112]

在以儀式重演生主神話時，參與者的信念也得到強化，讓他們愈加欣賞神、人與自然的相互連結——事實上，三者在更深的層次俱為一體：

> 世間之火皆是他的入息，大氣是他的身體，所有的風都是他的身體的生命氣息。天空是他的頭，太陽和月亮是他的眼……眾神建立的堅實基礎既然至今仍在，此後也必將常在。[113]

祭壇形如飛鳥，凡人吟唱的偈頌也將如飛鳥一般飛上高天，升入神聖之域，連結宇宙中迴然相異的部分。然而，當梵書夸夸其談只要一個人累積夠多的儀式之「業」，死後就能在眾神的世界享有一席之地，相應而生的懷疑也日益尖銳。為了回應隨之而來的焦慮，祭官們開始深究內在世界，寫出新的聖典。

第三章

中國：尚禮

公元前三千年進入尾聲時，一個文明開始在長江河谷發展。雖然它沒有留下考古證據，但傳統上說那是夏朝統治時代（約公元前二二〇七年到一六〇〇年）。第一個有案可稽的中國政權是商建立的，他們是來自伊朗北部的游獵民族，在公元前一六〇〇年左右控制淮河和現代山東之間的大平原。[1]商建立典型的農業經濟國家，以劫掠和狩獵為輔。商由許多小城組成，各由王室成員統治。城市規劃以宇宙為範，四面城牆依羅盤方位而建。儘管形式與印度有別，但還是能看出商注重宇宙與人的關係，有心依宇宙秩序安頓人類生活。商王被敬為上帝（「至高神」）之子，奉他之名治理各城的諸侯則代表「帝」的天界屬臣——天上的風、雲、日、月、星辰之「神」，以及地上的河川和山岳之「靈」。只有商王可以與「帝」交通，其他的人不得與帝接觸，而帝則透過「神」、「靈」和死去的商王掌管世事。為了討先人歡心，也為了求他們安分，殷人會為祖先舉辦盛大的儐禮（意為「待客」之禮），獻上大量牲口當祭品，用巧奪天工的青銅器皿煮肉。[2]接著，「神」、「靈」、商的祖先和他們在世的後嗣將同享盛宴。[3]

商和大多數前現代貴族制國家一樣，也把農人（民）當「下等人」。農人永遠不可進城一步，只能待在遠離貴族的鄉下地方，住的是地穴式房屋。他們有自己的崇拜和儀式，但我們所知不多。耕地的是民，殷商權貴則橫征暴斂，以小民的收穫發展自己的文化活動。雖然古代農業國家沒有不壓榨農民的，但是殷商對「小民」的虐政仍令人愕然，往後的中國聖典一再引以為鑑。

中國人和亞利安人不一樣，他們對書寫並不反感，而文字也在政治與宗教生活中扮演重要角色。現代意義的「聖典」——書寫下來的神聖文本——或許在中國出現得最早。商的經濟依靠豐收，而豐收需要「帝」的配合，但「帝」卻偏偏經常降下旱災、洪災和其他災禍，祖先也同樣不可靠。事實上，殷人相信剛死去的人的靈魂有作祟之虞，所以設計出特別的儀式，希望能將令人煩惱的鬼魂化為有利於己的盟友。為了事先打探「帝」是否支持某個計畫，殷人求助於北亞通行已久的占卜術。商王或卜官會鑿燒特別準備的龜甲或牛骨，藉此向神或靈問事。神靈回覆的可能是「今日不雨」或「邊境無事」，[4]但有的時候，商王也懷疑困擾他的問題是祖先造成的：「貞疾齒，唯父乙害？」（「牙齒有疾，是我的父親『乙』（第十二世商王）害的嗎？」）[5]鑿燒龜甲後，商王會研究上面的裂紋，尋找隱藏其中的答案。解讀裂紋是商王的責任，他也必須宣布神靈的回答是吉是凶。之後，卜官會將商王的提問刻在龜甲上，他們有時候會記錄神靈的預言——但很少記錄結果。

在殷墟（今安陽，昔日商朝國都所在），已有大約十五萬片甲骨出土。雖然它們看似不理性，但是殷人當時十分認真地從中尋找隱藏的模式，試圖透過這些前例建立知識體系，幫助商王預測帝的行為。由於王朝的正當性相當依賴商王界定和掌控實在的能力，這些甲骨猶如卜官與文士建立的檔案庫，希望能藉此占卜得更準，甚至能在一定程度上左右未來。[6]然而，有一件事實值得留意：商王預測失準的紀錄留存下來的很少，預測成功的例子則會用特別華麗的字體刻下。這代表這個檔案庫也可能是為了樹立商王威望而建，證明他的確堪為神靈與凡夫的中介。不過有的甲骨還是留下秉筆直書的風範，例如有一次占卜說王后懷了男孩，但她後來生下女孩，而且神明還弄錯日期。[7]

這些卜辭是中國最早的象形文字，字體本身是依龜甲上出現的裂紋寫成。在以文字傳達聖言方面，這些卜辭可謂世上最古老的書面「聖典」。象形文字用於卜筮，讓它們更添一絲神祕色彩，而它們與王權的連結，讓書寫成為中國文化的核心。[8]然而，殷人與印度仙人對神聖知識的態度大異其趣——殷人與神溝通似乎絲毫不以自利為恥，不但大剌剌地只問目的，也肆無忌憚地追求實效，這反映的是官僚和左腦的思考方式——契約化、理性化、常規化、數學化及局部化。[9]稍後會看到，中國之後的靈性發展會側重整體，相信天、人和自然相互依賴，彼此之間三合一的關係是神聖的，中國正典的主流也是如此。[10]可是在殷人眼中，人與神聖世界的關係基本上是敵對的，而不是親密與愛。的確，帝有時會滿足人的祈求，賜予豐沛的雨水，但也有卜辭埋怨「帝其降堇」（帝降下旱災）。[11]帝甚至會幫助商的敵人，就有卜辭哀嘆：「方征，佳帝令作我禍？」（方國來攻，是帝要他們為我們帶來災禍嗎？）[12]人的確很難認為帝是關切道德的善良力量，祂令人困惑，莫測高深，既無法讓人信賴，也無法為人帶來信心。商代社會同樣是優雅與野蠻的怪異混合體：商王死後總要僕從和家臣殉葬，人數動輒數百；他們精緻的青銅器流露出對動物的細膩欣賞，但是到了狩獵時節卻滿不在乎地大開殺戒，讓原本豐富的野生動物大量消失。

往後的中國將永遠記得商朝末年災難般的崩落。大約公元前一〇五〇年，末代商王正在淮河地區與夷人大戰，周趁機入侵。周是西方渭河河谷的方國，驍勇善戰，但較為質樸。周文王不幸戰死，其子武王繼位後擊敗商，於黃河以北的牧野處死末代商王。周人傳統上將牧野之戰視為善惡對決，商為周滅是因為邪不勝正。大勢底定後，武王決定自己留在周的舊都，由兒子成王統治殷，殷商的其他城市則受託給末代商王之子武庚。由於武王戰後沒多久就過世，成王繼位時尚在幼沖，武庚雖然藉機反叛，但被武王之弟旦（即周公）弭平。商的勢力從此退出中原，但仍在宋穩住陣腳。[13]

周公平亂後擔任攝政，輔佐幼主，設計出一套準封建制度，把商的城市分給周的諸侯和盟友當采邑，並建新都於成周，就近掌控新獲得的東部領土。周公自己則治理東北部的魯（位於今日山東）。在古代，連續性是確保權力轉移成功的關鍵，所以新政權剛成立時，作風或許和舊政權大同小異：周人與殷人一樣，也喜歡狩獵、射箭、駕馬車和狂歡；周的城市規劃沿用商的模式；周祭拜商的祖先，也繼續尊崇帝，並且表示帝和他們的最高神天是一樣的。

周使用的占卜方式可能也是商朝末年發展的，在變革過程中，擲擺蓍草莖取代鑿燒龜甲。單數和複數的蓍草莖可以排出六十四卦，每一卦各由六條連結或斷裂的線組成，這些卦後來會被用以象徵宇宙中各種可能的力，也被認為各有獨特的力量。[14] 這是中國六「經」（Classics）之一的起源（「經」是權威如聖典一般無可置疑的古代文本）。周的每一座城其實都有自己版本的蓍草占卜，可是流傳下來的只有國都發展的系統，數千年來被稱為《周易》。為什麼叫易？因為他們相信精通卦象就能在一定程度上掌握變易的方向。周的禮官經年累月為每一卦提出簡短而晦澀的說明，並將它們歸於周公。雖然我們現在已經幾乎無法解開這些卦辭的原始意義，但它們之後還會帶出十本複雜的評注，把宇宙秩序解釋成各種互斥、互補力量構成的整體。這些評注被當成原始敘述的「翼」加進原著，整本書便成為《易經》。

「經」這個字需要稍加解釋。歐洲的耶穌會傳教士在十七世紀到中國時，認識了經這個字，它專指具有超越地位和價值的書。如果這些經是佛教或道教的作品，歐洲人會很乾脆地譯為「聖典」，但是因為這些構成儒家正典的文本並不符合他們對「宗教」的概念，所以他們把這些書視為和荷馬史詩一樣的世俗「經典」（classics）。直到現在，西方普遍還是把儒家當成世俗哲學。可是中國人已經把這些「經典」當作「聖典」近三千年，已經在這些經裡體驗到超越，也早已發現這些作品能讓他們接觸神聖，並協助在生活中培養神聖感。[15]

我們並不知道周人早年怎麼看待《周易》，但有人說它原本是神諭，說服周人相信可以做出對抗殷商的歷史性決定。這些神諭被細心保存，也在重演這場對抗的儀式中被吟誦。據說卦象系統是文王被商王短暫囚禁時得到的啟示，後來在他求問是否可以對商宣戰時，最早幾個卦的卦辭要他謹慎——「潛龍勿用」、「安貞」，並建議他先找盟友，建立同盟。可是第五卦告訴他「光亨」（萬事大吉），第七卦說「師出以律」（出兵需重軍紀），而「利涉大川」（宜渡黃河）在《易經》中更出現十七次之多。對周來說，黃河既是地理天險，也是心理障礙，跨過黃河代表再無退路。高漲的士氣在第三十卦達到巔峰，它也為《易經》的第一部分做出總結：「王用出征，有嘉折首，獲匪其醜，无咎。」（王出戰。有慶祝之事。斷敵人首級，俘虜敵軍。不會受傷害。）[16]

據說周在勝利後設立官學，為國家培養能幹的官僚，也建立以周的勛業為本的意識形態。傳統上認為這是周公的功勞，他可能也的確改革商的儀式制度，帶來更明確的政治和道德方向。[17]但事實上，推展新的課程內容需要時間。過了不知多久，士（宮廷裡的文士和檔案管理員）開始蒐集資料，挑選能彰顯立國精神和原則的講稿與文告。這些文章相傳是周朝開國者的手筆，原本鑄在祭器上，或是寫在竹片或木條編成的「書」上，這部選集叫《書經》，又稱《尚書》。不過，那些講稿幾乎可以確定不是出自周朝開國者之手，而是在較晚的年代寫成，後來到了公元前四世紀和三世紀，還加入不同方言的其他文本。雖然它們曾被斥為「偽作」，但就像我們已經看到的，古代聖典以更新為常態，因為這樣才能回應年代較晚的人關切的問題。

雖然周初是後世中國人嚮往的黃金歲月，但是我們對周的前一百年其實知道得很少，只曉得他們從「夷狄」那裡征服更多的土地，將更多地方置於文明掌控之中。我們很難想像周和前朝的作風會有明顯差異，恐怕也不太可能解決農業國家固有的不公。不過，《尚書》中的一項改變極為重要，為中國文化和中國人烙下永遠的印記。在聖典堅持政治行動必須務實的例子裡，天命是很早出現的一個。將這個概念表達得最完整的是〈召誥〉，相傳是周公任攝政時對幼主成王說過的話，當時新都正在動工。

周公說，殷商雖然得天之佑，享國數百年之久，但統治後期倒行逆施，政治敗壞。百姓受了很多苦，向天哀哀上告，而「天亦哀於四方民」，所以天撤回商的統治天命，將天命賜給周，因為周積極行義。成王此時已是「天子」，對年紀還這麼輕的人來說，這是十分沉重的責任，因此成王必須「毖祀」（謹慎進行祭祀），更重要的是要「諴於小民」（與民和睦）。既然天會從暴君手上取走天命，交給更值得掌握天命的朝代，成王萬萬不可自矜：

> 知今我初服，宅新邑，肆惟王其疾敬德。王其德之用，祈天永命。其惟王勿以小民淫用非彝亦敢殄戮，用乂民，若有功。其惟王位在德元，小民乃惟刑，用於天下，越王顯。（現在我們剛剛任政，住在新城，所以王要趕緊地謹慎於德行。王能照著美德去做，那才能向老天祈求悠久的國運。希望王不要因小老百姓們過度地違犯法規就來殺戮他們，這樣來統治民眾，才能有功效。王能作為道德的表率，小百姓們才效法你，照這樣施行於天下，王才能光顯。）[18] ❶

❶ 譯注：此處及以下之《尚書》句讀及白話譯文根據屈萬里注譯：《尚書今註今譯》，臺灣商務印書館，一九六九。

在此之前，中國宗教對道德漠不關心，是周為它注入倫理理想。不過，周人得到洞見的方式和亞利安人不一樣，吠陀仙人從異象中獲得天啟，周的這份覺悟卻不是上天給予的神聖啟示，而是來自研究中國歷史。仔細思考商的滅亡和自身的勝利後，周的結論是：天在意的不是獻上多少豬牛，而是悲憫和正義。此後，天命成為中國聖典的重要理想，它可能是顛覆性的，因為在理論上，人民可以要求任何一個沒有達到這個理想的統治者退位。天命還隱含另一層意義：如果君主有智慧、行仁道，而且真的關心子民的福祉，關於他的德的消息將不脛而走，使天下萬民來歸。

毫無疑問的是，中國聖典不認為宗教和政治應該分開來看，因為苦難、不公、暴行及社會福祉都有神聖意義。如果一個人真的有心追求智慧、覺悟和蛻變，幾乎一定會思考社會既有的政治問題。中國聖典堅持統治者施政必須遵循「天道」──亦即遵循生命的根本韻律。只要領導者與天同德，順應終極而無所不在的實在，就沒有做不到的事，因為這樣的人已經與萬事當行之道相契，所到之處，人心自然歸正。這樣的德近乎魔力，能降服敵人、吸引效忠者，讓他行使權威幾乎不費吹灰之力。我們現在也許認為這種看法天真得無可救藥，可是在不算遙遠的過去，我們其實也見過道德情操的力量──在莫罕達斯．甘地（Mahatma Gandhi，一八六九－一九四八）、馬丁．路德．金恩（Martin Luther King, Jr.）和尼爾森．曼德拉（Nelson Mandela）身上，都是如此。

這個理想需要時間來發展。《尚書》的早期文本關心的仍是建立禮制，以禮制保護天地之間的正確平衡：

> 天敘有典，勅我五典五惇哉；天秩有禮，自我五禮有庸哉。同寅協恭和衷哉。（天所敘定的倫理，有經常的法則，對於五常的法則，我們要厚道地去行；天所規定的爵位，有一定的禮

法，遵循著我們這五種禮法去做，要經常地維持著。官員們共同恭敬，就都和善了。）[19]

這裡的天單純是指宇宙秩序的力量，和梨多不無相似之處，但它似乎並不在意人的道德。但隨著天命觀的發展，天被賦予一些人性特質，而它的道一定包括正義和悲憫——尤其是對民的正義和悲憫。不過，天一直沒有變成完全擬人化的「神」，始終保持「無所不在的宇宙力量」的角色，所以有的譯者傾向將天譯成「自然」。[20]雖然農業國家有其運作模式，不太可能完全奉行天命，但天命觀從此根植於中國人的想像。《尚書》透過強調天命刺激反思，迫使中國人正視理想的人類秩序和醜陋的現實之間的差距，幫助他們培養對自身文明的批判態度。[21]這是一本鼓勵神聖的不滿、要求實際回應的聖典。

《尚書》不是《梨俱吠陀》那樣的神聖文本，《梨俱吠陀》是神聖直接揭示自身，而《尚書》是有些學者會定義為「文化文本」的作品，它崇敬的是凝聚人民、創造群體認同的傳統。人類學家克勞德·李維史陀（Claude Lévi-Strauss）曾把社會分成兩種：一種是刻意遺忘過去的「冷」社會；另一種是內化自身歷史，並以其策進發展的「熱」社會。[22]人的自然傾向或許是遺忘過去，但聖典告訴我們必須記住：聖典喚起過去以賦予現在意義，在這個過程裡，聖典也淡化某些事、凸顯另一些事。[23]簡言之，這些早期中國聖典無意追求現代的歷史現實主義。周的征伐雖然被歌頌為神聖事件，但過程裡一定曾發生卑劣、殘暴卻被刻意「遺忘」的事。在此同時，周的征伐神話也挑戰往後的每一代人，迫使他們思考天命的意義。不過，如果《尚書》裡的文章只是寫在竹簡或鑄於祭器上，它們不會成為古代中國身分認同和想像的核心。神聖文本永遠會被嵌入儀式，在一個只有少數人識字的時代，聖典唯有透過吟誦和展演，才能成為敦促向上的力量。[24]

透過儀式化的動作、音樂和舞蹈，這些征伐事件先是被周朝貴族內化，後來又被更多臣民內化。他們每年在祠堂重演征伐，向祖先行「儐」禮時伴以另一部早期中國聖典《詩經》的詩歌。典禮結束後，六十四名舞者身著繡有龍紋的袍服，排成八排，與王共舞。周王負責扮演他的祖先武王。他們模仿軍隊從周的舊都拔營，一班盲樂官[25]則在此時唱詩，追想周代列王領受天命：❷

昊天有成命（上天有已經決定的命令），
二后受之（文、武二王接受了天命），
成王不敢康（成王不敢貪圖享樂）……
於緝熙（啊，多麼光明），
單厥心（一定要盡心盡力）。[26]

接著，他們重演商的敗退，舞者一邊跳，一邊以矛擊地，然後班師回朝。他們一起歌頌周朝開國，樂官也讚美文王的功業，勉勵觀禮者效法前賢：「曾孫篤之！」（子子孫孫要忠誠地實行！）[27]儀式最後以太平舞畫下句點，樂官們齊唱一首名為〈武〉的詩，提醒觀禮者牢記自己的政治責任：[28]

於皇武王（啊，偉大的武王）！
無競維烈（您的功業無人能及）。
允文文王（文王的確有文德），
克開厥後（您能為後人開創基業）。

嗣武受之（後繼者武王秉承父志），
勝殷遏劉（戰勝殷商，制止了殘殺無辜），
耆定爾功（完成了您的大業）。[29]

即使在這場征伐已經成為幾百年前的舊事之後，這首詩依然挑戰閱聽者。如公元前四世紀寫成的一份文本所說：

夫〈武〉，禁暴，戢兵，保大，定功，安民，和眾，豐財者也，故使子孫無忘其章。[30]

數百年來，這個儀式一再督促參與者切記一件令他們不安的真理：正義與和平無論多難實現，都需勉力而為，因為這樣要求的是天——終極而無所不在的生命力量。

在公元前十世紀，詩不是供一個人獨自閱讀，而是一項團體活動，在公開儀式中演出，表達一整個社群的價值觀。中文的詩這個字在一開始是手和腳的圖形，象徵舞者的動作。後來隨著文字日益重要，再加上口和言。[31]《詩經》裡最早的詩可能是在周朝立國後一百年寫的，人稱代名詞常常是「我」——古語的第一人稱複數「我們」，這顯示參與者們會在「共祭」（concelebration）時一起唱這些詩。

❷譯注：此處及以下之《詩經》白話譯文根據滕志賢注譯：《新譯詩經讀本》，三民書局，二〇〇〇。

這些詩不只是吟誦，而會用唱的。這是品味《詩經》很重要的一部分，也是體驗幾乎所有聖典很重要的一部分。對人類來說，語言是較晚的演化發展，音樂原始得多。有人認為原始人類在懂得說話之前，可能是用唱的來溝通。[32]音樂是右腦的產物，深植於身體，能同時在不同的人身上引起身體反應，所以能在比理性更深的層次凝聚不同團體。如同心理學家安東尼・史脫爾（Anthony Storr）所說：「藉由同時協調一群人的情緒，音樂有強化和強調特定事件所引起的情緒的效果。」[33]在儐禮時，音樂一定也凝聚周朝貴族。音樂能創造許多人熱切追求的敏銳覺察，人也幾乎都會因音樂而振奮。節奏對詩就像它對音樂一樣重要，它能勾起散文所沒有的臨即感（immediacy），一種「蓄勢待發」（getting ready）的感覺。如文學批評家I・A・理查茲（I. A. Richards）所說，節奏能創造出「期待、滿足、失望和驚訝的質地」。[34]《詩經》想傳達的迫切感和投入感，一定也帶有這些質地。

以這種方式表現的聖典不只有《詩經》，《尚書》〈顧命〉對康王即位留下的詳細紀錄（康王為成王之子，約公元前一〇〇五年踐祚），描述的可能就是周朝的登基禮。[35]得知自己將繼父親之位為天子後，康王鞠躬兩次，說：「眇眇予末小子，其能而亂四方以敬忌天威？」（渺小的我這微末的青年人，怎能治理天下，來敬畏老天可能給的懲罰呢？）[36]樂官們答以一詩：

閔予小子（可憐我這年輕人），
遭家不造（家門遭到不幸），
嬛嬛在疚（無依無靠憂傷成病）。
於乎皇考（啊，偉大的先父），
永世克孝（一生能奉行孝道）……

於乎皇王（啊，偉大的文王武王！），
繼序思不忘（我將繼承您們的事業，不敢遺忘）。[37]

重臣們提醒康王必須敬畏天命，樂官們再唱一詩：

敬之！敬之！（要警惕啊！要警惕啊！）
天維顯思（上天有眼是那樣明亮啊），
命不易哉（保有天命不容易啊）。[38]

王回答他必克紹箕裘、光宗耀祖後，樂官也唱出最後一句：「學有緝熙于光明，佛時仔肩。」（向光明磊落的人學習光明的德行，請輔助我擔起這重任。）[39]

神經學家告訴我們，身體的活動是發現自我和認識世界最重要的工具之一。[40]如果儀式能將仔細銘記的過去帶到此刻，讓參與者的身體動作把過去寫進身體，身體等於是在某種意義上被植入文本（entextualised）。設計精妙的儀式也能帶來超越經驗，讓參與者在出神（ekstasis）中超越自己，經驗到深刻的蛻變。儐禮在人間複製天庭以「招待」祖先：儀式開始時，年輕的王室成員各自扮演一位祖先，由禮官引至庭院。他們會在那裡受到恭敬的迎接，再被帶到座位觀賞舞蹈。這是他們與離世的先人的神聖共融（holy communion）。年輕的王室成員藉著扮演成神的祖先來培養自己的「神」——自身之中的神聖核心。藉著角色扮演，我們不再是自己；藉著演出不一樣的人，我們暫時把自我拋在腦後；藉著以身體遵循傳統，我們學會以深於理性的層次體現傳統。[41]

《詩經》強調儀式不可馬虎，即使是最小的動作也很重要：「禮儀卒度，笑語卒獲。」（禮儀全都合法度，談笑全都得體。）[42]

我孔熯矣（我祭祀很恭敬啊），
式禮莫愆（依照禮規不敢失誤）。
工祝致告（司儀傳達神的意志），
徂賚孝孫（去賞賜孝孫）。
苾芬孝祀（他的祭品芬芳），
神嗜飲食（神靈愛喝愛吃）。
卜爾百福（賜你百種福祿），
如幾如式（祭祀按時舉行，依照法式）。
既齊既稷（既整齊，又敏捷），
既匡既敕（既端正，又謹慎）。
永錫爾極（把最大最多的福祿賜給你），
時萬時億（於是得萬，於是得億）。[43]

在融入儀式的理想世界時，參與者放下世俗世界的混亂、矛盾和茫然，感覺自己陷入某種更大、更重要、更完美的東西。儀式是神顯（theophany），是神聖和諧在地上實現的異象。公元前二世紀或三世紀成書的《禮經》說：商首重神靈，儀式居次，周則反之。[44]商試圖操縱神靈，周卻發現儀式的轉化效果更為重要，因為它能造成某種虛己，讓參與者覺察到自己的神聖潛能。不過，這種儀式反應很難達成（故「我孔熯矣」）：想內化聖典的要求，需要不斷付出努力，精確執行，嚴格守紀。

公元前十世紀中葉似乎發生一場儀式改革。在此之前，王官禮典僅限統治階級——只有王室和統治中原各邦的諸侯可以參加。可是在大約公元前九五〇年之後，這些儀式不再是參與者一同「共祭」，而是由禮官在一大群觀眾面前表演。《詩經》的用詞在這個時期也有了變化：不再以第一人稱複數直接向祖先祈求，而是由禮官向旁觀者解釋正在進行什麼，以及這樣安排的意義：[45]

有瞽有瞽（有盲樂師啊！有盲樂師啊！），
簫管備舉（排簫長笛一起吹）。
喤喤厥聲（那樂聲多麼洪亮），
肅雝和鳴（合奏的音樂多麼肅穆），
先祖是聽（先祖的神靈在聽著）。
我客戾止（我的客人都光臨），
永觀厥成（一直觀賞到演奏全部結束）。[46]

以前舉行禮典並不需要禮官在旁解釋。另一首詩還有宣布國君蒞臨的段落：

有來雝雝（人們來時神情溫和），

至止肅肅（到達以後恭敬嚴肅）。
相維辟公（幫助祭祀的是諸侯們），
天子穆穆（天子主祭神情肅穆）。[47]

在王室成員代表祖先走近國君的時候，同一首詩提醒觀眾注意祖先到場的重要性：

綏我眉壽（賜給我長壽），
介以繁祉（又賜給我許多幸福）。
既右烈考（既向我的先父敬酒），
亦右文母（也向我有文德的母親敬酒）。[48]

到了這時候，周王朝已經開始漫長而緩慢的衰頹。有的諸侯及其臣下與周天子日益疏遠，不再了解王室禮典；另一方面，朝廷可能也邀請不同社會階級的人參加，以提高王室的民望。農業國家的經濟資源是有限的，雖然周朝和其他農業國家一樣，最後不得不面對入不敷出的窘境，但還有更特殊的問題：諸侯在一開始時還效忠天子，可是到了公元前十世紀，有的地方開始以獨立國自居。東邊的殖民地雖然還是由天子的同宗親屬統治，可是彼此之間已差了兩、三輩，關係疏遠，各自為政。周王不再能以威望服眾，權力透過無名官僚行使。到了公元前九世紀末，新的詩這樣悲嘆：

大命近止（國家的命運快要完結），

靡瞻靡顧（但沒有誰肯來照顧）。
群公先正（前代公卿的神靈），
則不我助（卻不肯給我一點幫助）。
父母先祖（父母啊！祖先啊！），
胡寧忍予（怎麼竟忍心這樣對待我？）？[49]

不過周的黃金歲月並沒有被人遺忘，而且還在往後很長的一段時間作為臧否時政的標準。士人藉由《詩經》和《尚書》思索問題何在，也為它們寫下更多的文章與故事，以新的形式傳遞舊的信念。他們透過重新詮釋《詩經》來針砭時弊，讓天命的理想永遠長存。畢竟，如果這些理念以前曾被實現，就代表能被再次復興。

公元前七七一年，蠻族犬戎攻擊周朝西都，幽王被殺。雖然諸侯重新集結於東都，擁立當然人選平王繼位，但這是終結的開始。周王雖然保有象徵性光環，掌握實權的卻是地方諸侯，他們桀驁不馴，不斷擴張領土。中原浮現十多個地小兵強的諸侯國（包括宋、魏、魯、蔡等），以及很多實際上獨立自主的城市。雖然周王直到公元前三世紀末仍是名義上的共主，可是公元前七七一年的慘敗造成長期分裂。儘管這段時期的中國看似慢性解體，但以事後諸葛的角度來看，中國傳統並沒有發生根本的斷裂，只是經歷複雜而痛苦的演變，從舊式王權國家變成統一的中央集權國家。[50]

「春秋」時代就此開始。《春秋》也是魯國朝廷編年史的名稱，後來成為五經之一。從公元前九世紀開始，大城和諸侯國的禮官（士）便日復一日記錄要事，並儀式性地在祠堂裡向祖先吟誦。這群寫下紀錄的禮官就和當年留下卜辭的卜官一樣，也是試著建立一個檔案庫，希望能藉此指引外交政策、決定軍事策略和解釋自然災異。這些紀錄也和卜辭一樣簡潔而枯燥，看起來實在不像聖典的材料。《春秋》只是這些編年紀錄中的一部分，名稱來自每一節開頭標示的季節，記載的是公元前七二二年到四八一年的事。到了公元前四世紀末，《左傳》又進一步讓這些檔案取得聖典的地位。《春秋》和《左傳》是我們對這個時期僅有的歷史資源。[51]

天子此時既然只是統一的象徵，維繫中原各諸侯國群體認同的變成禮——規範公共和私人每一個層面的禮儀實踐。禮的作用有如國際法，控制戰爭、報復和締約行為，以及監督貨物交易與服務交換。在中國社會隨時可能崩解的時代，禮似乎是凝聚它的唯一辦法。到了公元前八世紀，中國人不再仰賴神祇和祖先攘災解厄，反而普遍相信：道德正確的行為，本身就是化險為夷和成功的關鍵。天幾乎像自然規則一樣會自動運作，所以依天道而為的義行一定會帶來好結果。[52]在周代早期，貴族曾發展出一套促進社會和諧的禮俗。不過，與其說這些禮俗是他們有意識的設計，不如說是他們透過不斷嘗試錯誤才漸漸領悟的。他們發現，貴族（君子）有些事能做、有些事不能做。在春秋時代，禮儀專家將大量禮俗整理成完整一致的體系。[53]

這些禮儀專才屬於士人階級，是出身較低的貴族，擔任小吏，原本負責管理貴族財產、監督祭祀和祭舞的進行，有時也扮演卜官的角色。他們在公元前八世紀變得更專業化，精通儀典的士被稱為儒（意為「禮官」或「文人」），而這群儒士開始把貴族生活的原則編纂成集。雖然禮的意義之一是「言行得體的原則」，但這些原則現在變成必須遵守的規範，而儒士堅稱：不遵守這些規範，可能對國與國的關係造成災難性後果。所以每個貴族都需要一名稱職的禮儀老師，這名老師不只要對禮錯綜複雜的細節瞭若指掌，也要明瞭整個體系背後的精神。[54]禮官必須從小拜師，接受訓練。傳統禮儀的細節是透過口傳代代相承，老師同時也會點評禮儀的超越意義。儒士十分關注封建諸侯兵刃相向的殘酷歷史，因為這些戰爭顯示言行不「得體」會有什麼後果。位於今日山東的魯國雖然地小兵弱，但是培育禮儀專家的成就漸漸得到公認。所以雖然魯國在政治上影響力不大，可是因為它和周公的淵源，到了公元前八世紀，魯國的讀書人已然成為昔日光輝的守護者，備受世人敬重。他們編的禮儀選集後來成為另一部中國經典——《儀禮》。《儀禮》的地位毫不遜於《尚書》和《詩經》，它也反映出一項重大事實：在中國，聖典與儀式之間有牢不可破的連結。

商代與周代早期作風鋪張，浪擲財富，炫耀權力，但新編定的禮典強調的是中庸和節制，因為昔日豪奢的生活方式不再「得體」。公元前八世紀出現環境危機，雖然周在開墾土地上成就斐然，但大舉砍伐樹林破壞很多物種的棲息地；數百年來毫無節制的狩獵，讓野生動物大量減少；適合畜養牛羊的土地也越來越難找。新出現的匱乏現象令中國人心驚，他們警覺到揮霍資源不是長久之計，再也不該為了祭祀而屠殺數百頭動物。禮官此時嚴格限制犧牲數量，也仔細訂出許可狩獵的時間。於是，經濟變得更仰賴農耕而非劫掠，戰爭也變得更儀式化，不像以往那麼暴力。隨著軍事和狩獵活動減少，君子待在宮廷的時間越來越多，也逐漸把心思放在外交禮節和進退規矩上。[55]對現代人來說，這些禮儀似乎毫無道理、沒有意義，甚至荒謬可笑，但是那場環境危機讓中國人痛切領悟濫用自然資源的愚蠢，覺得自己必須彌補傷害。於是，中庸和自制成為那個時代的準則。

不過，達成這個目標不能只靠口頭教學。君子必須把「言行得體」的規矩融入身體，亦即融入比理性更深的層次。因為就像之前看到的：人透過身體活動能學到很多。在這段時間，宮廷生活的每一個細節都受到嚴格規範，變得像一場別具風格的表演，把混亂的日常生活轉化成一種藝術形式。[56]每個君子都必須清楚知道冠蓋雲集時，自己該站哪裡、該說什麼、該怎麼說，因為只要衣著、儀態或語調出了一丁點差錯，就有可能造成嚴重後果。此時宮廷的中心是代表周天子的地方諸侯，他散發的神祕力量（德）必須受到保護，不能受到汙染，所以必須隔絕外物，讓臣子形成他與外界之間的屏障。絕不能直接對他說話——事實上，只要他在場就不該講話。如果臣子認為必須給他建議，也只能拐彎抹角地迂迴勸說。[57]連臣子該怎麼注視君上都有嚴格規定：「大夫，衡視。……凡視：上於面則敖，下於帶則憂，傾則奸。」[58]

宮廷裡的一舉一動，全都成為精心規劃的儀式。在君上面前，臣子必須「紳垂，足如履齊，頤霤，垂拱，視下而聽上」。[59]面見君上之前，臣子必須齋戒沐浴，禁絕房事。[60]君上則因肩負重任，平日文風不動，默不作聲，不可調笑或語出戲言，只能聽嚴格規範的音樂，只能吃仔細規定的食物，也不可邁大步。[61]受君上之德激勵的臣子則「趨進，翼如也」。[62]

將〈堯典〉和〈舜典〉加入《尚書》的，可能是魯國禮官。[63]堯和舜是夏朝初期的君主，據說在公元前二三〇〇年統治中原。他們與中國上古其他英雄不一樣，不但沒有打過任何一場仗，也沒有殺過任何一個怪物，治理天下憑的是「德」（或可解釋為「人格魅力」〔charisma〕）。〈堯典〉放在《尚書》開頭，對堯是這麼說的：

欽、明、文、思、安安，允恭克讓，光被四表，格于上下。（他敬謹、明達、文雅、有謀略又溫和，誠然恭敬而能謙讓，他的光輝普照四方，感召了天地神明。）[64]

這位中國聖賢刻意先讓自己進入世俗政治，再讓德澤廣被天地。我們在這裡又一次看到：在人追求完美的過程中，政治實踐和對宇宙心存敬意是重中之重。〈堯典〉接著談到一個我們之後會十分熟悉的模式：堯的「德」猶如同心圓一樣不斷外擴，先及於家人，再擴及親族，最後推及天下萬邦，讓全體人類猶如一家，團結一心，互敬互愛。堯要求官員研究星辰運行與四季變化，好讓黎民百姓和宇宙韻律相契，結果「百姓昭明，協和萬邦，黎民於變時雍」（百官的職守都已辨明，天下各國諸侯就都調諧和順，民眾也都變和善了）。[65] 堯的政府不以己利為先，也不巧取豪奪，於是天下太平。

堯的無私在傳位一事上看得尤其清楚。因為兒子不老實又常與人發生爭執，於是他決定不讓兒子繼承王位，將王權交給出身卑微的舜。舜以忍讓和自制著稱，雖然父親惡待他，甚至想殺了他，但他始終沒有報復，堯的官員也說他「克諧，以孝烝烝，乂不格姦」（他能與他們相處和諧，很美滿地盡了孝道，能修身自治而感化那些邪惡的人）。[66] 舜在位時「柔遠能邇，惇德允元」（安定遠方如同安定近處一般，培養惇厚的品德，真正達到至善的境界）。他一絲不苟地舉行敬崇自然律則的儀式，細心監督官員，懲罰濫用權力的人，但也總是仁厚地減輕處罰。[67]

魯國禮官深信禮能改變貴族，讓他們像堯舜一樣仁民愛物。理想的君子「瑟兮僩兮，赫兮喧兮」（莊重威武，光明磊落）[68]，他的中庸、自制和大度能防止暴力、傲慢與唯我獨尊的心態，因為「夫禮，禁亂之所由生，猶坊止水之所自來也」。[69] 不過，君子行禮必須秉持誠心，切實奉行，將禮儀化為人格的一部分。實踐禮儀必須像在儐禮中扮演祖先一樣，全心投入，拋下自我，讓身體猶如會走路、會呼吸的聖像，體現君子在宇宙中見到的和諧與秩序。[70]

我們現代人往往認為道德轉變起於心，接著才反映在身體行為上。但神經物理學家指出：是身體動作塑造我們的想法和感覺。「手勢不只是反映想法而已，也協助建構想法。」有位心理學家講過，「沒有手勢，世界會變了樣子，也會變得不完整。」[71]其他心理學家也主張：身和心不可分割，我們有很多基本概念其實來自身體經驗。小嬰兒才出生一個小時，就已經懂得模仿成年人的手勢，並且顯然對自己引起的反應樂在其中。因此，在別人的身體動作和我們的內在狀態之間，一定有某種緊密的連結。這種連結不會隨年紀漸長而消失，我們成年以後還是需要它。[72]

春秋時代，儒者眼見周王室的式微威脅到整個社會的意識形態基礎，於是努力以禮對身體的規訓重新創造世界。以有禮而無私的方式待人處事，不但能讓中國人謹記社會秩序的理想樣貌，也能讓他們察覺現況距離理想樣貌多麼遙遠。禮的動作被設計來培養讓的態度：在朝廷上，公卿大夫不應爭奪權位或炫耀成就，而應彼此禮讓名利；在家庭裡，長子必須盡心伺候父親，敬他如未來的先人。事實上，長子若能嚴謹依禮孝敬父母，就能在父母心中創造出精神上的神聖特質（神），讓他們將來成為神聖的祖先。所以長子必須服侍父母，為他們準備餐點、補綴衣服，而且對他們說話一定要輕柔而恭謹。如果父親暴躁易怒，長子更應像舜一樣克制情緒，試著同理父親。父親高興時跟著開心，父親難過時同感悲傷，父親生病時禁食忍餓。[73]

從現代人的角度來看，這些做法或許令我們反感，但禮也為父親的權威設下限制，要求他公正、和藹、有禮地對待孩子。要是父親想做的是錯的，兒子也沒有義務屈從。這套體系讓家中每位成員都能得到一定程度的尊重。例如弟弟的主要責任不是伺候父親，而是支持他的哥哥。而長子將來也會成為父親，在服侍父親的同時也被兒子服侍。父親去世後，長子會在儐禮中代表父親，因為是他協助創造父親的神，讓父親成為祖先。家禮的基礎也許是一個心理學事實：一個人若能受到絕對的敬重，必能獲得內在價值感。[74]

雖然我們不知道當時的中國人守禮多嚴，可是到了公元前七世紀，周初的奢靡之風似乎已讓位給新的中庸和自制精神。[75]禮也阻止周帝國全面崩解：遙在東都的周天子雖然不再能在政治上團結中原，但因為諸侯國重新進行周朝王廷的盛大禮典，周天子在儀式上仍是共主。在此同時，他們的言行依然得到傳承——《尚書》保存他們講的話、《詩經》收錄他們賦的詩、《禮記》記錄他們行的禮，這些經典（加上武藝和周樂）成為貴族精英必須鑽研的學問，打造出獨特的中國認同。

當然，這並不代表中國貴族全都成了堯舜。「讓」對人來說並不容易，對禮的掌握有時似乎變成自我推銷——人們開始競爭誰讓得最多。戰爭之禮要求對敵人態度謙恭，但大家行這些禮時經常驕矜傲慢或故作姿態，猶如比賽時故意手下留情來羞辱對手：開戰前先大聲吹捧對方英勇無畏，把一壺壺的酒扔進城牆請敵人喝；要是看到對方諸侯現身，就大搖大擺地脫下頭盔向他致意。[76]射箭比賽時也是如此，勝負已定後，雙方都哭：贏的人哭，是因為同情對手落敗；輸的人哭，是因為可憐對方成為真正的輸家——君子射箭哪有不故意射偏的？

不過，在中原幾個小諸侯國戮力求禮時，三個位於邊陲的國家已經忙著拓展勢力，從周邊蠻族地區取得更大、更豐饒的土地。它們是北方多山地區的晉、東北方靠海的齊，以及南方雄霸長江中游的楚。剛被這些國家征服的原住民子民對禮沒有好感，而他們的領袖也逐漸拋下「言行得體」的規則。到了公元前七世紀，在北方蠻族以前所未見的猛烈攻勢入侵中國時，志在擴大領土的楚國已然成為幾個小諸侯國的主要威脅。見到四周環伺的強鄰根本沒有退讓之意，中原諸侯國對既有風俗守得更緊，由於他們無能以軍事手段抵禦外敵，逐漸倚賴外交手段救亡圖存。

從《左傳》裡看得出來，《詩經》在外交戰場上扮演重要角色。《左傳》雖然成書於公元前四世紀，但學者普遍肯定它記述可靠，也是我們研究這段時期唯一的資源。[77]有一些在諸侯國宮廷服務的儒士精通《詩經》，不但用心熟記，傳予弟子，還寫下新章。[78]由於在引領年輕學子躋身貴族階級的課程中，《詩經》是很重要的一環，所以在公開集會或朝廷議政的場合，信手拈來一詩被視為真君子的明證。這不只能在情感上吸引聽眾注意，也能讓自己與其他貴族一較短長，是爭取名聲和權力的好機會。[79]簡言之，《詩經》成為自我推銷的工具，在世俗名利上舉足輕重，與「讓」的精神南轅北轍。

在這段時間，賦詩流行一種名為斷章取義的策略，意思是無視詩的原意而賦予新的意義。[80]中國人並不忌諱這樣做，因為他們和前現代的大多數人一樣，也懂得欣賞能稍加更動以回應新問題的文本。他們認為原意當然會隨著時間而改變，詮釋詩的方式也是往後以嶄新角度評注《詩經》的先聲。《詩經》打動人心的力量在外交上十分有效，[81]例如魯國外交官穆叔，他銜命說服晉出兵助魯抵抗齊的入侵，儘管他列舉種種事實，細細分析戰局對魯國如何不利，但晉國官員對他枯燥的說理置若罔聞。於是他改變策略，先吟一首批判官僚冷血無視民間疾苦的詩，再賦另一首以野雁悲鳴喻戰爭之苦的詩。詩中的淒楚之情發揮神奇效果，原本無動於衷的晉國官員終於被打動。穆叔順利完成任務，為魯國取得晉的軍事援助。[82]另一方面，雖然聽不出別人引用《詩經》可能對政治前途不利，但沒有正確回應一首詩卻可能受到讚美，被認為是有德的表現。[83]這類議題非常複雜，連《左傳》的作者都難明其理。但無論如何，《詩經》在這些例子裡都不是用來教導恭敬或禮讓的。

不過，《周易》有時的確能帶出倫理層面的詮釋。如我們先前所見，《周易》是一部以蓍草占卜為本的古代文本。它與《尚書》和《詩經》不同，沒有振聾發聵的演說、英雄大業的故事或感人肺腑的詩歌，有的只是謎般的「卦辭」。可是到春秋晚期，大家開始為卦辭注入道德面向。《左傳》涉及《周易》詮釋的段落有二十多處，從公元前七世紀到公元前五世紀初都有。到了這時候，卜筮似乎不再是專業卜官的專利，滿腦子政治的貴族也會自行卜卦。《左傳》裡有幾個故事顯示，很多人認為君子的預測比卜官更準，因為他們不但擲擺蓍草，也判斷道德是非。舉例來說，有一個貴族婦人遭到軟禁，但宮中卜官預測她很快會被釋放，因為卜出的卦是：「隨，元亨利貞，無咎。」（隨卦，具有根元的、亨通的、利益的、貞正的四種德性，沒有災咎。）❸豈料那個婦人反駁說：「今我婦人而與於亂……我則取惡，能無咎乎？」（我這個女人參與謀反……選擇作惡，怎麼可能「無咎」呢？）[84] 晉惠公因廢弛國政而淪為階下囚時埋怨：要是當初照卜官的預測行事，一定能避開這次災禍。不料他的隨從不敢苟同：「詩曰，下民之孽，匪降自天，噂沓背憎，職競由人。」（《詩經》說：百姓的災難，並非從天落下。當面和好，背後憎惡，主要由於這些人的爭逐。）[85] 道德對中國宗教變得更重要，也很快會為貴族的禮儀崇拜增添新的面向。

⁂

到了公元前六世紀，我們談到的這三個地方在社會、政治和經濟上都發生重大轉變。在中國，三個地處邊陲的大國拋下禮和「讓」的制約，以取代日益失勢的周天子為終極目標。印度的恆河平原到達經濟革命的臨界點，很多古代亞利安理想將在這場變革中冰消瓦解。公元前五九七年，以色列人在反叛尼布甲尼撒二世失敗後失去土地，貴族和他們的侍從都被押到巴比倫。十年後，以色

❸譯注：白話根據南懷瑾與徐芹庭注譯：《周易今註今譯》，臺灣商務印書館，二〇一七。

列又發動另一場思慮不周的叛變。巴比倫人這一次大肆報復，將耶路撒冷夷為平地，並放火燒毀聖殿。在以色列人艱辛地適應劇烈改變的環境時，他們轉向聖典。

第二部
PART TWO

神話
MYTHOS

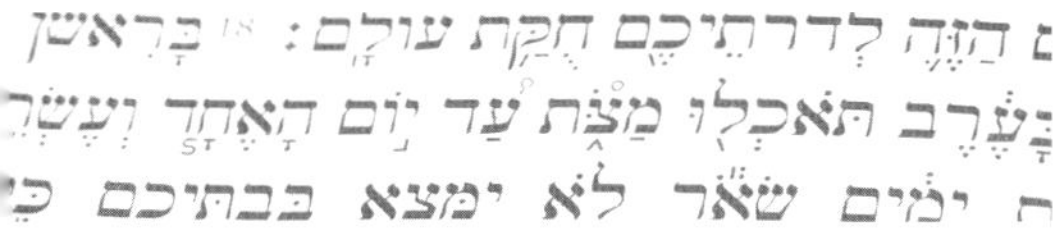

第四章

新故事；新自我

公元前五九七年，第一批被驅逐的以色列人抵達巴比倫，祭司以西結也是其中之一。雖然以色列人心中的神相對可親，但五年後，以西結見到的恐怖異象粉碎他們對神的想法。在此之前，雅威一直是以色列人的朋友，但祂這時變得難以捉摸、令人戰慄，也無法定義。神聖成為可畏的他者。以西結盯著那團夾雜密雲、狂風、閃電的朦朧之物，裡面的一切陌生得令他心驚，只隱約看出有一個似乎是戰車的東西。戰車上彷彿有張寶座，寶座上的生命亮得像銅，卻形如人類：

> 我又望見在相似腰部的下面，好像有火的形狀，周圍有光環繞。環繞在周圍的光，猶如落雨時雲彩中所出現的虹霓。這就是雅威的光榮顯現時的奇象。[1]

光明裡伸出一隻手，手上拿的書卷寫滿「哀悼、嘆息和悲痛的話」，有聲音命以西結把它吃下，消化它，反芻它，讓他的流亡同胞聽見裡頭沉痛而絕望的訊息。

以西結吞下書卷時，覺得它甘甜如蜜，但離開神的面前時，他說自己「心中……激動而苦悶，雅威的手重壓在我身上」。[2]德國神學家魯道夫・奧托（Rudolf Otto）曾將神聖描述為mysterium tremendum et fascinans——令人既畏懼又神往的神祕。神聖可能看似「恐怖而驚悚，卻又同時以十足的魅力吸引人」：

在它面前戰慄、恐懼到魂飛魄散的人，卻總是有股趨近它的衝動，甚至在某種程度上想擁有它。對人來說，「神祕」不只是令他驚異之物，也是某種令他陶醉的東西。[3]

以西結的神祕異象不是嚴格勤修得到的，而是不由分說落在他身上。它無情地拆毀正常的範疇，反映流亡者痛不欲生的驚駭。雅威以全然他者之姿現身，與以西結之間的差距大到令人震驚。不過在以西結發預言前，必須內化這難以消受的啟示，將它轉化成自身的力量，發現其中的甘美。

以色列流亡者在巴比倫的待遇不算太差：他們的王住在宮殿，保有王室頭銜；大多數流亡者被安頓在郊區，定居於環境良好的迦巴魯（Chebar）河畔；[4]以西結則住在流亡者口中的特拉維夫區（Tel Aviv，意為「春之陵」〔Springtime Hill〕）。然而，流亡對心靈和肉體都造成重大創傷。隨著「家」這個定位點消失，以色列人也嚴重迷失方向，似乎每一件事都變得陌生、都變得和自己一點關係也沒有。文化和身分認同被刨根之後，流亡者覺得自己四分五裂，有如行屍走肉。[5]有人說心理創傷是「心靈炸碎，慘痛得像是沒有一個『我』能感受到這場災難……心靈的模板無從了解這場浩劫」。[6]也有人說心理創傷是「對抗一場讓人意外或驚駭到無法放進先備知識（prior knowledge）框架的事件」，是「無法言喻的恐怖……無處存放的歷史」。[7]值得注意的是，在此之前一直仔細記錄歷史的以色列人，從未寫過在巴比倫的生活。

不過，正如美國學者大衛．卡爾（David Carr）所說，人經歷恐怖的意外事件後，慘痛的衝擊會撕碎他原本的幻想，將他推進另一種意識狀態，「讓他學到超越自身原有脈絡的智慧」。[8] 以色列人流亡一百年後，希臘悲劇作家埃斯庫羅斯（Aeschylus）提出一模一樣的觀點：「我們必須受苦，受苦以得真理……我們雖然抗拒，卻也因此成熟。」[9] 在以色列流亡者的聖典裡，他們充分展現出這種「成熟」。雖然《希伯來聖經》沒有記錄他們流亡時的遭遇，但裡面的每一卷書都看得出這場大禍造成的影響。[10] 以西結奉雅威之命做出一些怪誕的舉動，這些舉動固然是要流亡者正視國族面臨的困境，但也透露出以西結自己的憂悶：他面向耶路撒冷躺了三百九十天，一次也沒有翻身；[11] 他剃下頭髮燒了它們，以此預示耶路撒冷即將發生大禍；妻子死時，他拒絕為亡妻舉哀，因為——他對流亡同胞說——他們的孩子馬上也會死於刀兵，到時候就知道衝擊會讓人麻木。[12]

我們已經看到儀式能讓人得到象徵性的療癒，但以色列流亡者已沒有聖殿，只能在口傳傳統中尋求安慰。可是，傳統教育課程的文本未必符合需求。無論是〈海之歌〉和王室詩篇那種勝利讚歌，或是所羅門王冷靜自信的智慧之語，對他們來說都如同隔靴搔癢。反倒是先知們的悲觀預言一針見血，猶如當頭棒喝，能幫助他們面對過去的錯誤，梳理這場災厄的來龍去脈，設法為未來想出更好的策略。[13] 流亡者在申命記派的作品中看到的是：與後來國富民強的時期相比，在曠野流浪時的以色列人與雅威更親。最重要的是，摩西曾敦促他們銘記。流亡者此時能做的只有「想起錫安」：回憶，是他們擁有的主要資源。[14]

在某些現代學者的想像中，流亡者當年帶著我們現在稱為「J典」和「E典」的抄本到巴比倫，而《希伯來聖經》的編輯者就是從其中篩選資料。可是當時的卷軸十分笨重，攜帶相當吃力，而猶大到巴比倫的距離有五百哩左右，被逼著趕路的流亡者不可能帶著走。不過，他們還是以某種方式重組銘記在心的文本，為這些故事、詩歌、律法和族譜賦予新的意義。這項工程到底是由一名作者獨力達成，還是由一群編輯合力實現？我們不得而知。我們看到的只有最終成品——《希伯來聖經》。《希伯來聖經》文本由三大部分組成：長篇敘事（除了追溯從創世到流亡的以色列史外，也包括一些祭司律法）、先知們的預言，以及各式各樣的詩篇和其他智慧文獻。這座王冠上的寶石——整部《希伯來聖經》的根基——是敘事史，而〈申命記〉是敘事史的「脊柱」。〈申命記〉的一邊是「四經」（Tetrateuch，即〈創世記〉〔Cenesis〕、〈出埃及記〉〔Exodus〕、〈利未記〉和〈民數記〉〔Numbers〕），另一邊是從〈約書亞記〉到〈列王記〉的歷史書。[15]我們已經提過，這些故事強調的重點各有不同，也已經在民間流傳數百年之久。雖然在公元前七二二年以色列王國滅亡之後，北方和南方的傳統就已開始融合，可是在流亡時期，《聖經》編輯者以一種極具創意的方式重組，讓它們反映出流亡者的悲慘處境。

這是展現聖典向前之力（forward-thrusting dynamic）的好例子，編輯者仔細尋找過去對現在的意義，並不擔心因此失去「原意」。不過，他們固然想釐清過去引起大禍的原因，但關切的主要是未來：哥拉（golah，流亡族群）能保住國族身分嗎？還是會像公元前七二二年被逐出以色列的人一樣，從此消失於茫茫人海？在充滿敵意的異國土地上，猶大能守住國族文化嗎？如果流亡者容許自己盼望有朝一日能重回故國，他們該做什麼準備？到了公元前五五〇年左右，編輯者們守護和重編的文本已然成為一個資料庫，收錄著他們最深的恐懼與期盼。[16]

新編輯的歷史以流亡與回歸為主調，這不但清楚反映出哥拉的創傷和渴望，可能也首次賦予《聖經》敘事強烈的內在一致性。[17]亞當和夏娃被逐出伊甸園；巴別塔——巴比倫式的神塔（ziggurat），哥拉如今熟悉的景觀——一夕之間被毀，建造它的人從此四散；雅威要亞伯拉罕離開他在巴比倫文明地區的家鄉，去迦南當外地人；亞伯拉罕、以撒和雅各等以色列族長都曾因饑荒而離開應許之地，到埃及尋找糧食；雅各最愛的兒子約瑟被嫉妒的哥哥賣去埃及為奴；幾年後，他們整個家族都因饑荒遷往埃及，後來又被迫留在那裡；他們的子孫不幸淪為奴隸，長年受苦，五百年後才在摩西領導下重獲自由；他們在曠野流浪了四十年，最後總算回到故鄉，也讓雅各和約瑟的遺骨重歸故土。可惜的是，歷史仍以悲劇告終：北國以色列在公元前七二二年為亞述所滅，遭放逐的以色列人永遠消失在亞述帝國；公元前五九七年，南國猶大的貴族也被趕往巴比倫。

用這種新的視角敘述歷史時，編輯者們把焦點放在從不知道耶路撒冷的遠古英雄。也許，回憶這座城市對他們來說太過痛苦，把主題帶往族長和從未踏進應許之地的摩西比較輕鬆。[18]從流亡之初開始，以西結就告誡哥拉不可耽溺於亞伯拉罕的故事。公元前五九七年沒有被驅逐的以色列人似乎心存僥倖，以為他們現在可以統治這個國家，說：「亞伯拉罕一人就得了這塊土地，我們人數這麼多，更應該得這塊土地了。」[19]雖然流亡生活的憂傷和屈辱讓編輯者們沒有這種信心，但他們並不怯於更動這些舊的故事，為它們賦予新的意義。[20]

無論亞伯拉罕的故事原本是何面貌，編輯者現在把重點放在一個事實：在神要求亞伯拉罕離開美索不達米亞的故鄉時，他二話不說就走上放逐自我之路——正因如此，雅威始終給他厚報。[21]相較之下，流亡族群痛苦地意識到：亞伯拉罕的後代如今普遍被當成「笑柄」。[22]不過，編輯者們還是一再重申雅威的諾言——「地上的萬族都要因你得福」[23]，他們相信亞伯拉罕最後一定會廣獲敬重。於是，編輯者們讓雅威在亞伯拉罕剛到迦南時就立下約定，承諾要把整片土地都賜給他的子孫——而且疆界會一路延伸到巴比倫！[24]亞伯拉罕雖然和他們一樣也是流亡者，也和他們一樣經常嚴重懷疑這麼好的應許能否實現，但是無論亞伯拉罕去哪裡，神都保護他、讓他富足。[25]

亞伯拉罕同意獻祭獨子以撒的故事，更直接流露出流亡族群的絕望心境。隨著歲月流逝，客死巴比倫的人越來越多，繼續堅信雅威會實現諾言一定越發困難。因此，聽見神要求亞伯拉罕殺害「你所疼愛的獨子以撒」，[26]流亡者對包藏其中的殘酷一定深有共鳴。神似乎要將亞伯拉罕推入無意義的深淵——如果以撒死亡，神的應許不可能實現，亞伯拉罕一生對雅威的奉獻和順服也將化為烏有。奇怪的是，向來不畏質疑雅威，甚至曾與雅威爭論的亞伯拉罕，此時竟然毫不猶豫地服從雅威冷酷的命令。直到最後一刻，雅威才出手制止亞伯拉罕，並以比從前更加堅決的方式重述祂的諾言：

> 我要賜福給你，要給你許許多多的子孫，像天空的星星、海灘的沙粒那麼多；你的後代將征服敵人。地上萬國都要因你的後代蒙福，因為你遵從我的命令。[27]

這則令人不安的故事反映出受過創傷的心，流亡者的信仰深深動搖，他們無法不懷疑。然而，這則故事也告訴他們永遠不要放棄希望，因為直到最後仍有可能出現意想不到的寬免。亞伯拉罕原本是南方傳統中的英雄，在北方傳統裡似乎只是一個小角色，但他的故事此時串起以色列人全部的歷史。新的歷史清楚表明：雅威對以撒、雅各和出埃及那一代人的關愛，全都出自祂一開始對亞伯拉罕的應許。[28]

這部聖典沒有清楚回答：誰是神？或神是什麼？事實上，我們可以說整部〈創世記〉都在有系統地解構它的第一章。〈創世記〉第一章描繪的神不悖常理、令人安心，祂是天地萬物的創造者，無所不能，無所不在，全然為善；祂祝福一手創造的每個生命，說他們全都是「好的」，連祂的宿敵蛇妖利維坦（Leviathan）也不例外；祂統御宇宙不費吹灰之力。可是到第三章末，雅威已完全無法掌控祂的創造，這位大公無私的神赤裸裸地厚此薄彼，任性而冷血地排斥該隱、以掃、夏甲（Hagar）和以實瑪利（Ishmael），沒有讀者感受不到他們的辛酸。慈愛的造物主甚至成為殘忍的毀滅者，只因為一時氣憤就降下洪水，幾乎滅絕全體人類。最後，開頭幾章無役不與的神突然銷聲匿跡——像流亡者一樣——約瑟和他的兄弟必須憑自己的機智實現夢想。

在摩西五經裡，雅威與人的相會幾乎總是曖昧難解又令人不安。祂為什麼斷然拒絕該隱的獻祭？祂為什麼某天晚上在路上遇見摩西，竟想置他於死地？[29]在雅博渡口旁邊被雅各命名為批努伊勒（「神的面」）的那個地方，與雅各素昧平生卻又和他打了一整夜的神祕陌生人到底是誰？那天晚上，雅各心事重重，想到隔天要和雙胞胎哥哥以掃聚首就惴惴不安，因為他曾對哥哥做出很無情的事。見面之前，他先給以掃送去一大群牛羊：

> 他（按：雅各）對自己說：
> 我要從他的面抹去（憤恨），
> 用先於我的面送去的禮物。
> 之後，等我見他的面時，
> 也許他會抬起我的面。[30] ❶

這幾句反覆提到「面」的話讓讀者不禁起疑：以掃的面和雅各在批努伊勒的奇遇，或許是有關聯的？也許雅各那晚帶著對第二天的忐忑入夢，在夢中沉入記憶深處，碰觸到他與以掃在母胎中相爭的往事。[31]那晚他再次與人相爭，但那個不知來歷的對手不但傷了他，還堅拒透露姓名，但那人也祝福雅各、給他力量。「雅各便給那地方起名叫批努伊勒，說：『因為我面對面見了上帝，但我的性命仍得保全。』」[32]這段文字隱隱暗示：神的「面」和雅各的「面」、以掃的「面」，是一體的、相同的，神與人不可分。與哥哥和解時，雅各會領悟這神聖的面向，透過它瞥見整體實在。兩兄弟在第二天總算相聚時，雅各對以掃說：「我看見你的面，就像看見上帝的面。」

《希伯來聖經》中的雅威經常是無法捉摸、令人困惑又不可思議的，就像祂在以西結的異象中一樣。雅威在燃燒的荊棘裡對摩西顯現時，摩西想問祂的名字當證明，豈料神毫不客氣地回他一句晦澀的話：「我就是我！」（Ehyeh asher ehyeh）這是一句刻意含糊其辭的希伯來短語。[33]在古代世界，知道一個人的名字能讓你對他行使一定的權力。所以，雅威的回答其實是在告訴摩西：「別管我是誰！」甚至有「顧你自己的事就好！」的意思。另外，從摩西的話裡，我們發現雅威選了一個不擅言詞的人：「主啊，求求你，我並不是一個能言善道的人，以前這樣，就是祢對僕人說話以後，也是這樣，因為我是拙口笨舌的。」[34]先知是為神代言的人，雅威卻選了一個不善辭令的人當祂的發言人，因為神聖遠非語言所能掌握。因此，神學（theologia，「論神之言」❷）永遠有偶像崇拜之虞。值得注意的是，真正能言善道的是摩西的哥哥亞倫（Aaron），他即將成為摩西的「先知」，

❶譯注：作者在此刻意選用希伯來文直譯譯本，《和合本聖經》為：「雅各心裡說：『我藉著在我前頭去的禮物解他的恨，然後再見他的面，或者他容納我。』」

❷譯注：「theologia」是希臘文「theo」（神）和「logia」（話語）結合而成。此外，「logia」與作者常與「神話」對比的「理性」（logos）同源。

為摩西對百姓發言。[35]但鼓勵百姓鑄金牛、犯下偶像崇拜大罪的，同樣是這個口才辨給、雄辯滔滔的亞倫。[36]

摩西的故事在公元前六世紀已發展完備，可是在流亡期間，編輯者似乎又加入新的內容。在此之前，口傳傳統一直把焦點放在安渡紅海、於西奈山領受天啟，以及曠野流浪的歲月。然而，流亡的猶大人似乎為以色列人在埃及受奴役的情形加油添醋，新的細節反映出他們在巴比倫的親身經歷。在最終版本中，「埃及」指的就是埃及，而不是迦南南部受埃及控制的城邦。埃及的以色列人和巴比倫的猶大流亡者一樣，前者淪為法老王的奴隸，後者被尼布甲尼撒強徵為奴工，兩者都在異鄉受苦，也都被殘暴的帝國強權壓迫。埃及殺盡所有以色列男嬰的命令，強烈反映出猶大人對亡國滅種的恐懼；摩西獲埃及公主營救而免於一死，象徵的是猶大人全體的命運。與流亡者尤其相關的是另一個事實：重獲自由是一條漫漫長路，被奴役的以色列人必須等待。由於法老王一再食言，摩西不得不一次又一次進宮懇求。年復一年在巴比倫盼望歸鄉的流亡者，對這些故事一定深有共鳴。[37]

原本的出埃及故事似乎沒有雅威降十災的情節，而最後一災——死亡天使殺光埃及人的長子，卻跳過以色列人的家——或許反映出某種「倖存者罪惡感」（survivor's guilt）：公元前七二二年被放逐的以色列人從此四散，如今同樣遭到放逐的猶大人憑什麼奢望重獲自由？逾越節的春祭原本是要慶祝穀物豐收，[38]但流亡的創傷賦予它較為灰暗的意義。摩西要以色列人不能忘記做奴隸的最後一晚，雅威的天使「保留了我們的性命」，卻殺了沒受眷顧的埃及人的孩子。[39]在時局明顯轉變、猶大流亡者發現歸鄉有望時，或許也曾自問：雅威為何獨厚我們？他們的回答顯然不是自己品德高尚——對何西阿來說，曠野歲月是以色列人與神的親密時光；可是在流亡編輯者筆下，他們的祖先當時「硬著頸項又頑固」、不知感恩、抱怨不斷，甚至懷念埃及的物質享受。[40]

流亡者寫下的歷史說以色列是「聖」的（qaddosh）的，但這與品德無關。qaddosh指的是「分隔」（separate）、「有別」（other）。雅威是「聖」的，祂與偶然存在的萬物澈底有別，所以流亡的以色列人也必須像神一樣分別為聖，與他們的巴比倫鄰人有別，才能保住國族身分。〈利未記〉和〈民數記〉的祭司律法反映出這樣的「聖」。以前只有在聖殿服事神之臨在（「榭基納」）的祭司才必須遵守某些潔淨禮，但此時流亡者也學著奉行這些禮儀。事實上，要是沒有這些儀式，新的歷史洞見或許只會止步於純概念。儀式將歷史記憶從過去釋放，帶到現在，轉變成一直都在發生的神話。在聖殿依然矗立時，猶大人能藉著它親近神聖；而現在，流亡者在異鄉遵行祭司之禮，猶如依然服事著榭基納。透過這種方式，他們在自身中實現亞當、夏娃與神在伊甸園裡曾有的親密，那時候雅威就走在他們之中。在我們稱為「P典」的〈利未記〉與〈民數記〉祭司傳統裡，雅威不停駐於祂的聖殿——祂是行動之神，祂的「榮光」來來去去，祂的「住所」就在子民之中。對P典來說，神命令摩西製作可移動的會幕（Tabernacle），就是向流亡者保證會陪祂的子民到天涯海角：[41]「我要在你們中間立我的帳幕，我要行走在你們中間。」[42]在祭司傳統中，「長伴子民的神之臨在」就和妥拉鉅細靡遺的身體實踐和禁令，也在流亡者中創造出強烈的神聖臨在感，當返鄉的日子終於到來時，甚至有很多人覺得不需要返回耶路撒冷。[43][44]

祭司之聖也有很強烈的倫理面向。聖典的目的不只是撫慰或救贖個人，總是要求合乎倫理和同理他人的行為。對P典而言，上主的「聖」不只存乎遙遠而擬人化的神祇，也內在於萬有造化之中。想親近這樣的「聖」，人需要切實對每個生命裡的「聖」展露絕對的敬意。P典要流亡者謹記以往基進的平等主義，在以色列還稱不上「國家」的久遠年代，先人們秉持這種精神訂下禧年（Jubilee Year）一類的規定（禧年必須讓所有奴隸恢復自由身，所有的債務也一筆勾銷），而且不只堅持人不能奴役或擁有另一個人，甚至主張人無權永遠擁有一塊土地。[45]此外，以色列人「分別為聖」的生活不可淪為狹隘的排外，流亡者絕不能忘記身在異鄉受人排擠的滋味：

> 若有外人寄居在你們的地上和你同住，不可欺負他。你們要看他如本地人，並要愛他如己，因為你們在埃及地也作過寄居的。[46]

這樣的要求與亞述君王強索的「愛」（hesed）南轅北轍，也與何西阿在意的對神之忠大相逕庭。

公元前五三〇年，波斯王居魯士二世（Cyrus II）征服巴比倫帝國，頒令許可流亡者返回故鄉，重修聖殿。被我們稱為「第二以賽亞」的那名先知[47]大力歌頌居魯士，說他是彌賽亞，是雅威特地「膏立」來結束以色列漫長流亡的人。[48]第二以賽亞把流亡同胞的注意引向「僕人」，一名哥拉顯然知道，而且似乎體現出流亡族群之痛的人：

> 他既無威儀，也不英俊，
> 不能吸引我們的注意……
> 他被藐視，被人厭棄，
> 多受痛苦，常經憂患，
> 人都掩面不看他一眼。[49]

即便如此，雅威還是高呼：「我的僕人必要成功！」有的人曾經辱罵他，因為他們當時以為他是為了自己的罪而受到懲罰，但他們現在恍然大悟：「因他受的懲罰，我們得平安；因他受的鞭傷，我們得醫治。」[50]原來，他的苦是為了他們受的。

第二以賽亞相信，流亡者的凱旋歸來將開啟新的時代，「上主的榮耀要顯示出來，全人類都要看見」。[51]可是在見識過絢爛輝煌的巴比倫之後，很多返鄉者覺得猶大既荒涼又陌生。不但好幾年收成不佳，雅威的新聖殿也建得寒磣，落成時很多人失望痛哭。當年未被驅逐的以色列「本地人」（am ha-aretz）很厭惡這群新住民，彼此之間的宗教觀點天差地遠。耶路撒冷仍是一片廢墟，不但人口少得可憐，也常被附近的不同族群騷擾。選擇留在已經成為波斯帝國領土的猶大人，聽到這個消息之後十分不安，向波斯王薛西（Xerxes）推舉尼希米（Nehemiah），他們的族群領袖之一，希望王能派他去恢復耶胡省（Yehud）的安定。得到薛西王許可之後，尼希米以波斯帝國使節的身分從巴比倫前往耶胡省，抵達耶路撒冷時應是公元前四四五年。尼希米對當地的士氣低落和治安敗壞深感震驚，在大興土木強化城牆的同時，推動靈性復興實屬必要。

公元前四世紀初，波斯王派身兼祭司和文士的以斯拉（Ezra）去耶路撒冷，命他在當地推行摩西律法。[52]波斯人應該有審查各地子民的法律制度，確認不會與帝國安全衝突。以斯拉可能也已事先擬妥方案，在摩西律法和波斯法律之間做出令人滿意的妥協。看到猶大氣氛頹喪、耶路撒冷人人消沉，以斯拉和之前的尼希米一樣震驚。他撕裂身上的衣服，哀痛地坐在街上，直到獻晚祭的時刻到來。接著他要求全體人民在新年時集合，❸無論男女老少全都要到，否則就會沒收財產，並逐出社

❸譯注：猶大以希伯來曆七月為歲首，約在西曆九月。

群。

當眾人到齊後，以斯拉站上特別搭建的木臺，俯視全體，朗聲宣讀新的法律。雖然我們不曉得內容是什麼，可是在《聖經》的紀錄中，有一個古老的動詞被賦予全新的意義：《聖經》說以斯拉「用心鑽研（li-drosh）」雅威的妥拉，親身奉行，也將它的律法和誡命教給以色列百姓。[53] Li-drosh一詞原本用於占卜，意思是祭司以抽籤「求問」雅威。[54]但現在以斯拉變成是「鑽研」妥拉，換句話說，他想追求其中並非不證自明的意義。從li-drosh一詞又延伸出名詞米大示（midrash），意思是「釋經」。我們接下來會看到，釋經是一門總想進一步提問的學問，目的就是發現新東西。在〈以斯拉記〉（Ezra）裡，我們兩次讀到「上帝的手幫助他」，這句短語指的是蒙神啟示。[55]所以當他站上木臺，宣讀妥拉時，他不是唸出大家熟悉的傳統教導，而是與人民一同「鑽研」聖典，找尋與過去不同，但能直接回應當下困境的訊息。此外，以斯拉不只是解釋《聖經》而已，因為他的米大示——他為聖典下的注解——本身就是蒙神啟示而成。

以斯拉不僅「宣讀上帝的法律書」，更夾敘夾議，隨時予以詮釋（他「向民眾口頭翻譯，並加以解釋，使民眾能明白」）。[56]在此同時，利未祭司——以色列人的老師，也在人群裡巡行，「為民眾講解法律，民眾立在原處不動」。[57]釋經不是重述過去寫下的文字，而是在古老篇章中找尋新的意義。大家顯然從未聽過這樣的妥拉，或許因為這是全新的挑戰，他們既震驚又沮喪：「眾百姓聽見律法書上的話都哭了」。但以斯拉安慰他們：「不要悲傷。」現在正是住棚節，大家應該舉辦盛宴，啜飲美酒，慷慨接濟身無長物的人。[58]

隔天，各宗族的族長、祭司和利未人又去找以斯拉，請他講更多米大示。他們這次學到另一件事：雅威曾囑咐摩西，以色列人應在每年第七個月住進枝葉搭成的棚子（sukkoth），以紀念祖先在曠野的歲月。這是全新的變革：「自從嫩（Nun）的兒子約書亞的時代以來，這是以色列人第一次這樣做。」[59]在以前，住棚節似乎是用很不一樣的方式在聖殿裡慶祝。但大家欣然接受這項改變，奪門而出，「砍來許多樹枝，搭棚子在他們屋頂的平臺上、在他們的院子裡、在聖殿的院子裡……每個人都非常快樂」。[60]再一次地，儀式將一份模糊的歷史記憶轉為神話，將它從過去釋放出來，化為當下活生生的現實（在這個例子裡，更是化為歡喜快樂的現實）。新的儀式幫助哥拉與先人產生共鳴，體會到他們在走向未來時，也曾擔心受怕，也曾面對未知，也曾經歷痛苦的轉變。新的規儀也為以斯拉對妥拉的詮釋提供儀式化的脈絡。接下來七天，他也從早到晚宣說米大示。這個故事再次告訴我們：聖典如果沒有相應的儀式來凝聚群體，可能會令人感到恐懼甚至疏離。

為了回應時代處境，有人在後流亡時期改寫一部分的古老文化文本（cultural texts）。[61]耶利米的文字被修改，以反映耶路撒冷被毀和後續的流亡。祭司階級編纂的兩卷本〈歷代志〉（Chronicles）重新解釋〈創世記〉、〈撒母耳記〉和〈列王記〉的許多段落，賦予新的意義。在〈七十子譯本〉（Septuagint，《希伯來聖經》的希臘文譯本）中，這些書被合稱為paralipomena，意思是「補遺」；它們的作者細考舊文本的深意，增添新的省思，讓它們變得更複雜也更可信。後世固然會記得以斯拉是偉大的釋經家，但他其實也是聖典的創造者。據說巴比倫在公元前五八六年將聖殿夷為平地時，以色列的神聖文本也全部付之一炬。可是以斯拉在神的啟示下恢復它們，他花了四十天向文士們口授其中的九十四卷，但還有七十卷重要文本沒有公諸於世，準備有一天傳給最有智慧的以色列人。[62]這則神話傳達一個重要真理：聖典裡總是有未盡之言。

⁂

上一章擱下中國時，中國正處於重大改變的時刻。由於取得耕地是農業國家唯一的富強之道，地處中原邊陲的齊、楚、晉三國都想擴大領土。這些國家的領袖野心勃勃，除了奪取「夷狄」的土地外，他們也決心征服中原心臟地帶的幾個小國。他們已無意效忠日益式微的周室（其中幾個諸侯甚至開始稱「王」），也不想費心效法古時以天道為政而開創太平的堯和舜「聖王」。他們不再敬重文王、武王和周公，對凝聚周朝且提倡「謙讓」、虛己與自制的禮也興趣缺缺。

隨時可能被滅的中原小國人心惶惶。從前的戰爭是儀式化的，現在則是血腥凶殘，令人髮指，宋國甚至因為長期被圍而易子而食。有的諸侯國的貴族奢靡成性，嚴重影響國家財政。結果是部分低階貴族落入民間，阮囊羞澀的小吏更多得驚人，他們不再能負擔城裡繁華的生活，於是搬到鄉間與「小民」為鄰。

當然，對保守文人來說，這不只是政治和經濟危機而已，因為自利成風根本悖離主宰宇宙的天道（或自然之道）。其中一名儒士震驚到決定不再為官，他叫孔丘（公元前五五一－四七九年），也是一名家無恆產的小吏。他的父母出身宋國宗室，但家道中落，不得不移居魯國。孔子自幼家貧，但家中尚存貴族之風，他曾期盼成為股肱之臣，但也許是因為性格過於耿直，官場生涯並不順遂，在好幾個國家都只做過小差使。六十八歲致仕後，他把餘生貢獻給教育，建立這個關鍵時代最早出現的哲學學派之一。這些學派都和失序的諸侯國保持距離，勤加思考不同的社會形態與行為準則。孔子將他的思考口傳給弟子，弟子則敬他如君，努力寫下他傳授的道理，希望能讓更多讀者看到，甚至傳諸後世。[63]

孔丘的弟子稱他為「孔夫子」，這也是西方稱他為Confucius的由來。他的學生都不是小孩，有的還已入朝為官，中國最重要的聖典《論語》就是從他們開始編纂的。《論語》收錄據信出於孔子的簡短格言，以前被認為是孔子死後不久匯集而成，可是它的文本似乎經過數百年形塑，在最後版本底定前歷經多次調整。因此，儒家並非亦步亦趨地緊跟孔子的原話（ipsissima verba），而是不斷開展他的觀念，以回應眼前的挑戰。《論語》不像我們習以為常的「書」：中國的文本當時還寫在布上或刻在竹片上，有點類似散裝文件，而「書」就像現在的文件夾，很容易添加新的資料。《論語》的文本經過好幾個世代、好幾手的傳遞，儒家不同學派各自保存（也拓展）能支持自身立論的不同格言。我們能在現存的《論語》版本中看出它們競爭的痕跡。有的段落指出孔子曾說某幾名弟子特別聰穎，[64]有的段落顯示不同弟子曾問過他同樣的問題（例如孝的意義），而他的回答總因人而異。[65]換言之，沒有壁壘森嚴的「儒家正統」，有的是不同觀點平等並存。

的確，孔子自己不是《論語》的作者，真正的作者隱身幕後，默默記下孔子的言行，沒有人知道他是誰。換言之，孔子就像小說裡的角色一樣，是被「寫出來」的。我們只能透過他的弟子歸給他的話來了解他，而他的弟子本身顯然也各有主張。學派宗師寫下自己的見解是一百多年之後的事，孔子的時代是弟子寫老師，以老師為栽培自身理論的土壤。由於孔子的看法並非自始至終全然一致，我們馬上會看到的是，讀者很難從這些看似對立的觀點中整理出明確的「儒家」原則，孔子於是成為後人叩問的終極對象。[66]他像一名神祕的聖人，不但在當時不受重視，他自己和他的論點也總是閃避清晰的定義或正式的教條，這種作風對我們現在的「宗教傳統」概念構成很大的挑戰。

《論語》以孔子對弟子的提問開頭：

> 學而時習之，不亦說乎？有朋自遠方來，不亦樂乎？人不知而不慍，不亦君子乎？[67]

切磋學問需要朋友：學是群體活動，不是個人活動，當然也不是對真理的抽象追求。學的目的是「實踐」（習）所學，所以學習儒家的學問與深刻的個人蛻變密不可分。以孔子最欣賞的弟子顏回來說，他出身寒微，有密契主義傾向，孔子有一次說他是學生中最「好學」的一個。孔子之所以會這麼說，並不是因為顏回對儒家學說瞭若指掌，而是因為他待人接物的方式的確在改變。他會記下自己所犯的錯，一一改進，不斷進步，「不遷怒，不貳過」。[68]孔子曾對個性較為招搖的子張說：學能讓一個人懂得謹言慎行，不為自己所做的事懊悔。[69]正如他的另一名弟子曾子所說，學需要不斷嚴格檢驗自己，但檢驗的不是內在靈性狀態，而是自己如何待人：[70]

> 吾日三省吾身：為人謀而不忠乎？與朋友交而不信乎？傳不習乎？[71]

孔子的弟子需讀《詩》、《書》、《禮》、《樂》四經，[72]但研讀文本與不斷實踐仁恕密不可分。正如仁恕必須實現在他人身上，學的過程也不應單打獨鬥。孔子說：「己欲立而立人，己欲達而達人。」[73]因為學的目的是超越自我，這種創造性的交誼至關緊要。儒家的超越自我即出神（ekstasis，字面意義是「走出去」），但形式是守禮和仁心，而不是以西結那種戲劇化的異象。若想成為君子，就必須全心回應他人的需要，否則就還是處於自我中心的封閉世界。[74]

因此，勤讀聖典都是為了仁。孔子拒絕定義仁這個字，因為他的時代熟悉的概念無法道出真義。[75]了解仁的唯一辦法是完美地實踐它，像堯和舜一樣。仁在周朝指的是「高尚」，藉以區分君子與平民，但孔子為仁賦予道德意義：他相信仁是一股「道德力量」，讓聖王依天道（或自然之道）

而行，不靠武力就能統治天下。那麼，我們該怎麼達到仁呢？顏回問道。孔子的回答是：「克己復禮。」[76]

謙讓不是與生俱來的，人也不是天生就懂得敬重別人和關心別人的需要。孔子深知：光是思考虛己、恭敬和仁恕，並不足以克服自私的衝動。他像今天的神經物理學家一樣清楚：人可以透過身體姿勢和規訓身體學到很多。禮的特殊動作能讓君子培養「謙讓」的習慣：禮規訓身體，改變一個人故作姿態和自我吹捧的外在行為，從而培養敬重別人的內在態度。禮將一般的生物性動作提升到不同層次，確保我們不會怠慢別人；禮也為凡常事物注入儀式般的莊嚴，讓我們察覺生命的神聖性。孔子的禮是一種改良的儀式主義（reformed ritualism），除去對身分地位的執著，恢復人際互動中的莊嚴與優雅。禮也賦予別人神聖性：中國自古相信以禮盡孝能創造神，讓逝去之人成為祖先——孔子一定看出這種信念背後的心理真相。

禮還讓人學到平等相待：禮典進行時，參與其中的每一個人都對整體之美有所貢獻，不論他扮演的角色多麼微小。因此儀式不只是個人修身之道，也與政治有關。被弟子問到如何將仁應用到政治上時，孔子回答說：

> 出門如見大賓，使民如承大祭。己所不欲，勿施於人。在邦無怨，在家無怨。[77]

對儒家來說，匡正社會也是修身的一部分。孔子相信，禮一定能讓中國恢復仁道：「一日克己復禮，天下歸仁焉。」[78]

孔子也許是第一位以簡潔好記的方式說明黃金律的人：「己所不欲，勿施於人。」子貢問過他：「有一言而可以終身行之者乎？」孔子說是「恕」。[79]曾子也講過：「夫子之道，忠恕而已矣。」[80]恕是推己及人❹，不以己為先，細察內心，看出困擾自己的是什麼之後，就不要讓別人受同樣的苦。如果有心達成真正的蛻變，這種利他主義必須變成習慣，不能只在得便時偶一為之，更要「終身行之」。[81]也許聽來簡單，但馴服躁動的自我是一生的奮鬥。顏回對此深感同意：

> 仰之彌高，鑽之彌堅；瞻之在前，忽焉在後。夫子循循然善誘人，博我以文，約我以禮。欲罷不能，既竭吾才，如有所立卓爾。雖欲從之，末由也已。[82]

顏回說的是超越經驗：仁不是你能「得到」的東西，而是你必須「終身行之」的理想。仁本身就是你追求的超越，因為常懷仁心的人生能帶你放下自我、超越自我，進入虛己的境界。我們之前提過，同理心和慈悲心出於右腦——能看見萬物之間的深層連結之處。當顏回試著實踐仁的理想，「終身行之」，他在驚鴻一瞥中看見神聖實在，它既內在於他，又超越一切萬物，既深藏內在深處，又總是「瞻之在前」，讓他窮追不捨。凡夫無法透過「重生」而一夜成為儒者，孔子都說自己花了五十年，才把禮、恕和仁鑄為第二天性。[83]

孔子十五歲時便有志於學，從《詩》、《書》、《禮》、《樂》開始鑽研。他總說自己「述而不作，信而好古」，從無開宗立派之意，談的全是古已有之的道理。[84]少時研究《尚書》的心得，加上長年對禮的實踐，讓他相信堯舜的確曾建立完美的倫理－政治秩序。既然太平曾在堯的手中實現，就一定能再次實現。因此歷史不是考究斷爛朝報，而是呼召我們在當下的亂局中採取政治行動。雖然孔子因為厭惡中原各國耽於自私和暴力而退出政治，但深信只有受過良好教育的精英能改革中國，將古代典籍直接運用到公共生活。在以前，中國貴族常引用《詩經》來牟取自己的利益；可是在《論語》中，孔子和弟子常為《詩經》注入原本沒有的倫理面向，因為他們堅信聖典必須回應當代道德議題。[85]孔子希望能教出一批學養俱佳的弟子，期盼他們成為中流砥柱，以堯舜之道教化諸侯，成就天命。[86]不過，他們必須先以漫長而嚴格的修身轉化自己，才有可能實現這個目標。

中國面對的難題沒有簡單答案。事實上，《論語》為中國人留下健康的懷疑精神，讓他們不輕易相信定義、絕對真理和所謂金科玉律。[87]孔子很少直接回答問題。弟子向他問仁時，他給顏回一個答案，給仲弓另一個答案，回答司馬牛時又提出第三個答案。[88]被問到君子與小人之別時，他每次也都有不同的回答。[89]至於什麼是孝？他從不說明一般性原則，反而舉出一些各自相異又沒有關聯的例子。[90]對概括（generalisation）和定義的迴避會成為中國聖典的共同特徵。西方讀者或許覺得這種做法令人不耐，但是整體而言，《論語》傳達一個重要訊息：精妙的討論和高深的定義對人幫助不大。世界需要的是用心耕耘仁德的人，而不是能言善道的雄辯家。

孔子有一次說：「予欲無言。」子貢聽了立刻提出異議：「子如不言，則小子何述焉？」孔子淡淡回答天從不開口，但大自然運作如常：「天何言哉？四時行焉，百物生焉，天何言哉？」[91]孔子深信堯當年同樣也是不言而治，像天一樣。他為政以德，澤被天下，光是以身作則就改變了百姓。[92]堯的仁德猶如同心圓一樣向外擴大，這顯示仁不只是以同理心對待自己人而已。家庭是仁的學校，我們從小就該養成對父母和手足以禮相待的習慣——但不應就此止步。中國聖典總是要求我們摒棄原始的部落本能，以兼善天下的胸懷進行思考。關懷家人能擴大君子的心胸，讓他對越來越多人心

❹說明：原文「using oneself as a measure to gauge the needs of others」不是曾子說的，是朱熹的注，所以把它挪到引號外。

懷同理，先是親族，接著是他安身立命的國家，最後是全天下。[93]

⁂

亞利安人舉行儀式原本是為了協助眾神，支持祂們維護宇宙秩序（梨多）的任務。到了公元前九世紀，祭官們開始發展梵的概念：梵是終極而無法言詮的實在，將宇宙中各種不同的力量拉在一起。不過，舉行儀式的目的漸漸不限於防止宇宙解體，也開始具有賦予參與者死後生命的意義。眾人原本認為：只要終身累積儀式之業（karma），死後就能得到重生，在眾神的世界享有一席之地。然而，人們日益懷疑儀式之業的功效，到了公元前六世紀，終於出現一系列回應這類問題的新聖典。

這些聖典被統稱為吠檀多（Vedanta），意思是「吠陀的終點」（the end of the Vedas）。會這樣稱呼的原因有兩個。首先，它們代表天啟（shruti）結束，shruti的意思是「聽聞之事」，由仙人接收，記錄於吠陀，也藉著吠陀擴大影響。在吠檀多後，啟示只能透過記憶（smrti）傳承。不過，這個「終點」非常漫長：這些被稱為奧義書（Upanishads）的新經典有近兩百五十部之多，其中十二本「古典」奧義書（"classical" Upanishads）在公元前六世紀到一世紀成書，新的奧義書則不斷出現。因此，奧義書似乎成為一套永遠不會完全告終的聖典。第二個原因則是，如果我們把「終點」作「目的」解，奧義書的確說明吠陀天啟的「目的」，因為它們不但對古代仙人的異象提出詮釋，也討論梵書對儀式的思考。「它們顯然是本質的本質，」一份早期奧義書說，「因為本質即吠陀，而它們是吠陀之本質。」[94]由於吠陀的目的言語道斷，這樣的「終點」似乎無法表達，也無法明確畫下句點。

西方有時會把奧義書套入宗教改革的框架，把它們對早期吠陀儀式主義的排拒看成準新教式的（quasi-protestant）。儘管奧義書談到早期儀式時的確經常語帶輕蔑，但它們其實延續也深化早期的儀式科學。最早的兩部奧義書可能是在公元前六世紀出現的，恆河流域當時正是多事之秋，社會和經濟都發生劇烈變化。《歌者奧義書》（*Chandogya Upanishad*）出現在俱盧－般闍羅（Kuru-Panchala）地區，《大森林奧義書》（*Brhadaranyaka Upanishad*）成書於毗提訶（Videha，這裡是前線國家，位於亞利安拓殖最東端）。這兩部奧義書的作者都接觸到很不一樣的傳統，包括更早移民過來的亞利安人、印度的本地原住民，還有摩拉（Malla）、跋耆（Vajji）、釋迦（Sakya）等伊朗部落。這段時期也發生快速的都市化：《歌者奧義書》和《大森林奧義書》很少談到農業，但常常間接提及都市手藝。交通進步讓人更能長途旅行，向新一代的賢士問道。昔日森嚴的階級壁壘開始崩解：早期奧義書記載的很多辯論是在王廷進行的，這代表它們受到剎帝利階級一定的影響。[95]

最早的這兩本奧義書是早期作品的選集，經過編輯彙整，內容是幾位名師的正式教導，例如《大森林奧義書》的祭皮衣仙人（Yajnavalkya），以及《歌者奧義書》的優陀羅迦・阿盧尼（Uddalaka Aruni）。雖然這兩位老師都是婆羅門階級的家主，但也有老師是剎帝利階級的成員（例如阿迦塔夏斯特拉王〔Ajatashastra〕），讓某些學者推測奧義書是剎帝利階級帶頭的，但更可能的是都市化讓階級之間產生更多互動。他們的教導還是深植於梵書中祭司階級的立論。[96] Upanishad 一詞常被譯為「密傳」（esoteric teaching），因為它的字源是upa-ni-shad，「坐近一點」的意思。以前認為它是指密契傾向的賢士的授徒之道，只將高深的知識傳授給坐在腳邊的少數高徒；但現在認為這種解釋站不住腳，因為upanishad早年指的是「相等」、「類似」或「對應」，[97] 代表這些新聖典是進一步推展祭官提出的「連結」（bandhus）之學。到了這個時期，祭官們已經藉著不斷連結天上與地上的實在，培養出深刻的宇宙一體感。

這點在《大森林奧義書》裡相當清楚。《大森林奧義書》屬於執行祭祀動作的行祭祭官，所以從默想著名的馬祭（Horse Sacrifice）開始。馬祭是歌頌王者權威的求子儀式，在祭司詮釋的一連串連結中，馬被等同於整個宇宙：牠的四肢是四季、牠的肉體是雲、牠的前半部是升起的太陽、牠的嘶鳴是聖言——至高神本身。[98]《歌者奧義書》則是歌詠祭官的奧義書，歌詠祭官每次都以真言嗡（AUM）開唱，所以《歌者奧義書》也從沉思嗡開始：嗡代表地、水、植物、人類等一切實在的精髓，而人類最深層的本質即是聖言。[99]長久以來，吠陀祭官都會思索自己負責的儀式的意義（婆羅門祭官負責的則是在心中進行整套儀式），而現在奧義書賢士進一步跨出祭官們對宇宙的思考，將探索的觸角伸入內在自我，並援引古老的吠陀文本支持自己的見解。[100]

因此，奧義書是對吠陀聖典的延伸思考：古代仙人嘗試描述語言所不能及的實在，今日賢士則試著讓自己體會仙人有幸領受的異象。所以對這群新的賢士來說，《梨俱吠陀》裡的天啟話語有如「種子」，能生出新的概念和經驗。[101]初代仙人說他們見到也聽到這些真理，所以用感官意象描述梵，稱為「世界之芽」[102]或「創世之主」。[103]奧義書賢士則相信：天啟的傳遞是透過心，而非感官，所以他們用更加抽象的方式談天啟知識，例如阿特曼，遍及萬物的實在之無以言表的本質。[104]我們平時是透過感官知覺獲得經驗知識，但阿特曼超越一切凡俗範疇，所以我們認識它的方式與獲得經驗知識全然不同。阿特曼既內在又超越，但也既不內在也不超越——而它也不是內在與超越的結合。唯有在良師指導下勤修一生，才可能領悟這幽微的洞見。老師們會有系統地挑戰學生，把他們的感知逼到平日概念式的思考之外，直到他們終於進入不同的意識狀態——更倚賴右腦的意識狀態——

瞥見實在的超越統一。[105]

新的賢士們發展出不同的自我概念，他們認為，既然一切即一，萬物的神聖核心阿特曼與維繫宇宙的永恆之梵必不可分。他們談到梵書中的生主（「一切」）神話：為了維繫一手創造的脆弱世界，生主將自己的阿特曼（「自我」或「內在本質」）投進祂所創造的一切，讓整個宇宙在本質上成為神聖的。因此如果我們能洞穿自身存在深處，就能進入梵（終極實在）與阿特曼（個人本質）合而為一「之處」。倘若一個人有志在自身存在最核心之處發現與梵為一的神聖之「我」，就必須超越身體、超越概念式思考，也超越情緒。古代仙人曾試圖勾勒他們「聽見」和「看到」的聖言，今日奧義書賢士則進一步宣告「Ayam atma Brahman」——「我即是梵」。[106]

然而，該怎麼進入自我的核心呢？祭皮衣仙人說過，那是一般知覺無法進入的地方：

你見不著觀看的觀看者，聽不著傾聽的傾聽者，思索不著思索的思索者，感知不著感知的感知者。一切（梵）中的「我」就是你的阿特曼。[107]

密契者必須長期投入修行，有系統地否定所有分類和凡俗思考的分析式定義。「對於阿特曼，我們只能說它『既非此……亦非彼』（neti ... neti），」祭皮衣仙人說得堅定，「它不可思議，因為它不能被理解。它不會朽壞，因為朽壞勝不過它……它不受束縛，不為傷害所苦，不因恐懼而顫抖。」[108]最後，精進修行的人終於瞥見萬物在最深之處為一，了悟人與神聖是分不開的。由於一般邏輯無法解開其中道理，所以奧義書捨棄理性論證，反而拋出大量經驗、異象、格言和故意讓人難以參透的謎語。書中的辯論常常在不知不覺中過渡到參梵的沉默，以其中一方啞口無言作結。

因此，奧義書最重要的訊息是：人本身就是聖的，與終極實在全然不可分。[109]一神論者常對這個論點嗤之以鼻，說它「只不過是泛神論」。可是，一神論自己的密契主義者也經驗過同樣的合一。日耳曼密契者艾克哈大師（Meister Eckhart，約一二六〇－一三二七）就曾說：「靈魂裡有某種東西與神極其親近，親近到已經與祂為一，不再需要與祂結合。」他堅信，能完全實現這種狀態的基督徒「既是非受造的，也不同於其他任何受造物」。[110]祭皮衣仙人也相信：奧義書的教導能全然聖化勤加修行的人，讓他們變成其所追求的神聖實在。

昔日吠陀儀式試圖藉由不斷履行儀式之「業」，來打造長存天界之「我」。換言之，轉生天界是不斷進行完美祭祀的果。但祭皮衣仙人認為，「我」不只是儀式之業的果，而是我們的愛、恨、衝動、欲望和心理活動等所有業的果。要是一個人死時仍牽掛世間，只會在天界待一小段時間，然後就會再次誕生於這個世界；但是一個人若能堅定心志，只追求永恆之「我」（亦即與梵為一的阿特曼）——「他就是梵，也朝梵而去」——就再也不會回到這個充滿痛苦、悲傷和死亡的世界。[111]這裡的業指的不是儀式行為，而是心理和生理活動。這是我們第一次看到這種業的教義，它將在印度性靈世界中扮演重要角色。人若有志滌除心中一切凡俗之欲，就必須全然改變日常存在狀態，並終身追隨上師的教導。

在印度，學習聖典必須拜師。上師會傳授弟子完全不同的生活方式，讓他們以新的生活培養有別於一般感官知覺的細微意識。上師不會直接告訴弟子什麼是阿特曼，只會以「助產」手法協助他們領悟這份「知識」，讓新的我從心中誕生。[112]為了達到這個目標，弟子必須離家與上師同住，細心照看聖火、守貞、不涉任何暴力行為。另外，只靠思考無法獲得這份知識，因為身體活動也是修行的一部分：弟子必須在上師指導下吟誦真言、從事勞動、禁欲苦修。上師既然「知曉」阿特曼，他等於是梵活生生的體現，所以弟子藉著仿效他的生活方式——守貞、不害、對萬物抱持善意與敬意（因為它們都是梵的化身）——最後終將明瞭：梵其實和自己最深的我是不可分的。[113]

因此，只有在這種密集師徒相承的脈絡中，奧義書的教導才有意義。從這時候開始，印度聖典也開始採取偈頌（sutras）的形式。偈頌是簡潔有力的格言，由上師以一對一的方式口授給弟子，外人望文而不解其意。[114]這些教導常採問答形式，旨在有系統地從弟子心中除去理性和邏輯障礙，直到他們徹悟。修行並非人人可為。弟子必須性情平和，耐得住長期跟隨上師投入艱辛的學習，還要忍受日復一日瑣碎而乏味的勞動。即使如此，願意接受這套嚴格訓練的年輕男子還是很多（在早期奧義書階段，甚至有少數女子參與其中），這項事實證明：宗教追求的核心是渴望蛻變——事實上，是渴望聖化——這份渴慕深植人心。

上師與弟子一同耕耘的心理狀態雖是與生俱來，卻極難達到。與奧義書同時出現在印度的還有瑜伽，瑜伽對身體和心理都有嚴格規範，務求透過身心鍛鍊去除思考裡的「我」，從而了悟梵。雖然阿特曼常被譯為「靈魂」，但它可以用身體感受，身體在人的蛻變過程中也扮演重大角色。奧義書視身體如「梵城」（city of Brahman），[115]因此嚴格規訓呼吸和坐姿就與冥想一樣重要。上師會以各種不同的方式點化弟子，例如祭皮衣仙人就要求弟子回想夢境，藉此訓練他們覺察無意識之心。我們在夢境裡常常覺得更為自由，也更容易覺知更高的我，可是，在發覺我們清醒時壓抑的痛苦和恐懼時，我們也會做噩夢。祭皮衣仙人說，透過在深層夢境裡達成的統一意識，我們能預嘗得道者最終的解脫。得道之人「平靜、鎮定、沉穩、有耐心、心神集中」，因為他們與梵為一，而且「無有邪惡，無有染汙，無有疑惑」。[116]

《歌者奧義書》的優陀羅迦（Uddalaka）另有蹊徑，指點兒子希維達克圖（Shvetaketu）時，優陀羅迦要他禁食十五天，讓他虛弱到無法像先前一樣流暢吟誦吠陀。希維達克圖因此學到：阿特曼是身與靈的統一體，而他的心是「食物、呼吸、水、言語和火」一起組成的。[117]優陀羅迦接著讓他發現：任何一種東西的同一性（identity）都離不開組成它的物質，無論組成它的是泥、銅或鐵，都不例外。事實上，所有存在之物皆是如此，因為梵是一切萬物的真我。「它是最精微的本質——那構成這整個世界的『我』。」優陀羅迦諄諄教誨：「那是真理，那是阿特曼，希維達克圖，你就是那。」[118]這些話在《歌者奧義書》中一再出現，猶如副歌。它們強調一個事實：希維達克圖和萬事萬物一樣，是梵——即「一切」。梵是榕樹種子最精微的本質，雖然肉眼看不到，但是整棵大樹都從它而生。同樣地，梵也是每一個人的阿特曼。

奧義書的訓練讓勤修者看到：由於一切萬物同享同一神聖核心，因此深深彼此相連。實踐不害之所以重要，原因正在於此。然而，優陀羅迦對希維達克圖說：大多數人昧於這個事實，以為自己獨一無二，執著於讓自己顯得珍貴而引人注目的特點。殊不知這些特點既不長久，也不出奇，像匯入大海的河流一樣，一入大海「就只是海」，不再能自恃「我是這條河！」或「我是那條河！」世間萬物也一樣，無論是老虎、豺狼、人類或蟲豸，最後都將融入那，因為那才是我們自始至終的本質。我們必須放下自我，沉入虛己，因為緊握虛幻的我是妄念，只會造成痛苦和混亂。如果我們不想陷入這種境地，唯一的出路就是得到深刻而具解脫之力的「知識」——知曉梵是我們的阿特曼，是我們最真實的本質。[119]

得到這份知識最常見的辦法，是把聖典的文字當真言來誦讀。奧義書很少解釋這些經文，因為分析文字無法讓人得到解脫的知見，反倒是千篇一律的吟誦能停止分析活動。另外，吟誦時需要出聲和調息等身體修行，有助於修持者進入不同的意識狀態。[120]奧義書的教導可以用四大真言總結：

「知『我即梵』（aham Brahmasmi）者即成一切」；[121]「你就是那」（Tat tvam Asi）；「我即梵」（Ayam atma Brahman）；[122]還有「般若即梵」（Prajnanam Brahman）。[123]當修行者覺察到聲音從裡到外迴盪於其身，真言便化現於其內，臨在於呼吸、話語、所聞、所見與心。體察一切「連結」之時，修行者感到梵讓他神聖、不朽、無有恐懼。神聖不再是遙不可及的實在，因為絕對已內化其中：

它浩瀚如天，廣大不可思議，
卻又細若微塵。
它遠之又遠，
卻又近在眼前。
它就在見到它的人裡，
藏於他們心中的幽穴。[124]

仙人不再往自身之外尋找神聖，反而向內探求，「因為每個神其實都由他所造，因為他自己即是眾神」。[125]

第五章
同理

公元前四五三年，晉國三家貴族聯手背叛他們的主公，在晉國的土地上建立三個新國家：韓、趙和魏。這開啟一段漫長而恐怖的時代，中國稱為「戰國」。位於中原邊陲的強國——南方的楚、西方的秦、東方的齊和「三晉」——激烈相爭，無一不以稱霸為志，一個又一個的國家在戰爭中覆滅。不過，這也是一個充滿創造力的時代：各國坐擁充足的資源和殺傷力強大的武器，讓宗教追求因為日益殘酷的戰爭而強化。於是，戰國時代出現新的重要文本，其中幾部後來也成為中國聖典。

就像我們已經看到的，戰國時代邊陲大國的領導人對謙讓、儀式和節制不屑一顧。但是新成立的魏國，領袖文侯（公元前四四六－三九五）有心鼓勵求知，尊賢禮士，希望他們能在禮的事務上給予指點。孔子的弟子子夏也被他延攬，成為他的顧問。不過，別國領袖覺得儒家天真得可笑，偏好尋求一群新的軍事理論家（「俠」）的建議。俠士出沒鄉野，隨時準備為出得起好價錢的對象效力。成千上萬名農人被徵兵入伍，派上前線，成為每次戰爭死傷最慘的步兵。在昔日儀式性戰爭時代，殺害婦人、孺子或老人會認為有失風範，而現在大量平民死傷成為常態。

不過公元前四世紀早期，一名遊俠開始宣揚基進的非暴力訊息。他被稱為墨子（約公元前四八〇－三九〇），[1]我們對他的經歷知道得很少，他似乎曾率領一百八十名志同道合的人出生入死，在戰爭中馳援較為弱小的城池。事實上，墨子的書談防禦策略和防禦工事的部分多達九章。《墨子》和《論語》一樣也是集體之作，經過好一段時間才成為今日的樣貌，其中論邏輯和軍事學的章節可能是較晚寫成的。[2]雖然《墨子》並未成為中國聖典，可是在戰國時代，墨家的重要性和儒家不相上下，他們都與政治保持距離，萬般無奈地看著自己的世界走向災難。《墨子》讓世人看到：懷抱同理心和慈悲心的不只有儒家，對儒家批判最力的俠士同樣在意這些理想，只是強調的重點不一樣而已。

墨子在最重要的幾章裡猛烈批評儒家，他不想費神討論周公，對貴族踵事增華的儀式更感憤怒，尤其厭惡他們鋪張的葬禮和守孝三年的規矩，也許貴族負擔得起這麼多費用與時間，可是一般人照做的話會傾家蕩產，要是每個人都遵循這套荒謬的習俗，不但會重創經濟，也會削弱國力。[3]不過墨子同樣稱許古代聖王，因為深信他們不會理睬這些胡說八道。在這些聖王裡，他最欣賞的是舜的傳人禹，因為禹非常務實，日夜苦思防洪對策，孜孜不倦。墨子曾援引一段關於堯的古代文本，以支持他對葬禮繁文縟節的鄙夷：堯過世後只裹衣衾三件，用薄棺，葬禮時不弔哭。[4]他也引用周代聖典證明這個論點，表示在《詩經》裡有一首詩，寫的是天要求文王奉行儉樸：

> 不大聲以色（不看重言語和容貌），
> 不長夏以革（不崇尚侈大和急速）。[5]

不過，墨子傾向稱天為「帝」。雖然貴族階級仔細勾勒出非人格的神的概念，但墨子反映的或許是小民的觀點，將天當成人格神崇拜。更重要的是，墨子深信周代聖典支持他的看法。《詩經》不是說了嗎？「文王陟降，在帝左右」（文王的神靈上升，陪伴在帝的身旁）。[6]

墨子對書寫的熱情在戰國諸子中是異數，他強烈主張《詩經》就是古人支持書寫的明證：[7]

書於竹帛，鏤之金石，琢之槃盂，傳遺後世子孫。曰將何以為？將以識夫愛人利人，順天之意，得天之賞者也。[8]

正因為聖王曾寫下這些文本，傳予後人，墨子這一代才能指正儒家的錯誤主張。他對儒家把重心放在家和孝尤其不滿，在他看來，這種只關心自己人的作風已經造成許多社會問題。墨子提倡的兼愛常常譯成「普世之愛」，可是從他的務實性格來看，這種譯法可能過於濫情，[9]較好的表達方式或許是「關懷天下人」。他的理想是「天下兼相愛」，每個人不只對家人、朋友抱持善意和同理，也「愛人若愛其身」。[10]他也相信，中國人只有培養兼愛，才能停止彼此殘殺：「藉為人之國，若為其國，夫誰獨舉其國以攻人之國者哉？為彼者由為己也。」因此，他為天下開出的處方是「兼以易別」（用兼愛取代分別對立）。[11]

這又是一次培養普世視野、克服人類天生部落主義的嘗試。為了證成自身論點，墨子引了一句現已亡佚的《尚書》段落：「文王若日若月，乍照光於四方、於西土。」❶他說文王之善「兼照天下之無有私也」，[12]還引《詩經》中讚美文王的話，說他「王道蕩蕩，不偏不黨」。[13]墨子所讀的《詩經》和《尚書》，與我們現在讀到的不盡然相同，因為很多文本已經在戰國的亂局中失傳。到了墨子的時代，這些作品已有超過五百年的歷史，當時的人顯然已經把它們視為聖典，既以它們為自己的立場背書，也用它們反思眼前的問題，對它們寄予極高的期待和理想。

除了不斷出現戰爭悲劇之外，這時候中國也發生劇烈的政治和經濟轉變。公元前四世紀，中國人學會冶鐵，開始以精良的鐵器開墾大片山林。結果收成增加，人口高速成長。新的商人階級與統治者緊密合作，開發礦藏，設立鍛造廠，建立大型貿易帝國。城市的主要功能不再是崇拜圈（cultic domain），而是人口稠密的貿易與工業中心。[14]雖然很多人樂見這種改變，但也有不少人為此深感困擾。蓬勃發展的商業以精明幹練為尚，實用主義之風盛行，連政治也逐漸反映這種精神。《禮記》曾堅持君主應該以堯為榜樣，為政以「德」，「無為」而治，但是新的統治者推行新政唯恐不及，魏王甚至以受薪文官取代世襲貴族，對於不遂己意的官員，上位者如今動輒處死或流放。

無可避免的是，這些改變讓社會分崩離析。農民被徵召入伍，他們以往捕魚、打獵或拾取柴薪的土地被統治者巧取豪奪，很多人被帶往新的工坊或礦場工作，鄉村經濟受到嚴重破壞。職位被受薪文官取代的貴族成為冗員，權力式微，家道中落。隨著原有的世界發生巨變，有的人開始尋找新的答案，有的人乾脆退出城市生活。在差不多同一個時期的地中海，雅典人發展出民主來反制威權統治，可是在中國，反威權的能量展現為全然拒絕政治，有的哲人相信拋棄政府是唯一的解決辦法，他們逕自離開城市，遁入山林。[15]這些隱者代表的是道家的第一階段。

他們推崇神農——堯舜之前洪荒年代的神話聖王，傳說中發明農業的人。[16]道家說他不願集權中央，反而讓每個地方保持獨立，而且他「無為」而治，不曾威嚇或剝削子民。道家認為以身犯險有悖天道，因為天已經為每個人的壽命設下定數。所以，在政治生活如此險惡的情況下，謀求官職

❶譯注：這一篇沒有亡佚，只是文字有更動。見《尚書》〈泰誓〉：「惟我文考若日月之照臨，光于四方，顯于西土。」

顯然是錯的。在《論語》較晚寫成的章節裡（可能是公元前四世紀中完成），我們可以看到孔子與「辟世」的隱者交鋒，被對方嘲笑他拯救社會的理想是「知其不可而為之」。[17]這些隱者建立一套退隱哲學，楊朱屬於最早的一群。他活躍的年代不詳，也沒有文章傳世，可是從較晚的作品可以找到他的部分教導。儒家大哲孟子（公元前三六一－二八八）曾以「為我」總結楊朱學說，[18]斥之為不折不扣的自我中心，還宣稱楊朱說過「拔一毛而利天下，不為也」。[19]不過，這幾乎可以確定是扭曲楊朱的話（他原本的意思可能是：即使用一根頭髮就能換得整個帝國的榮華富貴，他也不願意）。也有人說他「貴我」而「輕物重生」：生命無比可貴，是世上一切財富所不及，所以保住性命是神聖的責任。[20]年代較晚的道家也呼應這種精神，[21]把楊朱學派當成自我放縱的嬉皮而不予理會不難，但他們顯然令同時代的人不安。另外，連批判他們的人都注意到：儘管戰國各國發展出強烈的政治意識形態，但強迫人民服從不符常情的規範似乎同樣不切實際。因此，早期的楊朱學派或許是在另闢蹊徑，設法更深刻地探索專制和威權統治的侷限。[22]

在齊國國君設立的稷下學宮裡，楊朱之學經常成為討論話題。儒家對這個新運動深感不安，如果楊朱是對的，為百姓福祉奔走勞碌的聖王豈不成了傻子？如果人都這麼自私，世界怎麼進步？儒家的修身理想真的違反常情嗎？這樣做錯了嗎？稷下學宮有兩位學者提出截然不同的答案。一位是慎到（約公元前三五〇－二七五），「法家」的創立者。他認為戰國時代的新情勢是天道的展現，人不得阻礙：為政者應無為而治，不介入政府，以免妨礙整套體系的機械性運作。事實上，法家的理想已經由商鞅（卒於公元前三三八年）在秦國實行。商鞅對聖王和仁政不抱幻想，唯一的目標是富國強兵。[23]在商鞅看來，統治者的道德與治國完全無關，將國政交給有德的聖賢反而會鑄成大禍。法家讓秦脫胎換骨，成為中國最強的國家。法家後來也成為中華帝國的重要意識形態。

同在稷下學宮的孟子則相信儒學是唯一之路，《孟子》一書也被後人奉為中國最重要的經典之一。[24]雖然孟子和孔子一樣始終有志難伸，未能說服當時任何一位國君，但他對自己的使命有近乎彌賽亞式的確信。他說每五百年必有聖王興，可是自周朝立國到他的時候已七百餘年，「以其數，則過矣」。雖然感慨「民之憔悴於虐政，未有甚於此時者也」，但他深信：只要為政者行仁政，「民之悅之，猶解倒懸也」。這樣的領袖必得人心，天下人必將爭相為他效命。孟子也引孔子的話支持這個主張：「德之流行，速於置郵而傳命。」[25]

《論語》並非孔子所作，《孟子》一書也不是由孟子本人執筆。《孟子》是他的弟子編纂的選集，他們宣稱裡面記錄的是老師與弟子、君上和對手的討論。《孟子》捨棄《論語》言簡意賅的風格，改採嚴謹綿密的論證。為了給自己的論點加上聖典權威，孟子和墨子一樣也會引用《詩經》與《尚書》，但他還會引用孔子的話。雖然儒家既無權勢，也不盛行，甚至意見並不統一（儒家之中又分八派，各派之間的見解相當不同）[26]，但孟子對它的潛力高度樂觀。孔子之後的世界發生很大的變化，所以孟子並未盲從他的看法，反而大刀闊斧調整他的觀念，讓它們適用於當代。孔子從廣闊、神祕的角度看仁，孟子則把仁的意義縮小成「善」；孔子盼望能恢復聖王的理想主義，孟子則只期待推動政治與經濟改革。

在這段技術進展快速的時期，孟子不像孔子那樣稱頌堯舜嫻熟禮儀，反而讚美他們是行動實踐家，但也指出堯舜和現在這些冷血的國君不同，他們能苦民所苦，所作所為都是基於仁心。中原遭洪災重創時，「堯獨憂之」，而他的憂心不是化為無為，而是投入技術革新。[27]他開闢水道，把洪水引入大海，讓大地適於人居。舜的重臣禹則是花了八年疏浚，挖深河床，修築新堤，這段時間從未在家睡過一晚，即使宴爾新婚也一樣。[28]對孟子來說，堯、舜、禹之為聖賢的第一個跡象，就是他們關懷子民，同理百姓的需要，「以不忍人之心，行不忍人之政」。仁政無非是將不忍人之心「擴而充之」，聖王們做到了。[29]仁人做事不會只為自己，而會善意體察別人的需要和權利。

孟子相信，同情是與生俱來的衝動，根植於人類天性。人無一例外，都有四個基本「衝動」，孟子稱為「端」。四端之於人性的重要性就如同四肢之於身體，若能培養得當，自然而然會發展成四樞德：仁、義、禮和明辨是非之智。看到小孩在井邊搖搖晃晃地快要掉進去，人會本能地衝過去救她，要是哪個人能眼睜睜地看她掉進井裡喪生，卻沒有一絲不安，這個人一定有很根本的缺陷；同樣地，毫無羞恥心或是非觀念的人也是不健全的人。雖然人能壓抑這些「衝動」——就像人也能讓自己跛腳或殘障一樣——但四端養成之後，本身就會產生力量，「若火之始然，泉之始達」。完全養成這些同理本能的君子將有淑世之能。[30]

孟子的儒學沒有超自然面向，也不需依靠神的恩典，君子需要做的只有發揮人人與生俱來的潛能。如孟子所說，君子只要順應天地（主宰宇宙的根本韻律），就能擁有道德感召力，從而深刻影響與他相遇的每一個人：「夫君子所過者化，所存者神，上下與天地同流，豈曰小補之哉？」[31]對孔子來說，只有古代聖王曾經達到聖賢的境界，但孟子堅信：此時此地的每一個人都能成為聖賢，人人皆可以為堯舜。「子服堯之服，誦堯之言，行堯之行，」他說，「是堯而已矣。」[32]天道不是從外強加於人的外在律則，而是人在內在深處發掘的東西。透過時時同理他人和實踐黃金律，君子意識到自己與萬物的深層連結：

萬物皆備於我矣。反身而誠，樂莫大焉。強恕而行，求仁莫近焉。[33]

然而人經常「放其心」，忽視與生俱來的成聖潛能。找回迷失之心的唯一辦法是「學」，它不是鑽研複雜的道理，而是透過教養提升人性。[34]

因此，蛻變與成聖是每一個人都做得到的。在追求成聖的過程中，尤其重要的是以禮儀規訓身體來習得無以言傳之知。「修身」的字面意義是「培養身體」。[35]人藉著遵循禮儀來學習如何站、如何走、如何吃、如何提升平凡的自己，以及如何激勵別人也這樣做。孟子提醒我們：舜在鄉下長大，從小與豬和鹿為伍，可是進入堯的宮廷後，那裡優雅的言談和有禮的進退改變了他，對他產生的影響：「若決江河，沛然莫之能禦也。」[36]嚴謹守禮能讓君子體現仁，甚至在過程中完全被轉化，乃至「其生色也，睟然見於面，盎於背，施於四體，四體不言而喻」。[37]孟子相信真正的洞見得自不言之教，而非言教，在他歸納的五種教育方法中，言教位列倒數第二：

> 君子之所以教者五：有如時雨化之者，有成德者，有達財者，有答問者，有私淑艾者。[38]

孟子對當時的宗教辯論風氣十分不滿，覺得墨家和楊朱學派的人耽於賣弄學問，為辯而辯，咄咄逼人，不斷強迫別人接受自己的觀點。但他不無悲哀地承認：身在亂世，他有時候也不得不使用同樣的手段，以「正人心，息邪說，距詖行，放淫辭」。[39]

接著，他提出一個驚人的論點。他說：孔子當年也是因為見到種種邪僻，覺得必須加以匡正，才寫下《春秋》，令「亂臣賊子懼」，為中國社會帶來某種程度的和平。[40]然而，學者普遍認為《春秋》是更古老的作品，大約起於公元前九世紀（那時的禮官似乎會寫下大事簡報，每天在祠堂向周王和祖先報告，終年不輟），為什麼孟子會說它是孔子寫的呢？孟子這樣解釋：周王本來會監督臣下寫歷史，但是後來把他們派去村莊蒐集小民傳唱的歌謠，以確保「小民」的心聲有被聽見。可是後來的周王不但沒有延續這個傳統，還辜負天命，所以孔子感覺有責任寫下《春秋》，譴責當時的暴政和腐敗：[41]

> 世衰道微，邪說暴行有作，臣弒其君者有之，子弒其父者有之。孔子懼，作《春秋》。《春秋》，天子之事也。是故孔子曰：「知我者其惟春秋乎！罪我者其惟春秋乎！」[42]

聖賢有回應當代問題的責任：古代聖王在洪災之後付諸實際行動；周公在立國之初降服夷狄，恢復社會穩定；孔子以編纂聖典導正人心。雖然孔子曾經明言他絕無自成一家之意，只是把古代的智慧傳給後人，但因為後來大家都認定《春秋》是他所作，《春秋》也成為舉足輕重的中國聖典。

⁂

公元前五世紀，恆河東部的舊亞利安聚落一一失去獨立地位，被併入恆河沿岸正在擴張的大國（這些大國包括北邊拘薩羅〔Koshala〕，以及南邊的迦屍〔Kashi〕和摩揭陀〔Magadha〕）。更東之處則出現幾個「共和制」的國家（摩拉、拘利〔Koliya〕、毗提訶、跋耆、釋迦及離車〔Licchavi〕），由貴族大會（sangha）領導。商人階級隨著都市化崛起，雖然他們屬於吠舍和首陀羅，但已不再被舊的階級牢牢框限。都市生活鼓勵實務上的創新和實驗，也同樣重視宗教事務。不過，人口擁擠、疾病和死亡讓都市生活蒙上陰影。新世界中不斷升級的暴力和殘酷令許多人寢食難安，君主為遂行己意壓迫人民，貪婪讓經濟風氣日益惡劣。越來越多人感到人生即苦（dukkha）——亦即充滿「不滿」、「缺陷」及「扭曲」。

變化來得太快，城市居民首當其衝，馬上感覺出生命步調正在改變。鄉村生活依時令而行，人人年復一年做著一模一樣的事；可是在生活發生激烈變化的城市裡，人們開始覺得他們的「業」（行為）可能帶來長期後果。一個新的宗教概念從此成為印度傳統的一部分：在以前，人們認為只要祭祀辦得夠好也夠多，就能在眾神的世界永保一席之地；但現在，大家對祭祀的效用快速失去信心，繁複又費時的儀式似乎再也跟不上都市生活的腳步。到了公元前五世紀，印度已普遍相信：每個人都會再次回到這個充滿疾病、死亡和痛苦的世界，無一例外。人不只會經歷一次死亡之苦，還會一而再，再而三地受病、老、死煎熬，永遠沒有逃離的希望。無論是人還是動物，死後都會再次投生世間，但投生何處端視前一生的業而定，惡業會讓你投生為奴隸、動物，甚至植物；善業則會讓你投生為君王，甚至神祇。然而即使是神祇，也遲早會耗盡讓祂成神的善業，然後死亡，投生到不那麼好的地方。因此，所有的生命都被困在永無止境的輪迴（samsara）中，身不由己，從一生被推到另一生。[43]

人們急切尋找新的對策，「棄世者」逐漸受到矚目。早自公元前七世紀就有祭主選擇出世，在以梵書傳授的儀式造訪天界後，他們不想回到塵世，反而決定留在梵的世界，捨棄紅塵人生，離開家庭，遁入林間，從此身無長物，餐風露宿，乞食維生。有的人選擇群居，依傳統方式看顧聖火；有的人對官方崇拜再也不屑一顧。[44]棄世者在離家當日將最後的供品送入火中，把火撲滅後出發，尋找能領他進入「沉默聖者」（muni）新人生的上師，盼望有朝一日能「悟道」（yathabhuta），發現真我。[45]到了公元前五世紀，「棄世者」成為印度宗教變革的主要推手。[46]

很多苦修門派圍繞上師形成，後者承諾能協助弟子從輪迴中解脫（moksha）。我們對這些門派知道得很少，但棄世者似乎全都會發四願：不殺、不騙、不偷、不淫。他們教導的內容可能不外乎生命是苦，而欲望會左右你的行為，從而將你困在輪迴，但某些苦行或冥想方法能讓你放下欲望。你不需要背誦艱澀的聖典，因為「教導」（dharma，「法」）根據的是上師的個人經驗。如果他的教導適合你，你就能解脫；如果不適合，你去找另一位上師就好了。

不過，其中有兩派後來留下重要聖典。有趣的是，它們的始祖都來自舊吠陀觀念較淡的「共和」小邦。第一位是伐達摩那・闍那特拉普特拉（Vardhamana Jnanatraputra，公元前四九七－四二五），弟子尊稱他為「大雄」（Mahavira，「偉大的人」），這個頭銜原本用來稱呼勇士。[47]我們不太清楚他的生平，因為最早的資料只能追溯到公元前一、二世紀。但他似乎是一名剎帝利族長之子，原本注定從軍，可是他在三十歲時成為棄世者，在沒有上師指導的情況下獨自摸索十二年，嘗試過不吃、不睡、裸身忍受炎夏寒冬等種種苦行，最後總算達成解脫。不過，他之所以悟道並非因為嚴格苦修，而是因為新的看待世界的方式，是這種新的眼光讓他翻轉早年的戰士精神。

他的領悟可以總結為一個字：ahimsa——「不傷害」或「非暴力」。[48]在他看來，一切萬物皆有命（jiva），無論是人、動物、植物、蟲豸——甚至一滴水或一塊石頭——都不例外。命是明亮而睿智的生命體，因為宿世累積的業而落入現在的狀態。每個生命體都和人類一樣，有轉生到更好的狀態的潛能，所以我們應以慈悲與尊重善待它們。人若想得到解脫，不傷害與自己實無二致的眾生是唯一之途：

所有呼吸的、存在的、活著的、有知覺的生命，都不可殺害，不可暴力相待，不可傷害，不可虐待，不可驅趕。這是純粹不變的永恆之法，是了知世界的智者曾宣說的。[49]

在大雄體會世間每一個生命的苦之後，他發生了蛻變。他讓眾生經歷的苦痛、折磨和恐懼穿透自己的生命，而透過這種嚴格訓練的慈悲，他成為耆那（jina），心靈戰場的「征服者」。

我們會本能地築起一道牆保護自己，把看見他者受苦的不安擋在牆外，大雄卻費盡千辛萬苦拆除這道牆。[50]放下自我之後，大雄在虛己中看到每一個眾生的苦，而透過集中精神體會它們的苦，大雄得到耆那教聖典所說的「全知」（kevala），這又讓他同時看見所有時空維度裡所有層次的苦。新的這種狀態無法描述、無法定義，「言語盡歸徒勞，口不能述，心不能解」。[51]只有對萬物、對人人的絕對友愛與敬意。

常有人說耆那教是無神論，的確他們沒有現代西方那種看顧宇宙的神的概念。對大雄來說，提婆也是眾生，祂們只是因為敬重萬物的神聖本質才成為神祇。另外，大雄也相信：無論是誰，只要照著他的方式做，都能自動聖化人性，成為「大雄」。耆那教後來發展出複雜的宇宙觀，把業視為塵埃一般的細微之物，讓靈魂沉重而無法上升。他們也認為大雄只是累世以來眾多「渡津者」（Tirthankara）之一（渡津者指的是「橫渡眾苦之川而宣說不害之人」）。早期的耆那教文本其實沒有這些教義，但的確提到過去曾有「智者」宣說不害。似乎對大雄來說，開悟之路無他，不害而已。

耆那教徒相信，決定一個人高下優劣的不是吠陀階級，而是行為。[52]他們對吠陀興趣缺缺，甚至根本不認為它們是天啟。他們將梵書的儀式主義斥為「暴力之學」，指出這些文本和真言絲毫沒有減低宰殺犧牲的殘酷。[53]他們發展出自己的儀式，而且對他們來說，這些儀式比聖典更重要，因為這些儀式能為他們開啟一種令人難安的覺察，包括看似沒有生命的東西在內，我們周遭的一切都有命，都會受苦。因此，耆那教徒走路總是慎之又慎，唯恐一不留意踩到蟲子；他們放下東西時極其小心，而且絕不在黑暗裡行走，免得無意間壓到與己平等的生靈。耆那教徒和其他棄世者一樣，也會發不殺、不騙、不偷、不淫四願，但他們還會加上別的要求以養成同理習慣：耆那教徒不但不可撒謊，而且無論男女（耆那教接受女修行者），都不可講話無禮或不耐。此外，光是不偷竊還不夠，耆那教徒根本不准擁有任何東西，因為每個東西都有至高無上的自由之命。[54]

耆那教徒和其他棄世者不同的是，他們不會花費大把時間勤練瑜伽，反而發展出自己的冥想方式。他們會以渡津者之姿站立不動，兩手懸於側脅，全面壓抑所有有敵意的思維和衝動，同時有意識地讓心充滿對一切眾生的愛與慈悲。[55]經驗豐富的耆那教徒會全力達到他們稱為「平靜」（samakiya）的境界，在這種境界中，他們將在自身存在的所有層次了知萬物俱為平等，無論那是東西、動物或人；他們也將明白自己對一切萬物負有責任，無論它們多麼低等或令人不悅。

由於儀式負擔已經很重，因此耆那教徒不甚重視聖典，他們不在聖典中尋找神聖感，反而著力培養對世界萬物神聖性的覺察。千百年來，他們對聖典形成一種矛盾的態度。一方面，他們同意聖典對沒有悟道的人也許多少有所幫助，畢竟聖典能讓他們知道不害的重要，但是你一旦決心踏上耆那之路，聖典就不再重要，大多數的耆那教徒都無意閱讀聖典；另一方面，他們認為對尚未入教的人來說，聖典可能是危險的。[56]直到今天，有的耆那教派仍不准外人閱讀他們的聖典，連耆那教女修行者都只能看仔細篩選後的選集，因為他們擔心讀的人自作聰明，以為在知性上了解內容就代表能掌握其中訊息。[57]

耆那教中與「聖典」最接近的詞彙是阿格瑪（agama），「來」（coming），透過有權威的上師——發現不害的真理的「悟道者」——傳遞而「來」的教理。阿格瑪可以用一句常被引用的話總結：「德配者（the Worthy One）道出意義，門徒記下神聖文本（sutta，經），神聖文本傳遞教理。」[58]由此可見，文本的意義和它的文字是分開的。另外，sutta一詞指的是「指示」（indication）；換句話說，它只是指點或指涉唯有真正勝任的上師才能完整傳授的意義。[59]在大雄的故事裡也看到這種三重的過程：據說，大雄悟道後曾在樹靈的神廟講道，來聽講的除了占婆（Champa）的國王和王后之外，還有大批苦行者、神祇、信徒及動物。在場聽講的大雄弟子後來以口授傳承這次講道，這就是經。不過，經只是「指點」大雄的話而已：大雄講的是永恆不變的真理，它像宇宙一樣沒有起點，也已經被過去的「悟道者」宣講，因此經並非如實記錄大雄講的話，只是評論他所傳遞的訊息。

這或許可以解釋為什麼耆那教堅信他們的聖典殘缺不全，重要的真理不在此處——我們在其他宗教傳統中也會看到這個主題。他們相信，二十四位渡津者都曾向弟子講過不害之理，他們的弟子也都仔細記錄，每一次都匯集成十四本聖典。但不幸的是，每一位渡津者在饑荒中死亡後，關鍵的教導都隨之亡佚。[60]因此每一次渡津者過世，耆那教徒都只剩不完整的聖典，而且殘存的聖典直到十一世紀才寫下來。有的耆那教徒認為，保存下來的少數聖典裡的教導較不重要，是給女人和小孩學的，更深的教導只有男人才懂。[61]為了彌補聖典傳承不佳的問題，耆那教開過好幾次大會（vacana），第一次是公元前三世紀中在波吒釐子城（Pataliputra），第二次和第三次則分別是在四世紀與五世紀。事實上，對vacana更精確的翻譯是「背誦」，因為這些大會裡沒有討論，而是一起聆聽僧侶吟誦他們記得的聖典。

耆那教大方承認自身聖典不斷亡佚，顯示他們並沒有「正典必須永遠不變」的觀念。事實上，雖然文本只要夠古老，就能獲得一定程度的權威性，但是即使耆那教的典籍幾乎無法判定年代，自稱能上溯到大雄時期的卻很少。西方學者常把較晚的文本視為偽作而不予理會，卻因為《劫經》（Kalpa Sutra）有許多插圖豐富的抄本，就以為它是耆那教的核心聖典。的確，《劫經》對耆那教是很重要，但不是因為它記錄大雄的話，也不是因為它傳達的訊息特別可貴，況且懂得古代通俗語（Prakrit）的耆那教徒少之又少。《劫經》的地位完全來自它在安居節（Paryushan）中扮演的角色。對耆那教信徒來說，安居節是一年中最重要的日子：這是雨季的開始，苦行者會暫時停止遊方，住在信徒中間，信徒們則會慶祝他們的到來。節期中會吟誦《劫經》，凝聚整個社群。現在在古加拉特邦（Gujarat），在沒有什麼人參加的節期頭七天，吟誦的是方言版的《劫經》選錄。到第八天人潮湧現時，僧侶會從頭到尾誦完通俗語《劫經》全文，語速極快，不可能有人聽得懂（包括通俗語專家在內）。誦讀期間，《劫經》的插圖抄本會巡行街道，供人膜拜。[62] 總之，這部聖典對耆那教徒來說之所以重要，不是因為裡面的道理，而是因為它在儀式中的角色。

第二個後來成為主要宗教傳統的棄世者門派，是悉達多．喬達摩（Siddatta Gotama）創立的。喬達摩與大雄是同一個時代的人，但年紀較輕，他就是世人熟知的佛陀（Buddha，意為「覺悟者」）。據現代學者推測，他大約在公元前四百年去世。大雄和喬達摩有很多共同點：他們都出身剎帝利階級（喬達摩是共和制的釋迦國貴族成員），都接受業和轉世的教理，也都在沒有老師的情況下憑藉自己的努力悟道；他們都否定吠陀來自天啟，也都說自己傳授的是以往的「智者」已經悟的古老真理（換言之，在喬達摩之前也曾有很多佛陀）。另外，喬達摩和大雄不約而同相信：只要遵循正確的生活方式，人人都能達成像他們一樣崇高的境界。最後，他們都建立弟子團體，各自稱為伽那（gana，「部隊」）和僧伽（sangha，「集結」）；這兩個詞彙都是剎帝利階級的用語，指的是傳統亞利安生活中的年輕戰士團體——可是他們也都反對暴力，強調對一切眾生心懷慈悲的重要。

佛經並未從頭到尾寫盡佛陀的人生故事，對他四十五年的傳法也著墨不多，但巴利聖典（Pali Canon）有仔細記錄他生命裡的幾件大事：拋棄家庭生活、追求涅槃的漫長努力、悟道的經驗、傳法和圓寂。早期佛教徒會深思這些故事，因為它們提示有志開悟者該怎麼做。佛陀的人生被轉化成神話，召喚佛弟子們投身行動。神話的目的不是留下一部翔實的喬達摩傳，而是揭示一個不隨時間而易的真理。涅槃不是不可能的目標，它內在於人的天性，只要追隨佛陀的榜樣，每個人都做得到。這些故事和其他神話一樣，除非時時刻刻付諸實踐，否則難以領悟其中深意。

耆那教徒對複雜的冥想技巧興趣缺缺，佛陀則透過一種特別的瑜伽達成涅槃。佛經告訴我們，佛陀離家之後，曾陸續師從當時幾位瑜伽成就最高的大師。到佛陀的時代，瑜伽已經成為一門精巧的學問，以違反本能的訓練將瑜伽士逼入超越狀態。[63] 練體位法（asana）時，瑜伽士保持不動。因為我們的身體隨時在動——連睡覺時都不是完全靜止的——所以當瑜伽士以正確的體位坐著不動好幾個小時，看起來就比較像植物或雕像，而非人類。練調息（pranayama）時，瑜伽士藉著嚴格控制呼吸來抑制身體本能，而這種身體規訓也為他帶來莊嚴、開闊與平靜的感覺。到了這個階段，瑜伽士就已做好制心一處（ekagrata）的準備，把心思全然專注在「一點」。我們的心思平時不斷流動，情緒也不停在意識裡穿梭，所以瑜伽士必須學會獨獨以智性專注於單一對象，讓感覺靜下來，嚴格排除一切情緒和聯想，直到進入出神狀態——禪那（jhana）。入禪時的瑜伽士神清智明，欲望、快樂和痛苦皆不能侵。到了更高的階段，瑜伽士會體驗到一種無限、既空又滿的感覺。尤具天分的瑜伽士會進入一連串名為處（ayatanas）的冥想狀態，強烈到猶如進入眾神的領域，脫離凡俗世界的一切關係，經驗到唯獨覺察其自身的純粹意識。

喬達摩是資質出眾的瑜伽士，很快就進入種種高等境界。但是因為他知道這些經驗都出自自己，不相信它們真的是超越經驗。出定之後，他發現自己仍舊困於平時的情緒，只是短暫擺脫日常生活的苦而已。他相信涅槃不可能是暫時的，所以決定拋下傳統瑜伽，改成極為嚴格的苦行，結果差點因此喪命。最後，他承認傳統的修道方式不適合自己，決定以後只依靠自己的直覺。下定決心後沒過多久，他的心裡自動浮現新的辦法。

他想起童年時的一件事：有一次，父親帶他去看犁田儀式。年幼的喬達摩當時獨自站在蒲桃樹樹蔭下，看著嫩草被犁起，草裡的蟲和牠們下的蛋毀於一旦，他悲傷至極，就像是自己的親人遇害一樣。可是在心生同理時，他也進入瑜伽修行時的出神狀態。[64] 於是他做出決定：從此以後，禪修時只培養「善」（kusala）的情緒（如慈悲），嚴格排除「不善」（akusala）的情緒（如嫉妒、憎恨和貪婪），和與生俱來的人性合作，而不強加壓抑。以那則童年回憶為基礎，喬達摩發展出一套名為「無量」的瑜伽修行方法：在沉入內心深處的每一個階段，他都刻意喚起愛的情緒，引導它到世界最遠的角落，不讓任何植物、動物、朋友或敵人遺落在他的慈悲之外，直到達成完全的平靜。這種對於虛己的修行終於讓他澈悟，而悟得的洞見不但永遠改變他，也讓他脫離輪迴。

他的洞見傳統上被稱為四聖諦。事實上，幾乎所有棄世者都知道前三個——生命是苦；苦是貪婪和欲望所造成的；悟能讓我們從這種狀態解脫——佛陀真正的成就是提出第四個。佛陀發現一套可以擺脫輪迴的方法（他稱為「八正道」），而整套方法可以分成三個部分：以戒（sila）培養言語、行為和生活方式的善的狀態；以喬達摩設計的新瑜伽方法修定（samadhi）；而慧（prana）則是修行者對正道的正確認識，以及將它融入自身生活，以努力達成的決心。

佛教是左右腦合作無間的出色案例，佛陀的「無量」教法和他最終得到的超越洞見應是出自右腦視野，體察一切萬物在最深之處相依相連。在此同時，他的分析既清晰又精確，頗有「科學」之風。無數佛教徒以四聖諦為自身生命的真實，孜孜不倦在生活中實踐。儘管他們仍然無法免於病痛、悲傷和死亡，但他們已經得到內在平靜，讓自己雖遇痛苦亦不動心。佛陀始終強調涅槃是全然自然的境界，只要像他一樣勤修八正道，每一個人都能達成。

不過，佛陀的故事並未在涅槃畫下句點。巴利聖典告訴我們，悟道之後，佛陀一度受誘要獨享這份平靜，但是梵天神勸他行動，求他「看看苦海中人」，去各地教人怎麼面對苦難。[65]畢竟，他之所以能達成涅槃，也是因為用心培養慈悲心，如今既然得道，當然該「回到鬧市」度化別人。於是，他用接下來四十年的光陰踏遍恆河流域，不管遇到神祇、動物、男性或女性，他都向他們傳法，而同樣地，他也要求每個證悟的弟子為世人傳授涅槃之道：

> 比丘！去遊行！此乃為眾生利益、眾生安樂、哀愍世間、人天之義利、利益、安樂……有情有少塵垢者，若不聞法者退墮，聞法者即得悟也。[66]

佛陀在世時，佛弟子不需要聖典，因為他就是活生生的法。「見我者即見法，」他對比丘們說，「見法者即見我。」[67]佛陀死後，比丘們似乎每兩週聚會一次，同誦「佛陀之言」（Buddhavacana）以為紀念。[68]傳統上認為，佛陀去世一年後，弟子們在王舍城（Rajagriha）開會，首次集結佛經。這次會議約有五百名比丘參加，形式和耆那教的大會一樣，主要也是背誦佛陀講過的話，匯集為正式教法。據說始終跟隨佛陀的阿難（Ananda）背出他記得的每一句話時，總會同時提供對話脈絡，開頭總是「如是我聞，一時佛在……」，這麼做是要人注意佛陀給予教導的背景，而非佛陀實際上所說的話。如此一來，既傳遞核心訊息，也為比丘們留下更動和修改的空間，未來如果需要與不同的文化對話，就可以依原始歷史脈絡做出調整。[69]

不過，將佛陀所傳之法集結為「經」的想法，從一開始就令某些比丘不安。[70]因為他們認為，達到涅槃需要知道的一切，佛陀都已交代清楚了。他們引述佛陀留給阿難的遺言，說：

阿難！若於汝等中，有作如是思維：「大師之教言滅，我等無復有大師。」阿難！勿作如是見。阿難！依我為汝等所說之法與律，於我滅後，當為汝等大師。[71]

然而在第一次佛經集結大約五十年後，北印度東部的比丘就已發展出背誦佛陀教示的方法，以及詳細的僧團規範。他們採用固定而重複的格式來幫助背誦，同時把文本分成相互有別又彼此相關的段落，在書面文本裡也明顯看出這種痕跡。有的比丘負責把特定經卷銘記於心，以傳給下一代的僧人，巴利聖典就是這樣發展出來的（之所以稱為巴利聖典，因為它是以北印度方言巴利語傳承的。佛陀講的就是巴利語）。巴利聖典又稱「三藏」（Tripitaka），因為公元前一世紀終於成書時，不同文本被分成經（Sutta Pitaka）、律（Vinaya Pitaka）和附隨（Parivara）三大類。經藏分成五部（nikayas），律藏是僧團的戒律，附隨則是各類戒律的雜論。不過，即使在這些文本被寫下來之後，僧侶們還是繼續強記和大聲吟誦經文，好讓聖典深深銘刻於心。

巴利聖典曾被稱為「佛陀之言」，但其實也包括佛陀較傑出的弟子所講的話。事實上，其中一部經說：任何能引人開悟的教導，無論是不是佛陀說的，都是「佛陀之言」。[72]佛陀去世約三百年後，第三「藏」又加入全新的部分——阿毘達磨（Abidharma），意思是「進一步的討論」。阿毘達磨是以哲學的方式分析原始教導，為它們帶出新意。由於「Buddha」一詞的原意是「覺悟者」，Buddhavacana其實也能譯成「覺悟者的教導」，因為這些文本的作者相信他們已像喬達摩一樣悟道。[73]

佛陀以弘法為己任，總是盡可能讓更多人認識佛法。在巴利聖典中，我們常常能看到他隨聽眾的需求調整教導，刻意使用他們能懂或能產生共鳴的詞彙和概念。舉例來說，雖然佛陀向來不談吠陀儀式，可是在著名的《火論》（*Fire Sermon*）中，當他面對一群婆羅門聽眾時，還是以婆羅門家主必須天天看顧的三祭火破題，說：「一切熾燃。」不論感覺、欲望或情緒，都在燃燒。是什麼造成這場大火呢？是貪、嗔、痴三「火」。[74]如果人們繼續餵養這三把火，永遠不可能入涅槃清涼之境，因為涅槃一詞的原意是「熄滅；燒盡」。佛陀也用upadana（「執取」）一詞玩文字遊戲，upadana的字根是「燃料」，執著世間之物如引火焚身，阻礙我們開悟。在另一段重新詮釋吠陀傳統的類似對話裡，佛陀把業的意思從「儀式行為」轉成「意念」，讓業的重點成為內心狀態，而非外在儀式。[75]

在佛陀向以前的五位棄世者同伴說法時，提出無我（anatta，梵文為anatman），直接挑戰奧義書對「我」（不朽的阿特曼／梵）的追求。[76]佛陀說，沒有任何人有永恆不變的「我」。他指出，我們的情緒變化無常，不斷流動，人心猶如森林裡的猴子，前一刻才抓著一枝樹枝，下一刻又抱著另一枝樹枝。[77]因此，不可能有永恆的阿特曼，如果有的話，人就不可能蛻變。他還說：一個人若能放下「我」，不再以「我」為我，開悟即近在咫尺。事實上，巴利聖典告訴我們：五比丘聽完之後充滿法喜，立刻到達涅槃境界。[78]佛陀的弟子開始以無我的態度生活，他們發現自己變得更快樂，更奇妙的是，他們覺得自己的存在更加提升。

佛陀似乎總是依對方當下的狀態引導，而不以他認為對方應該成為的樣貌督促。有一天，他遇到一群婆羅門，他們視梵為地位最高的提婆，一心想獲得梵的異象。[79]佛陀沒有斥責他們信奉提婆，反而將自己領悟的「無量」瑜伽傾囊相授。他對他們說：這種經過修持的同理心是「心解脫」（cetto-vimutti）的精髓，能帶來真正的覺悟。佛陀不與他們爭辯梵的問題，只邀請他們試試這種辦法，開闊自己的心，變得像自己追求的提婆一樣「廣闊、莊嚴而無限」。[80]

佛陀這種傳法方式被稱為方便（upaya），具體而微地表現出反映開悟的「心解脫」。想方設法證明對方是錯的其實是「不善巧」（akusala），因為這樣做是給自我添油熾薪，不但無法轉化我們，反而會讓我們困在狹隘的自我之中。方便是禮貌而慈悲的方式，不傷對方的自尊、不攻擊對方視若珍寶的信念，反而以對方的信仰為起點，幫助他們從那裡開始進步。[81]因此，佛經不列明確信條，也不強硬堅持信仰體系，因為佛陀完全不在意一個人的神學主張是什麼。事實上，為了某人的權威而接受教條才不善巧，因為這樣一來，宗教觀念就成為精神偶像，成為執著的目標，而佛法正是為了助人放下執著。佛陀總是要求弟子以自身經驗驗證他所教的一切，如果他們覺得某個教導或修行對自己無益，就把它輕輕放到一邊。對於創世或提婆的存在等問題，佛陀無意提出理論——這些問題的確有趣，可是對比丘們達成涅槃毫無助益。

不過佛陀的教導只針對比丘，因為沒有嚴謹持戒就不可能完成四聖諦，可是在忙碌嘈雜的印度家庭中，不可能嚴守戒律。他有很多在家弟子是商人，而商業活動免不了欲望和競爭，所以他們無法指望熄滅貪婪之火。在家弟子最大的希望是投生較好的環境，佛陀也為他們設計另一種修行方式，希望能協助他們達成目標。他們還是要過道德的生活，但對於比丘必須嚴守的不殺生、不偷盜、不妄語、不邪淫、不飲酒五戒，可以稍微放寬。不過這種二重體系並不理想，佛教徒之後還會另尋替代方案。

很多僧侶以勤修正念（sati）為達成涅槃之道。正念現在蔚為風潮，大家覺得規律練習能讓自己更集中、更覺察，也更懂得處理壓力和焦慮。但佛教僧侶之所以必須時時細察自己的一舉一動，留意情緒與感覺起伏，是為了覺察我在本質上是短暫的。[82]佛教的靈性根植於身體修行，而身體修行形塑出新的儀式。為了展現涅槃的平靜，僧侶的動作必須隨時保持和諧與優雅。[83]僧侶修持的身念（kaya）就如中國儒家的禮，能把日常生活的動作轉化成心靈之美的儀式。印度有些棄世者不但身體骯髒，頭髮也纏成一團，但佛教僧侶必須打理好自己，不但身體和衣袍都要保持整潔，走路也要緩慢而專心，隨時對自己的身體動作保持覺察：[84]

比丘在前進、返回時保持正知，向前看、向旁看時保持正知，屈、伸手足時保持正知，著衣、穿袍、托缽時保持正知，食、飲、嚼、嚐時保持正知，大便、小便時保持正知，行走、站立、坐著、睡眠、覺醒、說話和沉默時保持正知。[85]

透過這種方式，僧侶的身體在法的智慧中鍛鍊他的心。藉著敏銳覺察身體，僧侶漸漸放下對身體的執著，也放下對身體最終必有一死的執著，讓心獲得平靜。人無法光靠佛經達成他們尋求的解脫，佛經只能引導他們接受嚴格而儀式化的戒律，讓戒律帶出人的全部潛能。

⁂

現在，是時候讓希臘進入我們的故事了。雖然《伊利亞德》和《奧德賽》（*Odyssey*）兩部荷馬史詩發揮「文化文本」的作用，為年輕精英灌輸希臘精神，但是希臘沒有聖典。儘管如此，身為亞利安民族的希臘人還是和他們的印度遠親一樣，一直認為神性與人性是二合一的。印度人敬吠陀仙人為梨多的化身；新年詩歌競賽中的那名年輕詩人知道，阿耆尼就在湧上心頭的靈感裡；奧義書賢士堅信梵與所有生靈的阿特曼為一。希臘人同樣也在卓異的人類作為中見到神聖：當戰士在高昂的鬥志中忘我衝鋒時，知道自己是被戰神阿瑞斯（Ares）附身；當他的世界被情欲淹沒時，知道是愛神阿芙蘿黛蒂（Aphrodite）的作弄；每件藝術品都是神匠赫菲斯托斯（Hephaestus）的示現；每項文化成就都有雅典娜臨在其中。[86]不過，會這樣想的不只有亞利安人。在以色列，雅各在與他搏鬥的神祕人身上認出雅威；先知們經驗到的神聖則是一道不容拒絕的命令，逼他們傳達神的訊息，無論他們是否願意。在中國，顏回心中湧現的仁是一股神聖的力量，也是人與生俱來的人性，而人無分男女，都體現出神的神聖原理。然而在公元前五世紀，希臘人發展出史上第一套世俗心理學。

這場令人意外的變革奠基於民主體制。梭倫（Solon，公元前六三八－五五九）是雅典民主體制的肇建者，在經濟蕭條期間，他以更為平等的基礎改革雅典城邦的憲法。到了公元前六世紀末，雅典每年從中產階級中選出五百人組成議會，代表全體公民，有權挑戰貴族組成的長老會議（Council of Elders）。長老會議在衛城（Acropolis）岩丘上舉辦，劇場在鄰近的南坡，約有一萬四千個座位，是挖酒神戴奧尼索斯（Dionysus）神廟旁的山坡而成。雅典劇場是希臘悲劇的誕生地。一開始是公民在酒神節時聚集到劇場，聽合唱團吟詠酒神所受的苦難，同時有講述者解釋其中祕義。到了公元前五世紀初，這場年度活動改成戲劇競賽，由三名詩人各編一齣三聯劇。由於所有男性公民都有出席的義務，這場盛會既是集體冥想，也是公民責任。

希臘人一向相信：同擔悲傷能在人與人間創造可貴的連結，悲劇經驗能凝聚公民。[87]在酒神節中，雅典人縱情流淚，明白自己在悲傷中並不孤獨。藉著一同在劇場見證英雄的苦，他們學到如何體會別人的傷痛。在〈祈求宙斯〉（Prayer to Zeus）中，最早的悲劇作家之一埃斯庫羅斯（Aeschylus，約公元前五二五－四五六）說：受苦能讓凡人得到神的眼界——

我們必須受苦，受苦以得真理。
我們無法安寢，心中淌血不止，
任永難忘懷的苦中之苦反覆襲來。
我們雖然抗拒，卻也因此成熟。
安坐天威寶座的眾神所賜下的
是狂暴之愛。[88]

埃斯庫羅斯的《波斯人》（*The Persians*）在公元前四七二年酒神節首演，是流傳至今最古老的悲劇，為紀念不久前的雅典與波斯之戰而作。在那場戰爭中，波斯大軍蹂躪雅典，夷平建築，褻瀆神殿，但是最後在著名的薩拉米斯戰役（Battle of Salamis，公元前四八〇年）中被雅典海軍擊潰。這齣戲不吹噓雅典的偉大，也不對波斯的潰敗幸災樂禍，反而不吝描繪波斯人的高尚，也同理他們戰敗之後的悲傷，讓觀眾不禁為宿敵垂淚。它還說希臘和波斯是「同種姊妹……美麗優雅，完美無瑕」。[89]

不過，這似乎是最後一齣以當代事件為主題的劇作。此後，詩人們把焦點放在古代神話，將亞格曼農（Agamemnon）、奧雷斯特斯（Orestes）、阿基里斯（Achilles）、伊底帕斯（Oedipus）、特修斯（Theseus）、埃阿斯（Ajax）等荷馬史詩英雄寫入劇中，而且大幅改寫他們的形象。英雄崇拜是希臘宗教特有的產物，古代君王和戰士被奉為半神，多半葬於城邦榮耀之處。英雄為自己的死亡憤怒，像幽靈一樣停駐於陰間，他的墳墓散發令人不安的氣息，生者必須用儀式加以安撫。但是無論如何，世人仍然記得他出眾的才能，他也依舊為整個社群帶來啟發。[90]然而到了公元前五世紀，這些體現舊秩序之貴族價值的英雄，對民主的城邦（polis，複數為poleis）顯得尷尬。於是，他們在悲劇中變成惹是生非的問題人物。儘管如此，他們在雅典人心中仍有一席之地，而雅典人對新的世界觀也不盡適應，煩惱莫名。[91]

每齣悲劇都以英雄及其家族、同儕的爭論為形式，這些角色由專業演員演出，合唱團則是無名的群體，代表雅典公民。不過，合唱團讚美英雄情操時唱的是抒情風格的詩歌，英雄的臺詞則是散文體，所以後者聽起來還比較像一般人。換言之，雖然原本應該由合唱團代表公民，但是英雄反而更貼近觀眾。這讓觀眾和演員都強烈感受到他們與過去的關係有多麼複雜：成就城邦今貌的是過去，過去也依然引起他們的共鳴。[92]

這些悲劇讓觀眾感到aporia，這是一種對根本問題產生疑問、甚至迷惑到暈頭轉向的狀態。在下一章會談到，印度亞利安人的世界觀馬上也會受到挑戰，他們的不安與雅典人此時的深層不確定感其實性質相近。在希臘，悲劇是隨城邦的新法律制度發展的，而新法律制度的基礎是個人責任的概念，明確區分「故意」犯罪和「可饒恕的」犯罪。雅典男性——雅典法律裡當然沒有女性的角色——必須把自己當成自身行為的主宰，不可再將自己的舉動推給受眾神影響而為。[93]我們現在把個人自主當成理所當然，所以很難理解為什麼古人會對這個概念如此不安。在古代，人們深信自己沒辨法掌控命運，大多數雅典人仍舊相信：決定事態如何變化是神祇才有的特權，長遠來看，人的行動無濟於事。

希臘人的這種心態根深柢固，甚至深到他們沒有「意志」、「選擇」、「責任」等詞彙。[94]雖然希臘文hekon常被譯為「意志」，但它其實包括所有不受外在壓力所迫的行動，從衝動而為到蓄意計畫都算。與hekon有關的另一個詞是akon（「非意欲之事」），這兩個詞彙皆是法律用語，都是用來規範榮譽殺人，把罪無可逭的犯罪和情有可原的犯罪區分開來。不過因為傳統概念依然深植人心，城邦不得不另行規範hamartia——宗教力量所致的精神疾病（宗教力量不但會操縱個人，還會殃及家庭，甚至整個城邦）。因此對希臘人來說，人不是自由、獨立的能動者，他無法掌控犯行是否發生，即使他「有意」犯罪，也沒有這個能耐。[95]正如學者安德烈．希維耶（André Rivier）所說，這些超自然的力量並不外於悲劇英雄，而是在他們的心中作用，他們無法「選擇」或「決定」，因為他們的選擇永遠由眾神決定，而且受到自己對神聖的敬畏制約。他們只有一項任務：承認逼迫他們如何行動的命令是神聖的。儘管如此，希維耶堅持運作過程絕不是機械式的。以英雄奧雷斯特斯為例，雖然他是受憤怒之神驅使而殺人，但他不是被動的——恰恰相反，他對這些神聖力量的依賴，還有他與祂們的關係，不僅賦予他的行動更深的意義，也增添他的道德動力和決心。[96]

因此，城邦要求公民們視自己為自由的能動者（無論自主程度多低），不啻於與傳統徹底決裂。希臘人花了至少一百年才完全接受並內化這套新規則，而悲劇也在這一百年中蓬勃發展。希臘人感到神聖的意志深深混入自己的意識，沒有神聖，他們也無法存在。因此，我們現在的世俗意識其實得之不易，它不是自然而然發展，而是苦心耕耘的產物。舊的神話意識後來又在歐洲復活，我們之後會看到，到近代早期，在勒內．笛卡兒（René Descartes）勇敢堅持精神自主的背後，其實涉及十分龐大的心理張力。對人類來說，把神聖視為遍及一切的力量似乎更自然也更直觀，我們傾向相信神聖難以套入理性的分析式分類，卻滲透包括人類心理在內的一切萬物。

在悲劇文類中，希臘人流露對世俗化心理學的不安。悲劇中的英雄同時有兩個層面：神性與人性。[97] 劇作家顯然對新的法律制度入迷，謀殺是他們最喜歡的主題，劇中也常有審問或審判情節。無論城邦對個人責任的立場是什麼，英雄的思考和動機仍處處看得到神聖力量的介入，與他的心理活動融為一體。「drama」（戲劇）這個字來自多利克希臘語（Doric）的dram，意思是「行動」（to act），在阿提克希臘語（Attic Greek）中則是prattein。英雄必須在行動過程中做出決定，可是就算他們沒有犯錯，最後還是只能徒呼負負，任由行動本身的力量殘酷反噬。法國學者尚－皮耶・凡爾農（Jean-Pierre Vernant）指出，從梭倫到歐里庇得斯（Euripides，約卒於公元前四〇七年）這段「邊界」（border zone）時期，悲劇文類發展最盛。在這段時間，新的概念雖然已在法庭實踐，但舊的概念卻仍盤據希臘心靈。在英雄的心中，神性和人性的活動既已分化到足以產生碰撞，卻又凝為一體，難以區隔。當悲劇英雄與這些相互衝突的力量搏鬥時，感覺與自己越離越遠。他們在劇中猶如thauma或deinon——「令人困惑的怪物」，既為刀俎，又為魚肉；既有罪，又無辜；既心如明鏡，又被眾神逼入瘋狂。到這種世俗心理學在公元前四世紀站穩腳跟後，柏拉圖（Plato）和亞里斯多德（Aristotle）已不再知道悲劇的目的。[98]

公元前四二九年，酒神節首演的是索福克里斯（Sophocles，約公元前四九六－四〇五）的名作《僭主伊底帕斯》（*Oedipus Turannos*，通常譯為《伊底帕斯王》〔*Oedipus the King*〕），這齣戲將英雄的困境刻畫得入木三分。在荷馬時代，伊底帕斯並不是悲劇人物，僭主（turannos）指的也不是現代意義的「暴君」（tyrant），而是非透過親緣繼承而取得王位的統治者。《伊底帕斯王》原本是棄兒翻身成富貴的故事——僭主身上本來就常出現這種傳說。伊底帕斯出生時，神諭說他將來會殺害父親，接下來的事或許並不令人意外：他的父親萊烏斯（Laius）——底比斯（Thebes）之王——刺穿他的腳踝，命令一名牧人把他帶到基塞隆山（Mount Cithaeron）遺棄，讓他死在那裡。但那名牧人可憐他，並沒有這樣做，反而把他交給另一名牧人，讓對方帶他到哥林多（Corinth）。伊底帕斯在那裡被膝下無子的國王和王后收養，也一直以為兩人是自己真正的父母。可是他有一天去德爾菲神殿（Delphi）求問，神諭預言他不但會弒父，還會娶母。伊底帕斯決心不讓這項恐怖的罪行發生，發誓永遠不回哥林多。在前往底比斯的路上，他被一輛馬車粗暴驅趕，一怒之下殺了駕車的人——那個人正是他的生父萊烏斯。伊底帕斯渾然不知他已經殺死父親，到底比斯時正好遇上怪物史芬克斯（Sphinx）肆虐，吞食每個答不出牠的謎語的人。伊底帕斯解開謎語後，感激的底比斯人以王位相贈，讓他迎娶新寡的王后柔卡絲姐（Jocasta）。在這齣戲裡，伊底帕斯得意地說他是幸運女神（Tuchē）寵愛的兒子，讚美她是「偉大的女神，一切美事的贈與者」，感謝她讓自己這麼好運。99 在原本的故事裡，伊底帕斯後來並沒有因真相揭曉而蒙羞，荷馬說他統治底比斯直到去世。100

然而，在埃斯庫羅斯和索福克里斯的筆下，伊底帕斯成為悲劇人物。索福克里斯從他取得王位幾年後續寫：底比斯陷入嚴重瘟疫，伊底帕斯派舅子克雷翁（Creon）向神祇求助，神諭說除非揪出殺害故王萊烏斯的兇手，否則瘟疫不會平息。伊底帕斯開庭調查，從「殺萊烏斯的是什麼人？」開始問起，但是問到在他的故事裡扮演重要角色的兩名牧人之後，問題最後變成「伊底帕斯究竟是什麼人？」調查開始時，伊底帕斯曾自信滿滿地說：「Ego phano!」——「我會把一切攤在陽光下！」101 已經知道結局的觀眾會聽出其中悲劇性的反諷：伊底帕斯的確會把一切攤在陽光下，只不過結果將完全出乎他的預料，而且落幕時，他將再也看不到陽光。

伊底帕斯——解開史芬克斯謎語的人——發現自己才是世上最大的謎，也驚覺他和自己以為的完全不一樣。他勇敢果斷地啟動司法調查，卻發現自己竟是這場調查的目標。[102]他以為自己是醫國上醫，可以用嚴謹的調查讓底比斯恢復健康，不料卻證明自己才是為這座城市帶來死亡的疾病（hamartia）。[103]在這齣戲的開頭，他被稱頌是「人上之人」，對自己的品格信心十足，輕蔑地忽視盲眼先知特伊西亞斯（Tiresias）的線索，殊不知後者知道可怕的真相。但伊底帕斯在過程中漸漸發現，雖然錯不在他，但他其實是「人下之人」。[104]原本被子民敬若神明的君王成為替罪羊（pharmakos），必須趕出去才能消滅傳染。連他的名字都暗藏玄機，透露出他曖昧的身分：「Oedipus」結合oida和pous兩字，oida的意思是「我知道」，在調查剛開始時，他自信滿滿地說了這個詞彙好幾次；[105]pous的意思則是「腳腫」，棄兒的標記。在伊底帕斯目空一切的自我被戳破時，他必然體會到何謂虛己。原來他的童年不是什麼溫馨可人的童話故事，而他過去是、將來也仍舊是汙穢不堪的下作人。[106]在調查過程中，他有如勇敢追逐真相的獵人，[107]但怎麼也想不到：他和柔卡絲妲的婚姻竟然是亂倫。他顫巍巍走下舞臺，嚎啕如野獸，[108]刺瞎雙眼，逃往山上。[109]昔日的英雄變成家破人亡、身敗名裂的凡夫。

在索福克里斯看來，難以置信也說不出口的事實，就在伊底帕斯的意識表層之下，所以他經常在不知不覺中說出真相，聽過他的故事的觀眾一定能領會這可怕的諷刺。開始調查時，伊底帕斯莊嚴地宣布由自己發掘真相再恰當不過——「我是最有資格為這片土地復仇的人，我也是阿波羅（Apollo）的戰士」。他不曉得自己的「資格」更甚於此。還說殺害萊烏斯王的兇手也許會用「殘暴的手」對付他，而他自己的手——殺害萊烏斯王的伊底帕斯的手——也的確殘暴地刺瞎他的雙眼。[110]懷疑克雷翁圖謀不軌時，警告他說：「要是你以為自己能傷害親族又躲過懲罰，你一定是瘋了。」[111]

而他馬上就會發現：自己不但傷害親生父親，還殺了對方，懲罰就在眼前。觀眾和伊底帕斯不一樣，他們看得出其中的雙重意義。眾神的思維牢牢嵌入伊底帕斯的心理活動，於是他不自覺地說出只有知道全部真相的眾神會說的話。因此，正如凡爾農所說：在伊底帕斯的話裡，我們看到「兩種不同論述，一種屬人，另一種屬神，兩者相互交織」。[112]真相大白之後，伊底帕斯恍然大悟：原來他從來不是自己行動的主人，一直以來，他都被眾神玩弄於鼓掌之中。雖然他真心相信行動操之在己，但是那些作為其實受到與他敵對的神聖力量操控。他的人生從來不在自己的掌握之中。「世上有什麼人比我更慘？比我更受眾神憎惡？」他大喊，「但為什麼？為什麼？明辨事理的人，難道不會說有某種凶殘的力量（daimon）在欺凌我嗎？這麼說難道有錯嗎？」[113]

隨著真相浮現，觀眾一同進入悲劇的世界，體會到人類的處境有多麼恐怖難明。這不是批判眾神——祂們大多數時候是仁慈的，但也有凶惡和殘酷的一面，因為生命本身就是恐怖的，凡人對祂們毫無招架之力。可是在城邦裡，雅典公民學到的是他們必須為自己的行為負責。所以當信使（Messenger）步上舞臺時，血淋淋地描繪柔卡絲妲自戕、伊底帕斯刺瞎雙眼，他認定伊底帕斯是出於己意，他是自己行為的主宰，因為這些行為實在：

駭人聽聞，沒有一件是盲目為之，
每一件都是有意而為。傷自己最重的
是我們給自己的痛苦。[114]

但合唱團不同意，雙眼失明又血流不止的伊底帕斯被領出去時，他們重申傳統立場：

何種瘋狂（mania）襲擊了你？哪個神明、
哪股黑暗勢力如此踰矩？
竟讓你的命運猶如邪惡力量（daimon）的作品？[115]

伊底帕斯這時也明白了，所有他真心相信是出於己意的行動，其實都是神聖的力量安排好的，他只是和祂們合作而已。他對這股力量（daimon）說：「我的命運，我黑暗的力量，你竟如此作弄！」[116]當合唱團問他：「是哪一股凌駕凡人的力量在驅使你？」伊底帕斯回答：

是阿波羅，朋友們，是阿波羅——
是祂要我受苦——苦中之苦！
但傷了我的眼的手屬於我，
只屬於我，不屬他人。[117]

伊底帕斯的行動始終不是出於自己，而是被神聖的秩序引導的，也唯有這套秩序能帶給人類意義和方向。人性與神性密不可分。

伊底帕斯刺瞎雙眼是因為驕矜（hubris）之罪。雖然真相就潛藏於調查之下，但驕矜讓他視而不見。他的「盲目」在過去只是比喻，現在則是身體上的。如今的他像盲眼先知特伊西亞斯一樣，終於能「看」清真相。另一方面，他也像真正的悲劇英雄一樣，自由地選擇「受苦以得真理」，並在受苦中「成熟」——雖然成熟其實也是眾神的恩賜：

> 安坐天威寶座的眾神所賜下的
> 是狂暴之愛。

這齣戲裡多了一個新的元素。當伊底帕斯被帶上舞臺時，憔悴、落魄、雙眼失明，信使警告合唱團說：「你們接下來看到的極其悲慘，連他的敵人都會一掬同情之淚。」[118]「我同情你，」合唱團憂傷泣訴，「但不忍看。」這時候的伊底帕斯，流露出我們從未在他身上見過的溫暖和感激，他對合唱團說：

> 親愛的朋友，你們還在這裡？
> 還陪著我、關心我
> 這樣一個瞎子？你們何等慈悲！
> 竟始終忠誠。[119]

伊底帕斯曾自詡聰明，但自殘讓他看到知識的侷限，失明讓他的情緒前所未有地脆弱。[120]他的話裡如今充滿無言的嘆息（「啊……啊！唉……唉！」），而合唱團慈愛溫柔地稱他為「吾友」或「親愛的」。[121]當伊底帕斯擁抱他哀傷的女兒安蒂岡妮（Antigone）和伊斯梅（Ismene），因為同情她們的苦而暫時忘了自己。值得一提的是，舞臺上的悲劇將憐憫之情傳遞給觀眾，讓他們同情一名犯下大罪、通常會令他們厭惡的人。當觀眾為伊底帕斯落淚時會得到淨化（catharsis），這是一種猶如獲得洗滌的蛻變，隨悲劇中同理的出神而起。

伊底帕斯以勇氣、平靜和慈悲接受他不應受到的懲罰，雖然他被粗暴撕去曾讓自己功成名就的銳氣，但他的命運也發生奇妙的改變。從希臘宗教的邏輯來看，像他這種被當成汙點（hamartia）而排拒在外的人，是不可觸碰的禁忌，是孤立的、隔絕的——換言之，是分別為聖的。在索福克里斯晚年所寫的《伊底帕斯在科倫那斯》（*Oedipus at Colonus*）中，伊底帕斯死時備受讚揚，甚至近乎被神化，在願意收留他的雅典城邦，他的墓地成為祝福之源。

悲劇的時代此時已接近尾聲，城邦拋下悲劇的世界觀，代之以蘇格拉底（Socrates，約公元前四六九－三九九）、柏拉圖（約公元前四二七－三四七）、亞里斯多德（約公元前三八四－三二二）等人開創的哲學式理性。柏拉圖甚至藉蘇格拉底之口，把悲劇詩人逐出他的理想國。柏拉圖筆下的蘇格拉底對話，猶如哲學版的古代亞利安參梵儀式。人們來找蘇格拉底時，總以為自己對即將討論的主題已瞭若指掌，可是被蘇格拉底連番追問半小時後，總會發現自己連正義、善或美等非常基本的概念都不了解。與蘇格拉底對談的人經常陷入令人暈眩的困惑（aporia），就此結束對話。但蘇格拉底堅信他們已經成為哲學家，因為他們雖然渴望更偉大的洞見，卻謙卑地承認自己沒有得到。的確，他的很多學生都發現：一開始的困惑會化為出神，因為他們已「走出」舊的自我。

蘇格拉底最後被控不敬神明和敗壞雅典青年。可是在雅典法庭判他死罪之後，蘇格拉底——西方理性主義的始祖——明確表示他不認為自己的心是獨立實體。他對法官們說自己向來仰賴神靈（daimon）——近代柏拉圖譯者經常譯為「先知之力」或「性靈之能」。終其一生，他始終留意神靈的態度，而它「經常在我快做錯事時表達異議」。但令他欣慰的是，在接受審判的過程中，他的神靈從頭到尾都沒有異議，「無論是我一早離家時，或是我進入法庭時，還是我答辯準備提到什麼事時，都是如此」。他把神靈的沉默解讀為默許，詮釋成對他的立場神聖的背書。他也認為這是在告訴自己，死亡不但不是壞事，甚至會是「偉大的進展」。「正因如此，」他相信，「我的神靈才自始至終沒有表示異議。」[122] 蘇格拉底一生提倡理性，可是他經常感到神聖臨在於自己心中。雖然它對他的想法有時贊同、有時反對，但它始終與他最深刻、最可貴的思考為一。

第六章

不可知

佛陀死後，帝國的概念在印度生根。摩揭陀的毗娑羅王（King Bimbisara），佛陀的朋友，被兒子阿闍世（Ajatashattu）殺害，阿闍世也很快併吞拘薩羅和迦屍。弒父已然成為王位繼承的常態：阿闍世的後繼君王有五個是弒父兇手。最後，出身低種姓首陀羅的摩訶帕德摩・難陀（Mahapadma Nanda）建立第一個非剎帝利王朝，並進一步擴張領土。公元前三二一年，旃陀羅笈多・孔雀（Chandragupta Maurya）推翻難陀王朝，改摩揭陀王國為孔雀帝國。為了鞏固統治，前現代帝國必須不斷發動軍事行動，因為臣民永遠可能叛變，而且不斷奪取可耕地是經濟之所繫，戰俘也是勞力的重要來源。[1]在舊吠陀體系裡，四個種姓各有明確的角色、地位和法，而首陀羅君主的出現顯然代表舊的制度已經終結。世界似乎已向非法（adharma）臣服，變得無法無天，令人心驚。

不害的理想並未消失，可是在強凌弱、眾暴寡的氣氛中顯得相當突兀。難陀諸王誓言殺盡剎帝利，以防他們捲土重來。[2]有剎帝利殲滅者（sarva kshatrantaka）之稱的難陀，則是信誓旦旦地說將來「全世界的君主都會是首陀羅」。[3]弔詭的是，殺害難陀王朝最後一位君主是考底利耶（Kautalya）——他屬於發願不害的婆羅門種姓。也許更奇怪的是，孔雀王朝最早的三個君王都是弒父自立，但他們也都供養以非暴力為念的耆那教徒和佛教徒。公元前二六八年，曾為王位殺害兩個兄弟的阿育・孔雀（Ashoka Maurya）即位。阿育王生活放蕩，向有殘暴之名，可是在公元前二六〇年率軍前往奧里薩（Orissa）平亂時，他為親眼看見的暴行驚駭莫名。此後，他發布大量敕令勸誡「戒殺眾生」，刻在全國各地的岩壁和圓柱上，不過他當然沒有解散軍隊。[4]孔雀王朝的末代君王也是死於婆羅門之手，這個婆羅門名叫華友（Pashyamistra），是巽迦王朝的開國之君。接下來是數百年的戰爭、入侵和動亂，直到笈多王朝（公元三二〇－五四〇）建立較不集權中央的政府體制，開啟印度古典時期。

印度的偉大史詩《摩訶婆羅多》（*Mahabharata*）就是在這樣的亂世裡誕生的，它的世界對君王遇刺習以為常，以抄家滅族為王權常態，而要求社會各個階級謹守本分的法則猶如虛設。值得一提的是，這部大部頭的史詩——篇幅是《伊利亞德》和《奧德賽》加起來的八倍——是印度最受歡迎的聖典之一。它以吠陀時代晚期的恆河流域為背景（根據現代某些學者推測，大約在公元前十世紀到前九世紀），[5]寫的是婆羅多（Bharata）王族裡兩群表親的王位爭奪戰：一方是俱盧族（Kauravas，盲眼君王持國〔Dhrtarashtra〕的一百個兒子）；另一方是無能的般度王（King Pandu）的五個兒子——也就是這部史詩的主角。這五個人都由提婆所生：掌管宇宙秩序的正法神（Dharma）生堅戰（Yudhishthira）；物理之力之神伐由（Vayu）生毗摩（Bhima）；因陀羅生阿周那（Arjuna）；豐產的守護神雙馬童生雙胞胎偕天（Sahadeva）和無種（Nakula）。在史詩的世界，人與神徹底揉合，再也無法區分彼此。更精確地說——神性為人性賦予第三個面向。這代表的是，我們生命的神祕層面永遠超出我們的理解。

因為般度和持國都曾是一國之君，王位誰屬並非毫無疑義。無論如何，事態惡化到爆發戰爭，長達十八卷的《摩訶婆羅多》講的就是這場災難般的衝突。這場戰爭幾乎滅絕整個剎帝利階級，也預示迦梨世（Kali Yuga）的開始（迦梨世是惡濁無比的黑暗時代，從這場戰爭之後延續到現在）。《摩訶婆羅多》這部聖典沒有簡單的答案、沒有首尾一貫的教理，也沒有決定性的結局。簡言之，我們無法總結它的「訊息」。正如印度學家溫蒂．道尼格（Wendy Doniger）所說：「這是一部充滿衝突的文本，一則編寫精妙的混合敘事，沒有任何一部分只處理單一主題……其中存在的根本矛盾不是編輯粗心犯錯，而是任何一位作者都無法解決的千古難題。」[6]

《摩訶婆羅多》雖然不符合很多現代人對聖典的想像，但它千百年來虜獲無數印度人的心。我們習慣從現代西方的角度評價聖典，《摩訶婆羅多》的例子或許能讓我們對這種視角產生質疑。這部史詩向來是公開演出，而非獨自閱讀。在一九九〇年代，印度全國電視網甚至把它拍成連續劇，吸引大量觀眾。古印度哲學家把戲劇稱為「視覺詩」，因為它能在既正式又輕鬆的表演中，以清楚易懂的動作（尤其是手勢和眼神）傳達深奧的觀念。[7]史詩裡雖然有很多矛盾，但是無法理性分析的實在或可解決其中一部分問題。在戲劇為演出者和觀賞者帶來的強烈經驗中，他們隱約窺見層次更高的實在。

將《摩訶婆羅多》從頭讀到尾幾乎是不可能的任務（只有西方學者會這麼做）。這部史詩經歷過數百年的演進，每個世代都曾為它提供洞見，因此它比一般的敘事更無所不包。它的編纂過程受到很多討論，大多數學者相信它原本是口傳作品，大約在公元前四百年到公元四百年間傳遞，一開始可能是剎帝利階級的英雄傳說，內容著重在戰士階級的神話和法。不過，我們現在看到的版本和原始版本相去甚遠，因為數百年來已加入很多教化故事與祭司神話。[8]在新添入的資料中，有些故事裡的神和吠陀文集關係極淺。以毗溼奴（Vishnu）為例，《梨俱吠陀》只對祂匆匆帶過；樓陀羅－溼婆（Rudra-Shiva）甚至只在後來的一本奧義書裡出現。可是，毗溼奴和溼婆的故事或許已經在婆羅門的圈子外流傳幾百年，最後祂們雙雙成為印度的重要神祇。然而在《摩訶婆羅多》裡，毗溼奴遠比溼婆來得重要，因為毗溼奴在故事中化身為般度五兄弟的表親黑天（Krishna），在很多行動裡扮演重要角色。[9]

因此，原本的剎帝利英雄傳說似乎遭到婆羅門挪用，後來又經過很長一段時間的轉變。不過，學者阿爾夫．希爾特貝特爾（Alf Hiltebeitel）的理論近來吸引很多注意，他認為《摩訶婆羅多》不是口傳的，而是在公元前二世紀中期到公元初年之間「開會」寫成的，作者是一群王室供養的婆羅門。但是為了遵循吠陀正統，他們希望讓它貌似口傳文本，甚至稱它為「第五吠陀」。因此，雖然《摩訶婆羅多》總是以口說方式表演，但希爾特貝特爾認為它其實出自祭司學者之手，因為他們不但以精通文法為傲，也有能力創造書寫文本。[10]

《摩訶婆羅多》從頭到尾都很重視口頭吟誦和觀眾反應，一開始就告知讀者兩個傳承途徑，一來是為了「框」（frame）住整個故事，二來則是為了影響聽眾認識它的方式。第一個傳承途徑是：在納彌薩（Namisa）森林裡，婆羅門肖納卡（Shaunaka）正與同伴進行長達十二年的吠陀儀式，吟遊詩人烏格拉希拉瓦斯（Ugrashravas）也剛好來到此地。由於祭司都會趁儀式之間休息時說說故事，他們馬上圍著烏格拉希拉瓦斯，央求他說故事。烏格拉希拉瓦斯表示剛參加一場極不尋常的「蛇祭」，舉辦者是般度五兄弟唯一的子孫——賈內馬亞雅王（King Janemajaya）。烏格拉希拉瓦斯在那裡遇到另一位吟遊詩人伐夏帕亞納（Vaishampayana），聽他唱從原作者廣博仙人（rishi Vyasa）那裡聽到的內容。而廣博仙人不是別人，正是般度五兄弟的祖父。烏格拉希拉瓦斯問納彌薩林的祭司想不想聽這個故事，他們欣然接受。這段「外框」（Outer Frame）的目的是為烏格拉希拉瓦斯背書，告訴我們、也告訴肖納卡和他的婆羅門同伴：烏格拉希拉瓦斯有資格說俱盧族與般度族的史詩故事。同樣重要的是，在講述過程中，肖納卡會一再打斷烏格拉希拉瓦斯，向他提出問題，或請他把細節講得更清楚一點。[11] 這種方式不僅讓「現在」（肖納卡等人在納彌薩森林舉行儀式），和過去的悲劇事件交錯，也提醒我們過去與現在彼此糾結，難分難解。行動永遠沒有終結的一日，因為過去發生的必然影響未來。[12]

沒過多久，我們還會發現另一個重要事實：原來肖納卡不是一般的婆羅門，而是布古（bhugu，複數為bhgavas）——不守婆羅門之法，因此被認為是具有重大缺陷的祭司。布古娶剎帝利女子、行黑魔法，而且不但不遵守不害，還擅長作戰。此外，《摩訶婆羅多》裡的婆羅門幾乎都是布古。換句話說，教般度五兄弟道德和軍事的都是有問題的祭司。他們和殺害難陀王朝與孔雀王朝末代君王的婆羅門一樣，也不守他們的種姓應守的規則。般度五兄弟的使命是撥亂反正，讓這個分崩離析的失控世界恢復法，而情勢已惡化到他們別無選擇，只能找道德有虧又不守法的婆羅門指導並教育自己。[13]

環繞這部史詩的「外框」如同上述，它的「內框」（Inner Frame）則是詭異的「蛇祭」。吟遊詩人伐夏帕亞納是在蛇祭上對賈內馬亞雅王——般度五兄弟唯一的子孫，講述《摩訶婆羅多》的故事，而烏格拉希拉瓦斯就是那時候聽到的。也就是說，我們聽烏格拉希拉瓦斯講故事時，其實也是在聽伐夏帕亞納講故事。因此，我們也會察覺另一件事，賈內馬亞雅王其實正一邊聆聽祖先的悲劇，一邊進行一場恐怖的復仇。因為蛇王害死賈內馬亞雅王的父親，所以他發誓殺盡世上一切蛇類。換言之，在伐夏帕亞納對我們——也對賈內馬亞雅王——吟誦這部史詩時，成堆的蛇類正被投入祭火，一步步走向滅族。就這樣，《摩訶婆羅多》以現在正在發生的暴行包裝史詩裡屬於過去的暴力，這場暴行令人髮指，連參與執行的婆羅門都膽戰心驚。我們不能忘記這一點，因為賈內馬亞雅王像肖納卡一樣，也經常打斷伐夏帕亞納，好提問或評論。[14]這帶出一個重要議題：般度五兄弟與俱盧族之戰原本是為了讓世界回歸正道，然而般度族僅存的後代卻在舉行一場殘酷、不合法的祭祀。這場造成無數死傷的史詩之戰值得嗎？人真的能從過去學到什麼嗎？人類能進步嗎？還是我們已經對暴行、復仇和屠殺上癮？《摩訶婆羅多》同樣沒有答案。

在這部史詩裡，我們不斷遇到這種無法回答的問題。《摩訶婆羅多》譯者之一的J．A．B．范．包特能（J. A. B. van Buitenen）說：「這部史詩提出一連串犀利的問題，但是回答得既不犀利也不確定，而且每個回答都帶出新的問題，直到最後都是如此。」[15]據說，廣博仙人當初是一邊構思詩句，一邊口述給象頭神甘尼許（Ganesha）聽寫，但囑咐祂別寫下任何祂不懂的東西。為了替這份辛苦的工作解悶，廣博仙人會故意在故事裡打「結」——如謎語般難解的段落，而它們困難到連無所不知的甘尼許都得停下來想想。[16]因此，《摩訶婆羅多》裡的謎是刻意為之，帶出的問題也絕不細瑣。人類能掌握自己的命運嗎？或者我們只是傀儡，一直被超乎我們理解的力量左右？正確的行為真的能帶來幸福嗎？如果並非如此，一個人為什麼還要遵守他的法？為什麼大家的動機都是好的，事情卻變得難以收拾？《摩訶婆羅多》沒有鼓勵信仰，反而讓我們陷入更深的懷疑。[17]它造成的衝擊太過恐怖，甚至直到今天，人們還是不把《摩訶婆羅多》放在家裡，誦讀內容也還是要先出家門——而且絕對不會從頭讀到尾，因為無可改變的悲劇發展不但讓人喘不過氣，也被很多人視為不祥之兆。[18]

《摩訶婆羅多》誕生在騷亂而狂暴的時代，這段時期的印度聖典有一個目標：實事求是地處理人類受苦的問題。佛陀已經透過苦的聖諦，讓人看到苦無所不在，也已為法這個字賦予倫理面向。

耆那教徒和佛教徒都堅信的是，讓人從生命必然之苦中解脫的是慈悲、內在平靜及不害。對此，婆羅門的回應是也將法的概念倫理化，而法也成為許多辯論的焦點。在這些對法的新論中，還是有人主張，只要遵守你的種姓的道德和儀式責任，就能解脫今生的苦，也一定能進入天界。[19]有的學者相信，《摩訶婆羅多》是這兩種觀點日益緊繃所催生的。[20]它的立場十分明確：婆羅門的法的概念已不再有效。《摩訶婆羅多》裡的大多數角色不是受苦，就是發現自己對法的追求造成別人的苦。此外，如同接下來會看到的，《摩訶婆羅多》也認為「重生天界」的觀念只是幻覺。也許就像佛陀所說，任何以救贖或保存自我於聖境為目標的宗教，都是「不善巧」的，因為它把你困在自我之中。而依照棄世者的看法，想得到平靜和覺悟，一定要超越自我。

在這部史詩裡，信守舊的法的理想的英雄幾乎不是慘死，就是雖然倖存卻陷於悲傷，無法自拔。《摩訶婆羅多》逼迫我們見證史詩規模的人類之苦，完全不加以美化。它用整整五卷書描述十八天的戰爭，其中沒有馬革裹屍的豪情，只有赤裸裸的野蠻，死亡顯得卑屈、低賤，毫無英雄色彩：

> 有人被長矛刺穿，有人被戰斧劈砍，有人被戰馬踐踏，有人被戰象踩爛，有人被車輪輾過，有人被弓箭射穿，他們到處哭喊親人的名字……肚破腸流，大腿折斷……還看得到有人失去手臂，側腹洞開，淒厲哀嚎。有人渴望求生，有人乾渴倒地，用僅存的力量在乾涸的戰場上求一口水。[21]

當戰爭結束時，婆羅門布古馬嘶（Ashwattaman）誓言為他高貴的父親德羅納（Drona）報仇。

雖然般度英雄的初衷是善的，但他們和德羅納遇害脫不了關係。馬嘶趁眾人睡著後，潛入般度的營地大肆屠殺，男女老幼都不放過。他第一個尋仇的對象是斬下父親首級的人，《摩訶婆羅多》說他「在暴怒中用腳踩他，以駭人的力量踏爛他的五臟六腑，像獅子撲咬發情的大象」。[22]有的人還來不及下床就被他殺害，有的人苦苦哀求他饒命，有的人奄奄一息地在地上匍匐。屠殺之後，馬嘶射出一種名叫梵斯里斯（brahmasiris）的大規模毀滅性武器，要不是兩個心懷慈悲的仙人用祈禱攔下，它會毀掉整個世界。

般度英雄謹守自身之法，也一心拯救世界，不料這些努力竟為自己、親族和百姓招來如此可怕的報應。不令人意外的是，他們既悲又懼，詫異得目瞪口呆，但有智慧的策士不准他們陷入絕望。維杜拉（Vidura）對他的兄弟、盲眼君王持國說：「悲痛摧毀美，悲痛摧毀智慧，悲痛帶來疾病。」這也許是《摩訶婆羅多》的核心訊息：苦是生命中的事實，必須勇敢而平靜地接受它。這是一部打消天真的聖典，它不說我們想聽的簡單答案，而是要我們跳脫自己的悲痛，因為絕望不但會讓自己更苦，也可能會增添別人的苦。維杜拉說：

悲傷對你絲毫無益，只是讓肉體受苦，讓敵人拍手稱快，所以，別向悲傷低頭。
一次又一次地，我們死，我們生；
一次又一次地，我們起，我們落；
一次又一次地，我們有求於人，也為人所求；
一次又一次地，我們哀悼別人，也被別人哀悼。
樂與悲、順與逆、得與失、死與生，一視同仁地找上每一個人，是以智者無喜亦無憂。[23]

如果放任自己悲傷，就可能像馬斷一樣做出無可挽回的決定。《摩訶婆羅多》要我們超越自己的哀痛，同理別人的痛苦——即使對敵人也該如此。[24]

堅戰具體而微地顯露出新舊心靈的張力，他是善神正法之子，所以他知道，既然自己命中注定當王，就必須加入戰鬥，可是為了奪回王位，他必須親手殺死親人、朋友和老師。在此同時，他又堅信不論敵人多麼卑劣，他們都不該死。[25]面對傳統剎帝利之法與非暴力新理想之間不可解的衝突，他似乎手足無措，進退維谷。他的道德兩難在骰子戲時特別明顯，那或許是整部史詩裡最關鍵，也最令人困惑的一場賭局。[26]

般度五兄弟和俱盧族是一起長大的，但兩者關係不睦。俱盧族的難敵（Duryodhana）是與堅戰競爭王位的對手，俱盧族在他帶頭下並不喜歡這些表兄弟，一直想置他們於死地。最後，難敵的父王持國勉強把東半部國土賜給般度五兄弟，讓他們在因陀羅波拉薩（Indraprastha）建都，也在那裡蓋了一座宏偉的集會廳。沒想到這再度引起難敵嫉妒，他去找叔叔沙恭尼（Sakuni）商量，兩人合謀要奪走般度五兄弟的王國。他們找堅戰挑戰，要求以擲骰子決勝負。堅戰雖然深感疑慮，但因為他相信這或多或少是命中注定的，也認為君王依法應該接受任何挑戰，所以還是接受了。然而，他似乎陷在這種兩難裡不能自拔，從頭到尾都表現得迷迷糊糊，整個人像是在夢遊一樣——這帶來可怕的後果。

賭博在持國的象城（Hastinapura）集會廳進行，但骰子已被動過手腳。在過程中，堅戰陸續押下他的王國、財富、弟弟，以及最重要的——他的人格，結果全部輸光。他彷彿成了機器，毫無主見地被事態發展推著走。為了達成肩負的法，他不但拋下最基本的道德命令，連最起碼的顏面也不顧。最後，他押上般度五兄弟共同的妻子黑公主（Draupadi）——結果還是輸了。接下來的事令人驚愕：因為集會廳不准女子進入，堅戰賭博時，黑公主並不在場。現在她被難敵的弟弟拖進來，披頭散髮，紗麗上還染著經血。難敵當著諸王和眾王子的面非禮她，而所有的王公貴族——包括般度五兄弟在內——全都袖手旁觀，什麼事也沒做。

沒有一個人是無辜的。的確，難敵被嫉妒沖昏頭，但般度兄弟在他拜訪因陀羅波拉薩時也待他極壞（雖然堅戰不是這樣）。持國原本反對這場賭局，可是——就在他預見這會引發嚴重後果時——卻決定不再干涉。在難敵非禮黑公主時，他不置一詞，等於默許。不過最令人憤怒的還是堅戰，這個以法自詡的君王。開始擲骰子時，他還算謹慎，卻很快開始忘乎所以，失心瘋似地莽撞豪賭，還一反平日內斂的態度，大肆吹噓自己的財富。他賭上一個又一個弟弟，也一個又一個輸掉，最後賭上妻子，還唱了一首稱讚她的美貌的詩歌，集會廳裡的長者不禁嘆道：「慘了！慘了！」足智多謀的策士維杜拉也驚駭到幾乎昏了過去。然而，沒有一個人挺身阻止這種惡行。

守門人被派去帶黑公主進來時，黑公主要他捎一份謎般的口信回去給堅戰：「你先輸掉的是誰？是你自己，還是我？」這個問題問得貼切，堅戰為了忠於王者之法，的確失去了最好、最真的自己。在聽見黑公主的問題時，他「毫無反應，像失去意識一樣，沒有回答」。[27]在難敵非禮黑公主的過程中，他同樣魂不守舍，「沉默不語，呆若木雞」。黑公主對默默坐視她被侮辱的人提出誅心之問：「諸王的法在哪裡啊？」堅戰仍舊啞口無言。[28]儘管在場長者對法無不精通，對相關偈頌無不倒背如流，卻個個無言以對。事實上，整部《摩訶婆羅多》都迴盪著黑公主的提問。如果現場明明有那麼多祭司、策士、上師和吠陀專家，卻沒有一個站出來為黑公主說話，那麼理論上應該能提供保護、幸福與安全的法，豈不是根本無用？

恐怖的沉默終於被廳外不祥的狼嚎打破，持國似乎總算清醒過來，下令放了黑公主和她的丈夫們，但接著又要他們擲最後一把，堅戰再次感覺有義務奉陪，而他又輸了。這一次，般度家兄弟必須在外流亡十二年，而且才一回來就爆發戰爭。堅戰當時究竟發生什麼事？他們的表親黑天——毗溼奴的化身——那時又在哪裡？要是黑天當時在場，他能防止這場大禍嗎？還是提婆的力量也有時而窮？或者提婆根本坐視這場罪惡發生？還是一樣，《摩訶婆羅多》沒有回答。

在整部史詩裡，黑天始終是一個亦正亦邪的角色。《摩訶婆羅多》告訴我們，每當法開始衰微，毗溼奴就會降世恢復。可是在戰爭期間，黑天不但沒有復興法，還鼓勵般度兄弟不依道德行事，欺騙他們的親人和上師，導致兩名造成般度方嚴重死傷的俱盧將領喪命。曾在般度兄弟幼時，傳授他們武藝的毗溼摩（Bhishma）和德羅納，也中了他們的圈套。毗溼摩和德羅納都是布古婆羅門，身懷奇術，用一般辦法無法擊敗他們。但他們過於正直，根本無法想像有人會可恥到說謊或違背誓言，更不會想到向來嚴格守法的堅戰可能會欺騙他們。但是黑天認為兵不厭詐，按照平常的手段不可能打贏戰爭，所以他說服堅戰向毗溼摩套出殺死他的唯一辦法，又騙德羅納說他的兒子已經陣亡。德羅納既震驚又悲痛，雙手一軟，讓般度方有隙可乘。「謊言優於真相，」黑天說，「為生存而撒謊的人不會被謊言所汙。」[29]然而，堅戰的謊言引來可怕的惡果——德羅納的兒子馬嘶為了復仇血洗般度族。儘管黑天信誓旦旦原則有時可以從權，堅戰還是因此受到汙染。在此之前，他的馬車總是離地四指，但他一向德羅納撒謊，馬車便降到地面。德羅納反倒死得有如聖徒，被直接帶往天界。堅戰的墮落與德羅納的飛升形成強烈對比，阿周那痛心地責備哥哥：他卑劣的謊言害慘全部的人。[30]

然而般度兄弟躲過馬嘶的屠殺，因為黑天建議他們那晚睡在營外——又是一件啟人疑竇的事。這場戰爭造成十六億六千零二萬名剎帝利喪命，雙方倖存的剎帝利都不多。[31]儘管黑天曾再三保證使詐乃兵家常事，但堅戰還是留下無法抹滅的汙點。戰爭結束後，堅戰雖然如願掌權十五年，但是他的人生已失去光彩。千百年來，《摩訶婆羅多》拒絕用看似崇高的說詞淡化現實的恐怖，逼迫讀者面對戰爭中的道德灰色地帶和強權造成的悲劇。

《摩訶婆羅多》直到最後都是解不開的問題和謎語。[32]戰爭三十年後，般度兄弟得知黑天的死訊，整部史詩的作者廣博仙人也告訴他們此生任務已盡。於是五個兄弟、黑公主，還有堅戰養的寵物狗一起出發，踏上最後的旅程。他們走遍世界，直到精疲力竭而死，猶如進行一場自殺儀式。到須彌山時，黑公主先不支倒地，接著偕天、無種和阿周那也一一死去。「為什麼？」每次有人離開，毗摩總是悲痛地問堅戰。但堅戰似乎無動於衷，只是冷酷地指出死去的每個家人的道德缺陷，他拒人於千里之外，始終不哀悼死者。毗摩也倒下之後，堅戰帶著他的狗繼續前行。

突然因陀羅在他面前現身，邀請堅戰登上他的馬車。因陀羅說王者有肉身升天的特權，他的親人都已脫下肉身，在那裡等他。但堅戰堅決不肯，因為不願拋下他忠心的狗。這時候他的狗卸下偽裝，揭露自己真正的身分——原來他居然是正法神，堅戰的父親。他朗聲說道：

王中之王，你生而高貴……只因為一條狗忠心於你，你便放棄能帶你上天的馬車。因為這樣，人中之主啊，天界裡沒人比得上你。所以，婆羅多最優秀的繼承者啊，這永恆不朽的國度是你的了，你甚至可以以肉身進入，你已到達天界最高的一層。[33]

這個轉折令人驚喜，但我們還是隱隱感到不安。因陀羅給予堅戰以肉身進入天界的特權，正法神也說他配得這份榮耀，因為他連對動物都如此慈悲。然而，這是一個充滿試探和詭計的世界，當堅戰到達天界時，不但沒有見到家人，還看到死對頭難敵坐在王座，一身「皇家氣派」。[34]堅戰不願待在這樣的天界，想去找他的親人，結果被帶到一條陰森幽暗的路，耳邊傳來遭受天譴之人的聲音，他們求他留下，為他們減輕痛苦。堅戰雖然害怕，但還是答應了——不料，他發現受苦的人竟然是弟弟們和黑公主。堅戰勃然大怒，痛斥眾神，發誓要留在地獄告慰他深愛的家人。

沒想到眾神這時候突然現身，地獄的恐怖消失無蹤，身旁也開始吹起舒適而涼爽的風。「來吧，有如猛虎的英雄，結束了。」因陀羅說，「王啊，你已完美無瑕，這永恆不朽的國度是你的了。」[35]我們心裡難免還是狐疑：這會不會又是一場騙局？《摩訶婆羅多》留下想像空間，任讀者繼續懸心。也許它有意藉此提出邀請，邀請我們停止追求明確的答案，不再汲汲渴求宗教確定感，也放下以自我為中心的來生幻想。如果我們能把焦點放在人生是苦的事實，就會發現面對這無可改變的真理，唯一的回應方式是勇敢接受，對他人慈悲，不為它憤怒，也不過度傷悲。

⁂

在戰國時代的中國，楊朱曾挑戰儒家的出仕理想，主張退出政治生活。他們也曾思考一個十分現實的問題：在日益動盪的亂世，人該如何苟全性命？這是道家的第一階段，他們的回答是逃。楊朱相信：遁入山林即可避開人世間的罪行與災禍。可是自然世界裡也有疾病、意外和死亡，所以稍晚的道家想得更深，他們認為，如果我們明瞭主宰宇宙的法則，並在行為上做出相應的調整，就能生存下來。這是道家的第二階段，以後來成為道家主要聖典的《道德經》為代表。《道德經》約在公元前三世紀中成書，似乎是好幾位老師的語錄，他們的共同特色是透過冥想或改革政治現狀來修身。[36]在我們討論的中國文本中，這是第一部將自身定義為經的作品，在靈性層面具有獨特的重要性。經一開始是編織術語，指的是界定和支撐紡織結構的直線。到了戰國時代晚期，經被拿來做隱喻之用，專指內容傳達普世真理，從而能強化和規範社會的文本或著作。[37]

大家通常假定老子是《道德經》的作者。在《道德經》第一章中，老子透過區別有、無，迫使讀者看見自身理解的限制：

> 道可道，非常道。名可名，非常名。無名天地之始，有名萬物之母。[38]

老子這裡談的不是創造主或物種的起源，這句話陳述的是本體，而不是現實世界裡的事實。既然有萬物存在，就一定有讓萬物得以存在，但我們完全不解的某種東西：

> 寂兮寥兮，獨立不改，周行而不殆，可以為天下母。吾不知其名，字之曰道。[39]

道無法言詮，如果我們想討論它，就只能給它一個其實根本不是它的名字的名字。[40]老子還說，我們或許應該稱它為「玄」，好提醒自己，它幽深難見。[41]討論到超越實在時，理性思考是沒有用的。《道德經》故意推翻左腦的分析邏輯，迫使我們思考對立——不僅顛倒我們習以為常的假設，而且與邏輯和推理無關的對立。於是無為勝有為、無知勝有知、陰勝陽、空勝滿。[42]聖人對這些矛盾了然於心，所以懂得超越一般範疇來思考，從而領悟不可知。老子不細說導出這些洞見的步驟，因為書中深奧的心得只是冥想的路標，讀者們必須自己走這段旅程。

不過，老子的確有說聖人應該如何生活。中國有句成語叫「物極必反」，[43]用老子的話來說是「反者道之動」。[44]任何事物只要走上極端，就一定會倒退，是以「飄風不終朝，驟雨不終日」。[45]這是生命的基本法則。吃太飽會反胃；以為自己無所不知的學生不會進步；而驕傲是一個人即將越界的徵兆，必須懂得後退。如老子所說：

> 富貴而驕，自遺其咎。功遂身退，天之道。[46]

因此懂得避禍的智者會儉樸度日，少欲知足，「去甚，去奢，去泰」。[47]成功也屬於這樣的人，因為他們知道生命的基本法則是「聖人後其身而身先」：[48]

> 不自見，故明；不自是，故彰；不自伐，故有功；不自矜，故長。[49]

對老子而言，無為不是「什麼都不做」，而是把行動限制在必要活動，並避免極端。不過，他在另一個重要段落裡想得更深——人的痛苦其實來自於我：「吾所以有大患者，為吾有身，及吾無身，吾有何患？」[50]

這個見解在《莊子》中有進一步的討論，這本書被歸為莊周（約公元前三六九—二八六）所作，屬於道家的第三個，也是最後一個階段。莊周是當時最聰慧也最奔放的哲學家之一，[51]一般認為他是《莊子》前七章的作者。不過，《莊子》一書其實是多篇道家作品的選集，到了漢朝（公元前二〇六年到公元二十四年）初年才彙集成書。莊子原先和楊朱一樣，為了躲避險惡的政局而遁入山林，但他馬上發現鄉間並不是平靜的避風港。在森林裡，動物全都忙著捕捉其他獵物，渾然不覺下一秒被吃掉的就是自己。[52]但牠們和人類還是有不同之處，牠們只是隨波逐流，不會為自己的處境感到痛苦。於是莊子做出結論：順應天道，不怨無可改變的道的韻律。他不再為死亡所苦，連妻子去世都不哀傷：她已安息在無窮無盡的道的懷中，為此哭泣或憤怒都有悖天道，而天道正是一切造化的本來面目。[53]

莊子也發現，大多數人執著自己的片面之見，不斷分別「此」和「彼」、「有」和「無」、「生」與「死」，但是聖人不會陷入這種左腦式的分析，也不會為這些毫無意義的分別爭論不休：

是以聖人不由，而照之于天，亦因是也。是亦彼也，彼亦是也。彼亦一是非，此亦一是非……彼是莫得其偶，謂之道樞。樞始得其環中，以應無窮。是亦一無窮，非亦一無窮也。[54]

聖人猶如站在圓心，覺察圓內的一切動靜，但不涉入。這不是因為他懶惰或犬儒，而是因為他已達到我們或可稱為右腦式的視野。我們若能放下理性分析，就能瞥見整體，瞥見萬物在無有分別的一裡合一。

莊子還說了一則顏回的故事。孔子最欣賞的這名弟子有一天對他說：「回坐忘矣。」什麼是「坐忘」呢？

墮肢體，黜聰明，離形去知，同於大通，此謂坐忘。[55]

這樣的「忘」與其說是放空，毋寧說是成就——它是刻意暫時放下理性與邏輯的帷幕，讓自己能「融」入圍繞我們的超越。莊子認為我們應向大自然的聲音學習：每種聲音都是獨一無二的，它就是它，不受別的聲音影響。可是言不一樣，它傳達的是觀念和見解，而人與人間的觀念和見解總是有所衝突。每個人都有自己的片面之見，為「此」或「彼」爭論不休，把某些概念捧得至高無上，又把另一些概念貶得一文不值，各自形成自認「正確」的看法：

日以心鬪。縵者，窖者，密者。小恐惴惴，大恐縵縵。其發若機栝，其司是非之謂也；其留如詛盟。[56]

這樣爭執何其可悲，又何其沒有意義！何必像墨家和儒家那樣拉幫結派、彼此敵視呢？既然道無法定義，就沒有人能確定哪種說法或哪個人是「正確」的，所以唯一說得通的立場是不知。當我們刻意「忘卻」這些分別，覺察到萬物在道裡的統一，就能擺脫這種炫耀自身見解的執念。莊子似乎有意「關閉」左腦的分析活動，追求更能遍觀全景的右腦視野，因為後者才能同時觀照實在的不同面向。不過，他並不是成日沉浸在虛無飄渺、超凡離塵的出神狀態中，他像每個人一樣，都有必須衡量處境和分別良莠的時候。[57]但是他用心培養的全觀視野，能讓他順應天道，與萬物所從出的「根」和它們環繞的軸為一。

人經常為了追求確定感而變得教條化，無法容忍別人的信念，莊子認為這阻礙了人的蛻變。我們應該放下對於自我的執著，培養同理他人的能力。「至人無己。」他說。[58]因為這樣的人已完全放下自我，不再認為自己是獨立而特殊的個體，反而把別人也看成自己：「人哭亦哭，是自其所以乃。」拿下扭曲人我的自我主義眼鏡，人可以做到不帶自我意識的善，這是悟的精髓。[59]

道家繞了整整一圈：楊朱著力思考的是如何自保；老子則認為以我為先是憂慮痛苦的來源；最後，莊子發現從道的角度看待萬物，能放下自矜自是。不過，這種洞見不是透過勤修瑜伽內觀而得到的。《莊子》書中有很多農人和匠人的寓言，他們極其專注自身的活計——無論是用長竿黏蟬、以刀解牛，還是鑿車輪——以致從身體體現出道，想都不想就能輕鬆進入出神之境，渾然忘我，與萬事運行之道冥合。他們無法解釋自己為什麼能把這些事做得如此完美，因為這些巧技單純是「術」，必須放空心中的教條，讓更深的生命韻律作主。

戰國時代最後一位偉大的儒家學者是荀子（公元前三四〇—二四五），他為當時的知性與靈性思考做了一次有力的綜合。雖然《荀子》一書從未成為中國正典，但它首次列出後來成為中國正典的經。荀子相信，讀經是培養仁的關鍵：[60]「其數則始乎誦經，終乎讀禮；其義則始乎為士，終乎為聖人。」[61]和之前看到的一樣，儒家的學和修身是連在一起的。但另一方面，雖然孔子相信只有古代賢君曾經成聖，荀子認同的卻是越來越多人相信的「人皆可以為堯舜」之說。在荀子看來，只要時時刻刻修仁行義，「塗之人可以為禹」。[62]

禮儀也是成聖的關鍵，而且不僅限於孝道的禮和奠祭死者的禮。人對日常生活中的一舉一動都應全神貫注：「尊之尚玄酒也，俎之尚生魚也，豆之先大羹也，一也。」這些舉動能幫助我們對每道菜餚心存敬意，養成不只敬重人類、也敬重自然萬物的習慣。[63]

荀子說，五經代表道的最高部分及其力量：

《禮》之敬文也，《樂》之中和也，《詩》、《書》之博也，《春秋》之微也，在天地之間者畢矣。[64]

不過，光是讀經卻不遵禮是沒有用的：「不道禮憲，以詩書為之，譬之猶以指測河也，以戈舂黍也，以錐餐壺也，不可以得之矣。」[65]讀經不能只在知的層次吸收經的內容，也要讓它沉入身體深處。荀子曾感嘆：「小人之學也，入乎耳，出乎口。」他們讀經未及涵泳便大發議論，經書只在「口耳之間」，僅只「四寸」，沒有滲透身體的其他部分。[66]這樣的人只是為了名聲或仕途賣弄學問而已。君子就不一樣了，「君子之學也，入乎耳，著乎心，布乎四體，形乎動靜」。[67]學問融入他們的整個存在，而不只停留在理性層面。讀經時身心都要全部投入，否則不可能發生蛻變。

戰國晚期有許多駭人聽聞的暴行，讓荀子相信人性本惡。公元前二六〇年，秦軍攻下荀子的故鄉趙國，坑殺降卒四十萬人。不過荀子並沒有對人性絕望，反而認為這場災禍更凸顯修身的迫切。他指出：堯、舜和禹都知道，必須在學問上勤下功夫，才能終結他們親眼看見的苦難。為了給社會關係帶來秩序與和諧，他們創造出恭敬、禮貌及謙讓的儀節。[68]雖然道家認為儒家的禮是一長串彆扭又不自然的規則，但事實上，禮將七情六欲人性化，為原本不足為道的舉止賦予形式與美：「禮者，斷長續短，損有餘，益不足，達愛敬之文，而滋成行義之美者也。」[69]

禮預設他者的存在，修身無法獨自達成。荀子一定贊同印度人的看法——不從師而學，便參不透聖典：

禮樂法而不說，詩書故而不切，春秋約而不速……故曰：學莫便乎近其人，學之經莫速乎好其人。[70]

師生間溫暖而緊密的情誼是做學問不可或缺的：「上不能好其人，下不能隆禮，安特將學雜識志，順詩書而已耳。」[71]另一方面，荀子和莊子一樣反對固執教條（他稱這種態度為「偏」），而這種毛病必須以禮「讓」和敬師改正。

荀子徹頭徹尾是儒家，但也深受道家影響。他和老莊一樣相信：想認識道，就必須關上心的批判活動，讓心「虛」、「壹」而「靜」。心「虛」才能不固執熟悉的概念，對新的見解保持開放，讓自己能深刻地回應他者——亦即不同於我的一切；心「壹」能抗拒曲繁為簡的誘惑，不以抽象思考形塑確定性，也不將複雜的實在套入齊整的框架以自圓其說；心「靜」則能「不以夢劇亂知」，不陷於自我中心。所以荀子的結論是：「虛壹而靜，謂之大清明。」[72]一個人若能小心去除封閉而自我中心的思維，就能養成聖賢的全觀視野：

> 坐於室而見四海，處於今而論久遠。疏觀萬物而知其情，參稽治亂而通其度，經緯天地而材官萬物，制割大理而宇宙裡矣。[73]

達到這種境界的人並不是「神」，只是充分實現人性潛能而已：「睪睪廣廣，孰知其德？涫涫紛紛，孰知其形？明參日月，大滿八極，夫是之謂大人。」[74]

荀子並沒有提到即將被尊為六經之一的古代卜筮文本——《周易》。公元前三世紀到二世紀出現一些對《周易》的評注，被合稱為《十翼》或《易傳》。《十翼》為《周易》謎般的卦辭賦予新意，將它們從卜筮文本轉化成原始科學式（proto-scientific）的理性紀錄，並預設其所解釋的宇宙是秩序井然的、動態的、仁慈的善的泉源。[75]《十翼》鼓勵讀者對宇宙抱持信心，因為它勾勒的宇宙雖然不斷改變，也不斷轉化，但它是非人格的、平靜的、簡單的——《易經》的易也有「簡單」的意思。太極——不可說也不可知的存有之源——產生陰與陽兩股力量，陰是被動的、雌性的，陽是主動的、雄性的。從陰和陽演變而成的第一組模式是八卦，每個單卦各以三條或連或斷的線構成。在《十翼》中，它們不再代表吉凶，轉而象徵宇宙中的神聖力量。八卦又兩兩排列組合成六十四個重卦，代表世上所有可能的變化、處境、可能性和制度。

中國人過去相信世事被惡意又不理性的神靈掌控，人只能用神祕但不可靠的卜筮揣度祂們的意向。可是到了這時候，中國人將《易經》轉化成一套客觀預測未來的系統，如《繫辭》所說：

> 易與天地準，故能彌綸天地之道。仰以觀於天文，俯以察於地理，是故知幽明之故。原始反終，故知死生之說。[76]

昔日「神靈」被轉化成井井有條的自然力量，彼此「不違」。因此，《易經》「知周乎萬物，而道濟天下，故不過。旁行而不流，樂天知命，故不憂。安土敦乎仁，故能愛。」[77]

這種解釋也許稍嫌簡化，但它想傳達的哲學很清楚：人深深鑲嵌於宇宙之中，談「自然」或「天」不可能不談到「人」。天、人、自然是三而一的，不可分割，世上每一件事都該放在這整體的脈絡裡詮釋。據《十翼》中最重要的《繫辭》描述，聖人是通曉天地事理的人：

> 與天地相似，故不違……範圍天地之化而不過，曲成萬物而不遺……故神无方而易无體。[78]

《十翼》將人牢牢嵌在自然秩序裡，而聖人——發展完全的人——就像荀子說的一樣，因為完美順應天地而超凡入聖。

《繫辭》也談到第一位聖王伏羲，說他對天、人與自然之間的互動有所感應。

> 仰則觀象於天，俯則觀法於地，觀鳥獸之文，與地之宜，近取諸身，遠取諸物，於是始作八卦，以通神明之德，以類萬物之情。[79]

伏羲的聖「德」讓他能詮釋宇宙如閱讀文本，他在星空裡看見宇宙原型之「象」，於是創造出八卦來表現自己領悟到的模式。在此同時，他也在鳥獸的斑紋模式（「文」）裡看見宇宙的「象」，並發現鳥獸是因為這些「象」才能與環境融為一體。天地之間的交感給了伏羲啟發，讓他發明出能協助人類生活的技術，例如他「作結繩而為罔罟，以佃以漁，蓋取諸離」。（《繫辭》第三十卦〈離〉）[80]

伏羲創造出與宇宙對應的人類符號系統，讓兩者相互揭示彼此的真理。這套系統也讓在他之後的聖人發明更複雜的技術——神農透過沉思第四十二卦〈益〉發明農業，讓土地出產作物；堯和舜藉著冥想「乾」、「坤」兩卦造就太平盛世，也發覺人類事務必須仿效兩者之間的和諧。堯和舜還透過其他卦想出製造船隻與馴養牛的辦法，也從第三十八卦〈睽〉得到靈感發明弓箭，阻擋暴力侵略者入侵。最後，他們以第四十三卦〈夬〉發明書寫，並運用書寫創造政府文件和契約，於是「百官以治，萬民以察」。[81]簡言之，《易經》被用以探索王權、學術、技術和文明的相互關係。聖王知道人類繁榮有賴於模仿這些宇宙模式，是這些模式讓人與宇宙整體和諧共存。

《春秋》此時已被當成孔子的著作，也與卜筮產生關聯。戰國時代有三部重要的《春秋》注釋透過口傳流傳下來：《穀梁傳》、《公羊傳》和《左傳》。[82]占卜、解夢和釋經在很多文化中是連在一起的，因為它們都需要詮釋者從模糊的意象中找出潛藏的意義。[83]在《春秋》裡，日蝕、火災及洪水經常預示政治災禍，《穀梁傳》和《公羊傳》都把這些古老的惡兆當成對當代統治者的警告。[84]之前提過《左傳》，它一開始可能是獨立的春秋時代編年史，後來因為釋經的重要性日益提高，才被改編來解釋《春秋》。[85]《左傳》認為，《春秋》是孔子的祕密教導，文字簡潔，微言大義，以避免暴君報復。在王權式微的時代，聖典曾肩負君王的責任，例如《詩》協助制定政策，《禮》為諸國帶來秩序。[86]

當然，《春秋》其實只是諸侯生日、成婚、死亡、外交會議和軍事衝突的紀錄，但因為它的儀式功能，這些枯燥的歷史紀錄總是帶有神聖的光環。到了這時候，它不但被當成孔子之作，也被視為人與天的連結，於是也像所有聖典一樣被澈底重新詮釋，以便為現在提供指引。《公羊傳》相信，《春秋》有「撥亂世，反諸正」的轉化力量。[87]孔子曾以天災警告統治者大禍將至，戰國時代的釋經家則研究這些惡兆以批判時政，並加入自己的見解。[88]《公羊傳》則相信，由於中國在春秋時代缺少有力的君王，王權只存在於《春秋》的判語之中。[89]到了戰國晚期，「聖典是政治權威的唯一寶庫」的觀念已在中國生根。[90]

❖

希臘城邦結為鬆散的政治聯盟近兩百年，這段時間各自維持獨立和自治。公元前三三四年，它們進入新的時代：馬其頓（Macedon）國王亞歷山大（Alexander，公元前三五六－三二三）率軍遠征小亞細亞，從波斯手中光復希臘城邦以弗所（Ephesus），並在隔年擊敗波斯王大流士三世（Darius III）的大軍。可是他在十年後便撒手人寰，當時他的帝國已經擴張到印度和阿富汗。在他死後的亂局中，幾名將領為爭奪帝國控制權兵戎相見（他們被稱為繼業者〔diadochoi〕）。公元前三〇一年，猶大省落入以埃及為根據地的「救主」托勒密一世（Ptolemy I Soter）之手。托勒密王朝雖然不太干涉地方事務，但是不少希臘人跟著軍隊殖民這塊地區，並在迦薩、示劍、瑪利撒（Marissa）及亞捫等地建立民主城邦。隨著定居下來的希臘軍人、小販和商人越來越多，當地人也開始學希臘語，其中一些甚至成為「希臘人」（Hellenes），進入帝國軍隊或地方政府擔任基層工作。

雖然城邦文化與近東傳統格格不入（希臘社會由世俗知識分子治理，近東社會則由神權君王或祭司精英階級統治），但是希臘化文化在這裡成功壯大。無論埃及人、波斯人或猶大人，都能透過在當地運動場（gymnasia）受教育而成為「希臘人」。雖然運動場會要求學生背誦《伊利亞德》的段落，但體育重要得多。對希臘人來說，體育才是打造良好公民的關鍵，因為體育不但能讓年輕精英體現荷馬的英雄理想，而且做身體的主宰能幫助一個人成為他人的主宰。[16]有的當地人在熟悉希臘文化之後，頗具創意地將希臘文化和自身文化混合。例如大名鼎鼎的哲學家亞歷山卓的斐洛（Philo of Alexandria，約公元前二〇－公元五〇），就以希臘的寓意法（allegoria）解釋妥拉的故事和律法。不過也有人選擇強力捍衛傳統，重新界定自身的文學遺產。在猶大，讀書識字原本是文士精英的特權，但這時為了對抗希臘化，聖殿之外也出現以色列男性的學習團體。但平民信徒學到的只是希伯來文化的通則而已，能掌握讀經藝術的還是只有祭司精英階級。[92]

公元前三世紀末到二世紀初，耶路撒冷有一位名叫本西拉（Ben Sira）的祭司兼文士，他的作品同樣混合希臘和希伯來傳統，但風格有別於斐洛。[93]他奉命訓練文官，讓他們為治理這個神權國家的祭司權貴效勞（當然，這些權貴有托勒密王朝為他們背書）。雖然此時教學仍以口授為主，但本西拉還是盡力寫下他的教導，希望能傳諸後世。[94]為了讓學生把他的話刻在心上，他經常提醒他們用心聽講。他也強調：只有「勤修」妥拉的教誨，並且讓自己被它們改變的人，才能得到智慧。[95]值得一提的是：以色列傳統中的「智慧」和希臘人說的「智慧」原本不盡相同（希臘人說的是具顯於宇宙法則中的原初智慧〔primordial Wisdom〕），本西拉可能是第一個把兩者連在一起的猶大人，這個綜合為以色列聖典賦予超歷史的面向。

對本西拉來說，妥拉——以色列的傳統「教導」——與神的永恆智慧為一。[96]他把神的智慧擬人化為女性，讓她在神聖會議上以詩句讚美自己（這首讚歌顯然用以演出，可能是用唱的）。她說自己是出自伊羅興之口的聖言，一切創造由她而出。她曾漫步世間，四處尋找可以為家之處，直到神命令她住在以色列人中間。於是她定居錫安山，在聖殿裡服事上主，成為洞見與信心的無盡泉源。

凡飲我的，還要饑渴；
聽從我的，不會蒙羞；
因我而行事的，不會犯罪。[97]

這首讚歌顯然取材自另一首歌，而那首歌可能是希臘化時代早期（約公元前三三〇－二五〇）

加進以色列古代智慧文本裡。[98]在那首歌裡，智慧也說「在雅威造化之先，在亙古，就有了我」，而她在創世的每一個階段都在雅威身邊：「我在祂旁邊像一個巧匠，是祂每日的喜樂，我常常在祂面前歡躍。」[99]

《摩訶婆羅多》的宇宙既陰沉又令人迷惑；道家的天地則猶如迷宮，以刻意為之的模糊將我們領入不知之雲，但是本西拉的聖典世界不一樣。本西拉和老子、莊子不同，他是受命訓練新一代文士的公僕，致力要讓他們像自己一樣奉公守法、熱愛聖殿及其儀式。他使用的《聖經》文本應該不是定本，因為當時還沒有正式的《聖經》正典。不過到了他的孫子為他保存和編輯作品時，情況已複雜得多——耶路撒冷的統治者將不顧子民的意願，強迫他們接受一部統一的正典。

第七章
正典

公元前二二一年，秦國擊敗最後一個對手，統一全國。秦始皇結束戰國時代漫長的夢魘，建立中國第一個帝國。秦始皇對六經不甚了了，對禮儀也不精通，更稱不上是聖賢，他採納的是商鞅以務實為重的「法家」，相信國家昌盛之要在農業和軍事，而不在仁。他廢除貴族制度，大權獨攬；強遷十二萬富豪於首都咸陽，沒收他們的兵器；分全國為三十六郡，郡守直接聽命中央。他也廢除周禮，把儀式的重點放在皇帝身上。[1]當史官對此提出異議，曾師事荀子的丞相李斯建議始皇：必須翦除反對法家的學派，沒收他們的典籍。[2]後來在公元前一四〇年到一一〇年任官的史家司馬遷宣稱：秦始皇大規模焚書，殺害四百六十名學者，但有些現代史家指出，秦始皇其實只是不准私人或學校持有禁書，各家經典全部交給御用哲學家保管，如果他們想研究，也必須受到嚴密監督。知識權威集中於宮廷圖書館和御用學者，是形成為國家服務的官方正典的第一步。[3]

秦始皇以為政府冷血獨裁是鞏固權力之道，但他失算了。他在公元前二一〇年駕崩之後，人民起兵反抗。三年混戰之後，曾任地方小吏的劉邦勝出，建立漢朝。劉邦有意保留中央集權制，也了解維繫帝國需要法家的現實主義，但他很清楚臣民需要更靈活可親的意識形態。[4]他的解決辦法是結合道家和法家——統治要「虛」而開明，刑罰要嚴，但不可失之過苛。

在一篇論中國各家學派的文章裡，史家班固（公元三二－九二）說每家各有所長，也各有所短。他認為儒家「於道最為高」，因為他們勤讀六經，提倡仁義，傳堯舜之道，宗文武二王，祖述孔子，承襲中國最秀異的傳統。不過儒家並非擁有全部真理，他們也有向其他各家學習之處：「道術缺廢，無所更索，彼九家者，不猶瘉於野乎？」道家是最講求靈性的，懂得如何「清虛以自守，卑弱以自持」，卻低估了禮儀和道德規則的重要性。法家深知治國有賴法律與威懾，但拋棄仁義是錯的。班固認同墨家譴責奢侈、倡言「兼愛」，可惜他們「不知別親疏」。[5]

在西方，宗教傳統相互有別，而且往往彼此對立。可是在中國，互相綜合是常態。以荀子來說，他是儒家，但有些觀念近似道家。法家與道家看法相同的地方也不少，例如法家認為明君應該「虛靜以待令」，無為而治，「令事自定也」。君王只是主要推動者，他自身不動，但讓臣民動。[6]這一點顯然也與儒家若合符節：對儒家來說，理想的君主既不多說也不多做，只默默散發「德」。中國各家強調的重點或有不同，但都認為人該順應「天」或「自然」之道，也不太區分精神與物質、神聖與世俗。[7]很重要的是，這並不代表他們的聖典是「世俗」的（西方學者一度這樣認為），毋寧說對他們而言，世俗即是神聖。[8]

被劉邦倡為國教的道家與老莊思想相去甚遠。劉邦推崇的道家以古代聖王黃帝為中心，主張小政府、輕徭薄賦、簡化刑罰，而且似乎融入許多崇拜儀式。在宮中，《道德經》和《莊子》較受歡迎，宣稱能延壽與通鬼神的「新道家」儀式也相當流行。不過劉邦年輕時學過儒家之禮，開始治國後，也曾請儒士制訂宮廷禮儀。據說宮中第一次進行這些儀節時，他高呼：「吾迺今日知為皇帝之貴也！」[9]儒士慢慢在宮中形成勢力，希望得到更具體的道德指引的人也越來越多。[10]

然而，秦始皇嚴禁六經帶來的心理影響相當深遠。[11]這場衝擊對很多儒者造成「創傷」，他們憂心留存下來的經書只是殘本，對它們的完整性充滿不安。由於印刷術出現之前幾乎不可能建立定本，想化解這樣的恐懼並不容易。或許無可避免的是，六經的部分篇章就這樣隨著時間失傳了。之前已經看到，墨子和孟子都曾引用現已亡佚的經文或孔子格言。這種對於經書的普遍焦慮，既創造出「焚書」神話，也被這個神話強化。在此同時，這股焦慮也為建立官方正典提供動機。儒士們有的盡力重建《樂經》（這部經書確已失傳），有的設法找回經書遺失的段落，有的試圖把尚存的《詩》、《書》、《易》、《禮》、《春秋》五經合為一部，也有人想證明五經雖然各自獨立，但彼此之間具有共同主軸，把它們併成一套並非任意而為。不過大多數的儒士選擇專治一經，重新詮釋，以回應中華帝國的新現實。

董仲舒（公元前一七九－一〇四）也是這類儒士之一，他的專長是《春秋公羊傳》。他相信《春秋》若能補上一些新的宇宙觀念，一定能當作漢朝新意識形態的藍圖。[12]在《春秋繁露》中，董仲舒及其弟子主張儒家經典博大精深，是讓人體現天道的關鍵。在《春秋》謎般的文句中，孔子已勾勒出完美政體的綱領，但他刻意以艱澀的語言掩飾這些概念。因此，唯有高明的解經者能釋放這部聖典的力量。孔子曾在《論語》裡提醒我們：雖然天不說話，但我們可以透過觀察自然的節奏感知天道。不過，發掘《春秋》的隱義確實需要在學問上下一番功夫：

> 夫目不視弗見，心弗論不得。雖有天下之至味，弗嚼弗知其旨也；雖有聖人之至道，弗論不知其義也。[13]

學者不應以概覽《春秋》的字面意義為足，必須從文本中推出新意。君主的「德」向來攸關國運，董仲舒堅持皇帝必須順天而治，依天道處理國政，因為天子是連結天、地、人的樞紐，有責任以天子獨有的恩賜引導臣民順應天道。[14]如果人君未能帶給子民安全和幸福，天會收回天命——但在此之前，天會先以旱澇、瘟疫、地震等天災示警。《春秋》既已記載春秋時代人君與天的交感事例，一定能協助皇帝從當前的徵兆忖度天意。因此國家必須給予能解《春秋》的學者權力，以確保施政合乎他們對這部晦澀經典的詮釋。

董仲舒寫《春秋繁露》時，朝廷裡仍以黃老治術為主流，因此他的建議並未被採納。直到傾向儒家的武帝即位（公元前一四一年到八七年在位），董仲舒才終於獲得施展抱負的機會。武帝任五經博士為官，董仲舒也順利進入朝廷。他向武帝指出相互競爭的學派太多，建議以儒家經書為官方教典。他說《春秋》成書時君道蕩然，孔子希望這部書在那樣的時代能承擔起君王的責任。皇帝應設立學宮，延請鑽研《春秋》的學者，請他們指點孔子如果在他的位子會怎麼做。雖然董仲舒常被視為獨尊儒術的推手，但他後來其實失寵，再也沒有登上高位。另外，武帝雖然如董仲舒所求建立太學，但它一開始時並不太受重視，直到公元前一二四年才地位驟升——因為儒家學者公孫弘讓它成為終南捷徑：公孫弘表示精研禮儀和歷史的文官更有才幹，請武帝召他的五十名弟子進入太學，考問他們經書，如果他們表現不錯，就任命他們為官。[15]

儒家經過漫長的時間才取得勝利。武帝從未全心擁抱儒家理想，他也鼓勵道術，而且尊儒的動機主要出於政治考量。他還是獨攬大權，下放的權力很少，他欣賞的學者儼然成為朝廷新貴。[16]不過，他沒有重蹈秦始皇的覆轍：他不打壓其他學派，也持續兼取各家之長。儒生的地位一開始並不比武人高多少，可是到了公元前一世紀末，太學裡埋首讀經的年輕學子已超過一千人，到了公元一四〇年更有三萬人之譜。[17] 漸漸地，嫻熟儒家經典成為朝廷重臣的特徵。[18]

不過，儒家在這段過渡時期也有了變化——有的人甚至說它已失去原貌。或許無可避免的是，官員對經書的詮釋容易偏向理性化和務實面，孔子的形象也有所改變。太史司馬遷是第一位勾勒新孔子神話的，[19] 他說孔子的時代已禮崩樂壞，《詩》、《書》也僅存斷簡殘篇。所幸孔子全力鑽研夏、商、周三朝的古代傳說，才重建這些幾乎失傳的經典，他不但重編《禮》、《樂》，也為《尚書》加入堯和舜的故事。雖然考訂文本原本是統治者的特權，但當時周室衰落，孔子不得不代行其事。司馬遷讚美孔子的這項成就，說：「《禮》、《樂》自此可得而述，以備王道，成六藝。」[20]

司馬遷堅信，孔子不但是偉大的編者，更是一位聖賢。但是司馬遷必須回答一個問題：在過去，偉大的聖賢不是一國之君，就是開國領袖——伏羲、黃帝、堯、舜，都是如此——但孔子兩種都不是，他可以算是聖賢嗎？在司馬遷為孔子寫的精采小傳〈孔子世家〉裡，他解釋道：一般人或長於理政（文），或精通軍事（武），唯有聖賢出將入相，兼備文武之德。而孔子不但在朝為官表現出色（事實上，他不曾登上高位），也展現出殺伐決斷的武德，剪除亂臣賊子時毫不留情，所以他顯然是那個時代的聖人。另外，雖然孔子不曾為人君，但司馬遷堅稱他曾預言將來會有帝王讀懂他的真意，實現他在《春秋》裡的價值觀：「貶損之義，後有王者舉而開之。春秋之義行，則天下亂臣賊子懼焉。」[21]

到了公元前一世紀，五經成為中國正典，直到一九一一年革命之前，以仕途為志的學子都必須熟讀五經。然而，這樣的發展福禍參半：強調性靈價值和修身的《論語》和《孟子》都沒有被收入正典，而成為正典的典籍把焦點放在政治與外在表現。《尚書》雖然留下偉大政治家的言談和事蹟，卻不曾探究那些言行背後的內在發展。《禮記》只討論禮儀規則，但是不談禮儀對心靈的作用。《易經》只列出據稱能讓君子道德處世的客觀知識。《春秋》則是歷史文獻，純粹滿足實用目的。至於《詩經》，的確裡面有很多首詩反映情感和內在世界，可是在漢初，《詩經》通常是用來提供統治者或官員倫理或政治建議。[22]

簡言之，位列正典的典籍把焦點放在世俗事務。孟子的天是他在心中經驗到的靈性實在，可是對董仲舒來說，天主要體現於歷史模式和自然世界。為了幫中國這個農業帝國建立官方信仰，儒家為統治者奉上道德和政治準繩。對孔子而言，拓展內在生活和達成深層轉化是重中之重。可是在往後超過一千年的歲月裡，有志於此的中國人在儒家正典中得不到慰藉，於是不是轉向老子和莊子的道家精神，就是投入大乘佛教的懷抱。

⁂

佛教看待正典的角度很不一樣。佛陀死後不久的第一次集結確立巴利正典，但是結果並非人人滿意。「雖然長老們已誦出教法和戒律，」其中一名僧侶說，「但我還是牢牢記著我當初聽到的教法……那是我從至尊口中親耳聽見的。」[23]佛教始終沒有定於一尊的權威「教義」：佛陀總是應每個人的不同需要和環境改變教導。佛教沿商路傳往斯里蘭卡和漢代中國之後，僧侶們也每每以佛陀為榜樣，依照新的環境調整自己承繼的傳統。[24]

第二次集結時（約公元前三三〇年），上座部（Theravadins，僧伽中的「長老」）指控部分僧侶持戒不嚴，比丘大天（Mahadeva）則對涅槃之後的阿羅漢果提出五項異議。幾十年後，在阿育王於波吒釐子城召集的第三次集結中，雙方仍對這些問題爭論不休。上座部認為每個佛教徒都能達成和喬達摩一樣的證悟，大眾部（mahasanghitas，「多數派」）則相信佛陀證得的果位更高，阿羅漢的層次低他一等。大天主張阿羅漢仍有欲念、仍會做春夢、仍未看透一切俗事、仍有煩惱，也還是能從教導中受益。[25]最後，上座部在人數上落敗，決定退出，但沒有和大眾部正式決裂，兩方繼續在同樣的寺院裡生活多年。大眾部傾向「大乘」（Mahayana）教理，認為這樣表達佛陀的教導更為貼切。[26]

阿育王曾請佛教僧侶與俗家功德主建立關係，也許是因為如此，有些出家人更敏銳地意識到在家眾的苦楚——他們沒有證悟的希望。戰士和商人不可能每天花幾個小時冥想，也不可能真的放下將他們困於生死流轉中的欲望。巴利典籍有一則關於給孤獨（Anathapindika）的辛酸故事：給孤獨是一名慷慨護持早期僧伽的功德主，臨終時，大阿羅漢舍利弗（Sariputta）對他短短開示一番放下執著的方法。給孤獨聽了潸然淚下——為什麼他以前從未聽過呢？舍利弗說，因為這只教僧侶。這是不對的！給孤獨抗議：要是在家眾也能學到這些方法，會有很多人可以證得涅槃。[27]給孤獨當晚去世，投生天界，只須再經七世即可入滅。在巴利聖典的編者看來，這似乎是不錯的結局，可是對其他僧侶和俗眾來說，虔誠慷慨的給孤獨實在不該只得到這樣的回報，這種心情或許也是促成大乘佛教的原因之一。[28]

這是長達幾個世紀的漸進過程，如我們所見，主要爭議有二：一是對在家眾的慈悲；二是降低阿羅漢的地位（以及相應地提高佛陀的地位）。喬達摩的成就如今被認為是超乎尋常的，[29]但並不代表喬達摩已然成神——在印度，覺悟的人比提婆更了不起——而是他不再被當成凡人。巴利聖典裡的佛陀是與你我無異的一般人，但是隨著大乘佛教的發展，他被加上超乎常人的特質。傳說他非男女交合受孕，自母親右脅出生，而且一直處於禪定狀態，只是看似在洗澡、進食和睡覺而已。

佛教徒也流傳佛陀前幾世還是菩薩時的故事，這些故事收錄在巴利正典的《本生經》（*Jataka*）中。菩薩是已經發願要達成涅槃的人，而證得涅槃可能需要好幾世的時間。據說佛陀前世曾是動物、在家眾，甚至是女性，但他的主要特質永遠是慈悲，並且經常為了幫助其他受苦的生命而自願受苦。因此大乘佛教認為，佛教徒不該像上座部那樣離棄世界。佛陀不是要求比丘們進入苦難的塵世嗎？在巴利聖典裡，佛陀被稱作如來（Tathagata），因為他「無所從來」，超越世間苦痛。但大乘佛教說他「亦無所去」，他的死只不過是另一個幻象，他還在這裡，幫助一切有情眾生處理無可逃避的存在之苦。不過無論是上座部佛教還是大乘佛教，其實都保有佛陀的人生和誓願的根本面向：為求開悟，他的確一個人避世隱居好幾年，但證悟之後，他花費四十年光陰教導別人解脫痛苦，未曾懈怠。大乘佛教發展出新的傳統，開始講述在喬達摩之前證得涅槃的無數佛陀的行誼，也傳揚菩薩證悟後不離世間，繼續幫助受苦眾生的故事。

大乘佛教隨著時間日益茁壯，成為佛教中最普及的形式。這項成就或許該歸功於聖典發揮關鍵力量——始終堅持佛法必須付諸實踐。對大乘佛教來說，像阿羅漢那樣只求遁入內在平靜，抗拒入世實踐佛法，是走上歧途。巴利聖典的內容持續擴大，尤其是阿毘達磨的部分，也就是探討佛陀一生哲學意義的部分。大乘佛教的吸引力在不小的程度上與聖典有關：他們的聖典如果以英文出版，會多達一百五十卷。[30]不過，絕大多數的大乘佛教徒不會全部讀遍，只會精讀一本。正如印度一直以來的傳統，這些經書不是默默翻閱，而是大聲誦讀的。另一方面，由於讀經必須伴以禪修和倫理實踐，而且過程必須獲得謹慎監督，否則毫無意義，所以讀經一定要有老師。經書也是崇拜的焦點，因為每一部都代表佛陀的「身」。在巴利文和梵文裡，「身」（kaya）這個字都可以指涉一組元素的集合體（英文的「body」也是如此），所以佛陀的「法身」是由他的特質和教誨組成的，代表他所體現的真理。

大乘佛典數量龐雜，而且經常出現分歧，為什麼它們能代表這個傳統的核心要理？因為大乘佛教從不認為自己是擁有明確教義的「學派」，它毋寧是沒有特定方向的靈性運動，在千百年的歲月裡漸進發展，形式千變萬化。它沒有尋求佛教「本質」真理的抱負，因為對它來說，本質論是阻礙我們認識真實的謬誤。[31]雖然本質論對科學來說十分重要，但是在處理雜亂無章的人類經驗時，它很容易讓我們不切實際地追求並不可靠的確定感。大乘佛典卻不是這樣，它樂見歧異，以多元和消解範疇為榮。大乘佛教無意關閉或刪減他們的正典，因為不限制擴增代表能不斷接納新的經驗。[32]

大乘佛典不把歷史的佛陀留在過去，反而將他迎入現在，讓他和菩薩在每個當下破除既有觀念，使我們不再因為那些觀念而產生世間有常的幻覺。在孔雀王朝覆滅之後的亂世裡，把佛陀當成能為此時此地帶來安慰、清明和保護的力量，或許是很自然的反應。在猶如《摩訶婆羅多》的宇宙一樣恐怖的世界中，沒有佛陀同在，證悟似乎是極其艱難，甚至無望之事。[33]對佛教徒來說，佛陀現前從來不是空泛而一廂情願的期盼。無論是上座部佛教或大乘佛教，都以一種稱為佛隨念（Buddhanasmṛti，「憶念佛」）的方式培養佛陀現前感。[34]在巴利正典最古老的經書之一裡，賓祇耶（Pingiya）比丘因為年紀太大，已無法與佛陀一同遊方，但他發現一種常隨佛陀左右的辦法：「長保覺察便可以心見佛，清晰一如目睹，日夜皆可得見。」[35]五世紀，偉大的上座部釋經家覺音（Buddhaghosa）教修行者：找一個僻靜的地方，在心中憶念佛陀，按部就班地仔細觀想他的形體特徵，專注到讓自己與佛陀合一。透過這種方式，修行者「克服恐懼和擔憂……開始感到世尊如在眼前，他自己的身體……也變得像廟宇一樣值得崇敬」。[36]

一部早期大乘佛典說，這種練習能加速證悟。如果能閉關修行，全心專注在佛陀身上，可以獲得更廣闊的視野：

> 身體打直，面朝佛陀，在定中不斷憶念他。若能時時專注於佛而不為他物所擾，便能在每一個當下見過去、現在、未來一切佛。[37]

這種修行對大乘佛典的產出至為重要，也讓這些經書可以宣稱自己確實在傳述覺悟者的教導（Buddhavacana），因為佛陀和其他不可勝數的諸佛菩薩仍在世間，所以他們可以在夢中和異象中與大乘佛教徒溝通。[38]大乘佛典敘述的不是歷史或經驗事實，而是修行者的異象經驗。藉由勤修佛隨念，他們見到完全不一樣的宇宙。大乘佛教相信，在我們的世界之外，還有百千萬億個世界，其中一些是「佛土」，亦即佛陀發揮其證悟的影響之處。大乘佛典常常談到在異象中示現的喬達摩佛陀，他在異象中總是在向成千上萬其他世界的諸佛菩薩說法，或是與他們論道。

這個特色可能與大乘佛教「空」的概念有關。在早期佛典的龐大選集《般若經》（*Prajnaparamita*）裡，很多討論都圍繞著「空」。《般若經》是公元前一世紀到公元一世紀編成的，但往後兩百年還有加入新的作品，讓它的篇幅長達十五萬頌。[39]般若（prajna，「智慧」）是一種意識狀態，必須透過不斷禪修、將佛陀的無我（anatta）教導運用到一切事物，才能達成。大乘佛教徒的禪修經驗，使他們相信被稱為「法」的那種東西——對我們平常經驗世界至關重要的分類範疇——其實沒有堅實的基礎。「空」不是空洞，也不是虛無，而是讓修行者敞開心胸，迎接新的感知形式。美國學者史蒂芬．貝耶（Stephen Beyer）是這樣解釋的：

《般若經》的形上學其實是異象與夢的形上學：瞬息萬變的宇宙正是只能以「空」來描述的宇宙。異象與夢成為一種工具，既消解我們強加於實在的僵固範疇，也揭示菩薩所在的永恆流動的可能性。[40]

與佛陀同時的須菩提（Subhuti）以慈悲聞名，他也是《般若經》最早部分的主要敘事者。他曾說巴利正典的阿毘達磨已經困入概念思考，也指出只有修練的直觀才能了悟「空」——亦即，明瞭我們見聞和想像的一切皆是虛妄。須菩提是直接獲得佛陀傳授這個洞見，但每一位勤修佛隨念的人也能學到這個道理，他們應「數數聽聞、受持、讀誦、精勤修習、如理思惟、好請問師、樂為他說。作此事已，復應書寫，種種寶物而用莊嚴，供養恭敬，尊重讚嘆」。[41]

「空」不是深奧難解的形上概念，而是仔細培養的心的狀態。勤修之人可以體驗到「無」——一種心無所執亦無所向的、實存的暈眩感。

色受想行識皆無，
不著纖塵無處所。
彼若不住一切法，
行無受想得菩提。[42]

正因如此，須菩提說很多人聽到這個教導會感到「驚怖」。[43]這是終極的捨離，因為修行者必須「放下」一切，甚至放下自己對涅槃的執著，不再把涅槃當成「我」可以達成和享受的東西。既然

「我」是虛幻的，修行者就該明白涅槃亦「如夢幻泡影」。[44]《般若經》早期的一個章節說，阿羅漢從未真正「放下」，他們其實充滿自我，離「空」很遠，一心只有「降伏自我」和「到達涅槃」。他們似乎從未想過證悟之後的責任——指引其他眾生解脫痛苦，進入涅槃。菩薩就不是這樣，他們之所以證悟，就是因為關心別人，而且從不為此自滿：

> 諸菩薩摩訶薩修行般若波羅蜜多時，不作是念：「我教爾所有情令得無餘涅槃，爾所有情不令其得；我教爾所有情令住無上菩提，爾所有情不令其住。」[45]

菩薩不會容許自己有一丁點自滿，會不斷自我提醒：無論自己還是任何一個眾生，都沒有真實實體。所以儘管已有無數的人被菩薩帶入涅槃，但「實無一眾生得滅度」。[46]真正的菩薩一定已經修成這種終極的出離。

菩薩顯然不會要求受苦眾生一定要用他的教誨和修行方法，也不會認為自己的見解與方法對一切眾生一體適用。菩薩和佛陀一樣，也會運用善巧方便（upaya-kaushalhya，亦即以「聰明」、「權宜」的技巧因材施教），讓特定聽眾能達到涅槃。對大乘佛教來說，佛陀的教導基本上是暫時性的，可以調整也可以改變，因為適用於某種情境的辦法未必適用於另一種情境。因此，菩薩會應開示對象的需要調整教導，放下自己在教理上的偏好。我執阻礙證悟，而執著自己看重的信念也是我執的一種。為了幫助眾生離苦得樂，菩薩隨時可以做出任何犧牲。在《般若經》和其他大乘佛典中，我們不時讀到菩薩為治癒別人而傷害自己的故事，有時是自剜雙眼，有時是自剁四肢。這些故事當然不能照字面意義解讀，因為無論是雙眼或四肢，都是「空」的。不過，菩薩們的極端行為的確能給聽眾當頭棒喝，讓他們對佛教捨離一切的決心肅然起敬。

最早發展「善巧」概念的是《妙法蓮華經》（簡稱《法華經》），它也許是大乘佛典中最重要的一部，不只在原生的印度廣獲推崇，在中國、韓國和日本也備受敬重。[47]這部經頗具戲劇色彩，一開始是喬達摩佛陀入於甚深禪定，身旁圍繞一萬兩千名阿羅漢、六千名比丘尼、八千名菩薩、六萬名天神，以及數十萬名天界生命——顯然是一場因佛隨念而起的宇宙異象。一時宇宙震動，天雨散花，空氣裡瀰漫香氣。佛陀開始解釋善巧：他總是會應每一名聽眾的需要調整教導，好讓每個人都能開悟。佛陀的教導不只一「乘」，他對僧眾、在家眾和菩薩眾的開示各有不同，每一「乘」都讓他們依自己的腳步到達涅槃。

菩薩所言所行都出於慈悲，為了幫助有情眾生離苦得樂，他願意去任何地方做任何事。《法華經》第二十五品對菩薩的理想有很美的描述，該品獻予阿婆盧吉低舍婆羅（Avalokishvara）菩薩，中國和日本稱為觀音。他聞聲救苦，是佛陀慈悲的化身。無論求告的人是落入火坑、遭遇風暴、漂流江海、被鬼加害，還是身陷囹圄，只要有人求援，他一定趕去相救（就算對方是有罪入獄，他也願意伸出援手）。他會依每個受苦的人的特殊處境調整佛陀的教導，並為此化現成各種樣貌，有時是佛，有時是英雄，有時是神祇，甚至會為了讓鳥聽聞佛法而化現為鳥。有的佛教徒說耶穌也是觀音化現，圖博人相信達賴喇嘛是他的化身。

在《法華經》裡，佛陀用生動的寓言向大眾說明何謂善巧方便。他說，他的教導像雨，平等地落在所有植物上，但是怎麼吸收要視它們的本性和能力而定。[48]他就像領人去烏托邦的嚮導，可是在跟隨他的人疲倦或想放棄時，就會搖身一變成為魔術師，創造出舒適迷人的城市，讓他們在抵達目的地前能稍事休息——這些魔幻之城是阿羅漢流連之地，它們本身不是目的，只是暫時的休息站。[49]

眾人突然一驚——天上出現另一個佛。他說自己是多寶佛，因為非常喜歡《法華經》，所以發願只要有人宣講，他一定出現。換言之，《法華經》其實不是新的經典，而是每個世代每一位佛陀的教誨。根據一些佛教經典的說法，多寶佛早在好幾個劫以前便已圓寂，可是他現在居然活生生出現在眾人眼前——原來他依然存在世間，就像喬達摩佛陀一樣。[50]多寶佛的到來顯示《法華經》的非凡力量：只要有人聽到這部經的一個字，為之法喜充滿——哪怕只是短短一瞬——都可以證悟。所以《法華經》不只要誦讀，還要被當成佛陀本身予以供養，獻上「花、香、瓔珞、末香、塗香、燒香、繒蓋、衣服、伎樂」。[51]這讓佛陀成為苦的世界裡的龐大救贖力量。此外，宣講《法華經》必須平靜、誠實、勇敢、喜悅、正直與慈悲。[52]《法華經》廣受歡迎的原因之一，是它強調最小的虔心也能帶來不成比例的正面效果，一個人只要舉手說「禮敬佛陀」，即可走在通往覺悟的路上。[53]

《法華經》雖然沒有討論「空」，但它的奇幻性質還是反映出世界如夢似幻，只要我們放下僵固的範疇，就能看出它瞬息萬變。另一部深獲喜愛的大乘佛典《維摩詰經》是以「空」為主題[54]，主角維摩詰是一位富裕的吠舍家主，他精於思辨，廣獲尊敬（但有的人覺得他過於好辯）。有一天他病了，埋怨佛陀的弟子很久沒來探望，於是以慈悲聞名的文殊菩薩領著一大群人離開佛陀的住處，來到維摩詰家裡和他討論「空」。整部經圍繞著一個主軸：如果我們了悟沒有任何事物真實存在，就能真正體驗到自由。維摩詰說，只要我們拋棄二元思考習慣，不再分別物質與精神、凡人與神祇、此處與彼處，就能進入一切都有可能的存在狀態，領悟涅槃就在我們周遭每一個人、每一件事的核心，只是我們沒注意到而已。

在這部經的「空」的世界裡，我們看到佛陀「令諸寶蓋合成一蓋，遍覆三千大千世界」，而維摩詰家中居然奇蹟似地容納成千上萬名佛弟子。維摩詰還召請天女，讓她們在聽眾身上灑花。她們捉弄厭女出名的大阿羅漢舍利弗，對他說男與女都沒有內在不變的本質。維摩詰向另一個宇宙訂午餐，香積佛佛國的菩薩們一起為他送來。最後，維摩詰將在場所有的人縮小放在右掌，輕輕送到佛陀面前。此舉透露維摩詰其實不是凡人，而是阿閦佛的化身，他也有自己的佛國，叫妙喜世界。

這部經挑戰我們對聖典的刻板印象，它的內容輕鬆討喜，沒有嚴厲的誡命、沒有恐怖的天啟或天譴，也沒有令人心驚的預言。不過，《維摩詰經》沒有迴避艱難的問題：我們的世界既然是喬達摩佛陀的佛土，為什麼還是充滿苦難？難道我們的佛陀不如創造眾香世界的香積佛嗎？維摩詰說喬達摩佛陀只有四十年拯救我們的世界，而我們對世界的感知來自尚未開悟的心，但是他也指出：這個陰鬱的世界其實比「眾香」或「妙喜」世界更有助於開悟，因為見證苦難能引起我們的慈悲。這樣的世界如芒刺在背，刺激我們發願成為菩薩，而不像阿羅漢那樣獨自遁入涅槃。

然而，不二真理（即終極真理）的問題太深，連向來能言善辯的維摩詰也「一默如雷」——這樣的沉默或許和參梵的沉默庶幾近矣。大乘佛教有許多卷帙浩繁的聖典，但最短的一部經只有三句話，它的開頭和其他佛經一樣，佛陀坐在一千兩百五十名比丘與數十億名菩薩之前，但他這次的教導只有一個音——「阿」（a）——在場者皆大歡喜。[55]「阿」是梵文的第一個字母，每個子音都包含它，它是「空」的象徵，既是無限的，也是不確定的。[56]印度大哲龍樹（Nagarjuna，約公元二五〇年去世）甚至更進一步，他呼應維摩詰的沉默，說：佛陀沉默終身，「無人亦無處，佛亦無所說」。[57]還有人把佛陀的話比作風鈴的聲音，雖然沒有人碰它，但被風吹動時，它還是會發出自己的聲音。聖典的話也是如此，它們就像所有本質是空的現象一樣，只有在觸動有情眾生的心時，才會依照每個眾生的需求化為實在。[58]

到本西拉的孫子開始翻譯祖父的作品時（約公元前一三〇年），猶大的知識和社會氛圍已經變得相當狹隘。他很希望能讓廣大的以色列世界認識祖父的睿見，讓他們看見祖父的開闊與寬容。他強調，本西拉「越來越著力鑽研律法書、先知書及其他承襲先知書的作品」。[59]然而，猶大和周邊地區接連爆發政治騷亂，最後產生的是一部較不包容的正典。本西拉曾相信自己的見解足以和古代先知並列，可是到了這時候，宗教權威宣稱先知的時代只到以斯拉為止。[60]不過，很多猶大人拒絕接受這種說法。

到了公元前三世紀末，接受希臘教育的猶大人更多，他們不再以身為雅威的選民為傲，反而希望成為世界公民，甚至認為傳統的妥拉既過時又處處設限。在耶路撒冷，多比雅家族（Tobiads）——統治階級的世家大族之一，一心想讓這座古城脫胎換骨，除去它的希伯來傳統。到了這時候，托勒密王朝已經失去敘利亞的領土，將它拱手讓給塞琉古王國（Seleucid kingdom）。塞琉古王國是另一位亞歷山大「繼業者」在兩河流域建立的，透過遍布全國的城邦網絡控制人民，而且每個城邦都建有運動場，一方面同化當地人，另一方面也打造希臘化的統治階級。公元前一七五年，安提阿古四世（Antiochus IV）即位為王，但塞琉古王國此時民窮財盡，他的政策不是基於意識形態，就是針對財政。多比雅家族則處心積慮想讓耶路撒冷成為希臘式城邦，因為這能為他們帶來大筆稅收。他們的領袖約書亞（Joshua）甚至取了希臘名雅松（Jason），藉著大量進獻聖殿財寶給安提阿古來取得大祭司之位，耶路撒冷也如他所願取得城邦地位。幾年後，雅松的對手買納拉斯（Menelaus）使出一模一樣的手段，付給安提阿古兩倍的貢金，當上大祭司。但是因為買納拉斯並非出身亞倫家族，猶大爆發內戰。最後，安提阿古擊退雅松的軍隊，買納拉斯為了表示謝意，竟帶他直入聖殿的「至聖所」，任他取走相當於六年貢金的財寶。[61]

我們現在看到的猶太信仰主要是透過讀經來體驗神聖，但公元前二世紀的猶太人信的不是這種「猶太教」。雖然他們也很重視聖典，但之前已經提過，聖典當時主要是文士和統治階級的禁臠。大多數人的信仰仍是聖殿宗教，以至聖所供奉的神聖臨在（榭基納）為中心。〈詩篇〉曾說：當以色列崇拜者走進聖殿的院子時，他們覺得自己踏入與塵世同時並存的另一個向度。耶路撒冷聖殿是聖的——換句話說，它與世俗空間「分開」，「有別於」世俗空間。在聖殿的空間布局上，朝見神聖須經三進：從院子開始，通過聖殿，最後是只有祭司能進入的至聖所。雖然多比雅家族有意走向世俗化，但大多數猶太人對安提阿古侵犯聖所均感憤怒。然而，最糟的事還沒發生。

托勒密和塞琉古王朝原本都不干涉臣民的宗教活動，可是在公元前一七〇年，安提阿古不知何故要求聖殿舉行希臘祭儀，而且禁止遵行傳統猶太飲食律法、割禮和守安息日。以猶大·瑪加伯（Judas Maccabeus）為首的哈斯蒙尼（Hasmonean）祭司家族憤而起事，勢如破竹。到了公元前一六五年，他們不只從塞琉古王朝手中奪回猶大和耶路撒冷，還征服鄰近的以土買（Idumea）、撒瑪利亞（Samaria）及加利利（Galilee），建立小型帝國（公元前一六五年到六三年）。[62]然而，儘管哈斯蒙尼政權因捍衛信仰而興，卻不比任何一個農業國家更公義或更人道。另一方面，雖然瑪加伯家族以反對希臘文化起家，但他們的政府卻頗有希臘化特色：為了讓被征服的納巴泰人（Nabateans）、加利利人和以土買人融入帝國，他們放寬猶太教向來嚴格的民族界線，讓它成為更具包容性的身分認同——簡言之，這樣的政治結構反映的正是希臘式政體（politeia）。[63]

不過，對亟需宗教合法性的哈斯蒙尼政權來說，聖典還是非常重要的。[64]看到亞歷山大大帝曾將某些希臘典籍奉為正典（kanon），哈斯蒙尼政權有樣學樣，也主張唯有自己有權賦予某些猶太典籍權威性，並排除另一些典籍的權威性，更斷然宣布先知的時代結束了。雖然聖殿仍是猶太宗教的焦點，但哈斯蒙尼王室立了自己的大祭司，這完全違背猶太律法，因為根據律法，大祭司必須由亞倫的後人擔任。於是有一群文士和祭司決定與當權者分道揚鑣，脫離他們眼中已澈底墮落的耶路撒冷聖殿，與他們的領袖公義教師（Teacher of Righteousness）退往死海之濱的昆蘭（Qumran），在那裡建立心靈的聖殿，更新摩西聖約。

儘管哈斯蒙尼政權禁止新的聖典出現，但還是有一群文士堅決抗命，繼續推出新作，內容全都與聖殿及其祭司的問題有關。文士們通常各有專精領域（例如本西拉的專長是智慧文學），此時的文士以先知為焦點，他們堅持無論哈斯蒙尼政權下達什麼命令，先知的時代尚未結束——事實上，現在這種亂世比以前更需要先知。不過他們不像阿摩司或何西阿那樣直接道出預言，而是把自己的預言假託於《聖經》中一筆帶過的古代人物，例如以諾（Enoch）、閃（Shem）、巴錄（Baruch）等等。然而這些文本不是「偽作」，因為這群文士和本西拉一樣，也深信自己的作品和古代先知的預言可以平起平坐。他們靠自己的異象為舊故事開創新詮釋，也重新想像《聖經》裡的敘事，讓它們能回應當下的問題。他們把這種創造性的釋經方法視為apocalupsis——「揭示」或「啟示」。[65]最重要的是，他們設法藉此回答當時最關心的問題：在聖殿受到嚴重玷汙後，我們該怎麼找到神的臨在？從他們作品的數量、接受度和流傳時間來看，他們引起很多猶太人的共鳴。

這些「先知型」文士試圖填補《聖經》敘事的空白。以他們深感好奇的以諾為例，他是瑪土撒拉（Methuselah）的父親、亞當的六代孫，《聖經》上對他的敘述只有：

以諾與上帝同行，生瑪土撒拉之後，他又活了三百年，並且生兒育女。以諾一共活了三百六十五年。以諾與神同行，後來神把他接走，他就不見了。[66]

「與神同行」是什麼意思？以諾是怎樣「不見」的？神「接走」他之後，他去了哪裡？是被帶到天堂嗎？文士們相信自己知道答案。從公元前二世紀到公元初期，他們筆下的以諾和其他《聖經》英雄升入神在天上的殿，被這份經驗澈底轉化。

這些作品裡的以諾面目多元，有些說他是祭司，有些說他是文士，有些說他是先知，甚至有說他是天使的。[67]其中一份說他升入天上的殿，在那裡看見「高高在上的寶座」，聽見有聲音說：「不要怕，義人以諾，公義的文士，來我身邊，聽我的話。」[68]當然，以諾見到的並不是雅威本身，而是祂的「榮光」（kavod）——古時以「人子」的樣貌顯現給以西結的神聖本質的映象。[69]在成書於瑪加伯戰爭期間的〈但以理書〉（Daniel）裡，先知見到「萬古永存者」坐在天堂寶座的異象，[70]看見「有一位像人子的」來解救猶大人脫離帝國暴政。[71]亞歷山卓的斐洛曾說摩西是「整個民族的神與王」，「據說他進入了神所在的黑暗之中」。[72]這時形成的很多概念都是關於人升上天堂、進入神的臨在、受到轉化——甚至神化——成為救贖的希望。

由於哈斯蒙尼政權試圖建立《聖經》正典，從公元前二世紀起，我們首次見到和今日《希伯來聖經》幾乎一致的標準手稿。不過，哈斯蒙尼正典還納入赤裸裸地宣傳瑪加伯功業的作品，把他們對塞琉古政權的抵抗描繪成聖典之戰——為「律法書」而戰。[73]在這卷書裡，我們看到猶大·瑪加伯引「妥拉和先知的話」來激勵軍隊。[74]但是這裡出現一個十分重大的變化——妥拉這個詞彙現在專指摩西五經，「先知」則限定於摩西到以斯拉，後來以希臘文寫成的作品（如本西拉的書）全都被排除在外。[75]從此以後，《希伯來聖經》指的就是「律法和先知」。

昆蘭公社拒絕接受哈斯蒙尼欽定的《聖經》，[76]雖然也承認「律法和先知」，但他們的書目中還有自己所寫的作品。《聖殿卷》（*Temple Scroll*）宣稱是神的臨在的天使口述而成，雖然故事背景是西奈，但其中所說的聖殿是未來某一天由神親自建立的，與曠野中的會幕或以色列任何一座聖壇都沒有關係。《聖殿卷》和敘述光明之子與黑暗之子最終決戰的《戰爭卷》（*War Scroll*）一樣，是盼望雅威的敵人被滅的復仇文獻。但值得注意的是，這並不代表昆蘭公社在謀劃聖戰，因為在末日發動戰爭的是神，不是公社。[77]

雖然昆蘭公社也肯定摩西律法，但更重視的是自己的規定——《公社清規》（*Community Rule*）和《大馬士革清規》（*Damascus Rule*），這兩部清規都堅信他們的《新約聖經》比哈斯蒙尼的正典更重要。他們不把啟示框限於遙遠的過去，反而宣稱公義教師才是最後一位先知，發展出一種他們稱為別沙（pesher，「詮釋」）的釋經法，以它證明古代先知早已預言公義教師的到來、最終決戰和新聖殿。昆蘭公社會在儀式性的共餐中讚美與雅威的《新約聖經》：

凡有公社會議裡十個人所在的地方，祭司必不可少。大家應該按照位階坐在他面前，並以這個次序對任何一件事提供建言。桌上備好要吃的食物和要喝的葡萄酒時，應先由祭司伸手祝福麵包和新酒的初熟果子。[78]

每天晚上，幾位祭司級的領袖會與公社其他人分開，花很長的時間誦讀聖典。在過程中，他們以有創意的釋經方法解讀神聖文本，從中體驗新的啟示。[79]哈斯蒙尼政權把神的妥拉限定在前希臘化時代，但昆蘭公社不認為如此，他們相信神的妥拉是持續進行的啟示，來自對聖典創新的詮釋。

公元前六十三年，哈斯蒙尼政權遭羅馬大軍推翻，猶太人對希臘的舊恨轉為反羅馬的新仇。在羅馬的苛政和重賦之下，下層階級變得更為貧窮，加利利受害尤深，任何一點小錯都可能被判以十字架酷刑。羅馬人和先前的波斯與希臘政權一樣，透過耶路撒冷的祭司權貴統治人民，但是除此之外，他們還立了傀儡王希律（Herod，公元前四〇年到四年在位，希律原為以土買王子，當時剛歸信猶太教）。希律大興土木，將聖殿擴建得美輪美奐，吸引許多僑居近東和中東的猶太人來朝聖，也投入大量資源支持巴勒斯坦以外的猶太社群。[80] 以希臘文寫成的新聖典持續出現，《多俾亞傳》（*Tobit*）和《智慧篇》（*Wisdom of Solomon*）都是這段時期的作品。

我們對這個時代的主要參考來源是猶太史家弗拉維奧·約瑟夫（Flavius Josephus，約公元三七－一〇〇）。他出身祭司家庭，對希臘和希伯來文獻都瞭若指掌，同時也是新興起的法利賽派（Pharisees）的一員。我們對法利賽運動這麼早的階段所知不多，約瑟夫也只說法利賽人精通「祖宗傳統」。[81] 法利賽人似乎和同屬文士階級的人一樣，嘗試從新的角度研究這些傳統。[82] 根據約瑟夫的記述，到了這時候，絕大多數的猶大人、加利利人和以土買人都已接受《聖經》正典即「律法與先知」，是一套由前希臘化時期的聖典構成的文集：

> 我們擁有的不是大量前後矛盾、彼此衝突的經書，我們公認的經書只有二十二卷，但它們涵蓋從古到今所有的紀錄。其中五卷是摩西之書……從繼薛西為波斯王的雅達薛西（Artaxerxes）之死開始，摩西之後的先知將他們自己時代的事寫成十三卷書。其餘四卷是獻給神的讚美詩和為人處事的格言。[83]

即使如此，有些人還是堅持先知的時代沒有結束。約瑟夫記錄下反羅馬非暴力運動的逐步升級，也發現這些運動是由一些自命「先知」的人帶領，而導火線似乎都是苛捐雜稅和宗教狂熱。

舉例來說，在公元五〇年代，有一個名叫丟大（Theudas）的人帶著四百人奔向猶大沙漠，他相信只要人民跨出第一步，神就會帶來拯救；另一位無名先知則是吸引三萬名非武裝群眾，帶領他們穿過猶大沙漠，走向橄欖山（Mount of Olives），決心奪回耶路撒冷、擊退羅馬部隊——不靠武器，只靠神的力量。[84]這些運動都遭到殘酷鎮壓，對政治環境並未造成多少影響。約瑟夫沒有提到拿撒勒的耶穌（Jesus of Nazareth），那位被稱讚為先知和醫治者的人。大約在公元三十年，耶穌在逾越節時高調進入耶路撒冷，一時萬人空巷，眾人興奮得要擁他為王。結果羅馬總督本丟・彼拉多（Pontius Pilate）判他死罪，將他釘死在十字架上。幾天後，門徒見到他的異象，他完全蛻變，在天國聖殿中站在神的寶座旁邊，像以諾那樣。這讓他們相信神已「膏立」他為彌賽亞，他很快就會回來，在地上建立神的國度。

公元六十六年，由於羅馬總督悍然沒收聖殿財物，猶大省全面爆發反羅馬抗爭。戰事在耶路撒冷被圍時進入高峰。最後，提圖斯（Titus）——新獲選的羅馬皇帝維斯帕先（Vespasian）之子——迫使起事者投降，並於公元七十年八月二十八日將聖城付之一炬。猶大人再次失去聖殿，但這次再也無法重建。以色列的宗教原本可能就此畫下句點，沒想到一群法利賽人成功發動一場文本革命，以新的聖典取代聖殿。

第八章
米大示

在古代中東，神殿是身分認同的關鍵，任何一個民族的生活都離不開它。[1]可是在猶太人流亡巴比倫期間，編定一部理路一貫的聖典為他們帶來希望和目標。公元七十年第二聖殿被毀，不僅掀起另一波文本創作潮，也啟發兩個新的運動。雖然耶穌的門徒在他們的聖典中宣布：耶穌的死開啟神與人之間的新「見證」（testament）或新聖約，但猶太人大多並不認為需要拋棄西奈的天啟，也先後在米示拿（Mishnah）和塔木德（Talmuds）裡發現表達天啟的新方式，而這些方式也成為拉比猶太教的根。

法利賽人當時並不支持起兵對抗羅馬，而他們才學出眾的領袖約哈納．本．札凱（Yohanan ben Zakkai）也是大議會（Great Sanhedrin）的一員（大議會是耶路撒冷要人的政治集會）。據說本．札凱成功逃出被重重包圍的聖城，求見下令圍城的維斯帕先，預言他馬上會成為皇帝。沒過多久，預言果真應驗，維斯帕先也許可他在耶路撒冷東邊的亞夫內（Yavne）成立學院。聖城陷落後，學院不僅吸引大批法利賽人，也迎來文士和因為聖殿被毀而失去許多特權的祭司。他們裡面的飽學之士被稱為拉比（rabbi），意思是「吾師」。建院初期，主持大局的是約哈納拉比和他的兩名高徒——

以利以謝拉比（Rabbi Eliezer）與約書亞拉比（Rabbi Joshua），後來接手領導的則是阿奇瓦拉比（Rabbi Akiva）和以實邁爾拉比（Rabbi Ishmael）。由於拉比們一開始仍以為能再次重建聖殿——也許神會派遣另一個像居魯士那樣的彌賽亞？——所以努力留下對聖殿事務和儀式的記憶，以便在那一天到來時能儘快恢復敬拜。在此同時，他們也展開一項龐大的計畫：修訂妥拉，以提供遭逢巨變的同胞支持。[2]

之前已經看到，巴比倫流亡結束後，當以斯拉向人民宣讀雅威的妥拉時，是一邊讀內容，一邊說明，經文和他的解釋是合在一起的。換言之，對聽眾來說，妥拉的文本（miqra，意為「被讀誦的」）與宣讀者的即時評論融為一體，而且後者的啟發性如同經文。可是按照拉比們的新觀念，賢士的權威不再來自他的祭司身分或書寫技巧，而是來自他傳承自師門的智慧。[3]聖典被等同於曾保存在聖殿的成文妥拉，而對它的解釋（midrash，「米大示」）則是拉比師徒之間代代相傳的口傳傳統。妥拉的解釋是你必須細心「背誦」（shna），並正確傳給弟子的東西，所以米示拿（mishnah，「被複述的傳統」）不是來自書寫的卷軸，而是來自獲得啟發的人。

因此，亞夫內那群創發米示拿的拉比被稱為坦拿（tanna，複數為tannaim），意思是「讀誦者」。聖典的書面文本人人可讀，但真正為這些文字帶來生命的是「複述的傳統」。但「複述」並不是說拉比必須一字不漏地背出老師的教導——只要他已完全吸收這些知識，就能即興創作或加以革新，讓它們回應自己時代的政治和知性挑戰。拉比會把新的洞見傳給弟子，弟子之後也會再次加以轉化。因此米示拿是活生生的、不斷發展的知識體。[4]

拉比們對深奧的神學沒有興趣，他們關心的是很實際的問題。他們的任務是發展一套法律體系，讓猶太人在巨變後的世界繼續忠於摩西傳統，因此沒有餘裕沉溺過去。舉例來說，有一次要裁定外約旦住民是否有繳什一稅的義務，拉比們的討論雖然熱烈，卻完全沒有聖典根據。然而以利以謝拉比樂見如此，他說：「『上主的奧祕與敬畏祂的人同在，祂要向他們宣示自己的約！』[5]去告訴賢士們！別對自己的裁定沒信心！」[6]米示拿有意與《希伯來聖經》正典拉開距離。拉比們旁徵博引的不是《聖經》，而是一世紀初活躍於耶路撒冷的希列（Hillel）與煞買（Shammai）。米示拿從未宣稱它的裁定全都從摩西律法推演而來，這種觀念是後來才出現的。[7]

釋經不是獨自埋頭研究，而是加入一場熱鬧的討論。大聲朗誦，激烈辯論，是學生向老師學習「複述的傳統」的方式。有一位巴勒斯坦拉比後來回憶辯論的場面：「賢士們進入學院討論妥拉，你一言我一語說個不停，一個人提出他的看法，另一個人說另一種看法，接著又有一個人提出和他們兩個都不一樣的看法。」彼此之間不斷交鋒，你來我往「猶如羽球」。[8]雖然律法裁定是多數決，但少數派的主張也會被細心保留，因為他們相信啟示是開放的。[9]某種意見也許現在是無效的，可是對未來的辯論會非常有幫助。據說連神都必須研究這些「複述的傳統」，以確保自己能掌握它們對未來的意義。[10]正如後來一位拉比所說的，這些問題沒有定論：

如果妥拉已經明白給定答案，我們就沒有再予討論的立場。那麼我們進行討論的《聖經》依據是什麼呢？（是：）「上主對摩西說」……摩西對祂說：「世界之主啊，請教我律法。」祂對他說：「依多數意見（宣布裁定）。如果多數認定被指控者是無辜的，就裁定無辜；如果多數認定他有罪，就裁定有罪。」所以，妥拉可能以四十九種方式支持有罪的裁定，又以四十九種方式支持無罪的裁定。[11]

神交給摩西的妥拉有多種意義，必須由詮釋者（坦拿）依時代需要加以適用。

不過，光靠文本無法獲得正確詮釋妥拉所需的智慧，就如同在印度和中國一樣，學生必須與老師一起生活，服侍他，觀察他的言行——在日常生活的每個細節裡見到行動的妥拉——才能學到聖典的真義。有一個倒楣的學生誤解某則文本，又忽略另一則文本，結果錯誤詮釋《聖經》上對儀式潔淨的一份裁定，因此未能遵守某條誡命（mitzvah，複數為mitzvoth）。他的錯歸根究柢是獨獨依賴文本，如果他有好好觀察拉比如何奉行那條有疑義的誡命，一定能憑直覺掌握它所隱含的意義。雖然聖典經常有奧妙難解之處，但是你的老師時時刻刻都體現著它，所以觀察老師如何用餐、談話、走路或祈禱，就是觀察化現為人的妥拉。

米示拿不是一部引人入勝的聖典，它缺少《聖經》那種情感豐富的語言，只有枯燥的律法裁定，沒有生動有趣的故事。可是拉比們對《聖經》裡的故事已經倒背如流，反而受不了一串又一串的敘事。有人說，米示拿是椎心之痛加虛幻希望的雞尾酒，是拉比們阻擋絕望和恐懼的方式。[12]面對這個已然破碎的世界，他們只能撿拾碎片。儘管文士們繼續編造天上聖殿的故事，拉比們卻已無心於此，他們還願意討論的是塵世之中的現實問題，例如聖殿院落裡某個房間的功能，[13]或是夜巡隊該怎麼巡視各處。[14]

精通米大示的阿奇瓦拉比是箇中翹楚，他對「律法與先知」的解釋經常與《聖經》作者的原意南轅北轍。有一則在他死後流傳很久的故事說：他的名聲傳到天堂，摩西決定來聽聽他的課，卻完全不懂阿奇瓦拉比對妥拉的解釋。摩西十分尷尬——當初在西奈山上領受妥拉的明明是他！「我的子孫勝過我！」摩西回天堂後驕傲地說。[15]但以實邁爾拉比不以為然，他覺得阿奇瓦拉比有時詮釋得太過頭了，盡可能忠於原典一定比較好吧？[16]無論如何，很多人支持阿奇瓦拉比，因為他的方法讓聖典保持開放：神的話語是無限的，不能框限於單一詮釋。

遺憾的是，阿奇瓦拉比未得善終，他的命運顯示拉比們的希望何等脆弱。公元一三〇年，羅馬皇帝普博里烏斯．艾利烏斯．哈德良（Publius Aelius Hadrianus）巡行巴勒斯坦。哈德良有興建大型建築紀念巡幸的慣例，抵達當時仍滿目瘡痍的耶路撒冷後，他決定送這裡一座全新的城市，並以自己和羅馬卡比托山（Capitol）眾神之名，為它取名艾利雅．卡比托利納（Aelia Capitolina）——這個計畫自然令猶太人深感錯愕。次年，哈德良又頒布一連串諭令，禁止割禮、傳授妥拉和按立拉比。這樣一來，連最溫和的拉比都認為與羅馬再次開戰勢不可免。這次起事是由驍勇善戰的西蒙．巴．克什巴（Simon Bar Koseba）領軍，他成功阻擋羅馬人達三年之久。阿奇瓦拉比稱讚他是彌賽亞，重新為他取名巴．克赫巴（Bar Kochba），意為「星辰之子」。然而羅馬軍團步步進逼，夷平一個又一個猶太要塞。最後，大批猶太人被逐出猶大地區，阿奇瓦拉比以支持叛亂罪名剝皮而死，壯烈殉國。

拉比們不得不遷往下加利利的烏夏（Usha）。雖然新皇帝安東尼．庇護（Antoninus Pius，公元一三八年到一六一年在位）放寬哈德良的禁令，但他們明白聖殿已不可能重建，開始把心力放在創作新的聖典——他們稱為《米示拿》。他們在亞夫內的討論似乎有留下書面版本，而那些討論又與後來更嚴肅的思索併在一起。[17]雖然此時仍以口傳教學和口頭討論為常態，可是經歷過巴．克赫巴起義的大難後，拉比們覺得有必要為他們的傳統留下永久紀錄。他們認為，雖然《希伯來聖經》原典——《塔納赫》（*Tanakh*）❶——屬於已經永遠消逝的歷史階段，但是仍可選擇性地以它正當化自己的論點。《米示拿》是拉比們對新的世界的律法裁定集，篇幅浩大，分為六卷（sedarim）：〈種子卷〉（Zeraim）、〈節期卷〉（Moed）、〈婦人卷〉（Nashim）、〈損害卷〉（Niziqin）、

〈聖事卷〉（Qodeshim）和〈潔淨卷〉（Tohorsh）；卷以下又分成六十三篇論（tractates）。《米示拿》卓然不群，不但獨立於《聖經》，也很少引用或訴諸《聖經》。它從不拿摩西為自己背書，也從不討論自己的根據或權威，只自顧自地認定自己的可靠性無庸置疑。因為拉比們本身就是妥拉活生生的化身，所以他們的裁定不需要《聖經》支持。[18]在巴．克赫巴的大劫後，拉比們不再抱持天啟狂熱，也不再奢望彌賽亞帶來救贖。也許聖殿將永不復存，但猶太人就像流亡巴比倫時一樣，能透過將日常生活儀式化讓自己意識到神的臨在。《米示拿》幫助他們活下去，彷彿聖殿依舊屹立。事實上，創作六卷書就像興建一座文本聖殿：[19]第一卷和第六卷分別處理土地與人的神聖性；中間兩卷——〈婦人卷〉和〈損害卷〉——規範猶太人的私人家庭生活與商業關係；第二卷與第五卷——〈節期卷〉和〈聖事卷〉——則猶如梁柱，撐起整座文本大廈。

不過遺留下來的一切既然都成廢墟，要活得猶如榭基納依然被供奉於至聖所，的確需要勇氣。他們為此做出幾千則新裁定，思考聖殿對日常生活的意義：猶太人該怎麼對待外邦人？女人能負起祭司的使命，讓每個猶太家庭都成為聖所嗎？家庭儀式可能與昔日華麗雍容的儀式相比嗎？[20]拉比們以古老的宗教曆為這些家庭儀式賦予神聖光輝。《米示拿》仔細描述聖殿中的逾越節儀式，並明確指出今日可以如何調整，讓它們適用於平民百姓之家。從此以後，每個猶太村落都代表耶路撒冷，每個猶太家庭都是聖殿。在此同時，拉比們似乎也定下《聖經》的最終版本，收錄的經卷反映出

❶譯注：猶太教傳統將《希伯來聖經》二十四卷分為妥拉（Torah）、先知書（Nevi'im）和著作集（Ketuvim）三大類，並取三類之首字母稱《希伯來聖經》為「塔納赫」（Tanakh）。「妥拉」一詞涵蓋範圍很廣，狹義指摩西五經／律法書，廣義則指《希伯來聖經》。

新的肅穆氣氛。失去耶路撒冷之前，有些關於天上聖殿的天啟故事被視為聖典，但它們這時被嚴格排拒在正典之外，只有論及歷史人物的〈但以理書〉被留下來。這些決定可能受新興的耶穌運動影響，後者的聖典與天啟思想更為契合，也保留拉比們排斥的經卷。

在把聖殿儀式轉化為性靈追求上，拉比們的成就令人敬佩。要是儀式效果不彰，他們原本也有可能無法說服人民繼續行禮如儀，但現在一同研經，讓猶太人經驗神的臨在：「只要有兩個人坐在一起討論妥拉，榭基納便與他們同在。」[21]這種感性的靈性情懷不是出自枯燥的《米示拿》（約公元二二〇年完成），而是出自《父祖之言》（*Pirke Avot*）。《父祖之言》是文選，出現在《米示拿》之後，它深受喜愛，把一些偉大拉比的師承上溯到希列與煞買，也敘述學習妥拉的蛻變經驗。邁爾拉比（Rabbi Meir）是阿奇瓦拉比的高徒之一，曾描述學習妥拉帶來的轉化——超凡入聖，近乎成神：

為妥拉而學妥拉的人受益無窮，不僅如此，（我們甚至可以說）整個世界都因為他而得到酬賞。這樣的人是神所愛的同伴，他愛神的臨在，也愛一切萬物；他讓神的臨在歡喜，也讓一切萬物歡喜。神的臨在為他穿上謙卑與敬畏的袍子……他的忠告、洞察、知識和堅忍裨益眾人……妥拉的奧祕向他揭示，他成為豐沛滿溢、奔流不止的江河……神讓他偉大，高舉他在一切創造之上。[22]

本・阿翟（Ben Azzai）是阿奇瓦拉比的另一位弟子，也有密契主義傾向。有一天他正解說經文，大家突然看到他的周遭冒出火焰。他說那是因為他在創造霍洛茲（horoz）——連結經文的

「鏈」。雖然這些經文在原典中沒有關聯，但是一旦被「鏈」起來，就能顯出它們是完整、動態而一體的。

我只是把妥拉的話彼此連結，再把它們和先知書的話連結，又把先知書的話和智慧書的話連結。於是這些話大大歡喜，像它們在西奈被傳下時一樣，像它們剛被講出口時一樣甜美。[23]

當人聲帶動霍洛茲時，妥拉也再次得到生命。霍洛茲為妥拉添上新的火焰和關聯，把歷史敘事轉為神話，讓它成為永恆的真理。霍洛茲把經文交織成敘事或論述，透過為神聖的過去注入新的洞見，為悲慘的現在賦予意義。

為此，拉比們隨意更動聖典的遣詞用字，告訴弟子：「這樣讀，別那樣讀。」[24]舉例來說，在《論經》（*Sifre*）這本三世紀以降的釋經文選中，我們看到邁爾拉比完全反轉〈申命記〉中一條律法的意義。那是一條嚴峻的律法，規定懸在柱子上的罪犯屍體必須當日下葬，因為這樣的人是「受神詛咒的」（qilelat Elohim），屍體會玷汙土地」。[25]但是邁爾拉比說這樣讀錯了，「qilelat Elohim」應該讀成「qallat Elohim」（「神的痛苦」）才對。換言之，這條律法強調的是神與祂創造的生命同苦。「看見一個人陷入嚴重困境，榭基納會說什麼？」邁爾拉比問道：「祂說的或許是（kiryatol）：『我的頭好痛，我的手好痛。』」[26]

同情是拉比心靈的核心。《父祖之言》談到義人西蒙（Simon the Just）這位公元前三世紀備受尊崇的大祭司，他說過：世界的秩序「仰賴於妥拉，仰賴於聖殿服事，仰賴於行仁慈之事」。[27]這個主題在後來的《拿單拉比語錄》（*Avot de Rabbi Nathan*）裡得到進一步的發展，那則故事說：約哈納拉比和約書亞拉比走在耶路撒冷城裡，後者見聖殿已成廢墟，悲從中來，放聲大哭。今後無法獻祭，以色列人犯過該怎麼贖？約哈納拉比要約書亞拉比安心，更當場用霍洛茲論證仁行義舉和獻祭一樣有效：首先，他完全反轉神對何西阿說的話的原意：「我要的是愛（hesed），不是牲祭。」接著，他把這句話與義人西蒙的名言連結；最後，他稍稍更動〈詩篇〉的話作結：「世界是愛建立的。」[28]

對後世拉比釋經深具啟發的「兩部妥拉」的說法——一部是口傳妥拉，另一部是成文妥拉——最早是在《論經》裡出現的：

> 正如同樣的雨降在不一樣的樹上，會結出不一樣的果子——葡萄樹結葡萄，橄欖樹結橄欖——妥拉的話雖然是一樣的，但也結出米示拿、哈拉卡和亞卡達等（不一樣的）聖典。[29]

米示拿是拉比們的「複述的傳統」，哈拉卡（halakha，複數為halakhot）是他們的律法裁定，亞卡達（aggadah，複數為aggadot）則是說明他們的教導的故事，三者在本質上並無不同，都有聖典的地位和權威。還有一位拉比說：「傳給以色列的妥拉有兩部：一部以口傳；另一部以文字。」[30]到了三世紀，拉比們開始認為：口傳傳統是延續創造原始妥拉的啟示過程。所以即使是為了妥拉問題針鋒相對時，參與激辯的學人在某種程度上一定知道，他和對手其實都在延續一場起於西奈的對話：「無論是這些賢士的話，還是那些賢士的話，都是傳自牧人摩西，而摩西則得自宇宙中那獨一無二者。」[31]

在此同時，拿撒勒的耶穌的追隨者為猶太傳統帶出另一個方向。相對於屬於精英階級的拉比，耶穌和最早跟隨他的人是農民出身，是一群「小民」。儘管學界對歷史上的耶穌已進行廣泛研究，但我們對他知道得不多。他似乎在公元二〇年代末期掀起一場大眾運動，巡遊各地宣講、醫治，照顧加利利的經濟邊緣人。在農業國家裡，貴族和平民通常住在不同區域，彼此各過各的，所以對宗教的認知往往很不一樣。不過，耶穌和門徒雖然不像拉比的弟子們那樣讀經或研經，但他們對逾越節與耶路撒冷朝聖時唱的〈詩篇〉還是很熟悉，也一定聽過〈出埃及記〉的故事和一些先知教導。與人民站在同一邊的先知是他們最尊崇的，例如幫助祖先不再為奴的摩西，還有曾到巴勒斯坦北部講道的以利亞。以利亞在加利利被尊為地方英雄，他們相信他有一天還會回來，讓以色列恢復真正的敬虔。[32]

耶穌生在曾遭國家暴力重創的社會，從小生長的村莊加利利位於塞佛瑞斯（Sepphoris）旁邊，此地曾在希律王死後發生起義，遭羅馬軍隊強力彈壓。加利利這時是由希律王之子安提帕（Antipas）治理，他好大喜功，為了自己的大型建設計畫課賦重稅，並沒收無力繳納者的土地。很多農夫因此淪為盜匪，也有很多農夫轉做粗活——耶穌的木匠父親約瑟（Joseph）可能也是其中一個。湧向耶穌求醫治的群眾飽受飢餓、絕望和病痛之苦，許多人相信自己的神經與心理疾病是邪靈所致。在耶穌的寓言裡，我們見到一個貧富差距極大的分裂社會，百姓阮囊羞澀，負債累累，為了生活四處打零工。[33]

耶穌呼籲與「小民」的守護者雅威更新聖約，他宣揚以公義與平等為基礎的神國，要求跟隨者以神國已然降臨的態度待人處事。[34]在神的國度裡，窮人居首，富人和有權勢的人居末。耶穌也說，受負債之苦的人必須免除別人欠自己的債，甚至必須愛自己的敵人。在別人惡待自己時，不可像羅馬人那樣暴力還擊，反而應該把另一邊臉也讓對方打。對求助的人必須伸出援手，不要求竊賊歸還偷走的東西。跟隨耶穌的人應以同情為言行的依歸，並奉行黃金律：希望別人如何對待自己，自己就如何待人。[35]據說耶穌曾要求跟隨者把所有的財產贈予窮人，實際展露同情是他的訊息核心。照他的預言，能進入神國的人不是因為抱持正確的信仰，而是因為給飢餓的人食物、給口渴的人飲水、接待陌生人、給衣衫襤褸的人衣服、照顧病人，以及探望入監之人。[36]

這些訴求其實離不開政治，耶穌雖然沒有號召武裝起義，但他論及神國的教導隱約帶有對帝國權力的批判。有人問他應否付稅給凱薩（Caesar），他答得含糊：「凱撒的就應歸還凱撒，上帝的就應歸還上帝。」[37]這句話在當時其實比現在聽起來刺耳——在政治上也更危險——因為耶穌的主張並不是政教分離。在一世紀的巴勒斯坦，幾乎每場反抗羅馬的行動都肇因於稅賦，原因是：對猶太人來說，聖地及其物產都屬於神，對它們課稅不合律法。因此，耶穌實際上是暗示該「歸還」凱撒的非常少。[38]不過，真正導致他被處死的事件，也許是他高調進入耶路撒冷，甚至被群眾高呼為以色列之王。他氣勢洶洶地進入聖殿，掀翻兌銀錢的桌子，怒斥神的殿居然變成「賊窩」。[39]從波斯時代開始，聖殿一直是帝國控制猶大地區的工具，向民眾壓榨的貢金也放在這裡。[40]果然在短短幾天內，耶穌就被羅馬帝國猶大總督彼拉多釘上十字架處死。

十字架是羅馬威懾人民的有力工具，通常用在奴隸、暴力犯罪者或叛亂犯身上。他們喜歡把受刑人血肉模糊的屍體公開示眾，架在交通要道或圓形劇場任鳥獸啃噬，藉此展現羅馬赤裸裸的國家暴力。公元前四年，在隨著希律王之死而來的起義中，兩千名舉事者在耶路撒冷城牆外被釘上十字架。[41]新約福音書說耶穌是猶太議會特別開會審問，而彼拉多勇敢地想救他一命。可是，區區一名加利利農民不太可能受到這種待遇，更何況彼拉多向來心狠手辣，後來還因為過於殘暴魯莽而被召回羅馬。總之，耶穌的門徒在他被逮捕後倉皇出逃，可能根本不知道耶穌之死的細節。在羅馬帝國，釘上十字架是家常便飯，耶穌也許未經審判便遭定罪，隨意施以現代人難以想像的酷刑，但是目睹過程的人可能不多。[42]

福音書不是歷史文獻，想說的並非耶穌的人生事實；它們也是米大示，把《聖經》經文織成故事，為令人困惑難解的現在注入意義和希望。不過，現存《新約聖經》文本中年代最早的是保羅（Paul）書信。保羅原本是法利賽人，那些信是他在公元五〇年代寫的（也就是耶穌死後約二十年左右），對象是他在地中海東部建立的早期基督徒社群。這些書信顯示，跟隨耶穌的人很早就開始用《希伯來聖經》詮釋他的生命事件。舉例來說，保羅對他在哥林多的門徒是這樣講的：

> 我曾經把我所領受那最重要的訊息傳授給你們，就是：按照《聖經》所說的，基督為我們的罪死了；又按照《聖經》所說的，他被埋葬了，在第三天復活了。[43]

《希伯來聖經》其實沒有明確預言這些事，但是早期基督徒和昆蘭公社的成員一樣，也把古代經文解讀成對當前事件的預言。

耶穌的跟隨者似乎在他被釘上十字架之後見到異象。在異象中，耶穌像以諾一樣站在神的寶座旁。這些異象讓他們出神，感受到神的聖靈傾溢而出。從很早的階段開始，基督徒就認為有些經文預示的是耶穌的躍升。例如〈詩篇〉裡有兩句話，原本是新王登基時用的：「上主對我主說：『你坐在我的右邊，等我使你仇敵作你的腳凳。』」[44]另一句則是雅威收新王為子：「你是我的兒子，我今天作了你的父親。」[45]耶穌的門徒記得他常自稱「人子」，這讓他們聯想到〈詩篇〉第八篇。在那首詩裡，作者驚嘆天地造化的奇妙，問神為何竟讓「人子」──區區人類──高居萬物之上。可是在基督徒眼裡，它說的正是耶穌如今的地位：

……祢造他僅低於祢自己，
賜他榮耀尊貴為冠冕，
祢讓他管理所有被造物，
把一切都放在他腳下。[46]

這也讓他們想到，但以理曾在異象中見到一位「像人子的」，「他得了權柄、榮耀、國度，好使各國、各族、說各種語言的人都服事他」。[47]耶穌如今被視為彌賽亞（messhiah，希臘文「christos」〔基督〕，「受膏立者」），「主」、「人子」、「神之子」這些頭銜以驚人的速度冠在他身上。[48]

基督徒對經文的解釋和拉比的米大示一樣，不是冷靜的學院式研究。初代基督徒相信自己活在末世，耶穌很快就會回來建立神的國度，而他們的出神經驗早已被先知約珥（Joel）預言：

我要將我的靈澆灌凡有血肉之軀的。
你們的兒女要說預言，

你們的老人要做異夢，
你們的少年要見異象，
那時，我甚至要把我的靈傾注給奴僕和使女。[49]

在過去，先知通常出身貴族；但現在，身分低微的農夫、漁人和工匠也能得到聖靈的啟示。有一部很早形成的文本，被學者們稱為「Q」（名稱來自德文Quelle，「根源」之意），僅存於被歸為馬太（Matthew）和路加（Luke）所著的兩本福音書。Q本只有耶穌的教導，沒有談到他的人生，更重要的是也沒有談到他的死亡和復活。不過，學者長久以來一直有一個假設：在基督宗教早期階段，還有流傳一份耶穌被釘上十字架的紀錄，四位福音書作者也都有用到。可是美國學者亞瑟·杜威（Arthur Dewey）近來指出：這種說法欠缺扎實的證據。他認為，耶穌被處死一事可能對初代基督徒造成嚴重創傷，以致他們很少談到這件事，既有的故事似乎也沒有談到任何細節。然而保羅書信顯示：在敘利亞，基督徒的確有在聖餐儀式中紀念他的死。在耶穌與門徒的最後晚餐裡，據說他撕開麵包，說：「這是我的身體，是為你們犧牲的；你們應該這樣做，來紀念我。」而桌上的葡萄酒則是「用我的血所立的新約」。保羅對哥林多的信徒解釋道：「每逢吃這餅、喝這杯的時候，你們是在宣告主的死。」[50]我們不得不說，以如此莊嚴的儀式追念一名被國家當成一般罪犯處死的人，的確很不尋常。

十字架對保羅的意義深重，他原本反對耶穌運動，後來才因為見到異象，改信耶穌。在異象裡，他同樣見到耶穌殘破的身體被神高舉到天上最高之處。對保羅來說，這是apocalupsis——「啟示」。舊的規則不再適用，既有的種族、社會、文化和性別區隔全部消失：「不分猶太人或外邦人、奴隸或自由人、男人或女人，在基督耶穌的生命裡，你們都成為一體了。」[51]可是，保羅同樣從未談到耶穌被釘十字架的細節。杜威指出：在五世紀初之前，只找得到兩個十字架圖像——一個是嘲諷性的塗鴉；另一個則是巫術符咒。[52]因此，初代基督徒的焦點並不是耶穌的死，而是他的復活和超升。

對耶穌之死的第一份詳細紀錄出現在〈馬可福音〉。〈馬可福音〉約在公元七十年成書，但最早是在加利利和敘利亞口傳，敘述者還會依聽眾的反應即興創作。[53]這部福音裡的耶穌是「小民」擁戴的先知：他和以利亞一樣，也在曠野裡與撒旦搏鬥了四十天；他走在加利利海面上的故事，令人想起以色列人出埃及時渡過紅海；他行奇蹟讓數千人吃飽，猶如神用嗎哪（manna）養活曠野中的以色列人；他像摩西一樣在山頂頒布新的誡命；他的十二個弟子代表以色列的十二個支族。〈馬可福音〉是在聖殿被毀後不久寫成，它試圖扭轉引爆猶太戰爭慘禍的激烈彌賽亞主義。馬可筆下的耶穌是受苦的、落敗的彌賽亞，他的使命是走向十字架，〈馬可福音〉的敘事一路伴隨著耶穌的死亡預言。[54]

十字架是耶路撒冷圍城戰的恐怖記憶。根據約瑟夫記載，逃出城外的饑民馬上被羅馬人逮捕，他們像耶穌一樣「先被鞭打，再受到各式各樣的酷刑……然後被釘上十字架，立在城牆前」。耶路撒冷馬上被十字架環繞，羅馬人還刻意把受難者擺成怪誕的姿勢。

> 士兵們對猶太人既怒又恨，把抓到的人用各種不同的方式釘在十字架上，以此為樂。被釘死的人非常多，不但空間不夠立十字架，十字架也不夠釘屍體。[55]

這場暴行顯然傳遍整個地區。對馬可來說，耶穌的死是神話——是從古到今不斷發生的無辜遭難的又一個例子——而他對耶穌被釘十字架的記錄，是《聖經》經文的霍洛茲。[56]他的主要根據是〈詩篇〉第二十二篇，一名「被眾人羞辱，被百姓藐視」的義人的嘆息：

凡看見我的都嗤笑我，他們撇嘴搖頭：
「他把自己交託給雅威，讓雅威救他吧！
雅威既喜愛他，可以搭救他吧！」[57]

馬可把耶穌受難歸咎於站在他十字架底下的「祭司長和文士」，[58]他也讓羅馬士兵為耶穌的衣物抽籤，像〈詩篇〉二十二篇裡一樣。[59]在四部福音書中，只有馬可藉耶穌的口道出〈詩篇〉二十二篇裡絕望的吶喊：「我的神，我的神，祢為什麼離棄我？」[60]馬可還引用別的〈詩篇〉呼應耶穌被朋友背叛、[61]經歷悲傷和痛苦，[62]而且臨死前別人給他喝的是酸醋。[63]

馬可把耶穌的死和耶路撒冷的悲劇緊緊連在一起，耶穌被捕前不久才預言耶路撒冷必毀；在他死時，「懸掛在聖殿裡的幔子，從上到下裂成兩半」。[64]馬可態度明確：在羅馬統治的世界裡，跟隨耶穌的人必須有受苦的心理準備。蒙神揀選為子不再代表權柄，反而意味著恥辱和苦難：[65]

你們自己要當心，因為人家要逮捕你們，交給議會。你們要在會堂上受鞭打；為了我的緣故，站在統治者和君王面前，對他們作見證。然而，福音必須先傳給萬民……為了我，大家要憎恨你們。但是堅忍到底的人必然得救。[66]

神的國度即將降臨：馬可讓耶穌預言耶路撒冷被毀是終結的開始，跟隨他的人會看見人子駕雲降臨，「從四方、從地極、直到天邊，召集他的選民」。[67]

依據〈馬可福音〉和Q本寫成的〈馬太福音〉與〈路加福音〉，也是米大示。馬太筆下的耶穌既是猶太人的彌賽亞，也是外邦人的彌賽亞，所以在他寫下的耶穌誕生敘事中，最早前來敬崇耶穌的是波斯賢士。只要有機會引用《聖經》前例來說明耶穌的人生，馬太絕對不放過。舉例來說，他用以賽亞預言希西家誕生的話的希臘文翻譯，❷來指涉耶穌的誕生：「有童女將懷孕生子，他的名字要叫以馬內利（意為「神與我們同在」）。」[68]當東方賢士問希律王該到哪裡找彌賽亞，馬太引用先知彌迦的預言說他在伯利恆（Bethlehem）：「有一位領袖要從你那裡出來，他要牧養我的子民以色列。」[69]整部〈馬太福音〉都在說明一件事：以色列的聖典全都指向耶穌——神的終極啟示。在宣講登山寶訓時，耶穌成為新的摩西，藉著指出舊律法的不足來宣告新的律法：「你們聽過有對古人說……但是我告訴你們……」[70]古老的報復法則（「以眼還眼，以牙還牙」）變成「有人打你的右臉，連另一邊也轉過去由他打」；[71]「愛你的鄰舍」也轉化成「愛你們的仇敵」。[72]這可能是馬太有意與亞夫內的拉比一別苗頭，因為後者當時也剛開始產生影響力。馬太說，耶穌運動的標準比亞夫內學者更高：「我告訴你們，你們的義若不勝過文士和法利賽人的義，絕不能進天國。」[73]

〈路加福音〉的米大示攻勢不若〈馬太福音〉凌厲，但也認為《希伯來聖經》其實指向耶穌，他才是神給予以色列的終極啟示。馬利亞懷上耶穌時唱的尊主頌是一首長篇霍洛茲，它盼望將臨的神國，預言「小民」的勝利，連結不同的《聖經》段落，賦予它們全新的意義。[74]到了這時候（〈馬太福音〉成書於公元八〇年代，〈路加福音〉大約在二世紀初寫成），基督徒說耶穌在復活之後、升天之前，曾向門徒顯現。在〈路加福音〉記述的一次顯現裡，我們可以一窺早期基督徒米大示的堂奧。

路加說，耶穌死亡數日之後，有兩名門徒悲傷地從耶路撒冷步行到以馬忤斯（Emmaus）。他們在途中遇上一名陌生人，那人問他們為何如此憂愁。聽他們講完彌賽亞慘死的悲劇後，那人責備他們竟不相信「先知所說的一切話」，「基督不是必須受這些苦難，然後進入他的榮耀嗎？」接著，那名陌生人「從摩西和眾先知說起」，告訴他們《聖經》早已預言彌賽亞必將受難。[75]到了目的地之後，那兩名門徒請他們的新朋友一起過夜。在他祝福麵餅、擘開、遞給他們時，「他們的眼睛開了」，赫然發現這名同伴不是別人，正是復活的基督，但耶穌馬上消失在他們眼前。他們對彼此說：「他在路上向我們說話，為我們解釋《聖經》時，我們的心不是像火一樣地燃燒著嗎？」[76]

《父祖之言》裡的拉比講過：只要有兩、三個人一起研讀妥拉，榭基納就在他們中間。耶穌的這兩個門徒顯然也有同樣的經驗，不過對他們來說，曾供奉在被毀聖殿裡的神的臨在，現在已具顯在耶穌這個人身上。釋經是一場讓他們的心「燃燒」的經驗。在重現耶穌之死的用餐儀式裡，他們經驗到神的臨在；在巧妙結合不同經文而閃現的洞見裡，他們經驗到神的臨在；在他們與陌生人的相處中，他們經驗到神的臨在。對兼有猶太人和外邦人的路加社群來說，這一點尤其重要，他們必須克服自己的偏好和成見，才能「打開眼睛」，得到更寬廣的視野。

馬可、馬太和路加三部對觀福音書（synoptic gospels），都有提到彼得、雅各及約翰三名使徒經歷的一件事：他們見到耶穌發出聖光，「在他們面前變了形象，他的臉明亮如太陽，衣裳潔白如

❷譯注：希臘文版將〈以賽亞書〉原文中的「alma」（年輕女子）譯為「parthenos」（童貞女）。見第一章注102。

光。」[77]摩西和以利亞出現在他身旁，天上有聲音說：「這是我的愛子，我所喜愛的。你們要聽從他。」[78]這裡描述的可能是使徒們的復活節異象，也可能是耶穌運動的成員討論米大示時經驗的異象。[79]這讓人不禁想到：以西結在異象中也看到「形象如人的活物」被光環繞，還有「某種貌如雅威的榮光的東西」。在耶穌這個人身上，早期基督徒似乎也見到某種神聖「榮光」，某種光彩奪目的神聖映象。約公元一〇〇年成書的〈約翰福音〉雖然反映出不同傳統（可能出自小亞細亞），但它的開頭原本可能獨立成篇，而且為各教會通用，[80]把耶穌描寫成先於一切存在的神的聖言（Logos／Word）：

在起初已有聖言，聖言與神同在，聖言就是神。聖言在起初就與神同在。萬物是藉著它而造成的；凡受造的，沒有一樣不是由它而造成的。[81]

聖言就是神，卻又有別於神，因為它也與神同在。聖言和智慧（Wisdom）一樣是創造的中介，但現在化身為人：「聖言成了血肉，住在我們中間；我們見了他的榮光──父的獨生子所當得的榮光──滿溢著恩典和真理。」[82]

保羅書信顯示，從一開始，耶穌運動的成員在集體崇拜時，便已經驗到永恆就在當下。[83]他們說方言、見異象、發預言、教導屬天之事、行奇蹟和醫治，在聖靈感動下講道出口成章。[84]在耶穌死後約二十五年寫成的〈腓立比書〉裡，保羅引用一段年代很早，或許曾在教會儀式中使用的讚美詩，從它看來，〈約翰福音〉開頭的基督論並不是「後來」才發展出來的。在福音書中顯而易見的是，在早期基督徒的別沙釋經裡，他們把耶穌等同於第二以賽亞讚美的那名神祕僕人──他「忍受痛苦，經歷憂患」，但一定會「被高舉上升，且成為至高」。[85]保羅引述的那首讚美詩相信耶穌從太初便與神同在，但他無比虛己，自願降世，甘為僕人：

他本有神的形象，卻不堅持自己與神同等，
反倒虛己（heauton ekenosen），取了奴僕的形象……
他自甘卑微，順服至死，且死在十字架上。[86]

這首讚美詩繼續說：神「高舉他，及於至高」，乃至「眾口宣認耶穌基督是主，同頌父神的榮光」。[87]保羅並不是為腓立比人上神學課，而是勸勉他們勤習虛己：「凡事不可自私自利，不可貪圖虛榮；只要心存謙卑，各人看別人比自己強。不要只顧自己，也要關心別人的利益。你們要以基督耶穌的心為心。」[88]

保羅將福音傳到外邦人的世界，深信彌賽亞會在他有生之年重返人間，在世上建立神的國度。對他來說，所熟悉的世界正在消失，我們必須從這個角度來看待他對性別、種族及社會平等的烏托邦想像。在此同時，他和他的門徒必須活得猶如新秩序已然降臨。不過他不是煽動家，他要求信眾低調度日，照常營生，不招惹當政者，免得他們打壓追隨彌賽亞的人，阻礙神國的到來。我們或許該從這個角度，理解他對羅馬信眾的勸告：

人人都應該服從國家的權力機構，因為權力的存在是神所准許的；當政者的權力是從神來的。所以，抗拒當政者就是抗拒神的命令；這樣的人難免受審判……因為他是神所使用的人，他的工作是對你有益處的。[89]

保羅並不欣賞處死耶穌的羅馬帝國，可是在基督復臨之前，羅馬統治是神所意欲的。不過這只是暫時如此，耶穌很快就會改變現狀，把當政者拉下王座。[90]同樣重要的是，保羅立刻聲明：無論在政治上或倫理上，都必須以愛為行動原則，「愛不加害於人，所以，愛成全了全部的律法」。[91]耶穌曾諄諄告誡跟隨他的人要彼此相愛，甚至要愛敵人。無論是政治仇恨，還是因此衍生的道德優越感，都不容進入彌賽亞的團契。

然而事態越來越清楚，耶穌的追隨者必須學會與希臘羅馬社會長期共存。於是新的聖典設法調整保羅基進的教導，好讓它們適應冰冷的現實。在《新約聖經》以保羅為作者的書信裡，其實只有七篇是他本人所寫。[92]二世紀初，以保羅為名所寫的〈歌羅西書〉和〈以弗所書〉敦促基督徒服從社會主流價值。保羅所傳的福音堅持平等對待男性、女性、奴隸和自由民，但這些新的「保羅」教導卻附和希臘羅馬哲學家看重的家父長價值：基督徒妻子必須服從丈夫，奴隸必須服從主人。[93]差不多在同一段時間，受過良好教育、出身黑海錫諾普（Sinope）的造船家馬吉安（Marcion，約卒於公元一六九年）提出另一種看法。他相信保羅是唯一真正了解耶穌教誨的作者，而《希伯來聖經》裡的神既暴力又好復仇。所以，他自行編了一部《新約聖經》取代《希伯來聖經》。他編的《新約聖經》收錄一篇福音書（據〈路加福音〉所作）和數封保羅書信，反對馬吉安的基督徒則寫成〈提多書〉和〈提摩太書〉兩封「教牧書信」（Pastoral Epistles，亦託名保羅而作）。在馬吉安派教會裡，女性可以講道並擔任聖職，教牧書信則明確反對這種做法，說：「女人要靜默受教，事事服從。」[94]因為馬吉安的緣故，部分外邦基督徒對他們和猶太教的關係感到不安：[95]在對觀福音裡，耶穌總是與「文士和法利賽人」發生激烈爭辯。[96]據稱猶太教領袖合謀陷害耶穌；在〈馬太福音〉中，當彼拉多不願承擔處死耶穌的責任，猶太群眾「異口同聲」叫囂：「他的血債由我們和我們的子孫承擔！」[97]歐洲基督徒後來經常被這些話煽動，在受難日當天成群結隊攻擊猶太族群。可是把它們放回原始脈絡來看，並沒有「反閃族」的意味——因為當時大多數「基督徒」仍是猶太人。因此，這場爭議其實是猶太人在聖殿被毀後的內部之爭，反映的是拉比和耶穌運動的路線分歧。[98]耶穌在對觀福音書裡尖銳的措辭，與《米示拿》中激烈的律法爭辯其實很像。[99]「耶穌自己就是與其他猶太人對話的猶太人，」美國學者愛咪－吉兒．列文（Amy-Jill Levine）說，「他的教導與以色列的先知傳統是一致的。猶太教一向有自我批判的一面。」[100]

不過，〈約翰福音〉（除了開頭以外）或許反映耶穌運動內部的矛盾：在對觀福音裡，耶穌對自己彌賽亞的身分保密；〈約翰福音〉則是一有機會就讓耶穌宣告他與父神同工、與父神一致、代父神行事，甚至與父神親密到父子為一。[101]〈約翰福音〉裡還有這樣一幕：耶穌正與一群猶太人對話，卻當面說他們不是亞伯拉罕真正的子孫，而是魔鬼的兒女，像是在刺激對方敵視自己。[102]約翰社群的部分成員可能曾對這些新的說法有了戒心，因為它們講述耶穌的方式較為極端，內容似乎也與猶太教的一神信仰相悖。[103]另外，無論〈約翰福音〉或歸入約翰名下的三封書信，都顯示這個社群有身陷重圍之感。一場光明對黑暗、屬世對屬靈、生命對死亡的宇宙二元之戰，在〈約翰福音〉裡隱約可見。約翰派基督徒覺得自己被「這個世界」威脅，相信自己最重要的責任就是團結起來、彼此相愛。[104]他們之中似乎有過一場痛苦的分裂，部分成員難以接受社群裡的教導，也因此被忠實成員當成憎恨彌賽亞的「敵基督」。[105]

在〈啟示錄〉中，「約翰式」二元論變形為善惡對決的宇宙之戰。在天上，撒旦及其徒眾攻擊米迦勒（Michael）和天使大軍；在地上，邪惡之徒攻擊善良之人。作者拔摩島的約翰（John of Patmos）向讀者保證，神一定會在關鍵時刻出手，一舉消滅敵對我方的勢力。他說自己已經得到「揭示」真相的天啟（apocalupsis），所以忠信者會知道在末日該如何行事。撒旦將把自己的權柄交給從大海深處升起的獸，要求全世界向牠下拜。可是當天使在地上降下七災，羔羊——耶穌——將現身相救。神的聖言會像羅馬將領一樣策馬入陣，擊敗惡獸，將牠投入火湖。耶穌會和他的聖徒統治世界一千年，但是神會釋放撒旦，世上也會出現更多災禍與戰爭，直到和平再次恢復，新耶路撒冷從天而降。

這部令人不安的文本與對觀福音的非暴力倫理相違，而且帶有很強烈的羅馬競技場意象。在羅馬競技場裡，角鬥士必須在大批觀眾眼前搏鬥至死。[106]角鬥比賽以戲劇化的方式宣示羅馬國威，赤裸裸地展現支撐羅馬帝國的冷酷力量。值得一提的是，以角鬥比賽的意象描繪末日決戰的不乏其人，除了拔摩島的約翰之外，五世紀時有一名巴勒斯坦拉比也是如此。在他的敘述中，末日審判有如顛倒版的角鬥比賽：

> 亞哈拉比曾言……當經上說「錫安的罪人戰慄」（〈以賽亞書〉第三十三章第十四節）的日子降臨，你們會在場邊觀看，而不是在場上被人觀看——你們會是觀眾，而不是角鬥士。[107]

猶太的義人當時將是上層精英，他們不會上場打鬥，而會坐在貴賓席上欣賞昔日的帝國權貴痛苦哀嚎。〈啟示錄〉裡也有這種令人不舒服的幸災樂禍：曾對獸下拜的人「要在聖天使和羔羊面前受烈火和硫磺的酷刑，那折磨他們的煙將不停往上冒，直到永永遠遠」。[108]羔羊成為橫掃千軍的冷酷猛將，與往昔柔弱的「除免世罪的神之羔羊」形成駭人對比。[109]他像當年毀滅耶路撒冷的提圖斯一樣，率領千軍萬馬凱旋入城，衣袍上沾滿犧牲者的血。[110]

約翰向他的基督徒弟兄宣告另一種未來時，羅馬帝國看似堅不可摧。到亞哈拉比寫下他的企望時，統治巴勒斯坦的羅馬帝王雖已歸信基督，可是對子民同樣心狠手辣。〈啟示錄〉顛覆了《新約聖經》的虛己理想，當時的很多教會領袖其實不想將它納入正典，直到今天，希臘和俄羅斯的東正教教會還是不在聖禮中讀〈啟示錄〉。但稍後會看到，現在有很多新教徒將〈啟示錄〉奉為圭臬，在美國尤其如此。

近年對於聖典中的暴力有很多討論，人類是好鬥的物種，儘管聖典有傳達同理和慈悲的訊息，但無一例外也都有能被人輕易濫用的衝突觸媒。可是我們不應把所謂「宗教暴力」全歸咎於聖典，正如強納森·薩克斯（Jonathan Sacks）拉比所說：

> 如果只是望文生義，每部聖典都找得到一些為成見背書的經文，它們似乎支持狹隘的門戶之見，警告我們要猜忌陌生人，或是不可寬容信仰和我們不一樣的人。可是每部聖典也都有開闊的部分，它們強調四海一家，勸勉同理外人，鼓勵我們要有跨越仇恨與敵意的勇氣。選擇在我們，要以自身傳統中具包容性的經文作為詮釋其他經文的鑰匙？還是要以嚴厲刻薄的段落決定自己是什麼人、該做什麼事？[111]

遺憾的是，基督徒在歷史上經常做出錯誤選擇。仇視猶太人的教訓應該讓他們知所警惕：如果以為聖典教導的是不可寬待異己，並為此整肅其他信仰傳統，則必然釀成大禍。

差不多在基督教正典逐漸成形的同一段時間，另一種很不一樣的天啟在戰場降示，宣告新的宗教情感在印度誕生。《薄伽梵歌》（*Bhagavad Gita*）是後來才加入《摩訶婆羅多》的作品，我們在裡面第一次見到「奉愛」（bhakti）的概念。「奉愛」精神以沛然莫之能禦之勢橫掃印度次大陸，以對提婆全心奉獻的愛取代婆羅門的儀式科學，帶來一場信仰的寧靜革命。奉愛或許和《摩訶婆羅多》一樣，也是對孔雀王朝傾覆後亂局的回應。它也和這部史詩一樣，對戰爭與不害都沒有提供簡單的回答。之後還會談到：到了二十世紀初，人們會再次從《薄伽梵歌》尋找這些問題的指引，而且得到非常不同的結論。

《薄伽梵歌》的故事背景是《摩訶婆羅多》裡的那場大戰，當雙方軍隊列好陣勢，向來英勇的阿周那卻遇上他的「《摩訶婆羅多》時刻」——他突然被悲傷和恐懼淹沒，全身癱軟，對為他駕車的表親黑天說自己無力再戰。他們明明是為了拯救世界而戰，但他在敵陣中卻看到那麼多的朋友、老師和親人——「有我的父執輩、祖輩、上師、叔伯、兄弟、姪甥、孫輩和朋友」。[112]要是自己違反「親族責任的永恆之法」，又要怎麼修復這偏離正法的世界？[113]阿周那心痛得不能自已，他拋下武器，在戰車上頹然坐倒。黑天設法激勵他，一一舉出傳統中各式各樣正義之戰的論述，但阿周那不為所動，於是黑天提出新的觀念，他對阿周那說：身為戰士，在這種情況下必須放下自我，不執著於行為的果報，也不為自己的好惡左右，以虛己的態度盡好責任。他必須像瑜伽士一樣拋下思考和行為裡的「我」，若能以無我之心行動，他等於沒有行動，因為無論戰事進行得多激烈，他都將毫無畏懼、毫無欲望，也毫無好惡。

阿周那雖然耐心聽完，但心情依舊鬱結，難以平靜。於是黑天提出更奇特的辦法：他要阿周那全神貫注在他身上，進入冥想狀態，因為他不只有黑天的皮相而已。沒錯，他像每個人一樣有「較低的天性」，所以看起來和一般人沒有什麼不同，但他實際上是「維持宇宙存在的生命力」。[114]他——黑天，阿周那的朋友和親人——其實是毗溼奴的化身，一切存在的根源：「我串起一切存在，如同繩索串起珍珠。」[115]他是毗溼奴，也是因陀羅、溼婆和須彌山，他是永恆的音節嗡，也是萬物的本質，他是聖、是俗、「是偉大的誦禱，是聖歌的韻律……是賭徒的骰子，是清明者的清明」。[116]無論是整個宇宙，或是「任何你期盼見到之物，全都在我身上」。[117]維繫宇宙、滲透一切的實在，就在他的身上示現。

阿周那寒毛直豎，向他的表親下拜：「神啊，我在你身上見到諸神，見到各式各樣的物群！」[118]在黑天身上，他見到包括凡人和神祇在內的一切萬物，一切存在猛然朝他湧來，有如江河奔向大海、飛蛾撲向火焰。在戰慄中，阿周那也見到般度和俱盧的戰士全部沒入毗溼奴的血盆大口。在有限的凡人眼裡，大戰甚至尚未開始，可是阿周那在永恆無垠的聖境中大悟：毗溼奴已經消滅雙方大軍。阿周那不但有衝鋒陷陣之責，他也已經完成這個義務。

這是印度宗教發展的高峰，從古代仙人體現吠陀聖音到奉愛，是一段十分漫長的過程。黑天此時對阿周那說，他，毗溼奴，其實已多次降世為人。為了阻止人類毀滅自己，他一次又一次地化作人身，誕生、生活、死亡。

> 阿周那啊，每當神聖的責任（dharma）衰微，每當世道陷入混亂，我便創造自己。
> 為了保護有德者，為了消滅作惡者，為了重建神聖責任的標準，我一次又一次降生。[119]

所以在這個正法蕩然、混亂失序的時刻，他出現在阿周那身旁，準備投入一場開啟迦梨世的戰爭。迦梨世是我們這個「劫」的第四個，也是最後一個階段，疾病、失序和苦憂在這個階段將越演越烈。

奉愛黑天乃至完全平靜的人，黑天會拯救他們脫離惡果：

阿周那啊，只為我行動，只念著我，
放下執著，不對任何眾生心存惡意，
奉愛我的人能走向我。[120]

在此之前，解脫是只有精英祭司和少數苦行者才能達成的成就，但現在即使是「小民」，也能以無我的態度奉愛黑天，無論是「女子、吠舍、首陀羅，或是出身低賤的人」，都可透過奉愛得到拯救。[121]無論一個人種姓多低、業障多重，只要由衷奉愛黑天，都能學會超越日常生活中的貪婪、自私和偏見。整個物質世界就是戰場，我們凡人必須以謙卑、不害、誠實及自制為武器，努力贏得平靜和開悟。[122]真知（veda）不再是祕傳奧義，而是販夫走卒也能獲得的報賞，只要一個人用心實踐簡單的德性（例如尊敬上師、「不論順逆都保持平靜」），並且偶爾獨自冥想黑天的奧祕，就能親見真知。[123]《薄伽梵歌》並未推翻古代聖典的洞見，而是讓吠陀靈性變得人人可及。

第九章
體現

神祇似乎可以化為人身，但人是否可能變成神？對人經歷轉化而成神的渴望，不但啟發，也催生基督教「神降生成人（耶穌）」的教義。三世紀，地中海世界精英階級受到基督教吸引，讀經成為深奧的技藝。早期神學家多半是柏拉圖主義者，對他們來說，人當然能以天生的能力超越物質世界。亞歷山卓哲學家俄利根（Origen，約公元一八五－二五四）相信，人是從原初的完美狀態墮落的。我們原本可以像天使一樣站在神的身側，沉醉於默想，卻以自我為中心而漠視神（魔鬼則是拒絕了神），只有耶穌堅定地與神結合。不過，俄利根堅信我們可以透過讀經重回天使狀態，[1]他的解經方法將主導東、西方教會超過一千年。

俄利根的訊息很清楚：「因此我懇求你們被轉化，要確知在你們裡面有被轉化的能力。」[2]如果你沒有提升人性的決心，讀經毫無意義。俄利根精通亞歷山卓的寓意法，後來還搬到巴勒斯坦建立自己的學院，他也曾與該撒利亞（Caesarea）的拉比一起研究米大示。對俄利根來說，在某種意義上，《聖經》裡的每個字都是由基督——神的聖言——所說，呼召讀者跟隨祂。釋經者的任務是讓《聖經》中神聖的聲音被聽見。不過，俄利根並沒有忽略《聖經》的字面意義：他出過一本《希伯來聖經》，以五種希臘文譯本對照希伯來原文；他對巴勒斯坦的地理和動植物也很著迷。俄利根堅持讀經基本上是靈性的過程，如果想超越桀驁不馴的自我，我們必須「竭盡所能地保持純潔與冷靜……夜夜警醒」，而且祈禱和德性都不能少。[3]發掘《聖經》的意義需要嚴格培養道德，光靠知性是不夠的。釋經者若能堅持不懈，在讀經時「給予《聖經》應得的注意與敬意，那麼光是勤奮閱讀和研究《聖經》這件事，都能讓釋經者的思考與感受被神的氣息觸動。他一定會發現自己在讀的文字不是人的話語，而是神所說的話」。[4]

在《雅歌注釋》（*Commentary on the Song of Songs*）的前言裡，俄利根說：歸在所羅門名下的三部「智慧」書——〈箴言〉、〈傳道書〉和〈雅歌〉——代表通往天使狀態的旅程的三個階段。《聖經》有身（body）、心（psyche）、靈（spirit）三個層面，對應經文的三重意義。〈箴言〉代表《聖經》的身，傳達的是經文的字面意義，在往前跨出任何一步之前必須澈底精熟。〈傳道書〉針對的是意與心的力量，要我們看清塵世之物的空虛，也讓我們看到把所有希望放在物質世界有多無益。〈傳道書〉教我們如何處世，代表的是《聖經》的道德意義。基督徒必須先通過初期入門階段，才能進一步探索靈性意義，又稱寓意意義。

在《雅歌注釋》裡，俄利根說：〈雅歌〉開篇第一句——「願他以嘴唇親吻我」——在字面層次，傳達的是新娘對新郎的熱望；從道德層面詮釋，這名新娘是所有基督徒的模範——基督徒都該讓自己不停渴望回歸原初狀態；在寓意層次，新娘象徵的是以色列人，他們雖然已經得到「律法和先知」的嫁妝，但必須等聖言成全它們。應用到個人，這句話表達的是一個人渴望自己「純潔如處子的靈魂，能被聖言親自光照和探望，從而獲得啟發」。[5]身為柏拉圖主義者，俄利根深信沉思（theoria）能讓人憑藉天生的力量升上神聖界，所以基督徒應該不斷沉思這句經文，直到自己「有能力領受真理的要義」。[6] 如果你覺得俄利根的評論有點含糊，那是因為他的教導只是領弟子入門，為他們建立正確的靈修態度，接下來還是要靠自己努力沉思。另外，釋經也像傳統希臘哲學教育一樣，需要過嚴謹的生活。弟子們如果有心掌握《聖經》的真義，就必須放下自我，在日常生活中活出它的精神。[7]

在俄利根的時代，基督徒仍屬少數，不僅經常受人輕視，還不時遭到迫害。可是到了四世紀，教會已經變得舉足輕重，也已拋下一些較為激烈的面向。它像羅馬帝國一樣，成為多種族而國際化的組織，由精明幹練猶如老吏的神職人員治理。[8] 公元三〇六年，君士坦丁（Valerius Aurelius Constantinus，公元二七四－三三七）成為帝國西部省分的兩名共治者之一，但他一心獨攬大權，決定與另一名共治者馬克森提烏斯（Maxentius）一爭高下。公元三一二年決戰前夕，君士坦丁在空中見到一個發光的十字架，上面還有「以此征服」的字樣。戰勝之後，君士坦丁將勝利歸功於這次吉兆，並於同年稍後給予基督教合法地位。公元三二三年，他進一步擊敗東部省分的皇帝李錫尼（Licinius），成為帝國唯一的統治者，並將首都從羅馬遷往君士坦丁堡（Constantinople），這是一座位於拜占庭（Byzantium）博斯普魯斯海峽（Bosporus）的新城市。基督徒認為這種發展是神意，他們現在也能為公共生活做出獨特的貢獻，不再是羅馬帝國的邊緣人，有很多人甚至相信君士坦丁會在地上建立神的國度。

君士坦丁原本希望基督教能為帝國提供凝聚力，卻發現地中海東岸的教會吵得不可開交，為耶穌的位格（person）與本性（nature）陷入激烈爭執。在此之前，教會並沒有單一的一套「教理」，雖然耶穌被尊為神的聖言已久，但對於確切意涵並不存在官方說法。這項爭議錯綜複雜，我們在此無法仔細耙梳細節，重點是這個問題很難（其實是不可能）在《聖經》裡找到答案。這場危機是在公元三二〇年開始的，引爆論戰的是亞流（Arius，約公元二五〇－三三六），他是亞歷山卓一位頗有人望的長老，也是饒富才學的釋經家。他的作品留存下來非常少，所以不得不透過他的論敵的著作來認識他，但幾乎可以確定的是他們扭曲他的看法。雖然亞流現在往往被視為異端，可是爭議開始時根本沒有官方基督教正統教理，沒有人知道誰對誰錯。

認同俄利根的釋經方法的基督徒相信，《希伯來聖經》早已預言耶穌的到來，對他們來說，很多詩篇和預言其實出自基督——〈約翰福音〉開頭所說的神的聖言——它們是以言語所能傳達的方式傳達基督的話。[9]亞流爭議起於對〈箴言〉裡一句經文的歧見：「智慧」（Wisdom）說「在雅威造化之先，在亙古，就有了我」。[10]在亞流看來，基督——神的聖言與「智慧」——在此顯然是說他是神創造的。於是，亞流對主教亞歷山大（Alexander）說：上帝之子有很多神聖特質，他和聖父一樣是不變的（atraptos）、不異的（analloiotos），但他顯然不是非受生的（agennetos）。[11]亞流還寫信對該撒利亞主教優西比烏（Eusebius，約公元二六〇－三四〇）說：就邏輯上而言，聖父一定比祂的聖子先存在，所以耶穌一定是從無中受造，否則他就成了第二個神。[12]〈詩篇〉第四十五篇裡有一句被基督徒認為指的是基督（「受膏者」）的話，也支持他的立場：

> 所以上帝——就是你的上帝——用喜樂的油膏你，勝過膏你的同伴。[13]

換言之，神在某種程度上「提升」萬物中首生的聖言，讓它登上極為崇高的地位。亞流以保羅在〈腓立比書〉引述的一句讚美詩作結：神高舉耶穌，使「眾口宣認耶穌基督是主，同頌父神的榮光」。[14]

就《聖經》論《聖經》，這個論點完全說得通：耶穌一直稱神為父，這代表他的確是受生的（gennetos）；他也曾明確講過父比他大。亞流捍衛神的超越性的論述也無可挑剔：神是「獨一無二者」，「唯一非受生者，唯一永恆者，唯一無始者，唯一真實者，唯一不朽者，唯一智慧者，唯一至善者」。[15]俄利根對此不會有異議，優西比烏和大多數主教的立場也相去不遠。雖然有的亞流支持者較為極端，他們說耶穌也只是人，只是因為德行出眾，才被擢升到近乎神的地位（這種說法其實還是有《聖經》基礎，在保羅書信裡尤其如此），可是對亞流來說這太基進，他只是想發展一套理路一貫又有《聖經》基礎的神學而已。[16]亞流把自己的觀點編成琅琅上口的歌謠，沒過多久，船員、理髮師和旅人都傳唱他的主張：聖父本質為神；聖父賜生命給聖子（亦即聖言和智慧）；聖子既非與聖父同享永恆，亦非非受造的。不過亞流熟悉的俄利根哲學，正迅速被敘利亞和埃及崛起的「新哲學」取代。

耶穌曾對一名年輕富人說：「如果你要達到更完全的地步，去賣掉你所有的產業，把錢捐給窮人，你就會有財富積存在天上。」[17]公元二七〇年，為這句話愁困已久的埃及年輕農民安東尼（Antony，約公元二五〇－三五六）決定拋下財產，在埃及的沙漠裡追求自由與成聖，仿效〈使徒行傳〉描述的初代基督徒的生活方式：「眾信徒都同心合意，沒有一個人說他的東西是屬自己的，一切大家公用。」[18]隱修主義（monasticism）直接挑戰君士坦丁帝國教會的世俗與光鮮。[19]反對亞流的健將，亞歷山大主教的助手亞他納修（Athanasius，約公元二九六－三七三）亦深受隱修精神啟發，安東尼的傳記也是他寫的。

公元三二五年，亞他納修在君士坦丁召開的尼西亞會議（Council of Nicaea）上大獲全勝。會議宣布，耶穌不像萬物那樣從無中「受造」，而是從神的本質（ousia）中「以無以言喻、無可言表的方式」受生，因此耶穌「出自於神」，與其他所有受造物不同。這項主張其實沒有《聖經》依據，事實上，《聖經》裡根本沒有《尼西亞信經》裡描述基督地位的那個字：homoousios（「本質相同」）。《尼西亞信經》說，耶穌與聖父「本質相同」，與會的很多主教對這個決議感到不安，可是在帝國壓力下選擇屈服。不過，雖然堅決不從的只有亞流和他的兩個同道，但其他與會者回到教區後依然故我，講述的還是以前的教理——大部分人的立場介於亞流和亞他納修之間。微調後的《尼西亞信經》還要經過五十年的爭執、斡旋、妥協，甚至暴力，才總算被接受為教會官方教義。但直到今天，很多東方基督徒還是認為這種說法不可接受。[20]

《尼西亞信經》的根基不在《聖經》，而在儀式，亞他納修決心捍衛教會的聖禮實踐。在聖禮中，會眾經常向耶穌祈禱，也敬他如神（雖然言詞上不甚精確）。亞他納修提出質問：要是亞流派真的相信基督只是受造物，他們在崇拜基督時，豈不是犯了偶像崇拜之罪？[21] 無論《聖經》是怎麼說的，耶穌這個人顯然是神的肖像（eikon），讓基督徒得以一窺極其超越而不可知的神的面貌。更重要的是，基督徒相信，他們在聖禮中體驗到在此之前未曾探索的人性面向，而這個面向讓他們在某種程度上能參與神的生活。在四世紀，他們稱這份經驗為神化（theosis）。正如保羅明確說過的，他們就像化為血肉的聖言一樣，也成為神的孩子。

不過，這代表全然屬靈的神曾換上人的肉體嗎？四世紀時，很多基督徒不再接受俄利根的柏拉圖主義，也不再相信人能憑自己的努力超凡入聖。很多人不再認為有一條從神聖發散到物質界的永恆存有之鍊（Chain of Being），反而相信宇宙和神之間有一道深廣而無法逾越的鴻溝，[22] 他們看到的宇宙脆弱、偶然、朝不保夕，與亙古永存的神——存有本身——毫無共同點。可是，新的聖餐儀式卻讓基督徒嘗到神化的滋味。要不是從虛無深淵中創造萬物的神以某種方式接上那道鴻溝，讓「聖言成了血肉，住在我們中間」，他們（一定？）無法經驗到神化。亞他納修認為，要不是神進入祂脆弱的受造物的領域，基督徒不但無法體驗「神化」，連想像那不可知的神都不可能。「聖言成為人，好讓我們成為神。」亞他納修堅信，「祂透過人身揭示自己，好讓我們認識不可見的聖父。」[23]

我們已經看到，神祕直覺和研讀聖典向來植根於身體修練，人已一再感到自己體現了神聖。他們的沉思依賴的是右腦給予的訊息，而右腦和左腦不同，它熟悉身體與物質。柏拉圖主義嚴格區分物質和精神，斬斷兩者之間的連結；柏拉圖主義者俄利根透過釋經認識神聖，從經文的身上升到經文的靈；君士坦丁治下的基督徒則不同，因為教會的新地位讓他們享有世俗世界的榮華，他們如今能興建氣勢宏偉的大教堂，設計莊嚴繁複的聖禮，而帝國宮廷的華貴與《聖經》對所羅門聖殿的描述，就這樣在教堂與聖禮中結合。早期基督徒簡單的聖餐禮發展成感官的盛宴，有長串隊伍、詩班齊唱和裊裊焚香，[24]基督徒的靈性重新與身體結合。在四世紀，這種對具體事物的奉獻之情迸發為聖髑崇拜。朝聖者從基督教世界的各個角落出發，湧向耶路撒冷和巴勒斯坦的新教堂，在那裡祈禱，實際踏上耶穌的足跡。

最重要的是，沙漠中的隱修士說，想回到人最初的天使狀態，應該透過嚴格的肉體苦行來轉化自己的血肉之軀，不能靠俄利根那種柏拉圖主義式的提升。舉例來說，安東尼獨自閉關二十年，總算離開斗室時，他的外貌令眾人驚訝不已。在〈安東尼傳〉裡，亞他納修是這樣寫的：

> 見到他時，他們都為眼睛所見深感驚奇：他的體態和以前一樣，既不像四體不勤的人那樣發胖，也沒有因為齋戒和與魔鬼爭戰而變瘦。他仍是閉關前大家熟悉的樣子，一模一樣。他的靈魂也沒有受到汙染，既不因憂傷退縮，也不為喜悅鬆懈……他完整而圓滿，彷彿受理性引導而

悠遊於自然狀態。[25]

英國歷史學家彼得・布朗（Peter Brown）曾說：如果不是「神性與人性合於一人」的說法令四世紀和五世紀的神學家深有所感，對他們有如「肉體與靈魂在他們身上神祕結合的象徵」，他們可能不會深究「聖言成了血肉」所引起的龐雜知性議題，為此投入這麼多心血。[26]

當時最重要的敘利亞神學家以法蓮（Ephraim，約公元三〇六－三七三）堅信，基督徒光靠《聖經》無法認識神，還要參與聖禮。因為在聖禮之中，我們是透過感官，而非知性來認識神。在聖餐禮中，基督的身體：

被混入我們的身體，
祂純淨的寶血流入我們的血管，
祂的聲音進入我們的耳朵，祂的光明照入我們的眼睛，
因為祂的慈悲，這一切與我們的一切融在一起。[27]

在化為人身時，神將自己注入肉體；在聖餐禮的餅和酒中，祂進入基督徒的身體，讓信徒的身體與祂的身體再也不分開：

耳甚至能聽見祂，眼甚至能看見祂，
手甚至能觸摸祂，口甚至能吃下祂，

四肢和感官都要感謝
降生而復興一切有肉體的那一位。[28]

基督教新儀式對身體的聖化，讓「基督成肉身」成為基督徒經驗的核心。的確，羅馬帝國西部省分的基督徒不太一樣，他們承繼古代地中海以身體為道德罪惡之源的信念，在特土良（Tertullian）、奧古斯丁（Augustine）、熱羅尼莫（Jerome）等拉丁神學家的著作裡看得非常清楚，他們對身體的貶抑也已引起非常多的學者關注。相較之下，為身體經驗賦予正面靈性價值的東方基督教聖禮發展，卻經常受到忽略。[29]

亞流或許有意冷卻這股新的宗教熱情，希望能透過釐清經文來說服較為成熟的柏拉圖主義基督徒，讓他們對這種民粹式的宗教敬虔敬而遠之，並堅持對《聖經》經文採取更嚴格的詮釋。但亞他納修和他的同道不這麼看，他們認為新的神學詞語——例如本質相同——代表對基督教傳統更深的認識。教會的神學植根於《聖經》，也植根於儀式，因此必須反映基督徒的神化經驗。不過，因為基督成肉身的教義帶來龐大的知性難題，四世紀、五世紀的神學家對它進行一連串十分細密的辯論。

然而，不論從語言或哲學層次來看，西部省分的基督徒都缺乏參與這類辯論的經驗。在公元四五一年的迦克敦大會（Council of Chalcedon）上，教宗良一世（Pope Leo）——對東方基督徒來說，他只不過是羅馬主教，不是教會之首——試著用簡單易懂的定義解決這個問題：基督有人性和神性兩個本性，這兩個本性統一於一個位格與一個實體（substance）。雖然拉丁語基督徒滿意這個定義，可是對東方基督徒來說，迦克敦大會為良的〈大卷〉（Tome）背書，等於集體同意否定他們。對他們而言，迦克敦大會沒有公平對待東方基督徒的經驗，況且這些辯論的重點是人的神聖潛能，不是關於神的本質的深奧術語。

如同東正教神學家弗拉德米爾．洛斯基（Vladimir Lossky）所說，在東方基督教中，教理（dogma）離不開靈性經驗。如果教會的官方訓導未能在某種程度上反映信徒的內在經驗，它們對信徒來說便形同具文：

> 我們必須活出傳達啟示真理的教理。對我們來說，啟示真理是深不可測的奧祕。不該讓奧祕迎合我們的理解模式，相反地，我們應該追求心靈的深刻改變和內在蛻變，好讓自己能以奧祕的方式經驗它。[30]

希臘語基督徒之所以如此激烈地為基督成肉身的教理爭辯，是因為經驗過自己的神化——那種人性躍升的經驗之於他們的神學，就如同成就涅槃之於佛教徒一樣重要。

認信者馬克西姆（Maximus the Confessor，公元五八〇－六六二）明確傳達希臘教會的立場，他說：耶穌是第一位被完全「神化」的人，他完全被神占有，也完全被神充滿，我們都可以像他一樣，而且在今生就做得到。對馬克西姆來說，人類神化的基礎是神人二性在耶穌裡融合——融合的方式就像肉體和靈魂在人身上結合：

> 完整的人（anthropos）應該成為神，被神成為人的恩典神化。憑藉本性，在靈魂和肉體上成為完整的人；憑藉恩典，在靈魂與肉體上成為完整的神。[31]

對馬克西姆而言，耶穌這個人不但讓我們得以一窺無法言喻的神的樣貌，也向我們揭示人可以成為何等樣貌。不過，要是對聖禮沒有深刻的經驗，對身體也沒有像苦修者一般全力規訓，知道這些就完全沒有意義。光從《聖經》經文無法推導出箇中道理。馬克西姆講得很清楚，對於我們稱為「神」的超越，《聖經》無法提供明確的教導或淺白的資訊。我們之所以能說「人能以某種方式分享神性」，只是因為我們根本不知道神是什麼，即使在默觀（contemplate）耶穌這個人時，「神」仍是晦澀難明的。因此，對「神性」提出清晰明瞭的概念只是偶像崇拜。《聖經》的目的是要我們懂得欣賞神之無以言詮，以經文證明神的樣貌毫無益處（亞流就是如此），因為人的語言不足以表達神聖，無論是教理信條或《聖經》經文，都無法回答「神是什麼？」的問題。[32]

在這個議題上，馬克西姆完全認同卡帕多奇亞（Cappadocia）的尼撒（Nyssa）主教額我略（Gregory，約公元三三五－三九四）的看法。後者認為，《聖經》——神的話語——弔詭地顯示出神的不可知：

依據《聖經》的教導，我們知道它（按：神性）超越名稱和人類語言的範圍。我們認為：每一個（對於神的）名稱，不論它是出自人的習慣，還是透過《聖經》傳統傳給我們的，都只代表我們對神性的概念，無法傳達神性本身的意義。[33]

同屬卡帕多奇亞地區的該撒利亞主教巴西流（Basil，約公元三二九－三七九）——尼撒主教額我略的哥哥——特別把教理區分為隱義（dogma）和顯義（kerygma）兩個層次：前者是一切關於神的不可說之事；後者是教會基於《聖經》的公開訓導。隱義是《聖經》真理更深一層的意義，只能透過默觀和禮儀經驗體悟。可是在西方，「dogma」的意義後來變成「一套斷然認定的公式化主張」；說一個人「dogmatic」，是指他「以權威而傲慢的態度，自信滿滿地堅持自己的意見」。[34]

巴西流和額我略都強調伴隨《聖經》的「傳統」很重要，傳統是透過口授代代相傳的真理，反映的是基督教社群對《聖經》訊息不斷發展的認識。巴西流相信，私下祕傳的教導一直與明確的福音訊息並行。對於前者，「我們神聖的前輩噤口不言，以免引起焦慮或好奇……他們以沉默來守護奧祕的神聖特質」。[35]在希臘語世界，奧祕（mystery）不是團團迷霧的非理性之謎：希臘文的musterion與myesis（initiation，「入門」）有關，後者是藉由儀式來達成的經驗。[36]古希臘的艾留西斯（Eleusis）儀式猶如精心設計的心理劇，數百年來，它帶給mustai（initiates，「入門者」）直接而強烈的神聖經驗，很多人對生死的看法也因此轉變。在希臘教會裡，「奧祕」是迫使信徒面對語言限制的真理，也是信徒能透過聖禮的儀式劇直觀體悟的真理。

三位一體（Trinity）的「奧祕」是最好的例子，雖然福音書有提到聖父、聖子和聖靈，巴西流、額我略及他們的朋友納先素的額我略（Gregory of Nazianzus，約公元三二九－三九〇）也建構出精緻的三位一體教理，但是福音書顯然沒有為這三名卡帕多奇亞神學家的理論背書。他們將事物分成內在本質（ousia）和外在特質（hypostases）兩個部分，神有不可知、不可說、無以名之的單一、神聖的自我意識，基督徒對此無可言喻的神聖意識的經驗則來自hypostases——「位格」。「位格」是人不能解的神原（Godhead）的外顯，將神原轉譯成人能了解的形式。神有一個本質，但有聖父、聖子和聖靈三個位格。我們絕不可能認識神的本質——事實上，我們連談都不該談——但是我們能認出神在世界的行動（energeiai）。「聖父」代表存有之源——像梵一樣——一切萬物都在其中；我們在「聖子」耶穌裡瞥見不可知的神聖本質；而內在於我們每個人的神聖臨在，《聖經》稱為「聖靈」。尼撒的額我略說：「聖父」、「聖子」和「聖靈」等《聖經》詞彙只是「我們用的術語」，用來描述完全無可理解的神原讓我們認識祂的方式。[37]

不過，沒有人被要求要盲信三一論。它像其他入門祕儀（musterion）一樣，只有在引導基督徒以不同方式思考神聖的儀式中才成為真實。新入門者接受洗禮後，會被帶入在聖餐禮中舉行的心理儀式，讓心在不可知的一和象徵性的三之間不斷來回遊走，直到他們直觀地領悟這個祕儀的意義。如納先素的額我略所說，這不是單純的思考活動，它也會引發強烈的情感：

> 一才在我腦海浮現，三的光芒便遍照我；我才區分出三，就隨即被拉回一。每當我思索聖三之中的任何一位，祂在我眼中都呈全體，於是我眼中充滿淚水，我所思索的更偉大的部分霎時失去蹤影。我無法掌握一的偉大，以便把更偉大的偉大歸給其餘兩位。當我看見三在一起，我只見到一把火炬，無法分割、也無法測度這整全之光。[38]

沒有這種默想，三一論便沒有意義。也許是因為這樣，對很多未曾經歷這個儀式的西方基督徒來說，三一論既令人困惑，又不符《聖經》。

亞流與亞他納修的衝突顯示：光憑《聖經》無法解決這種神學爭議。如英國神學家羅雲·威廉斯（Rowan Williams）所說：「在我們能真正了解《聖經》的簡明單純，並承認《聖經》和傳統未必有理可循之前——後者是神學最根本的任務之一——《聖經》必須更難。」[39]不過，一般人或許還是希望《聖經》「有理可循」，新出現的聖地朝聖潮，不正說明信徒對基督教史簡明事實的興趣？大約在公元三三三年，一名來自波爾多（Bordeaux）的基督徒抵達耶路撒冷，他是最早遠赴聖城的西方朝聖者之一。造訪已成廢墟的聖殿山（Temple Mount）時，他一板一眼地像記流水帳似地寫道：有人帶他去看〈詩篇〉裡說的那塊「匠人所丟棄的石頭」、[40]先知撒迦利亞（Zechariah）被殺的地方（地上還有斑斑血跡），以及耶穌進耶路撒冷時被拔了枝葉的那棵棕櫚樹。[41]對於思考已經被理性支配的現代朝聖者來說，這樣的說法簡直荒唐，但是早期的訪客似乎並不為此糾結，因為他們的思考是神話式的。對這些朝聖者來說，遙遠的過去已經成為現在。他們看待聖地的態度不是批判，而是經常縈繞他們心頭的情感（affectio）。在這些地點，他們對《聖經》的記憶變得更diligentius（「確切」），像是回家一樣。[42]

連熱羅尼莫（約公元三四二－四二〇）這麼看重《聖經》字面意義的釋經家，也不會以現代史學家的眼光審視這些地點，因為對他來說，過去在這些地點成為現在：「我們每次進入聖墓，都看見我主裹著殮布躺在那裡。再待一會兒，又看見天使站在他的腳旁，頭上裹著布。」[43]《聖經》事件形成跨越時間的背景，既襯托著現在，也不時被信徒的一片至誠帶入意識前臺。艾潔麗雅（Egeria）這名虔誠的西班牙朝聖者，在公元三八一年抵達君士坦丁堡。當時各地主教也在那裡開會，準備把亞他納修的論點訂為教會官方訓導。艾潔麗雅和她的同伴在中東旅行好一段時間，而且每到一個《聖經》故事發生的地點，總是「就在該處」（in ipso loco）讀相應的經文。這種讀經猶如以聖禮重現往昔，讓過去成為當下的真實。據艾潔麗雅描述，大批朝聖者在耶路撒冷街上遊行、唱聖詩、背〈詩篇〉，就像是儀式性地「巡遊」（walkabout）《聖經》。這種巡遊是聖禮版的霍洛茲，它連結的不是《聖經》經文，而是以全然非歷史的方式連結各自獨立的事件：以利亞被帶上天的地方鄰近耶穌受洗之處；亞伯拉罕獻以撒的祭壇就在耶穌釘十字架的地點旁邊。[44]

四世紀，歐洲在遭到蠻族入侵後出現難民潮，熱羅尼莫也跟著外逃。他在伯利恆建立修院，也在那裡把《希伯來聖經》翻譯成拉丁文。[45]他的武加大（Vulgate，「通俗語」）譯本廣獲使用，直到十六世紀都是西歐的標準《聖經》譯本。熱羅尼莫一開始想把〈七十子譯本〉譯為拉丁文（〈七十子譯本〉是東方基督徒用的「舊約」希臘文譯本），但得知在地的拉比認為它不精確後，開始致力研究他口中的Hebraica veritas（「希伯來文的真理」）。熱羅尼莫原本深受寓意解經吸引，但細膩的文本研究讓他改變想法，回到《聖經》平鋪直敘的字面意義。

北非的希波（Hippo）主教奧古斯丁（公元三五四－四三〇），他是熱羅尼莫的朋友，雖然也是一位傾向寓意解經的柏拉圖主義者，但他對《聖經》的歷史脈絡考掘得比熱羅尼莫還澈底。這讓他很清楚道德會因時而易，而這個洞見也讓他堅信「以愛為準」（principle of charity）是解經關鍵。舉例來說，雖然猶太族長多半一夫多妻，但基督徒不該倨傲地予以指責，因為一夫多妻在原始社會是常態。另外，大衛王通姦的故事也不宜以寓意詮釋，因為我們每個人都會犯罪，即使再優秀也一樣。[46]義正辭嚴的譴責是自滿的徵兆，對我們了解《聖經》是很大的阻礙。相反地，奧古斯丁堅持，「我們必須細思所讀，直到找出能強化愛的力量的詮釋」。[47]奧古斯丁對聖典的態度與佛教徒、耆那教徒和儒家一樣，如果聖典未能讓人在言行思考上更同理別人，就毫無意義。

西方基督徒套用猶太教的別沙釋經法，把「舊約」讀成「新約」的預言。[48]里昂（Lyons）主教愛任紐（Irenaeus，約公元一三〇－二〇〇）稱為「以信為準」（rule of faith）：

用心讀《聖經》的人，一定會發現裡面有提到基督，也有預表新的使命。基督是藏在田裡的寶物，換言之，基督就藏在世界裡（「田地就是世界」）。[49]基督是藏在《聖經》裡的寶物，類比和寓言為我們指出他的位置。[50]

奧古斯丁在某種程度上同意這種觀點：「讀〈詩篇〉、先知書和律法書時，我們全部的目的就是要在它們裡面看到耶穌。」[51]可是對奧古斯丁來說，「以信為準」不是鐵律，詮釋《聖經》應該遵循的是「以愛為準」，即使這樣解經牴觸經文的字面意義亦然：

如果有人自認懂得《聖經》或《聖經》中的任何一部分，卻沒有因此加深對神和對鄰人的愛，這樣的人其實根本不懂聖經。如果有人從《聖經》得到能增益他的愛的教導，即使他未能講出作者原本的意思，他也沒有被誤導。[52]

「以愛為準」要我們時時易地而處，把自己放在別人的位置，養成com passio——與人「共感」——的習慣：「《聖經》教導的唯有愛，譴責的唯有貪，它用這種方式修整人心。」[53]

奧古斯丁曾精研古典修辭學，本來對《聖經》樸拙的文筆看不入眼，但他漸漸領悟，想讀懂《聖經》，一定要師法基督謙卑的榜樣，學習神的聖言自甘屈尊為人的精神。[54]在《聖經》裡，永恆的聖言被必朽又容易犯錯的人寫成文字。所以《聖經》不可能道盡絕對真理，它的意義只有在時間終結時才會顯明。[55]在亞當墮落後，神只能透過具體事物或歷史事件教我們屬靈之事，[56]所以《聖經》的語言受限於有缺陷的人性。既然語言和人性都有所不足，為《聖經》詮釋發生爭執不但愚蠢，而且禍患無窮，因為《聖經》的目的是要創造基督徒之間的連結。[57]奧古斯丁不喜歡自認只有自己了解《聖經》真義的人，[58]他們驕傲而自我中心，孤芳自賞，自外於教會，可是多元詮釋應該要讓不同觀點的基督徒在愛中合一才對。[59]

除了保羅以外，沒有一位神學家比奧古斯丁對西方世界影響更大。雖然奧古斯丁很重視《聖經》的字面意義和歷史脈絡，但他並不是死硬派字面解經論者。直到近代早期以前，他的「調適原則」（principle of accommodation）始終主導西方世界的《聖經》詮釋。他相信，神為了讓領受啟示的人能了解其義，已經依他們的文化習慣調整啟示內容。[60]例如〈詩篇〉有一篇明顯反映出古代宇宙觀，照它的說法，雨是大地之上的水體所造成的，但是這種宇宙觀到奧古斯丁的時代早已過時。[61]奧古斯丁認為，從字面上解釋這句經文是荒謬的，神只是依那個時代的科學知識調整祂的啟示，好讓以色列人能夠了解。奧古斯丁堅持，如果《聖經》的字面意義與可靠的科學資訊相悖，詮釋者應該尊重科學事實，否則不啻於陷《聖經》於不義。[62]如果後來的基督徒認真看待他的建議，歷史上的很多大錯原本或許可以避免。

在奧古斯丁晚年，他的家鄉希波遭到汪達爾人（Vandals）包圍。眼見羅馬帝國西部省分一一落入蠻族之手，奧古斯丁恐怕只覺得人類前途黯淡（後來西歐也確實陷入將近七百年的黑暗時代），這是他重大的原罪教理產生的脈絡。在他看來，亞當的墮落害子子孫孫承受永罰，儘管有耶穌帶來拯救，但人性已永遠遭到破壞。對奧古斯丁這樣的西方基督徒來說，人沒有神化的可能，身體和感官也毫無可愛之處。奧古斯丁說，亞當的罪是透過性行為來傳遞，當男男女女不一心渴慕神，卻選擇在彼此身上追求非理性的欲樂時，他們就像羅馬一樣，從秩序與文明之都墮入無法無天的蠻族之手。所以，我們每一個人都是「在罪惡中」成孕和出生：

> 神是天地萬物的作者，祂造人沒有失手，但祂當然不該為人的缺陷負責。人既然故意偏離正道，受到咒詛乃是理所當然，而他也生下了偏離正道而受到咒詛的子孫。所以，我們都是墮入罪惡的那個男人，透過那個在第一樁罪行之前從他而造的女人墮入罪惡。[63]

所以我們的「種子本性」（seminal nature）已澈底敗壞，現在「困於死亡的羅網」，也不可能生於其他處境，[64]只有被基督拯救的人能免於永遠毀滅的第二次死亡。

可是就拜占庭的希臘語神學家看來，奧古斯丁對《聖經》的詮釋大錯特錯。馬克西姆堅信每個人都能自由向善，[65]他指出奧古斯丁雖然引述〈羅馬書〉的句子證成自己的論點，但引述的是熱羅尼莫的拉丁文譯本，而熱羅尼莫把那句話譯錯了。保羅雖然說亞當的罪把死亡帶進世界，但他接著說的是：我們之所以全都會死，是因為每一個人——不只是亞當而已——都在生命中犯了罪。馬克西姆指出，熱羅尼莫把「eph ho pantes hermarton」（「人人都犯了罪」）[66]譯成「in quo omnes peccaverunt」（「人人都在他〔按：亞當〕裡犯罪」）。正因如此，希臘世界對幼兒洗禮的詮釋和拉丁世界很不一樣：在西方，幼兒洗禮是為了洗去亞當傳衍的罪；可是對與奧古斯丁同代的賽勒斯的狄奧多勒（Theodoret of Cyrus）來說，新生兒並沒有罪，洗禮只是為了給予神化的應許。[67]

有的拉比相信，興建巴別塔是人類的第一樁罪行；有的拉比則說，「原罪」出現於「神的兒子們看見人的女子美貌……讓她們生了孩子」。這件事沒過多久，神就決定降洪水毀滅人類。[68]還有拉比不但接受人本來就是軟弱的，也認為這個特質有正面潛能。他們說，在創世的最後一天，神之所以說祂的作品「很好」，[69]正是因為祂在那天創造出「作惡傾向」（yetzer hara）。拉比們問：「作惡傾向真的『很好』嗎？」他們認為是的。因為弔詭的是，作惡傾向能激發創意、鼓勵進步和鞭策努力。「要不是有作惡傾向，人不會蓋房子、娶妻子、生孩子或做生意，俗話說得好：『所有需要付出勞力或技巧的作品，都起於人與鄰人的競爭。』」[70]

只有西方基督教把亞當的罪視為災難性的，奧古斯丁和俄利根都是柏拉圖主義者（柏拉圖主義認為肉體低於靈魂，但這種二元論在《聖經》裡是看不到的），他們都認為最初的墮落讓人與神分開，也都把肉體看成原初之罪的症狀，不過俄利根尚且相信轉化能力內在於人，奧古斯丁則認為人性敗壞得無藥可救，連基督為拯救人類而死都回天乏術。於是令人遺憾地，奧古斯丁為西方基督教留下化不開的罪惡感。佛陀或許會說罪惡感是一種「不善巧」，因為它把我們框限在理應超越的自我之中。

⁂

在五世紀和六世紀，巴比倫與巴勒斯坦的拉比完成兩部塔木德。猶太人的討論重心持續脫離《希伯來聖經》：《米示拿》已很少引述《聖經》；《陀瑟夫塔》（*Tosefta*，「補述」）解說的是《米示拿》，也不是《聖經》；兩部塔木德雖然對《聖經》較不輕忽，但焦點還是放在《米示拿》，而且它們立場明確：拉比口傳傳統的地位並不比成文妥拉來得低。巴勒斯坦的拉比大約在公元四〇〇年完成《耶路撒冷塔木德》（*Yerushalmi*），但與《巴比倫塔木德》（*Bavli*）相比，後者更為全面，這或許反映出君士坦丁歸信後，羅馬帝國猶太族群的不安全感。巴勒斯坦的猶太人處境艱困，他們必須眼睜睜看著耶路撒冷變成基督徒的聖城，君士坦丁又對加利利的猶太人發動傳教攻勢，後來的幾個皇帝更步步進逼：先是禁止猶太人和基督徒通婚，後來又不准猶太人擁有奴隸，這對他們的經濟構成嚴重打擊。最後在公元三五三年，君士坦丁二世（Constantius II）下令禁止皈依猶太教，並斥罵猶太人「野蠻」、「頑劣」、「瀆神」。[71]

《耶路撒冷塔木德》是對米示拿的革馬拉（gemara，「評述」）。到了這時候，有個觀念已在巴勒斯坦生根：神在西奈山上不只向摩西啟示成文妥拉，也傳給他口傳妥拉。這反映出猶太人的信念：每一代都必須以活生生的聲音為妥拉注入生命。在約哈納拉比的圈子裡，有裁定明言拉比們的「複述的傳統」高於成文妥拉：「以口傳授的道理比出自《聖經》的道理更可貴。」[72]持續啟示的口傳妥拉鞏固猶太人與神的關係，畢竟《聖經》已遭外邦基督徒霸占，但是口傳傳統仍由拉比精英獨享。[73]耶和書亞．本．利未（Jehoshua ben Levi）拉比的立場又更進一步。摩西在〈申命記〉裡講過：「雅威交給了我兩塊石版，它們是神的手指所寫的。上面寫的是上主在西奈山上對你們所說的一切話。」[74]耶和書亞評論這句話時說：這適用於過去、現在和未來的每一件拉比裁定。就算只是一名年輕的拉比弟子與老師討論妥拉，他也是在複述摩西領受的神聖話語：「將來連弟子都能在老師面前解釋律法，因為那些道理已經在西奈山上告訴摩西了。」[75]

因此啟示不限於遙遠的過去，它是持續進行的過程，甚至是物理之必然——只要有猶太人用心研讀妥拉，就一定有啟示降臨。據說拉比死後，每當他的弟子向自己的學生複述他曾傳授的傳統，去世的拉比會「同時在墓中開口」，並得到「像啜飲蜂蜜酒一般的」感官愉悅。[76]《耶路撒冷塔木德》還敦促拉比：向弟子傳授老師的教導時，要想像老師就在身旁，這個建議頗有佛隨念的味道。[77]透過憶念曾以言行體現妥拉的老師，想像他就在身邊聽自己複述他的教導，拉比們為去世的老師賦予生命。拉比的教學從不只是研究古籍，更是與過往賢者活生生的對話。[78]

《巴比倫塔木德》大約在公元六〇〇年完成。由於巴比倫和巴勒斯坦的猶太人一直維持緊密聯繫，兩部塔木德的主題其實相去不遠。但因為伊朗的安息帝國（Parthians）讓猶太人擁有一定的自治權，所以《巴比倫塔木德》流露出更多自信，後來也成為拉比猶太教的主要文本。和《耶路撒冷塔木德》一樣，《巴比倫塔木德》也用《希伯來聖經》支持口傳妥拉——但是只用《聖經》中對他們有用的部分，其餘略過。以往的權威沒有一個是神聖不可侵犯的，《巴比倫塔木德》的編者不僅推翻《米示拿》的裁定、用一位拉比的話反駁另一位拉比、指出他們之間的差異，甚至把成文妥拉改得對自己的裁定有利，說《聖經》應該這樣寫才對。

拉比們自命為自己的時代的先知：「自聖殿被毀之日起，預言的權柄已由先知轉向賢士。」[79]《巴比倫塔木德》不依時序編排，不把亞伯拉罕、摩西、眾先知、法利賽人和拉比放入不同時代，反而把他們並列在同一頁，讓他們跨越數百年的時空彼此辯論——而且經常爭辯得十分激烈。有爭議的問題可能沒有確切答案。在其中一則延伸出許多子題的故事中，以利以謝拉比為猶太儀式的一處細節與同儕陷入舌戰。由於同儕們一直不願接受他的論點，以利以謝拉比請神降下奇蹟證明他是對的。沒過多久，不但泉水上湧、一棵角豆樹自己挪了四百肘遠，連學院的牆都震得幾乎倒塌，但是其他拉比依舊無動於衷。以利以謝拉比情急之下要天降之聲（bat qol）為他的論點背書。天上果然有聲音說：「你們怎麼會和以利以謝拉比爭呢？律法裁定向來以他的見解為準。」但是約書亞拉比馬上引〈申命記〉反駁，說妥拉「不在天上」——妥拉不再屬於神，在西奈山降示後，它已是每個猶太人不可剝奪的財產，「所以，我們不必理會天降之聲」。[80]對於神聖，沒有人能一錘定音，沒有任何一套神學是絕對的。

有人說《巴比倫塔木德》是第一部互動文本，[81]當它終於被筆錄成書，後來又印刷出版，它總是把討論中的《米示拿》段落放在版面中間，四周環繞不同時代的賢士的評論。每一頁也留有空白，讓學者寫上自己的評論。透過《巴比倫塔木德》來研究《聖經》，學者會知道真理不斷在變，儘管傳統彌足珍貴，但是你的判斷力不應被它束縛。如果學者無法添上自己的革馬拉，傳統也無以為繼。所以無論一名學者與同儕爭辯得多麼激烈，也應該謹記自己參與的是一場漫長的對話，往前可以追溯到摩西，往後也會隨著神的啟示不斷演進。

⁂

在此同時，大乘佛教已隨商人和遊方僧傳入中國。雖然印度和中國文化在伊朗貴霜帝國（Kushana empire）治下的中亞融合已久（貴霜帝國以巴克特里亞〔Bactria〕為中心，恆河河谷到絲路都是它的勢力範圍），可是在中國，佛教被貶為夷狄之教。儒家尤其憎惡佛教鼓勵出家為僧，也認為輪迴之說與祭祖扞格。不過，在漢朝覆滅之後的魏晉南北朝時期（公元二二一年到五八九年），佛教開始吸引有心學習高深冥想技巧的人。在儒家正典建立後，道家並未消失。貴族階級依舊傾心道家的神祕思想，也發現佛教和道家明顯相通。大乘佛教的「空」的概念，似乎與道家追求心「虛壹而靜」的理想完全相容。還有人說老子晚年到了印度，教過佛陀，甚至自己也成佛。[82]

因此在中國佛教裡，我們看到印度和中國密契傳統的創意結合。在魏晉南北朝時期，佛教的禪修技巧緩和很多人的政治不確定感。到了三世紀和四世紀，越來越多的佛教經典（如《般若經》）被譯成中文。或許無可避免的是，中國人開始以道家的哲學術語解釋佛教概念，謂之格義，亦即「以類比來詮釋」。於是對某些人來說，寺院生活變得更有吸引力。從四世紀開始，中國佛教建立有別於主流社會的寺院社會。

在五世紀，中國佛教徒開始大規模漢譯佛經，有心讓更多讀者親炙經典。可能有超過一半的佛教僧侶投入翻譯、解經、整理戒律、背誦經文、精研經文和傳承梵唄的工作。他們通常專治一經，再以該部經書為衡量其他經書的準繩：先掌握主要經書的基本主題，再以它為詮釋其他文本和類似主題的主幹。[83]有的譯師來自國外，偉大的中亞佛學大師鳩摩羅什便是其一。他從公元四〇一年起就定居在現在的西安，以譯經弘法為志，直到公元四一三年去世為止。他桃李滿門，座下的中國弟子對佛教發展影響極大。雖然鳩摩羅什教他們的是較為傳統的佛學教理，但他善用大乘佛教重視的「善巧」方法，持續使用有、無、有為、無為等道家術語解說佛經。這種方法與以前的格義類比並不一樣：格義只看重詞語的相似性，鳩摩羅什的弟子則學到這些概念之間更深的連結。這種方式不至於扭曲或誤傳佛教，反而融合印度佛教和中國道家，最後形成獨特的漢傳佛教。[84]

鳩摩羅什有兩名高足的觀念後來成為中國佛教的核心：一位是僧肇（公元三八四－四一四）；另一位則是道生（約卒於公元四三四年）。僧肇拜入鳩摩羅什門下之前，曾潛心研究老莊多年，在〈不真空論〉和〈物不遷論〉中，僧肇將佛教重要教理與道家學說相融。他認為一切萬物不斷流轉，每一刻都在改變；世俗之知外於知道它的人，聖人的知則不是如此；知無便是與無為一，達到涅槃需要的是這種知；但因為這種知超越語言，故不可說。

僧肇三十歲就英年早逝，與他同在鳩摩羅什門下的道生也是高僧。據說道生說法時，連頑石都會點頭。雖然他曾因見解太具革命性而被逐出山門，但佛經新譯本後來證明他說得沒錯，才又重新恢復地位。他和僧肇的教導都為九世紀發展的禪宗佛教奠定基礎。道生的重要主張之一是，悟道不是隨著時間漸漸推進的，而是一蹴而就，像是跳過峽谷一樣。因為涅槃不是可以分割成許多部分的客觀之「物」，人不可能今天得到一點涅槃，明天又得到一點——換言之，涅槃不是全有，便是全無。道生堅信一切眾生皆有佛性，只是大多數人不懂而已。他說佛世界就在此時此刻，就在我們當下的存在裡。連與佛教為敵的一闡提（icchantika）❶都能成佛，因為他們也有佛性。對於這個理論，有一篇被歸為僧肇所作的作品是這樣闡釋的：

> 譬如有人於金器藏中。常觀於金體不覩眾相。雖覩眾相亦是一金。既不為相所惑。即離分別。常觀金體無有虛謬。喻彼真人亦復如是。[85]

因此，佛性不只存在於現象界之中——世上本來就沒有異於佛性的實在。

漢傳佛教有宗派認為，佛陀有留下祕傳給一名弟子，這名弟子又只祕密傳給他的一名弟子。這些教導一代代祕密相傳，從未書寫成文。傳到第二十八代禪宗祖師菩提達摩時，在大約公元五二〇年將這套祕傳傳入中國。不過這種說法沒有文獻證據支持，現代學者並未認真看待，而且禪宗的基礎早在僧肇和道生時即已奠定。經書在禪師授徒的過程中扮演的角色很小，因為他們相信涅槃無法討論、無法以文字表達，也無法透過儀式、祈禱或任何有為的手段達成。當禪師認為弟子已因緣具足時，會以驚嚇，甚至毆打的方式，讓他們從心理上覺察佛性，從而開悟。儘管開悟者還是過著和以前一樣的生活，但一切對他已經有了不一樣的意義。

僧肇和道生的看法也對儒家產生影響，《論語》明確講過仁（或人心）是人性之本，雖然它是超越的、無法定義的，但也近在眼前——和涅槃如出一轍。孟子和荀子堅信路人可以為堯舜，道生也說人人可以成佛。中國佛教的迷人之處，就在於它顯示出人類宗教經驗和性靈經驗的深刻相似。雖然每個文化都會依自己的秉性、在自己的聖典中傳達這種經驗，可是在禪宗的例子裡，聖典是非必要的，因為追求超越的能力已內在於人心。神聖實在並沒有鎖在外於人的靈性世界、樂園或天堂，而是內在於人性，我們需要做的只是好好培養。無論神聖、神性、佛性或涅槃，都是人人能體現的狀態。實在與我們最深的自我本無分別，而聖典只是我們了悟實在的途徑之一。就像一本新的阿拉伯聖典所說的，實在比我們的靜脈離我們更近。[86]

❶譯注：指不信佛法、難以成佛之人。

第十章

誦讀與專注

從一世紀的《米示拿》和《新約聖經》開始，中東掀起一場聖典革命。到了公元六一〇年，這場革命在阿拉伯半島達到高峰。在那一年的齋戒月（Ramadan），一名來自漢志（Hijaz）商業大城麥加（Mecca）的商人，在山洞裡遇上恐怖的異象：他不由自主說出一連串話語——它們是一部阿拉伯語新聖典最早的幾句話。後來，他把那難忘的一晚稱作「命運之夜」（Layla al-Qadr），因為他在那晚成為安拉（Allah）的使者。安拉是阿拉伯地區的至高神，阿拉伯人相信祂和猶太人及基督徒的神是同一位。這次經驗幾乎讓穆罕默德（Muhammad）崩潰，他驚恐地衝下希拉山（Mount Hira）的石坡，把前後經過告訴妻子哈蒂嘉（Khadija），而妻子對他說這一定是天啟。

據五世紀巴勒斯坦基督徒史學家索斯蒙（Sozemon）所說，阿拉伯人已重拾亞伯拉罕古老的一神論，稱為hanifiyyah，意為「純淨的宗教」。阿拉伯的猶太人和基督徒被稱為ahl al-kitab（「信奉天經的人」），當地普遍相信阿拉伯人是亞伯拉罕長子以實瑪利的後代。雖然神曾令亞伯拉罕把以實瑪利和夏甲母子二人拋在沙漠，但也允諾要讓以實瑪利成為大國之父。[1] 根據阿拉伯民間傳說，亞伯拉罕後來去曠野探望以實瑪利，父子合力在麥加重建原為亞當所建的克爾白（Kabah）這座立方體的聖址。在朝覲月，半島各地的阿拉伯人——無論是異教徒或基督徒——都會來克爾白舉行古老儀式。

麥加的阿拉伯異教傾向或許比其他地方都重，但是貝都因部落對宗教興趣缺缺，在他們看來，一切都是時機和命運所定，萬事萬物都會消逝，連最勇猛的戰士都不免一死。麥加人膜拜的神祇有好幾個，而安拉就像大多數至高神一樣，是抽象的神祇，對祂沒有特別的崇拜。傳說祂創造世界、降雨，讓子宮裡的胚胎成長。大家遇到緊急事件時或許會向祂祈禱，但危機過了往往就將祂拋諸腦後。[2]除了安拉外，麥加人還膜拜三位女神：安拉的女兒雅拉特（Allat）、烏扎（Al-Uzza）及瑪娜特（Manat），分別以附近綠洲城塔伊夫（Taif）、納克赫拉（Nakhlah）和庫達伊德（Qudayd）的大立石代表。

到了六世紀初，穆罕默德所屬的古萊什族（Quraysh）已經將麥加打造成貿易中心。他們這時已放棄游牧生活，轉而為穿梭沙漠的外國商隊服務。這些商隊活動範圍很廣，常常從印度帶貨到中東來販售。時日一久，古萊什人也派出自己的商隊到敘利亞和葉門做買賣。這代表他們終於脫離長期反覆的部落內鬥，讓麥加成為平安之地，大家總算可以在此安心貿易，不必擔心仇殺事件。透過高明的手腕和外交斡旋，他們建立哈蘭（Haram，「庇護所」），它是以克爾白為圓心，半徑二十哩的土地，區域內禁止一切暴力。[3]他們也與貝都因部落達成特別協議：貝都因部落承諾不在「禁月」（forbidden months）期間攻擊商隊。在禁月期間，阿拉伯半島各地會舉辦市集，最後以在麥加城內和周圍連辦五場市集（suqs）告終。每年的最後一場市集會在麥加附近的烏卡茲（Ukaz）舉辦，時間就在朝覲月之前。所以做完生意後，商人們正好去克爾白舉行古老儀式，參拜自己的神明，哈蘭中都有祂們的神像。

這並不是利用宗教滿足一己之私，因為對古萊什人來說，是貿易讓他們脫離艱苦的游牧生活，也讓他們富有得遠遠超乎自己意料之外。因此貿易本身就有神聖性，有些人甚至相信貿易提供不朽的希望。這種信仰觀點或許罕見，但是阿拉伯人的確享受到難得的獨立。由於兩個區域強權——波斯帝國和拜占庭帝國，都對阿拉伯荒涼的沙漠毫無興趣，古萊什人得以自由發展其略具雛形的市場經濟，不受帝國掣肘。在此同時，他們也能培養自己的宗教信念，並以自己認為適切的標準看待其他的宗教，解讀其更精於思辨的鄰人的神學概念。他們對獨立自主（istighna）——阿拉伯生活的特徵——深以為傲，堅決反抗任何宰制他們的企圖。貿易也讓他們懂得欣賞別人的價值和理想——人與人之間之所以能做買賣，不就是因為別人基於種種原因喜歡某種物品？物品可以交換，觀念和世界觀當然也能交換。阿拉伯世界的開放，是我們在《希伯來聖經》和《新約聖經》中看不到的。[4]

由於古萊什人同樣抱持這種多元視角，因此對宗教排他性很陌生。在環繞阿拉伯世界的敘利亞、兩河流域、阿比西尼亞（Abyssinia）和葉門，阿拉伯人接觸到的基督徒多半對耶穌自有看法，並不接受迦克敦大會的正統教理。至於在耶路撒冷被毀後移居阿拉伯世界的猶太人，他們已經與阿拉伯部落生活同化，不但猶太教信仰自成一格，也已發展出獨立的傳統。另一方面，雖然阿拉伯部落民都熟悉亞伯拉罕、以實瑪利等猶太傳說，但是並不認為這些宗教傳統——無論是猶太教、基督教、異教或純淨的宗教——是分開或各自獨立的。對他們來說，這些宗教像一股股的思想與實踐，開放、靈活，而且仍在流動。他們罕有固定不變的經文和教義，更仰賴的是口頭宣說。神在希拉山向穆罕默德口授的聖典的第一個字，就是「Iqrah!」——「誦讀！」後續很多啟示也要求穆罕默德用口頭宣說神聖的訊息：「講出來！」[5] 他必須仔細聆聽天啟的話語，銘記在心，以便向跟隨他的人背出來。這些啟示最後集結成我們稱為《古蘭經》（*Quran*）的聖典，quran的意義即「誦讀」。

《古蘭經》是阿拉伯兩股潮流激盪而出的高峰：一股是中東聖典革命，它讓聖典文類在這塊地區大為風行；另一股則是阿拉伯人長久以來的習慣，對他們來說，鄰近族群的宗教觀念是仍在發展的風潮，而非已然定型的教義。從伊斯蘭教在阿拉伯內外擴張的驚人速度來看（事實上，這種速度是史無前例的），的確反映出普遍存在但尚未成熟的宗教渴望，以及對拜占庭政教合一的僵化正統的不滿。《古蘭經》不斷自豪地自稱為「經」，[6]而《希伯來聖經》和《新約聖經》都沒有這種現象。這是因為《古蘭經》畢竟是一部阿拉伯文聖典。阿拉伯語是半島的方言，也是這裡所有部落共享的標準語（literary language）。[7]詩是阿拉伯的終極藝術形式。阿拉伯人相信：詩的靈感來自精靈（jinn）——一種個性激烈、常在草原上作祟的妖精；詩人則是「知者」（one who knows），因為他能見人所不能見。[8]部落詩歌總把焦點放在榮譽、勇氣、愛、性、飲酒，或是以牧歌式的語調描繪大自然。此時的阿拉伯人就像其他無文字民族一樣，能背誦大量詩句，也覺得吟誦詩歌具有神祕的力量。

穆罕默德始終堅持他不是詩人，他認為詩沾染太多昔日部落的蒙昧（jahiliyyah）習氣：暴躁、好鬥，總是執迷榮譽和特權，最糟糕的是傾向暴力與復仇。[9]無論在風格或內容上，《古蘭經》都與傳統阿拉伯詩不同，但是穆罕默德的聽眾亦非等閒之輩，因為他們已發展出「預言語言史上最細膩也最嚴苛的品味之一」，[10]懂得如何傾聽啟示的話語、如何欣賞幾乎每一句話都有的多重意義，以及如何將它們銘記於心。

第一次領受天啟的幾年前，穆罕默德和哈蒂嘉曾去麥加城外的希拉山年度避靜，在那裡賑濟窮人，舉行儀式（其中可能包括匍匐跪拜安拉）。[11]穆罕默德似乎對局勢十分掛心。在阿拉伯半島上，部落戰爭越演越烈；在更遠的地方，波斯和拜占庭兩大帝國不斷發動戰爭，似乎非置對方於死地不可。麥加的情況也不好，靈性墮落、貪得無厭的人比比皆是。古萊什人有的家族富甲一方，有的家族覺得自己被逐漸邊緣化。群體精神曾是部落在沙漠中的存亡關鍵，可是這種精神已經被市場經濟破壞殆盡，因為後者在乎的是競爭、貪婪和個人進取。有的人家財萬貫，卻對部落貧困同胞的艱難視若無睹，甚至剝削孤兒寡母，把他們的遺產挪到自己名下。古萊什人似乎拋棄部落中最高貴的精神，卻留下最低劣的部分——蒙昧的魯莽、傲慢及自我中心，除了敗壞道德和自尋死路外別無作用。

針對麥加的問題，《古蘭經》在第一次降示時便提出解決方案：

你應當奉你的創造主的名義而宣讀，
他曾用血塊創造人……
人確是悖逆的，
他認為他是自滿無求的。
萬物必定只歸於你的主。[12]

這些話一方面點明古萊什人隱約已有人人皆由安拉所造的觀念；另一方面也指出他們引以自豪的獨立自主其實是虛幻的，因為人類完全依賴真主。安拉堅稱祂絕不是遠在天邊、虛無飄渺的「至高神」，祂的造物必須「接近」祂，好讓祂引領他們。另外，人應該放下以獨立自主為傲的態度：「你當叩頭！」真主在同一章（surah）章末這樣命令。[13]伊斯蘭教就此誕生，要求的是對真主「順服」（islam）。穆斯林（muslim）就是由衷順服於神的人。

不過，這種「順服」必須以實際展現同情來表達。穆罕默德每次朗誦《古蘭經》幾乎都以這句禱詞開場：「奉至仁（al-Rahman）、至慈（al-Rahim）真主之名」；穆斯林社會必須體現神的這些特質。《古蘭經》賦予穆罕默德一項政治使命：人人應以公義和平等彼此相待，並公平分配財富。真主之聲強調，這也是過去所有偉大聖典的核心訊息。打造這種社會（ummah，以下用音譯稱為烏瑪）和生活在其中的經驗，能讓穆斯林對真主有所認識，因為實然與應然在這樣的社會裡才真正和諧。因此，烏瑪的政治清明是攸關神聖的大事，政治讓神聖能有效地在塵世裡發揮作用，猶如基督徒的聖禮。

《古蘭經》經常提到閃族經書之母（Umm al-Kitab）的概念，他們相信有一本原型的經書在永恆中與神同在，[14]《古蘭經》視為經書之根（asl al-kitab），認為人類所有聖典都出於它。於是，《古蘭經》把所有聖典都看成真主的啟示，透過一代代先知傳給不同民族：向大衛啟示〈詩篇〉、向摩西啟示妥拉、向耶穌啟示福音書，最後，向穆罕默德啟示《古蘭經》。穆斯林之後還會承認祆教（Zoroastrianism）《阿維斯陀》（*Avesta*）和印度《吠陀》的有效性。猶太人和基督徒對天啟的態度較為排他，《古蘭經》則要求穆斯林尊重真主的每個使者領受的啟示：

> 你說：「我們確信真主，確信我們所受的啟示，與亞伯拉罕、以實瑪利、以撒、雅各和各支派所受的啟示，與摩西、耶穌和眾先知所受賜於他們的主的經典，我們對於他們中的任何人，都不加以歧視，我們只歸順祂。捨全然順服（islam）真主而尋求別的宗教，絕不被接受。」[15] ❶

引文裡的最後一句話，常被人拿來「證明」《古蘭經》堅持唯有伊斯蘭教是真正的信仰。可是在那個時代，伊斯蘭還不是穆罕默德的宗教的正式名稱，這個詞彙在這裡只是指全然「順服」於神。換言之，把這句話放回原本的脈絡，它其實是明確否定在信仰上排他。《古蘭經》認為每個天啟宗教都有其din，亦即自己的洞見和實踐方式。所以，宗教多元主義是真主的旨意：「我已為你們每個人規定一種教律（din）和道路。假如安拉意欲，祂必使你們成為一族（ummah）。」[16]真主不專屬於任何一個傳統，而是全體人類的知識之源。《古蘭經》中最神祕的句子之一說：「真主是天地的光明。」真主之光不會侷限於一座燈臺，而會遍照每一處角落。[17]

穆罕默德持續領受天啟二十三年，直到去世為止。天啟是痛苦的經驗，即使在冷天也讓他汗流浹背。將神聖的話語轉譯為人類語言極其耗神，總累得他頭昏腦脹。有些啟示間接提到猶太人和基督徒的故事，阿拉伯人因為與他們有過接觸，對這些故事也不陌生，其中亞伯拉罕、約瑟、摩西、耶穌和馬利亞的故事雖然與《聖經》版本雷同，但不完全一樣。不過，我們不宜視為竄改「原版」的「贗品」，因為它們反映的是阿拉伯人看待這類故事和教義的習慣——對阿拉伯人而言，它們是「進行中的作品」，可以為了特定需求而變形為不同模式。在他們眼中，猶太教和基督教不是排他的傳統，而是與阿拉伯的觀念似乎完全相容的靈性傾向。

穆罕默德領受的最早一批啟示以末日審判為焦點，雖然伊斯蘭教的末日審判觀念明顯來自猶太和基督宗教傳統，但與後兩者仍有所不同，因為它有意挑戰阿拉伯異教的陰鬱情調，及其生命必定消亡的悲觀認知。《古蘭經》指出：在審判日，人將與「曙光之主」相遇，重獲生命。[18]不過，審判日（Yawm ad-Din）不只是一件將來才會發生的事，因為阿拉伯文的din亦指「真理時刻」——讓你不得不在此時此地做出改變生命決定的關鍵時刻。[19]最後審判時，一切會在本體層次發生戲劇性轉變：曾經看似堅不可摧的一切，將化為過眼雲煙；曾經看似微不足道的舉動，也將重於泰山：「做過微塵般的善事者，將看見它；做過微塵般的惡事者，將看見它。」[20]不論是無足輕重的自私之舉，或是無意而為的慷慨大度，都是衡量人生的尺度：「釋放奴隸，在饑荒日賑濟親戚的孤兒或困窮的貧民」。[21]《古蘭經》嚴肅地質問：「你們將走向何處？」[22]直探內心的問題和不斷出現的現在式，迫使穆罕默德的聽眾以不一樣的方式看待人生。但人是健忘的，總是愛把不願面對的真相拋諸腦後，所以真主敦促穆罕默德：「你要提醒他們，因為你只是一位提醒者。」[23]

《古蘭經》明言它完全沒有新的教誨，只是提醒（dhikr）大家已經知道的道理。部落往日以照顧每個成員為尚，但市場經濟讓大家淡忘昔日理想。《古蘭經》和希伯來先知、耶穌及保羅一樣，也堅持社會公平。如果要評判一個人，看的不該是他的個人信仰或男女關係，而是他是否勤行「義舉」。《古蘭經》的根本訊息是：只為自己爭利是錯的，分享財富、建立善待窮人與弱勢者的社會是好的。卡斐爾（kafir）一詞經常被誤譯為「非信士」（unbeliever），但它的字根KFR是「不知感恩」的意思，是指粗暴地拒絕別人出於善意和慷慨提供的東西。[24]《古蘭經》對這樣的人把話說得很重，但不是因為他們不信奉伊斯蘭教，而是因為他們狂妄、傲慢、無禮、刻薄又自命不凡。[25]

你見過否認審判日的人嗎？
就是那呵斥孤兒、且不勉勵人賑濟貧民的人……

❶譯注：《聖經》中的人名在《古蘭經》裡是以阿拉伯文音譯，與華文讀者熟悉的讀音往往有落差，例如此處提到的亞伯拉罕、摩西和耶穌，《古蘭經》中譯本分別譯為易卜拉欣、穆薩和爾撒。為方便讀者閱讀，本書以較為通行的新教《聖經》譯名統一。

他們沽名釣譽，但拒絕做任何善事。[26]

穆斯林是力行傳統阿拉伯溫厚（hilm）之德的人，他們寬容、和藹又有耐心。[27]穆斯林與卡斐爾不同，他們必須克制憤怒、關心窮人、給潦倒的人食物，即使自己同樣挨餓，仍應如此。[28]

不久後，《古蘭經》開始收錄眾先知的故事，尤其是亞伯拉罕的故事。亞伯拉罕生在妥拉和福音書之前，所以他既不是猶太教徒，也不是基督徒。[29]穆罕默德曾被阿拉伯某些信奉天經的人敵視和排斥，因為相信宗教不該排他，所以他認為「選民」的概念有問題，「只有猶太教徒或基督徒能進天國」的看法也是誤解。[30]聽到有些基督徒相信真主是三位一體、耶穌是安拉之子，他同樣大惑不解，覺得他們恐怕誤讀了聖典。[31]

在麥加，穆罕默德不只遭到排斥，還遭到迫害。公元六二二年，由於穆斯林社群在麥加難以立足，穆罕默德接受雅士里布（Yathrib）的阿拉伯人邀請，前往這個位於北方大約兩百五十哩的農業綠洲。[32]雅士里布被長期不斷的部落戰爭撕裂已久，希望能請穆罕默德當中立的仲裁者。穆斯林抵達雅士里布後不久，穆罕默德便將此地改名為馬地那・穆納瓦拉（al-Madinah al-Munawarah），意為「明光之城」，簡稱麥地那（Medina）。他在這裡推行道德和社會改革，實踐在麥加無法推動的理念。因此在他人生的最後十年，《古蘭經》的內容有了變化：章節變得更長，重點也更放在律法。不過這幾年的環境十分凶險，烏瑪也非常脆弱。穆斯林的處境之艱困，唯有烏瑪同樣遭到強敵進逼的近代殖民時期差可比擬。穆罕默德並非一帆風順，在麥地那，他遭到部分厭惡新來者的異教徒和猶太人部落敵視；在麥加，自己的古萊什族人則揚言要報復他。

遷居麥地那的穆斯林必須設法自謀生路，否則會成為當地人的累贅。但他們過去多半經商或經營錢莊，沒有能力務農，何況綠洲的可耕地早已有人耕作。擺明的出路是「加楚」（ghazu）——打劫。在資源匱乏的年代，打劫是阿拉伯半島通行已久的求存手段。打劫者奪走食物和牲口之餘，也會小心不殺死部落民，以免結下血仇。加楚當時幾乎被當成部族運動，沒有人譴責這種做法，唯一的差別是穆斯林攻擊的是自己的族人。穆罕默德數度派人打劫古萊什人的商隊，但因為他們的戰鬥經驗不足，一開始不甚成功。公元六二四年三月，他們在白德爾井（Well of Badr）首度取得重大勝利。然而這是一次恐怖的經驗，因為古萊什人派出強大的騎兵保護商隊，穆斯林不但在人數上居於劣勢，在武力上更不如訓練有素的軍人。往後三年，古萊什人決意剷除烏瑪，屢次痛擊穆斯林社群。公元六二七年三月，在局勢轉為對穆罕默德有利前不久，麥加軍隊聯合貝都因盟友再次發兵，一萬大軍包圍麥地那整整一個月。《古蘭經》記錄穆斯林當時的恐懼：「那時，他們由你們的上方和下方攻打你們，你們的眼睛現出驚懼，心跳到了喉頭，並對安拉作種種猜疑。當時，信士們深受考驗，深感震動。」[33]

不過，穆罕默德透過談判和外交手腕強化聯盟，贏得友善的貝都因部落支持。公元六二八年，他帶著一千名穆斯林從麥地那到麥加朝聖。由於哈蘭嚴禁暴力，在朝聖期間尤然，穆斯林不啻於手無寸鐵踏進敵方地盤。古萊什人見機不可失，派出騎兵攻擊這群朝聖者，但是他們的貝都因盟友帶穆斯林循著小路進入麥加。穆斯林在侯代比亞井（Well of Hudaybiyyah）休息，靜待事態發展。古萊什人很清楚，要是在聖域內屠殺並無惡意的朝聖者，他們在阿拉伯將名聲掃地，於是派出使者與穆罕默德談判。令穆斯林朝聖者失望的是，穆罕默德竟然放棄在戰爭中取得的大多數利益，但是從此之後，支持烏瑪已成阿拉伯世界無可逆轉之勢。兩年後，麥加主動敞開大門迎接穆斯林軍隊，很多曾與穆罕默德為敵的古萊什人也歸信伊斯蘭教。穆罕默德在公元六三二年過世時，已經統一曾因戰爭四分五裂的阿拉伯半島，建立伊斯蘭治世（Pax Islamica）。

不過伊斯蘭教之所以能廣傳，既不是因為征服，也不是因為穆罕默德的個人魅力，而是因為《古蘭經》的力量。對不是穆斯林的人來說，這或許不容易懂，因為在外人看來，《古蘭經》可能是一部既不引人入勝又令人困惑的聖典。認識不同聖典時，歐洲和北美的人往往以《聖經》為參照點，可是從這種框架看待《古蘭經》，往往讓他們如墜五里霧中——敘事不連貫；先知的軼事到處分散，看不出故事進展；主題發展欠缺邏輯；沒有系統性的教義鋪陳；一次又一次的複述令人興味索然；章節編排似乎是隨意為之，只是把最長的一章擺在最前面，最短的一章放在最後面；缺乏時間感：眾先知的年代明明前後相差一千年以上，《古蘭經》卻說得像是同一代的人。

然而《古蘭經》是口傳聖典，原本就是要用聲音表現出來，不是讓人默讀或從頭看到尾的。穆罕默德的聽眾熟悉誦讀的藝術，他們能辨識書寫成文（或翻譯）典籍遺漏的口語信號；他們能意識到主題、文句、詞語和聲音的模式一再重現——像音樂的變奏一樣，細細增強原本的曲調，層層堆疊，讓它變得越來越複雜。《古蘭經》刻意要重複，它的觀念、意象和故事被有如回聲的重複串連在一起，這些回聲凸顯出重點所在，強化《古蘭經》的核心教導。重複的文句串起文本中的不同軸線，把散落各處的段落在聽眾心中連結，於是文句與文句之間精巧地相互驗證、相互補充。

《古蘭經》給予的不是能馬上了解的事實。聽眾和穆罕默德一樣，必須慢慢消化它的教導，但他們對內容的理解會隨著時間漸漸深化、日益細膩。阿拉伯文豐富而含蓄的語言和節奏，能幫助他們放慢平時的心理步調，進入不一樣的意識狀態。在較早的麥加章節中，《古蘭經》像是親暱地對個人傾吐，也經常以提問的方式給予教誨——「你難道沒聽見？」「你可曾想過？」「你難道沒看見？」——有如邀請聽眾捫心自問。對於這樣的問題，任何一種回答在文法上通常都是含糊或不確定的，讓聽眾留下思考空間，卻沒有確定的答案。《古蘭經》不給予形上學上的確定性，但邀請聽眾發展另一種覺知。如同美國學者馬歇爾．G．S．哈濟生（Marshall G. S. Hodgson）所說：

> 《古蘭經》從來不是讓人增加資訊而讀，甚至不是讓人尋求靈感而讀，而是要人吟誦，以吟誦為獻身信仰的方式；它也不只是權威的神聖來源……《古蘭經》不是供人閱讀的，而是要人用它來敬拜；《古蘭經》不要人被動接受它，而要人在誦讀中為自己肯定它。每當信仰者在敬拜的行動中再次體會（亦即再次吟誦）《古蘭經》的話語，啟示的事件便再次得到更新……它始終是事件、是行動，而非事實或規範的陳述。[34]

《古蘭經》結合兩種靈性形式：一種是我們前面提到的閃族天上之經（Heavenly Book）的傳統；另一種是東方神聖音聲的傳統。《古蘭經》的言語有印度咒語的力量，領受啟示時，穆罕默德被要求要全神貫注，用心聆聽，直到意義顯明。[35]接著，他會對門徒（Companions）朗誦每一個新啟示，直到他們了然於心，也銘記於心——和阿拉伯詩的傳統傳播方式一樣——他們必須以敬畏之心讓音聲滲入意識，讓文句之美充溢自己。如哈濟生所說，《古蘭經》不是為了在知性上說服人，而是讓人投身信仰、虔心敬拜。[36]

《古蘭經》記錄穆罕默德的第一批聽眾的反應，有的人一臉困惑，甚至目瞪口呆，因為它和傳統的阿拉伯詩非常不一樣；有的人情緒激動，「伏地叩頭啼哭」。《古蘭經》的吟誦讓「那些敬畏他們的主的人皮膚戰慄……他們的心柔軟趨向真主」，他們的眼「為所認識的真理而熱淚盈眶」。[37]後來成為第二任哈里發的歐瑪爾．伊本．哈塔卜（Umar ibn al-Khattab），原本對穆罕默德的訊息並無好感，但有一天晚上，他看見穆罕默德在克爾白旁獨自吟誦《古蘭經》，便躡手躡腳鑽進覆蓋聖址的錦緞，徐徐移動，直到站在穆罕默德的正前方。「除了克爾白的布幔以外，我們之間再無他物。」歐瑪爾回憶道，「聽見《古蘭經》時，我的心變得柔軟，我開始流淚，伊斯蘭進入我心。」[38]吟誦也是音樂形式的一種，有人說它本身帶著哀傷。希臘哲學家哥吉亞（Gorgias，約公元前四八五－三八〇年）認為，聆聽詩時（當然，詩在古希臘都是用唱的），人會同時感到「敬畏、悲憫和憂傷之情」。[39]哲學家蘇珊．朗格（Suzanne Langer）也講過，音樂能喚起「我們從未感受過的情感和心境，還有我們從不知道的熱情」。[40]悲傷與引起我們正義感的同理心深深相連，[41]所以和光是說理相比，《古蘭經》的聲音能在更深層次上為它的倫理命令背書。

千百年來，《古蘭經》讓穆斯林經驗到超越者永恆地躍入塵世。在這個面向上，《古蘭經》之於穆斯林就如同聖禮之於基督徒。[42]基督徒見到神的聖言化身為人，體現在耶穌身上；對穆斯林來說，聖言是在禮拜中吟誦《古蘭經》的聲音裡。當他們用心學習《古蘭經》時，便是讓自己與真主共融。雖然穆斯林一直努力提高識字率，而《古蘭經》的書法也成為一種神聖的藝術形式，但穆斯林最重要的任務還是用心銘記《古蘭經》的訊息。[43]對很多人來說，這是一生的功課。真主的訊息不能藉由書寫成文的書本背誦，而應以聆聽經文的吟誦來學習，每一次吟誦都是重現啟示，都是象徵性地參與真主關愛人類的奧祕。[44]

在現代西方世界，我們依賴的是經驗思考和推理方法，是從前提推展到結論的邏輯過程。雖然這種思考方式對推進科學和技術有其必要，但就像我們已經提過的，人類也能從身體活動中獲得意義。所以，穆斯林也會從身體的儀式中學習。[45]「五大支柱」是伊斯蘭信仰的關鍵要素，既是精神的修練，也是身體的修練。拜功每天準時打斷凡俗事務五次，除了祈禱之外，也包括儀式化的身體活動。宣禮員呼喚禮拜（salat）的聲音一起，穆斯林首先必須確認麥加的方向（qibla）和自己的相對位置——這是對他們人生真正方向的具體「提醒」（dhikr）。接著，他們吟誦《古蘭經》經文，鞠躬、下拜、跪坐、叩頭，每個環節都讓他們銘記「順服」真主的真義。齋戒月扭轉平時的時間與空間安排，是不忘終極實在的另一個「提醒」。齋戒月白天必須苦行，禁止進食、飲水和性行為，晚上則團聚歡慶。朝覲時儀式性地繞行克爾白也是具體的提醒，象徵在靈性上必須以超越者為生命的中心。

穆罕默德在公元六三二年去世後，他建立的聯盟隨之瓦解。為了避免阿拉伯世界像從前一樣陷入長期戰亂，他的「繼承者」（khalifa，即「哈里發」）阿布·巴克爾（Abu Bakr）立刻率軍攻打背叛的部落，兩年內便恢復伊斯蘭治世。巴克爾死後，歐瑪爾（公元六三四年到至六四四年掌政）相信唯有對外征服才能維持和平。這些軍事行動不是因宗教而起（《古蘭經》絲毫沒有鼓勵穆斯林征服世界），歐瑪爾的動機純粹是經濟的。在物質匱乏的年代，打劫一直是阿拉伯重新分配有限資源的傳統辦法，但是如今因為穆斯林禁止相互攻擊，所以打劫也不再可行。然而阿拉伯人發現：波斯和拜占庭帝國已經因為長年交戰而元氣大傷，有的富庶地區已經陷入混亂。歐瑪爾決定把目標轉向那些地方，而一如所料，他們沒有遭遇多少抵抗——兩大帝國的軍隊已師老兵疲，他們的人民也早已盼望改朝換代。於是，阿拉伯人以驚人的速度迅速擴張，先逼拜占庭軍隊撤出敘利亞和巴勒斯坦（六三六年），又以摧枯拉朽之勢一戰而屈波斯之兵（六三七年）。六四一年，他們征服埃及；雖然花費將近十五年才平定伊朗全境，但終究獲得勝利。只有拜占庭帝國倖免亡國之難，但是南部省分盡失，從此偏安一方。換言之，穆罕默德死後才短短二十五年，穆斯林便已建立掌握兩河流域、敘利亞、巴勒斯坦和埃及的龐大帝國。

阿拉伯人對治理國家是生手，直接沿用波斯和拜占庭的佃租、稅賦及政府制度。猶太人、基督徒和祆教徒等「信奉天經的人」就像在波斯帝國治下一樣，成為伊斯蘭帝國的保護民（dhimmis），內部事務可以自治，只需繳人頭稅換取軍事保護。伊斯蘭教和祆教都是專屬征服者的宗教。祆教起於瑣羅亞斯德（Zarathustra）的啟示，他是活躍於高加索一帶的亞利安先知，生存年代大約在公元前一千兩百年。在古代，只有波斯統治階級可以信奉祆教。[46]出於宗教和經濟原因，穆斯林在最初一百年其實並不鼓勵外人歸信伊斯蘭教。事實上，治理帝國是宗教理想的一大考驗：農業帝國的系統性不公，該怎麼與《古蘭經》的正義訴求調和？歐瑪爾不准官員在伊拉克富裕地區置產，穆斯林軍隊也都駐守在戰略要地，例如伊拉克的庫法（Kufah）、敘利亞的巴斯拉（Basra）和大馬士革、伊朗的庫姆（Qum），還有埃及的福斯塔（Fustat）。可是到了第三任哈里發奧斯曼（Uthman）時（公元六四四年到六五六年掌政），軍隊已心生不滿，頻頻發出不平之鳴。除了安撫軍心之外，奧斯曼還有另一個挑戰：編訂完整的《古蘭經》。

有證據顯示，穆罕默德晚年便已開始整理所收到的啟示，並且在他的文書扎伊德·伊本·薩比特（Zayd ibn Thabit）的協助下書寫成文，卻未能活著看見計畫完成。[47]穆罕默德死後，保存《古蘭經》的問題幾乎立刻浮上檯面，在「繼承者之戰」中，好幾位將經文銘刻於心的頂尖誦讀者死於非命。幸好巴克爾、扎伊德和倖免於難的誦讀者盡力挽救，蒐集已經寫好的經文殘篇，彙整成書面文本。他們自信已背出完整的《古蘭經》，因為曾在先知晚年與他一起吟誦。巴克爾死後，這部文本傳給歐瑪爾；歐瑪爾死後又傳給他的女兒哈福賽（Hafsa），穆罕默德的妻子之一。

不過，這不是唯一流傳的《古蘭經》版本。伊拉克的穆斯林偏好阿布都拉·伊本·馬蘇德（Abdallah ibn Masud）的版本，因為他也是穆罕默德的門徒，而且一直備受敬重。敘利亞的穆斯林也認為他們的版本更佳。於是奧斯曼召開會議，邀請包括薩比特在內的著名文書和誦讀者，編成一部權威版。用詞或內容有疑義的部分，由曾向先知本人學過這些爭議段落的人解決。大功告成後，奧斯曼保留一部於麥地那，其他幾部分送庫法、大馬士革、巴斯拉和麥加，同時送去一名官方誦讀員，並下令燒毀其他版本。傳統上說每個地方都照做，唯有兩河流域例外，因為那裡仍舊忠於馬蘇德的版本。

不過，後來成為標準版的還是奧斯曼的版本。穆罕默德的天啟被分成一百一十四章，依長度而非內容分類，章裡的經節（ayat）保留《古蘭經》原有的韻文形式、節奏和音樂特性。除了第九章外，每一章開頭都是先知常說的畢斯米拉（bismillah）：「奉至仁至慈的真主之名」。然而奧斯曼的版本公認並不完美，因為裡面有些地方有不一樣的讀法。這些變化不是因為筆誤，而是因為早期阿拉伯文的書寫形式。《古蘭經》最早四百年是用庫法體（Kufic script）寫成，與後來手寫體的阿拉伯文不同。由於阿拉伯文和希伯來文一樣只寫子音，母音必須由誦讀者補入。另外，這個階段的某些阿拉伯文子音看起來很像，要到後來才加入可資區別的讀音符號。因為穆斯林接受這些不同的讀法，所以「正典」的變化被認為是站得住腳的，可以同時併陳。[48]這些句子在意義上並無實質差異，甚至有人說先知會在特定場合用不同的方式吟誦同一句，口傳仍是穆斯林偏好的形式，解經者也相信這些變化都是祝福，因為它們全都出自穆罕默德。[49]

從窘迫的部落民到帝國的統治者，穆斯林的身分發生驚人變化，領導權之爭或許是無可避免的發展。[50]公元六五六年，奧斯曼在一場叛變中遇害，阿里（Ali）和穆阿維亞（Muawiyyah）為爭奪繼承權開戰。雖然阿里是穆罕默德的堂弟和女婿，穆阿維亞則是穆罕默德的宿敵之子，但最終仲裁對阿里不利。阿里遭穆阿維亞罷黜，並在公元六六一年遇害。這場內戰成為伊斯蘭教永遠無法抹滅的創傷。大多數穆斯林選擇遵循遜尼（Sunnah），亦即穆罕默德的「慣例」，雖然這意味著在某種程度上與不義妥協，但他們認為應以烏瑪團結為重，這一方就是大家熟知的遜尼派（Sunni）；另一方則自稱「什葉・依－阿里」（Shiah i-Ali），意思是「阿里的支持者」，即什葉派（Shiis），認為只有先知的血親才是烏瑪真正的領導者，而阿里的死是政治生活長期不義的徵候。他們的這種看法後來再次受到強化：公元六八一年，阿里之子侯賽因（Husain）連同家人和追隨者，在庫法附近的卡爾巴拉（Karbala）遭哈里發雅季德（Yazid，穆阿維亞的兒子與繼承者）的軍隊屠殺。

穆阿維亞在此之前已將首都從麥地那遷往大馬士革，並建立世襲王朝。倭馬亞（Umayyad）帝國逐漸成為典型的農業國家——財富分配不均、有貴族特權階級，也有用來擴張領土的常備軍。不過，較為好學深思的穆斯林仍勤於討論帝國統治的道德問題，我們現在知道的伊斯蘭重要制度和信仰實踐，都是從這些辯論中萌芽的。關於烏瑪的政治領袖在伊斯蘭教裡應該扮演什麼角色的討論，就像拜占庭帝國中複雜的基督論論辯一樣重要。對穆斯林來說，政治行動無礙於宗教生活，政治領域就是經驗真主的場域，就是讓神聖在人間有效發揮作用的場域。貴族奢華的生活方式引起反彈，在伊斯蘭世界掀起一場苦修運動。苦修者效法先知的榜樣，穿上窮人穿的粗羊毛衣（tasawwuf），所以被稱為蘇非（Sufis）。無獨有偶地，什葉派也以信仰實踐表達抗議，堅持只有先知的後人才是烏瑪真正的伊瑪目（imam，「領袖」），於是什葉派裡有人退出政治活動，也有人激烈對抗帝國體制的殘酷與不義。

面對帝國政治與伊斯蘭倫理的兩難困境，另一種回應方式是伊斯蘭法學（fiqh）。真主既然以《古蘭經》的教導啟示祂的心願，早期法學家便希望建立律法規範，讓這些教導在人間事務上切實可行。問題是《古蘭經》沒有硬性規定，律法也不多，而且是為了小而單純的社會所設計，對治理帝國來說太過寬鬆——事實上，對任何國家都太過寬鬆。舉例來說，《古蘭經》雖然訂定殺人和叛亂為死罪，但若犯罪者悔罪，判官應該切記安拉是至赦、至慈的；[51]依照阿拉伯傳統，偷竊者應砍去其手，但「誰在不義之後悔罪自新，真主必赦宥誰」；[52]與麥加作戰期間，《古蘭經》雖然有對戰爭中的行為給予指示，但後面總跟著鼓勵寬恕的句子：「如果他們傾向和平，你也應當傾向和平，應當信賴真主……如果他們想欺騙你，那麼，真主必能使你滿足。」[53]

在早年，屯駐各地的穆斯林要是遇到有爭議的情況，可以直接問穆罕默德的門徒會怎麼做。但是隨著第一代穆斯林逐漸凋零，法學家開始蒐集先知行誼的相關消息和紀錄（hadith，聖訓），以便釐清他對某種情況講過什麼話，還有他的習慣做法（Sunnah）。[54]聖訓成為伊斯蘭法學的重要參考資料。[55]有的聖訓被用來支持反倭馬亞帝國主義的新伊斯蘭信仰形式，有的聖訓則提供支持國家政策的歷史證據。在八世紀和九世紀，帝國全境流傳的聖訓數量暴增，涵蓋的主題從日常事務到形上學、宇宙論、神學等統統都有，其中當然也包括政治議題。最後，終於有人著手蒐集和整理這些聖訓，其中最知名的編輯者是穆罕默德．伊本．伊斯邁爾．布哈里（Muhammad ibn Ismail al-Bukhari，公元八七〇年卒），還有穆斯林．伊本．哈加吉（Muslim ibn al-Hajjaj，公元八七五年卒），他們發展出判斷聖訓可信度的標準：檢驗每則聖訓從先知（或他的門徒）開始、經過哪些人傳到現在的傳承鍊（isnad）。專家們仔細考究傳承鍊的每個環節，以便評估這些傳承者的可信度。透過這種辦法，他們把聖訓分成可靠的（sahih）、尚可接受的（hasan）和薄弱的（daif）。

由於很多（其實是大部分）聖訓反映的是先知死後才發生的神學或律法爭論，有的西方學者對它們不屑一顧，說它們是編的，甚至是偽造的。可是雖然福音書是在耶穌之後幾十年才出現，反映的也是後來的情形，但我們卻不會用這種標準評判福音書。[56]事實上，無論是福音書或聖訓，都是以過去曾啟發自身宗教運動的神聖事件為土壤，將當下植根於過去。福音書和聖訓一樣，也是對原始天啟的評述，不同的是對基督徒來說，天啟是化身為人的聖言；對穆斯林而言，聖言記載於《古蘭經》。[57]有個被稱為「聖訓之民」（Ahl al-Hadith）的草根運動熱烈擁護聖訓，堅決主張穆斯林律法的根基應是前人的親身經歷，而不是法學家們發展的「獨立推理」（ijtihad）。雖然較具理性傾向的穆斯林對這種信念不以為然（因為它威脅到嚴格意義下的神聖團結），但這種見解其實類似基督徒對耶穌的看法：聖訓之民相信《古蘭經》是永恆常伴安拉的真主之言體現於世間，每當他們聆聽《古蘭經》的吟誦，便聽見安拉之聲；而在他們吟誦《古蘭經》時，安拉的話語便在他們的舌與口；當他們捧著抄錄神聖經文的聖典，聖言就在他們手中。

今日，以伊斯蘭為名犯下的暴行，讓很多西方人以為《古蘭經》鼓吹暴力、執迷吉哈德（jihad）——認為這個詞彙的意思是「聖戰」，但事實上，它指的是「奮鬥」、「勉力」或「努力」。在《古蘭經》裡，吉哈德及其衍生詞只出現四十一次，明確是指戰爭的只有十次。[58]要做到伊斯蘭的「順服」，就必須持續不斷與自私的天性奮戰。雖然「吉哈德」有時的確有「拚搏」（qital）之意（例如在與麥加作戰時），但在自己遭遇逆境時仍勉力濟貧也是吉哈德。在《古蘭經》裡，「吉哈德」前面一定有定冠詞al-，後面也總是跟著fi sabil Allah（依真主之道），這種句子裡的「吉哈德」應譯為「奮鬥」而非「拚搏」，所以al-jihad fi sabil Allah的意思應該理解為「依真主之道奮鬥」。相較之下，「戰鬥」（harb）一詞在《古蘭經》裡只出現四次，而且從未加上「依真主之道」；另外，它只有一次是指先知發動的正義之戰。[59]

值得注意的是，al-jihad fi sabil Allah這個短語往往和sabr（「忍耐」、「堅忍」、「堅定」）連在一起。在麥加，穆斯林經常被敵對的人出言侮辱或出手攻擊，但《古蘭經》不要他們暴力還擊，反而勉勵他們「努力」，以平靜而堅忍的態度回應這些惡待：[60]「信道的人們啊！你們當堅忍（asbiru），當更加堅忍（sabaru），當戒備（rabitu），當敬畏真主，以便你們成功。」[61]最早的《古蘭經》注疏家——麥加的穆賈希德·伊本·賈布爾（Mujahid ibn Jabr，公元七二二年卒）、還有阿布德·拉札克·蘇納尼（Abd al-Razzaq al-Sunani，公元八二七年卒）——看法一致，都認為sabr是指穆斯林在遭受惡待時應該展現的自制。雖然rabitu一詞後來具有軍事意涵，但在《古蘭經》裡，這個詞彙一直是指穆斯林堅守拜功，即使受到攻擊也堅持不懈。[62]同樣地，在穆罕默德從麥加遷往麥地那的聖遷（hijrah）時期，《古蘭經》也告訴被迫離開家園的穆斯林要「奮鬥」（jihadu）、要保持「堅忍」（sabaru）。因此在《古蘭經》裡，與哈吉德有關的主要是非暴力抵抗，而非戰爭。

穆斯林注疏者很早就對脈絡相當敏銳，也發展出將《古蘭經》的每一節與穆罕默德的人生事件連結的釋經策略，好讓每則啟示的歷史背景都能作為建立原則的參考。大多數早期釋經家——穆卡特爾、穆賈希德和傳說是穆罕默德·伊本·阿巴斯（Muhammad ibn Abbas）所著的《明悟之竅》（*Tanwir al-Miqbas*）——都強調穆斯林參戰是為了自衛，這點在《古蘭經》的早期經文裡看得相當清楚：「被進攻者，已獲得反抗的許可，因為他們是受壓迫的。真主對於援助他們，確是全能的。他們被逐出故鄉，只因他們常說：『我們的主是真主。』」[63]耐人尋味的是，緊接著這句話的經文對猶太教、基督教和伊斯蘭教的禮拜一視同仁，並指出若不努力抵抗前句所說的暴力行為，「那麼許多修道院、教堂、猶太會堂、清真寺——其中常有人紀念真主之名的建築物——必定被人破壞了」。[64]

早期釋經家把一段明顯具有攻擊性的經文牢牢放回歷史脈絡，說它是在《侯代比亞和約》

（Treaty of Hudaybiyyah）簽訂時啟示的，穆斯林當時正準備進入敵方勢力範圍，而且手無寸鐵。[65]那段經文一開始就強調「不要過當」（wa la ta tadu）。[66]如有必要，穆斯林可以在平常嚴禁暴力的麥加哈蘭內戰鬥，但前提是他們先受到攻擊：

你們在哪裡遇見他們，就在哪裡消滅他們；他們從哪裡驅逐你們，你們就從哪裡驅逐他們。迫害是比殺戮更殘酷的。你們不要在哈蘭跟他們戰鬥，除非他們在那裡先動手。倘若他們攻擊你們，就殺死他們，這就是對那些不信者的懲罰。假如他們停戰，那麼，真主確是至赦的，確是至慈的。你們當反抗他們，直到迫害消除，而敬拜專為真主。[67]

早期釋經家不認為這節經文是認可侵略戰爭，反而堅決主張它已過時，因為只適用於倭代比亞那種特殊狀況。同樣地，在解釋「戰爭已成為你們的定制，雖然戰爭是你們所厭惡的」這句經文時，[68]《明悟之竅》說它只適用於穆罕默德的時代。這些早期釋經家也把常被引用的「劍之節」（Sword Verse）脈絡化，說它只適用於與麥加交戰的年代，對現在毫不重要。「劍之節」說：「禁月告終的時候，你們在哪裡發現拜偶像者（mushrikin），就在哪裡殺戮他們、俘虜他們、圍攻他們，在各個要隘偵候他們。」[69]在伊斯蘭教歷史的前四百年，這句常被今日伊斯蘭批評者引用的經文其實鮮受討論。有談到這節經文的釋經家也只是草草帶過，說mushrikin指的是古萊什人，因為現在沒有阿拉伯人是「拜偶像者」，所以這節經文與現在無關。[70]值得注意的是，即使是「劍之節」這樣激烈的經文，也是以呼籲和解作結：「如果他們悔過自新，謹守拜功，完納天課，你們就放走他們。真主確是至赦的，確是至慈的。」[71]

這種愛好和平的態度對統治帝國毫無助益，但到了八世紀，隨著倭馬亞大軍出征拜占庭失利，與帝國政府有關的鷹派學者見風轉舵，開始鑽《古蘭經》禁止侵略的漏洞。麥地那釋經家、哈里發雅季德的顧問扎伊德・伊本・亞斯蘭（Zayd ibn Aslam，公元七五三年卒）說：那些看似敦促忍耐而非暴力反擊的經節，其實只是鼓勵在軍事吉哈德時要保持堅忍，因此對前面引述的《古蘭經》第二十二章第三十九到四十節，他對rabitu一詞是這樣說明的：「依真主之道強硬對付你的敵人，還有你的宗教的敵人」。他還說，動名詞ribat是早期的用法，指的是部署騎兵保衛邊境。他沒有提到的事實是，在穆罕默德的時代，穆斯林根本沒有「邊境」。[72]

把《古蘭經》的吉哈德概念戰鬥化的聖訓，很多都出自帝國權力階層，其中有一些說戰鬥是伊斯蘭的第六支柱，因為戰爭是真主散播信仰的方式；還有一些說在真主眼裡，戰鬥比徹夜在克爾白旁邊祈禱可貴得多，也比在齋戒月守齋更珍貴。[73]它們預言：在天堂裡，殉道者將暢飲美酒，穿上絲綢做的衣裳，娶七十二名天堂的女子，盡情享受他在加入倭馬亞軍隊時捨棄的性歡愉。雖然這些聖訓在傳統上被判定為「薄弱」的，但是從二〇〇一年九月十一日之後，它們的惡名幾乎無人不知。[74]然而，在離「邊境」十分遙遠的麥加和麥地那，救濟與體恤窮人仍是吉哈德最重要的形式。

公元七五〇年，阿拔斯家族（Abbasids）擊敗倭馬亞王朝，將穆斯林的首都遷至巴格達。在阿拔斯王朝治下，將《古蘭經》詮釋更具攻擊性的傾向變得更加明顯。雖然阿拔斯王朝很清楚帝國不能繼續擴張，但防守邊境還是很重要。知名阿拔斯法學家穆罕默德・依德理斯・沙菲儀（Muhammad Idris al-Shafii，公元八二〇年卒）提出的理論，後來成為吉哈德的經典教義：世人分成「伊斯蘭陣營」（Dar al-Islam）與「戰爭陣營」（Dar al-Harb），雖然兩方可以暫時休戰，但是彼此之間終究沒有和平。吉哈德的目的不是要被統治者歸信伊斯蘭教（因為穆斯林的烏瑪只是安拉帶領的許多團體之一），而是要將《古蘭經》的價值推向各地，讓所有的人免於各國依世俗原則而行的暴政。[75]《古蘭經》其實完全沒有這種內容，把世界分成統治者和被統治者兩個潛在敵對的陣營，其實是典型的帝國主義意識形態。與阿拔斯精英關係密切的大釋經家阿布・賈法爾・塔巴里（Abu Jafar al-Tabari，公元九二三年卒），雖然負責任地提到早期釋經家的和平解釋，卻依然傾向從攻擊性的角度詮釋吉哈德，而這種詮釋也在某些圈子裡變成無法逆轉的潮流。[76]在穆斯林腹背受敵數百年後，這種傾向變得更為顯著。

⁂

在此同時，印度也發展出一種新的聖典類型。啟發這種類型的是奉愛——熱切地愛慕某個神祇，乃至願意將自己「奉獻」（devotion）給祂。[77]這些聖典和《摩訶婆羅多》一樣，也被視為「第五吠陀」。他們說這些聖典其實一點也不「新」，因為內容談的都是「古代之事」（puranas，一般譯為「往世書」）。這些故事也許確實已經在下層階級流傳數百年，但也可能是從帕拉師如提（phalashruti）發展出來的，它的字面意義是「聽聞的果實」，是在重大慶典時吟誦的敘事，內容描述吟唱或聽聞特定咒語的利益。[78]對祭司來說，熟悉自己即將吟唱咒語的歷史很重要，讓聽眾知曉咒語在過去發揮的功效也很重要。不過往世書不是咒語，而是咒語傳統的擴大：傳統的咒語光是聲音本身就具有轉化的力量，而往世書的文字內容同樣重要。以其中一部非常有名的往世書為例，毗溼奴吟了一段宣告自己是終極實在的咒語：

在太初唯我存在，別無他物，
無已顯之物，亦無未顯之物。
現在存在的宇宙就是我自己；
末日來臨時也將只剩我自己。[79]

可是，大母神提毗（Devi）在她的往世書裡也這麼講自己：「整個宇宙就只是我，除我別無永恆。」[80]這兩部往世書都強調萬物的神聖一體，但對於哪位神祇是「一」則各持己見。對信眾來說，後者的答案是很重要的。所以在往世書的咒語裡，我們可以看到聲音和意義的綜合。

往世書自稱比吠陀經更古老，據說梵天——人格化梵的提婆——道出的第一部聖典不是吠陀，而是原始的往世書。但因為原始的往世書篇幅太長，受命編輯聖典的廣博仙人為了讓世人能解，只好分成十八部「大往世書」。西方學者有時認為往世書只不過是剪貼，不值一哂，但在印度，編排和重新編排資料是創作的最高形式。就像我們已經看到的，一則敘事可以用無數種方式訴說，然後一次又一次重鑄，生主的故事就是如此。[81]所以雖然往世書的資料可能的確是古的，但沒有獨一無二的「母」版本（"master" version）。所以有一句格言說「Purapi navam bharati puranam」——「有什麼東西雖然形成已久，卻變成新的？——往世書！」[82]

雖然官方說法是往世書只有十八部，但流傳的數量其實遠遠不只如此，對於十八部正典是哪幾部也眾說紛紜。往世書極難判定年代，因為古代資料經常與較晚近的補述並存。雖然有的故事甚至可能比《梨俱吠陀》更古老，但從目前保存的版本看來，都是在公元四〇〇年到一〇〇〇年之間編成的。[83]事實上，在乎年代問題的只有現代西方世界，從印度的角度來看，年代根本無關緊要。美國學者C．麥肯齊．布朗（C. Mackenzie Brown）說過：與其把十八部往世書當成關閉的正典，不如把往世書文類看成一條支流很多的河，各以不同的方式分出、岔開，之後也可能再次匯流。在布朗看來，從後一種視角理解往世書可能更為準確。畢竟人總是想要更新傳統，透過重新詮釋古老的真理來對現代發聲。如同布朗所說：「在印度傳統裡，歷史被看成遊戲場……歷史像旋轉木馬一樣不斷繞圈。與主導整個轉圈過程的大原則相比，每一圈的確切細節並沒有那麼重要。」因此，我們在往世書中看到的是「創造的歷史」（creative history），揭露的是「相對於神聖實在的人類困境之本質」。[84]

有人說每部往世書都有五相（lakshanas，主題）：原初創世（宇宙論）、二次創世（世界毀滅與更新的循環）、眾神與族長的系譜、歷代摩奴（Manus，十四位原初君王）的統治，以及後來的歷史。不過雖然某些早期往世書的確討論到這些主題，但在其他往世書裡卻看不太出來。相提供的其實不是題材內容，而是主導整個故事的世界觀。儘管這些前歷史事件所預設和導向的都是「古代之事」的「現在」，但往世書永遠可以改變自己的前提，也從不堅持對過去的紀錄必須是絕對或客觀的。[85]

往世書對自身是書面文本的事實有高度自覺，可是在印度，書寫成文幾乎是打破禁忌。[86]有趣的是，書寫也是增加靈性平等的機會，因為書面文本可以傳給更多的人。當初是梵天要廣博仙人口述《摩訶婆羅多》給象頭神甘尼許，因為希望這部史詩可以成書，讓更多人能夠接觸。婆羅門只把吠陀口傳給其他祭司，往世書則開放給每一個人，連被吠陀排除在外的首陀羅和女性都不例外。有人說光是把往世書供在家裡就能蒙福，因為這部收錄「古代之事」的經書本身就是神聖的。[87]抄錄往世書贈與他人尤其有福，如果收受者是婆羅門更是如此。這是大膽的顛覆，原本只有貴族才能吟誦和傳承的聖典，如今竟被底層之人據為己有，連區區首陀羅都能贈婆羅門往世書為禮。[88]

咒語以聲音的形式體現不可見的、超越的梵，往世書則被奉為其所讚頌的提婆的有形具顯。在毗溼奴的化身黑天即將離開凡間時，好友烏達瓦（Uddhava）問：沒有你的日子，信奉你的人該怎麼過呢？黑天的回答是拿出一本《薄伽梵往世書》（*Bhagavata Purana*），說他已經在裡面注入自己的力量：「所以，這就是師利．哈里（Shri Hari）在凡塵中的言語之像，能免除一個人的罪。」[89]在儀式中，黑天和毗溼奴的像被注入神性，讓至高神顯現於信眾面前。同樣地，讚頌毗溼奴對其奉愛者的愛的書也充滿祂的臨在，信奉者必須洞穿物質表象，發現其中的神性。

和《摩訶婆羅多》一樣，往世書也採取敘事者和聽眾一問一答的形式，這是活的口傳傳統的一部分。這就是smrti——透過為現在賦予真實意義的回憶來傳承傳統。在《薄伽梵往世書》中，敘事者舒卡（Shuka）對國王繼絕（Parikshit）說黑天的故事，而繼絕不是別人，正是黑天在馬嘶屠殺般度族那晚救下的孩子。拜黑天之賜，般度族才不致絕後。在即將死於蛇吻的人生最終時刻，繼絕在恆河邊上聽舒卡說故事。換言之，這個故事的聽眾是一名徘徊於生死之間的人——我們哪個人不是如此？這會是繼絕最後聽見的話語，將使他與他的命運和解。[90]繼絕對舒卡說：「我聽你的越多，就飲下越多從你口中流出的黑天故事的甘露。我的身體變得更有活力，我的悲傷消失了，我不餓也不渴，我的心感到喜樂。」舒卡回道：故事就如流過毗溼奴腳下的水，能淨化欣賞它的人。它不再耳提面命諄諄告誡，也不像史詩那樣讓我們恐懼不安，反而比較像聖餐禮，讓人與神共融。[91]

在《薄伽梵歌》中，黑天說的奉愛是一種嚴格的瑜伽修練。可是在《薄伽梵往世書》裡，奉愛吸收更激昂的南印度靈性情感，貴族式的瑜伽專注被出神的、親密的、能打破一切階級藩籬的愛取代。《薄伽梵往世書》自視為吠陀的頂峰，有意識地使用吠陀語言，以古梵語傳達南印度泰米爾人

（Tamils）的靈性情感，像是在說：「我不但尊奉吠陀正統，我連講話的方式都像吠陀。」[92]它甚至自稱是廣博仙人最頂尖的作品，[93]表示：在廣博仙人將吠陀分為四部，口述完《摩訶婆羅多》，也編完十八部往世書之後，奇怪的是，他並沒有感到滿足。這時神聖的那羅陀（Narada）仙人突然出現，對廣博仙人說：你之所以沒有滿足感，是因為你尚未唱出對黑天的讚頌。於是廣博仙人回到隱居處冥想，最後終於在異象中見到原人——原型的、神聖的「人」（Person），於是寫出《薄伽梵往世書》，讚美造物主毗溼奴－黑天，心中充滿喜悅。[94]

原人在《梨俱吠陀》裡是最初、最原始的「人」，此時卻化身為黑天，於是黑天成為人身化的毗溼奴（purushottama）。原人的身體包含全體四界：一切眾神、惡魔、聖人和君王；一切儀式；一切真理；以及——非常重要的——一切吠陀真言、格律及唱誦。[95]換言之，毗溼奴／黑天不只是吠陀的完成，他本身就是人形吠陀：「苦行乃我心，咒語是我體，真知取我所行；獻祭是我四肢；自獻祭而生的聖法是我的本質（atman）；眾神即我出入息。」[96]市井小民原本無緣參與吠陀祭儀，但現在婆羅門艱澀的知識混入他們的宗教渴求。宗教目標不再是透過嚴格修行而神祕地融入人不能解的梵，而是在出神中與黑天合一。

到目前為止，《薄伽梵往世書》最受歡迎的部分仍是第十章，講的是黑天小時候的故事，依三世紀補進《摩訶婆羅多》的文本《哈里家系》（*Harivamsha*）而作。《摩訶婆羅多》裡的黑天是令人生畏的貴族，《薄伽梵往世書》中的黑天則截然不同：他一生下來就有至高神毗溼奴的四隻手臂和武器，[97]父母也立刻認出他是梵天化現。[98]在慶生會上，嬰兒黑天一腳就踢翻千斤重的馬車，隨手就把樹木連根拔起，放走困在裡頭的神靈。[99]童年時的黑天是偷奶酪的慣犯，手指一彈就能移走一整座山。他的媽媽有一次往他的嘴裡看，竟然看到整個宇宙都在其中。[100]當他和哥哥羅摩（Rama）

到秣菟羅（Mathura）閒逛，村民馬上認出他們是最偉大的提婆。[101]牧牛人黑天對女性有致命的吸引力，秣菟羅的女人一看到他就神魂顛倒，拋下家務。[102]他趁牧牛女洗澡時偷走衣服，[103]化為各種形象與她們發生性關係——但書上信誓旦旦地說：他是出於慈悲，不是好色。他的笛聲一響，牧牛女馬上放下擠牛奶的工作，任牛奶流了一地，連正在哺乳的女人都放下孩子跟過來。[104]

由於村民荒廢因陀羅的祭典，因陀羅威脅要降下暴雨懲罰這座村子。雖然黑天挺身為村民而戰，但他的做法和因陀羅殺惡龍弗栗多時大異其趣，他輕鬆舉起哥倫達拉山（Gorendhara），當成大傘為村子擋雨。他最有名的一場戰鬥是與多頭怪獸卡利亞（Kaliya）交手，卡利亞在黑天活動的河裡放毒，還屠殺牛隻。黑天跳入水中，以自己當餌引卡利亞出洞。但卡利亞現身後，黑天不與牠搏鬥，而是繞著牠跳舞，直到卡利亞的九個頭都精疲力竭，只能認敗，黑天把牠放逐到遙遠的島嶼。

玩樂（lila）是黑天的存在之道，他展現的是神無拘無束、毫不受制於人類規範的本質，與一神教的誡命之神大相逕庭。[105]他讓人看到神的行動自由奔放、多采多姿，而且充滿創意和想像力。示現為黑天的神不需要訣詞讚美、沒興趣在寶座上掌管宇宙，也不想要繁文縟節的儀式。神不但超越人類規範和階級界線，還邀請我們質疑這些規範和界線。黑天的笛聲嘲弄我們自以為是的責任感，召喚每一個人——不分男女——進入美的領域，加入連眾神都難以抗拒的嘉年華。牧牛女代表我們與生俱來的對超越的嚮往，也代表我們對凡常世界中難以體驗的出神的渴望。簡言之，談到印度靈性，很多人會馬上想到冥想、瑜伽、如如不動，但《薄伽梵往世書》挑戰這種刻板印象，從它長久以來廣受歡迎看來，確實傳達十分重要的洞見。以聖典強化自己的成見的人太多，殊不知它真正的用意其實是顛覆成見。

在中國，宋朝（公元九六〇年到一二七九年）的經濟發展在當時是世界之首，但他們包括中原在內的北方領土卻一再遭受外夷入侵，後來甚至失去長城南方的十六個州。在此同時，党項人在西北方建立自己的國家。改革政府制度和行政效能似乎勢在必行，但朝臣所見各有不同，王安石（一〇二一－一〇八六）認為問題只在軍事和財政，司馬光（一〇一九－一〇八六）則相信答案在《春秋》，試圖從中耙梳歷代興衰之「理」，以此作為當前政策的指引。

不過北方有一群儒家想得更深，雖然他們一開始也投身政治改革，但始終堅信必須找出更深刻的解決辦法。他們認為，改變應以神聖原理（或終極實在）為基礎，因為它充塞宇宙、影響過去的一切，現在也仍在每個人心中。如果人人依循這個基本原理，他們的行動自然符合天道。中國的佛教徒此時已主導哲學界一段時間，他們相信人在投入政治之前必須先悟道。不過，唐代大儒韓愈（七六八－八二四）早已對此提出挑戰，他引《禮記》裡的〈大學〉篇表明立場，因為〈大學〉認為君子應該一步步承擔社會和政治責任。年代較近的政治家范仲淹（九八九－一〇五二）也指出，依照孟子的看法，堯、舜和禹之所以能成聖，正是因為他們關心天下人的福祉，也採取實際的作為來減少人民的苦難，不像佛教徒那樣以個人心靈平靜為先。范仲淹說，儒家的自我實現之路，在為天下人之福積極奮鬥。

到了十世紀，精研〈大學〉的儒家學者更多，因為它切中時弊，強調政治參與是個人修為不可或缺的環節。〈大學〉一開始便簡潔有力地結合兩者：「大學之道，在明明德，在親民，在止於至善。」[106] 若有心養成高潔的品格，就該仁民愛物，而非退隱山林。[107] 仁者就像生根大地的參天巨樹一樣，在渴慕天道的同時，也以蒼生為念。[108]不過，「物有本末，事有終始，知所先後，則近道矣」，建立清楚的次第是很重要的。[109]堯、舜、禹、周公等聖賢在治國之前必先齊家，而齊家之前必須心正意誠；心正意誠有賴於對天道的認識，而既然天道存於萬物，所以致知當然也須格物。〈大學〉提出一套八步計畫，始於個人修為，終於天下太平：

> 物格而後知至，知至而後意誠，意誠而後心正，心正而後身修，身修而後家齊，家齊而後國治，國治而後天下平。[110]

這不是專為統治階級設計的計畫，仁是世界的根本，而「本亂而末治者否矣」，所以「自天子以至於庶人」，每個人都有責任戮力行仁。除非統治者和人民能一同涵養仁心，否則政治將繼續腐敗，甚至陷入無政府狀態。

韓愈還曾推薦《禮記》的另一篇——〈中庸〉，〈中庸〉更具有心理、形上和神祕色彩，據說是由孔子傳給孫子子思，子思再傳給孟子。[111]它說，「中」是一種平衡的狀態，喜、怒、哀、樂等情緒不偏不倚，完全均衡：

> 喜怒哀樂之未發，謂之中；發而皆中節，謂之和；中也者，天下之大本也；和也者，天下之達道也。致中和，天地位焉，萬物育焉。[112]

聖王建立原則，周初也遵循天地之道（自然或天的模式），「辟如四時之錯行，如日月之代明。萬物並育而不相害，道並行而不相悖」。[113]為政者必須再次奉行這套原則，因為天地之道也是人之道，就在我們的本性之中，「不可須臾離也」，所以我們可以也必須讓自己的人生如大自然般穩定與和諧，不可傷害彼此。[114]這其實不像佛教徒達成涅槃那麼吃力，因為庸的意思是「平凡」。天地之道就在吃、喝、說話等平凡小事之中，能正確地做這些事——亦即，能時時刻刻意識到它們的重要性——就是奉行天地之道。

因此，修身包括日常生活的神聖化。無論是君、臣或小民，都必須遵循個人、家庭乃至國家之禮，不但要對朋友有信、對父母有孝，對遠方的陌生人也應謙和恭敬。天地之道也要求我們誠實面對自己，尊重每一個人，言行舉止溫厚有禮。[115]既然道彰顯於宇宙秩序之中，我們就應認真研究、準確探索、用心實踐，讓它成為我們的第二天性。[116]這樣做的目的不是為了高人一等，而是為了誠——為了讓本性變得更完美，也為了讓自己變得更真實，成為最完整的自己：

誠者，天之道也；誠之者，人之道也。誠者不勉而中，不思而得，從容中道，聖人也。誠之者，擇善而固執之者也。[117]

成聖絕非一般人達不到的高妙境界，孟子和荀子都相信：即使是小民，也有成聖的可能。道家和佛家都為了悟道而出世，〈中庸〉則是和孔子一樣，也堅信我們要在社會裡才能實現完整的人性。人不可能獨善其身，在追求個人完美的同時，也必須努力協助其他萬物成就完美：「誠者非自成己而已也，所以成物也。成己，仁也。」[118]因此，誠是一股推動我們與天地合作的積極力量，透過成人之美來轉化整個世界：

唯天下至誠，為能盡其性；能盡其性，則能盡人之性；能盡人之性，則能盡物之性；能盡物之性，則可以贊天地之化育；可以贊天地之化育，則可以與天地參矣。[119]

庸也指普同的（universal）。所以，雖然篇名的中是指一般人的本性，但庸讓我們看見，人也是天地神聖之力的一部分，人性與神性本質為一。

〈大學〉和〈中庸〉對十一世紀中國北方的儒家改革者影響甚鉅，但周敦頤（一〇一七－一〇七三）受《易經》啟發更大，他甚至講過：「易何止五經之源，其天地鬼神之奧乎！」[120]他認為是易卦讓孔子「與天地參而四時同」，[121]也深信自己與萬物關係親密，因此不除窗前雜生的雜草。張載（一〇二〇－一〇七七）亦有同感，在刻於西牆的〈西銘〉中，他道出自己與萬物平等為一的洞察：

乾稱父，坤稱母；予茲藐焉，乃混然中處。

故天地之塞，吾其體；天地之帥，吾其性。

民，吾同胞；物，吾與也。

大君者，吾父母宗子；其大臣，宗子之家相也。尊高年，所以長其長；慈孤弱，所以幼其幼……凡天下疲癃、殘疾、惸獨、鰥寡，皆吾兄弟之顛連而無告者也。

萬物為一的信念帶來仁民愛物的行動。〈西銘〉結尾說：「存，吾順事（天地）；沒，吾寧也。」[122]

張載是程顥（一〇三二－一〇八五）和程頤（一〇三三－一一〇八）的表叔與老師，他後來回憶說：「二程從十四五時，便脫然欲學聖人。」[123]二程兄弟相信，〈西銘〉所講的道理是孔子失傳的教誨，成聖不限於古代，現在的每一個人都能成聖。程頤說哥哥程顥師從張載後放棄科舉，在佛道之間游移十年，最後轉而治經。[124]在漫長而深入的研究之後，程顥的結論是：「萬物一體」的信念對實踐和達成仁道是必要的。在此同時，仁也讓人與自然為一：「仁者以天地萬物為一體，莫非己也。認得為己，何所不至？」[125]

我們之前已經看到，儒家五經成為國家取士的標準之後，孔子和孟子的靈性面被邊緣化，科舉心態讓士子習於從現實角度看待經典。所以對程頤來說，兄長棄科舉而專心治學的覺悟，重振失去已久的文化傳統。他說，程顥不忍古聖先賢之道在孟子之後斷絕，遂「以興起斯文為己任」：

> 自道之不明也，邪誕妖異之說競起，塗生民之耳目，溺天下於汙濁。雖高才明智，膠於見聞，醉生夢死，不自覺也。是皆正路之蓁蕪，聖門之蔽塞，闢之而後可以入道。[126]

於是程顥在一千四百年後重振正道，決心在這墮落而危險的歷史時刻捍衛它。不論漢代的經師有何主張，他堅信人人可以成聖。求學首在立志，若能立定志向，發憤向學，就有可能成聖。[127]

二程稱他們的學說為道學，嚮往傳統靈性詮釋的讀書人很快聞風而至。他們負笈千里親炙教導，學成之後傳遍四方，盛況空前。[128]二程門下朝氣蓬勃，學子們深受激勵，也充滿希望。程頤說他的「理」和政治改革者的教條不同，是失落已久的聖人之教，《尚書》裡有一句據說出自堯舜的十六字箴言，已說盡其中道理：「人心惟危，道心惟微，惟精惟一，允執厥中。」[129]

理學家相信人人生而具有人心與天心，天心體現的是理（天理）和我們應該遵循的道。如〈中庸〉所說：

> 天命之謂性，率性之謂道，修道之謂教。道也者，不可須臾離也。[130]

談到人心與天心，我們很難不聯想到左腦和右腦。二程鼓勵弟子控制我們忙碌的左腦，看見右腦裡的道心所見的整全與連結。事實上，〈西銘〉的體悟也起於右腦。之所以說人心「惟危」，是因為我們自我中心的欲望、偏見和不穩定，不斷讓我們遠離道心。所以我們必須控制人心，以敬讓人心與天心（即道心）結合。程門圈中的蘇季明曾坦承自己「思慮不定，或思一事未了，他事如麻又生」，程頤回答：「不可。此不誠之本也。須是事事能專一時，便好。不拘思慮與應事，皆要專一。」[131]

持敬則心專一而整全，而有心持敬就要專注當下。不論是侍奉父母、寫書法、進食或欣賞風景，敬都要求我們控制散亂的人心，把注意力全部集中在眼前的任務，務使心無旁騖。有些身體動作能幫助我們做到敬，例如程頤建議他的學生言行「恭敬」、「儼若思」、「正其衣冠，尊其瞻視」。[132]在中國傳統裡，身和心不是二分的，所以規訓身體行為有助於提升靈性狀態。程頤認為，舉止莊重雖然不等於敬，但敬還是要從舉止莊重做起。[133]因此身能引導心、支持心，直到心去除自我，像止水反映蒼穹一樣地反映道。

二程也推展張載「萬物平等為一」的信念，程顥在〈識仁篇〉中主張：「仁者，渾然與物同體。」[134]我們已經看到，同理是右腦的產物，右腦能與他者共感，能見到萬物深深相繫。我們既然與他物「同體」，就應該以他人之苦為自己之苦，對別人的不幸要像是對自己身體的痛癢一樣敏感。如果我們不同理別人，就是忘卻他們與我為一。[135]程顥堅信，一個人一旦意識到天地萬物與我為一，就能「無我」。[136]不過，程顥的「無我」與佛教的無我（anatta）不同：佛教的無我否定有穩定存在的人心；程顥則要學生去除自我之心，代之以天地之心。做到這點需要在道德上下功夫，也需要深厚的宗教情操——敬。養敬的方法之一是格物，亦即鑽研蘊於萬物的天「理」，傾聽天透過萬物向我們展現的律則。[137]如程頤所說，格物必須洞穿表象，窮究其理：

> 凡一物上有一理，須是窮致其理。窮理亦多端：或讀書講明義理，或論古今人物別其是非，或應事接物而處其當，皆窮理也。[138]

對程頤來說，格物也意味著深究自然世界：「一草一木皆有理，須是察。」[139]「讀書」是程門弟子的重要活動。[140]二程認為，儘管科舉應試的讀書方式完全扭曲五經，但五經仍是必讀之作。重點是不應死背強記，只求通過考試，而應細細「玩味」、探索原意，思考它們對此時此地的我們有何意義。據程顥的弟子說，他教《詩經》時不會從知識面分析，而是「優游玩味，吟哦上下，便使人有得處」。[141]二程把「玩味」典籍比作口舌感官經驗，在傳授經典時，不只說明文字義理，也重視活生生的聲音，在講述《論語》時尤其如此，因為吟誦能重現也延續孔子及其門生的討論。程頤說：

> 但將聖人言語玩味，久則自有所得。當深求於《論語》，將諸弟子問處便作己問，將聖人答

處便作今日耳聞，自然有得。孔孟復生，不過以此教人耳。[142]

求學是群體經驗，不是單打獨鬥，因為學生學的是如何成為仁者，而仁者樂於與人為善，不會孤芳自賞。

最重要的是，讀經必須帶來轉化，程頤說：「如讀《論語》，舊時未讀是這箇人，及讀了後又只是這箇人，便是不曾讀也。」[143]另外，「讀書」必須結合「格物」，日積月累，不斷成長：「今日格一件，明日又格一件。積習既多，然後脫然自有貫通處。」[144]治學日久，終有茅塞頓開、豁然開朗的一刻。為求涅槃，佛教徒必須放下一切思慮與感受；可是對理學家來說，道德、知性和情感的洞見不可能分開，即使對程頤這樣一位理性主義者來說，讀經也會引起身體的共鳴：

凡看《語》、《孟》，且須熟讀玩味，將聖人之言語切己，不可只作一場話說……《論語》有讀了後全無事者，有讀了後其中得一兩句喜者，有讀了後知好之者，有讀了後不知手之舞之足之蹈之者。

為了推進這個過程，二程取徑禪宗和道家，引入「靜坐」，一種較緩和的瑜伽。靜坐不需採蓮花坐姿，目的只是沉澱躁動的人心，是養敬的一種方法。[145]程顥的弟子說他靜坐時，「如泥塑人，接人則渾是一團和氣」。[146]二程以身教為主，據說程顥「不欲弗施於人」：[147]

其養之成也，和氣充浹，見於聲容。然望之崇深，不可慢也。[148]

程顥完全體現他所傳授的聖典，成為它們活生生的見證。

※

羅馬帝國西部省分淪陷後，歐洲持續受到挪威人（Norsemen）、馬扎爾人（Magyars）和海盜攻擊，常常只有修道院不受侵擾。五世紀初，約翰．卡西安（John Cassian，約公元三六〇－四三五）在南法建立修院，除了將俄利根的釋經學引介給西方基督徒外，也引入沙漠隱修者的靈修方法。後者以牢記和不斷複誦《聖經》經句為主，埃及隱修僧稱為mneme theou（「憶念神」）。但正如中世紀學者瑪麗．卡魯瑟斯（Mary Carruthers）所說，memoria（「憶念」）不只是回想過去的事而已，還要發揮創意，讓老幹生出新枝。[149] 嫻熟《聖經》之後，它就成為你創發自己的新概念的基礎。這種看待聖典的方式和近現代學界很不一樣，在面對古代作品時，近現代學者往往很在意客觀性和文本的完整性；可是在前現代世界，為古代聖典增添新意不只是被允許的，甚至是必須的。我們前面已經看到，傳承聖典的目的不是忠於過去，而是啟迪未來。

在一段後來對西方詮釋學十分重要的話裡，保羅將自己比喻為建築師：

我用上帝給我的恩賜，像一個精明的建築師立好根基，別人在它上面建造。可是每一個人都要謹慎自己怎樣在根基上建造。因為上帝已經立耶穌基督作唯一的根基，沒有人能夠立其他的根基。在這根基上，有人要用金銀，或寶石建造；也有人要用木料、草、禾稭建造。[150]

保羅立下根基，但完成建築的是其他人，而且他們可以自行選擇材料。「你們難道不知，」他問哥林多人，「你們就是上帝的殿，上帝的靈就住在你們裡面嗎？」[151]我們已經看到，不論對哪一個傳統來說，研究聖典的目的都是為了個人蛻變。保羅提醒信徒，他們的任務不是打造正統教理和實踐的大廈——他們本身就是大廈，每個人都要在自己身上發揚基督的靈，但是無論自己的計畫多麼完美，都不可強迫其他人照做。基督徒必須隨時做出調整，各自回應自己獨特的處境。保羅自認所奠定的根基只是開始，不應將它當成最終成品。

在解釋俄利根釋經學的三重意義時——字面意義、道德意義（又稱預表意義〔typological〕）和寓意意義——教宗額我略一世（Gregory the Great，約公元五四〇－六〇四）提到保羅的比喻，說：

首先，我們奠下字面意義（historia）的根基；接著透過預表的詮釋，我們在信仰的城牆裡建立我們的心靈建築；最後，藉著我們的道德理解的恩寵，為這幢建築添上色彩、披上外衣。[152]

《聖經》的字面意義只是根基，能發揮多少效果取決於我們如何設計「建築」、如何為它「增色」——簡言之，端視我們在個人啟迪的過程中能發揮多少創意而定。額我略一世把《聖經》的歷史書視為它的「根基」，但他並不在意事實內容。因為《聖經》的目的不是教導我們以色列史，也不是要我們牢記早期教會的生活細節，而是要在我們心中引起劇烈改變：「我們應在內在深處轉化我們所讀到的，以便在我們的心為它所聽見的悸動時，我們的生活也會以實踐它所聽見的來表示贊同。」[153]在我們的生活因為對《聖經》的詮釋而發生重大改變之前，都不算完成釋經。《聖經》是一面鏡子，我們透過它看見自己的醜，也看見自己的美：「我們從它看見自己進步多少，也從它看見自己離目標還有多遠。」[154]《聖經》的目的不是向我們細數神在過去的功業，而是激勵我們在現在追求完美。五世紀時，拉文納（Ravenna）主教伯鐸·金言（Peter Chrysologus）認為《聖經》是一股動力，一旦注入我們的意識，就會為我們的心思和意念燃起熊熊熱火：「只要我們把這顆芥種播入記憶，讓它長成知識的大樹……它就會以芥種全部的火力為我們燃燒，在我們心中點燃火焰。」[155]我們必須將《聖經》深深內化，讓它成為我們本質不可分割的一部分，讓它改變我們一切的看法。

在西方，修道院不再是沙漠中的堡壘，轉而成為教育年輕人的學校。在義大利世俗社會行將崩潰之際，努西亞的本篤（Benedict of Nursia，約公元四八〇－五四七）寫下修院清規，他的目標是建立服從、穩定而religio的群體（religio此處應譯為「虔敬」或「連結」），清規也提出修練（disciplina）之道——一組仔細設計以調整情緒，並促進謙卑態度的身體儀式。[156]後來，重新恢復北義、高盧和中歐秩序的法蘭克王查里曼（Charlemagne，公元七七二年到七八四年在位）——他也是第一位「神聖羅馬帝國皇帝」——十分欣賞本篤清規。他和繼承者都清楚，之所以能建立這番局面，都是拜軍隊紀律嚴明之賜，於是在領地廣設本篤修院，透過以《聖經》為本的教育內容改革歐洲。支持卡洛林王朝（Carolingian）改革的修院都獲贈華麗的巨冊《聖經》，只不過那些《聖經》和我們現在認知的《聖經》很不一樣[157]——裡面是供修院禮儀和日課（Divine Office）之用的《聖經》摘錄。日課的拉丁文是Opus Dei，意為「神工」，日課是卡洛林教育改革的核心。[158]

修院的一天有多次日課，本篤會的日課每週須吟誦整卷〈詩篇〉及部分《聖經》段落。晚課尤其重要，原則上每年應吟誦整部《聖經》，但英格蘭改革者艾爾弗瑞克（Aelfric）坦言「我們是懶散怠惰的僕人」，必須在用餐時也朗讀《聖經》才能達到這項要求。[159]有人說這樣讀經根本是機械式的，實則不然。本篤在清規中說：

> 我們相信神無所不在，不論在哪裡，上主都看著善人，也看著惡人。毫無疑問的是，我們應該相信在日課時尤其如此。讓我們想想在神與祂的天使面前該如何表現，讓我們起立唱詩，讓我們的心靈與聲音和諧一致。[160]

本篤堅信，日課是修士主要的工作。[161]修士們不久就能將整本日課經銘記於心，額我略聖歌的旋律為詩篇和聖詩增添情感，強化其文義。[162]像唱誦印度真言一樣，額我略聖歌單調而規律的旋律限制左腦的理性思考，讓意識進入更直觀的模式。不過儘管印度不甚在乎真言的意義，但西方修院卻從未忽視聖詩的文義。吟誦詩篇的目的是超越理性，對《聖經》經文產生更深刻也更根本的認識。[163]

修士們也會以生動的方式傳達《聖經》故事。在四旬期，他們會在額上抹灰列隊遊行，默想耶穌在曠野的四十天；在聖枝主日，他們會重現耶穌進入耶路撒冷的命運時刻；在聖週六守夜時，他們會邀平信徒來修院教堂參加儀式。在儀式中，光與暗、靜默與音樂的戲劇化變換，會讓信眾更清楚復活的意義。公元九七三年在英格蘭編定的《修院清規協議》（*Regularis Concordia*）說，這場儀式對平信徒的重要性在於：「明確闡述黑暗的恐怖與宗徒訓導的慰藉。在吾主受難時，黑暗以罕有的恐怖衝擊三重世界（the tripartite world）；宗徒的訓導則向全世界昭示：基督服從天父，甚至受死。」[164]在復活節早上，修士們為平信徒重現耶穌復活的那一天：婦人們發現墓穴空了，但她們遇見天使，天使告訴她們耶穌已經復活。修士們用儀式和動作引導信徒，讓《聖經》成為他們親身體驗的活生生事實。[165]其中尤其重要的，莫過於重現耶穌在死前一晚為門徒洗腳的舉動。有的修院會全體出動，輪流在一整年裡洗遍窮人的腳。清規也要求他們為客人洗腳，待客如待基督。[166]

修士每天會花兩到三個小時進行聖言誦讀（lectio divina）。[167]想像自己在西奈山上站在摩西身旁，或是在耶穌的十字架底下，[168]聖言誦讀不是掃視經文，而是用口喃喃默讀（這是古典時代雄辯家的記憶訣竅）。修士們將聖言誦讀比作牛的反芻——這種比喻也許來自「嚼」的動作。[169]記憶是胃，《聖經》是被反芻的食物，經過消化成為你的一部分，在需要時可以從胃裡召回舌頭，大聲說出。[170]換言之，修士們讓經文與自己融為一體。十二世紀的一位修院院長寫道：好的修士能「吃下聖潔的經卷，消化它們……他們的記憶不會放下生活規矩」。[171]喃喃誦讀成為默想的聲音，像〈雅歌〉裡的新郎低聲（sono depresso）輕喚伴侶，像神在微風中對以利亞的耳語。[172]

儘管默想是平和的反芻，但它有掛念的目標與焦點，能為人帶來前進和實踐的動力，讓人摩拳擦掌，躍躍欲試。[173]這需要專注（intentio），修士必須在專注中才能盯緊經文的每一個字。奧古斯丁說過，他的老師米蘭主教安布羅斯（Ambrose）總是靜靜默讀，「集中心神探求（rimabatur）意義」，細細琢磨每一個字，直到窮究各種可能才存入記憶。[174]由於奧古斯丁堅信《聖經》教導的唯有愛，所以在他看來，默想時不應專注自我，而應專注他人。[175]因此，專注呈現出讀經藝術的動能。在讀經讓一個人願意努力變得更利他、更慈愛之前，讀經的工作都不算完成。

另一方面，修院也推進《聖經》研究。在這個時代，《聖經》裡每一卷書都是各自獨立的抄本，最前面有教父們（Fathers of the church）的評注，而且他們的詮釋往往各有不同。在十二世紀，法國有幾位修士嘗試編寫標準版評注：拉昂的安瑟倫（Anselm of Laon，一一一七年卒）注〈詩篇〉、保羅書信和〈約翰福音〉，其弟拉弗（Ralph，一一三三年卒）注〈馬太福音〉，他的弟子歐塞爾的吉爾伯特（Gilbert of Auxerre，一一四四年卒）注〈耶利米哀歌〉與十二小先知書。他們都按照同樣格式：短的說明放在兩行經文之間，長的評述放在頁緣。由於這套格式在修院學校十分普遍，被稱為通行版注釋（Glossa Ordinaria）。

在巴黎的聖維克多修道院（Abbey of St. Victor），釋經方法變得更大膽也更前衛。聖維克多的修伊（Hugh of St. Victor）在俄利根的三重釋經意義上加上第四重，也把默想界定為「能以熱切而好奇的心，探究我們在《聖經》裡見到的晦澀難解之處」。[176]他認為釋經要從精研字面意義開始（包括研究文法和修辭），不過學生在這個階段就應思考靈性意義（即寓意意義），因為《舊約聖經》裡的事件預示《新約聖經》裡的事件。在這樣的過程中，他也會學到現在包含未來的種子。下一重是道德意義或預表意義，學生能藉此發現《聖經》對自己的意義。最後，他在默想中培養專注，讓專注激勵自己從現在開始就將慈愛付諸行動，以創造更美好的未來。[177]

在此同時，北法的猶太社群發展出截然不同的釋經形式。被稱為拉希（Rashi）的許洛莫・以札克拉比（Rabbi Shlomo Yitzhak，一一〇五年卒）完全拋開米大示，把心力全部集中在經文的字面意義。他發現，如果用心探究每一個字，細細思考，反覆琢磨，可能會帶出新的問題。[178]例如〈創世記〉的第一個字bereshit，雖然通常認為是「在太初」（in the beginning）的意思，但也可以理解為「在……之始」（In the beginning of）。換言之，〈創世記〉第一句可以指「在神之創造天地之始，地是混沌空虛（tohu vabohu）」——這是指神創世時已經有塑造世界的原始質料嗎？另外，因為bereshit也可以解為「因為這個開始」（because of the beginning），而在《聖經》中，以色列和妥拉也被稱為bereshit，我們可不可以因此推論，神是為了把妥拉給以色列才特別創造世界？拉希的後繼者更為基進：約瑟夫・卡洛（Joseph Karo，一一三〇年卒）認為，背離淺白經文的詮釋者就像死抓一根稻草的溺水者。約瑟夫・貝卡爾・修爾（Joseph Bekhar Shor）則為《聖經》中的預兆和奇蹟尋找自然解釋：羅得的妻子其實不是變成鹽柱，而是被火山灰蓋住，因為當時摧毀所多瑪（Sodom）和蛾摩拉（Gomorrah）的是火山爆發；約瑟之所以夢到自己將來能高人一等，因為他本來就是野心很大的年輕人；至於他為何能解法老的夢？——任何一個有點腦子的人，都解得了那些夢！

聖維克多的安德（Andrew of St. Victor，一一一〇－一一七五）是修伊的得意門生，他對這種嚴格限定字面意義的釋經方式很感興趣，也成為第一位完全以字面意義詮釋《聖經》的基督徒學者。[179]安德並不反對寓意解經，只是興趣缺缺。他和拉希一樣把焦點放在字義，以及有助於點明經文淺白意義的地理或歷史因素。他同意拉希的看法：以賽亞預言會生下以馬內利的不是童貞女，而是「年輕女子」。除此之外，安德注解〈雅歌〉時完全沒提到耶穌：他認為〈以賽亞書〉裡的「僕人」不是預表基督，而是代表全體以色列人；他也不把以西結見到的「人子」異象視為道成肉身的預言，只好奇當年流亡的猶太人怎麼看待這個奇特的異象。

西方的靈性發展出現新變化，雖然貝克的安瑟倫（Anselm of Bec，一〇三三－一一〇九）在靈修上還是很重視聖言誦讀，但也發展出著名的本體論論證。這個論證與《聖經》完全無關，只需運用在歐洲逐漸風行的新形上學即可成立。安瑟倫將神定義為「無可想見較其更為完美之物」（aliquid quo nihil maius cogitari possit）。[180]這個定義不但毫無《聖經》依據，而且稱神為「物」，把神當成某種可以用左腦證明其存在的東西。安瑟倫沒有為《聖經》寫過注解，他的神學作品也只是以《聖經》證明自己的見解——這或許算是「引經自證」（proof-texting）的早期案例。[181]最值得注意的是，在《神為何成為人？》（*Why Did God Become Man?*）中，安瑟倫引《聖經》經文支持自己全然邏輯的推論。對於聖子為何降生為人？為何被釘十字架受死？他是這樣回答的：亞當的罪需要補贖，因為神是公義的，人犯了罪必須補贖。但是因為原罪太過深重，唯有神能彌補，所以神如果想拯救世界，就必須成為人。這個論證在邏輯上無懈可擊，可是從神學面來看實在不佳，因為安瑟倫竟然讓「神」用人的方式去思考和推理。

雖然奧古斯丁原罪論的陰霾此時尚未籠罩西方心靈，但安瑟倫的禱詞已經預示它可能造成的影響：

> 唉，我何其悲慘！我是夏娃悲慘的眾子之一，與神分離！我嘗試過什麼？又完成過什麼？……我曾努力向善，但看啊，結果只是一團混亂。我曾試圖奔向上主，但我成了自己的絆腳石。我曾尋求心中平靜，但在我心深處，我只見到煩惱和憂傷。[182]

對第一人稱代名詞的強調讀來令人心驚，安瑟倫似乎深信自己繼承前人的罪，並因此困在他本應努力超越的自我之中。他本應虛己，任專注之力驅策他憐憫他人，怎料他專注的卻是自己——而這將成為西方基督宗教的常態。

第十一章

言語道斷

拉希、安德和安布羅斯的理性主義，預示歐洲心靈的變化。這時的歐洲正走上從農業社會轉型為資本經濟的漫長旅程，而批判性思考與經驗主義也助長資本主義的發展。傳統社會結構已經受到侵蝕，隨著城市成為繁榮、權力與創意的中心，出身低微的銀行家和金融家身價大漲，原本的貴族階級逐漸沒落，有的城市居民則陷入赤貧。[1]貧富比鄰而居，讓分配懸殊的情況更令人難以忍受。農民的處境也非常困難，雖然有少數人遷居城市並致富，但流浪者在鄉間比比皆是，他們沒有土地，忙著到處尋找打零工的機會。[2]

雖然我們討論的聖典幾乎都關心「小民」、主張社會正義，但農業經濟補救分配不均的能力畢竟有限，新出現的資本主義也無濟於事。歐洲到十一世紀晚期已普遍使用貨幣，但貪財被視為「萬惡之源」，貪婪的人在通俗圖像中總被描繪得極度令人反感。[3]神職人員富甲一方原已違背福音書的平等精神，在這種社會氛圍中，高層教士的財富更顯刺眼，受到被教會斥為異端的異議團體猛烈抨擊。里昂有一位名叫瓦爾德斯（Valdes）的富商，他把所有的財產送給窮人，像早期基督徒一樣一切共用。跟隨他的人以耶穌的使徒為榜樣，結伴同行，行乞求食，赤腳走過一個個城鎮。潔淨派

（Cathari）則另外建立誓願安貧、守貞和非暴力的教會，分布在義大利北部、中部，還有法國的朗格多克（Languedoc）與普羅旺斯（Provence）的大城市。

為了控制這場以貧窮為號召的運動，教宗英諾森三世（Innocent III）許可亞西西的方濟各（Francis of Assisi，約一一八一－一二二六）成立小兄弟會（Order of Friars Minor）。方濟各是富商之子，但在重病後放棄繼承家產，他和跟隨他的人致力幫助城市裡的窮人，他們的早期會規幾乎全都摘自《聖經》經文。為方濟各作傳的切拉諾的多默（Thomas of Celano）說，他的靈修以聖言誦讀為本：

> 只要他讀《聖經》時出現什麼想法，他一定把它牢牢記在心上。他能記下一整本書，因為他對聽過的事不會隨便放過，而會持續全神貫注，用他的情緒記憶（affectus）咀嚼再三。他說這種方法對教學和閱讀都很有幫助，勝過漫不經心地聽一千場博學的討論。[4]

就像我們已經看到的，修道者對《聖經》的默想以集中心神專注於愛人作結。在動盪不安的亂世裡，本篤會邀平信徒到修院中同享平安與愛，方濟各對福音書的默想則驅策他進入混亂的城市。基於同樣的精神，道明．谷茲曼（Dominic Guzman，一一七〇－一二二一）建立宣道會（Order of Preachers），將福音帶給南法和西班牙的百姓。

道明會從一開始就很清楚：為了反駁潔淨派的論點，他們必須具備扎實的《聖經》學識。方濟會也漸漸發覺，如果不想被當成《新約聖經》所譴責的「假使徒」或「假先知」，[5]就必須建立不一樣的論述。教會的許多訓導其實沒有《聖經》根據，修會弟兄該如何解釋這種不一致？該如何調和教父之間常常彼此矛盾的見解？由於聖言誦讀無法解決這種問題，修士們決定必須取徑法國哲學家伯鐸・亞伯拉德（Peter Abelard，一〇七九－一一四二）所說的神學，亦即「對於神的論述」。神學必須以更側重分析的方法說明宗教真理，也必須提出更具有邏輯說服力的論證。[6]方濟會弟兄成為新成立的「大學」（university）裡的主要勢力。之所以稱為university，是因為他們志在結合不同領域的知識，以追求普世的（universal）真理。他們開始把新的方法運用到《聖經》上，並編寫注疏（postillae，逐行評注經文，內容涵蓋通行版注釋沒有討論的主題）。在此同時，他們也參考拉希和聖維克多的安德的作品，嘗試譯出比熱羅尼莫的《武加大聖經》更精確的譯本。此外，他們還試著調整教育內容，將學者從穆斯林西班牙帶回的新科學併入傳統修院課程。[7]

從十世紀起，歐洲學者就前往哥多華（Cordova）向穆拉們（mullahs）❶求教，在那裡學習醫學、數學，以及歐洲在黑暗時代中亡佚的古希臘科學。穆斯林已經在八世紀和九世紀將希臘原典譯為阿拉伯文，對亞里斯多德的研究讓一群穆斯林深受啟發，於是他們發展出全新的伊斯蘭傳統，稱為法爾沙法（falsafah），大致上可譯為「哲學」（philosophy）。不過對這群穆斯林來說，法爾沙法是一整套生活方式。這群穆斯林被稱為菲拉素夫（faylasufs），他們相信統御世界的是理性法則，也期許自己能依這套理性法則而活，在此同時，他們還有意把科學知識與《古蘭經》的教導融為一體。兩者之間當然有扞格之處，舉例來說，亞里斯多德的科學就與《古蘭經》「從無中創世」（creation ex nihilo）的教義衝突。不過菲拉素夫並未輕視傳統觀點，因為他們相信聖典與科學能顧及不同的人的需要，所以都是走向真主的有效途徑，但他們認為法爾沙法發展得更為先進，因為它去除把神擬人化的舊習。在菲拉素夫中，被西方稱為阿維森納（Avicenna）的伊本・希納（Abu Ali ibn Sina，約九八〇－一〇三七）是箇中翹楚。他與貝克的安瑟倫身處同一時代，但對神的見解十分不同，他認為神聖統一（Divine Unity）代表安拉全然單純，沒有有別於其本質的屬性（attributes），所以完全無法用分析式的理性討論。

希納等菲拉素夫信仰虔誠，有密契傾向，歐洲基督徒透過他們的評注認識亞里斯多德之後深感振奮，進一步將亞里斯多德的作品從阿拉伯文譯成拉丁文。到了十三世紀初，巴黎、波隆那（Bologna）、牛津、劍橋等大學都在研究這些著作，因為它們正是西方基督徒需要的知識。這種治神學、宇宙學、邏輯、倫理學、物理學、形上學和政治學於一爐的知識體系，是西方基督徒第一次見到的。[8]於是，他們將道德哲學、自然哲學和形上學加入大學課程。牛津和劍橋也引入醫學、法律及神學等學科，訓練醫生照顧病人、培育律師主持正義、陶成牧者傳揚信仰。一切必須放在神聖的帷幕之下，而亞里斯多德已經證明，無論是整合新知識，還是循理性之途證明真理，都是可以做到的。

不過有的學者對亞里斯多德之學有戒心，因為他說宇宙一直存在，第一推動者（Prime Mover）——亞里斯多德將其等同於「神」——只是讓宇宙開始運行而已。十三世紀中，方濟會士菲登薩的波拿文都拉（Bonaventure of Fidanza，一二二一－一二七四）和道明會學者多瑪斯・阿奎納（Thomas Aquinas，一二二五－一二七四）雙雙出手，從神學角度賦予亞里斯多德正當性。多瑪斯清楚亞里斯多德主義帶來的挑戰，在論文〈論聖經的科學〉（On the Science of Holy Scripture）裡，表示神學也能成為理性的、亞里斯多德式的科學——但還是有些不一樣。對亞里斯多德來說，科學知識從普遍適用的首要原理開始，求知是依照邏輯從這些原理推論出其他真理。可是《聖經》啟示以

❶譯注：「穆拉」指的是精通伊斯蘭神學及教法的穆斯林，常用以尊稱伊斯蘭教士或清真寺領袖。

故事和事件為本，重點是殊相（particulars）而非共相（universals）。釋經者有兩種選擇：一是認定《聖經》事件傳達出普世真理；二是承認神學雖然也是智慧的一種形式，但不是科學。多瑪斯選擇前者，並將新的理性神學添在傳統的《聖經》四重「意義」上。蒙天啟而發的話語為《聖經》提供字面意義，這些話語所指涉的實在傳達的是靈性意義，而靈性意義必須立基於字面意義。

亞里斯多德將神定義為「第一推動者」，對多瑪斯來說，神則是《聖經》的「第一作者」。《聖經》的人類作者將聖言轉譯為凡間的語言，他們是神的工具，被神以某種方式推了一把。雖然他們只能為文本的風格和文字類型負責，但釋經者光從《聖經》的字面意義就能學到很多（對《聖經》詞彙和修辭的理性研究，此時已經成為探索《聖經》字面意義的一部分）。人類作者只能以語言文字溝通，神則能以歷史事件傳達祂的意旨。所以雖然我們能用《聖經》作者所使用的文字認識舊約的字面意義，但是只有在出埃及和建立逾越節吃羔羊的習俗這樣的事件裡——後者預示基督的救贖事工——才能看出舊約的靈性意義。

可是，亞里斯多德那些炫目的邏輯技巧只能帶我們到這裡。多瑪斯堅持，無論神學家對神提出什麼論點，都必須謹記自己的言詞必然失當、一定不妥，因為我們所稱的「神」是超越的，根本不可能以概念掌握。因此，神學的字面意義雖然是「對於神的論述」，但是講述神學最終應使講者和聽者都心生敬畏，陷入沉默。被我們稱為「神」的實在顯然超乎人的理解，如果這種談論神的新科學不言明這點，它的論述便是偶像崇拜。在多瑪斯的扛鼎之作《神學大全》（*Summa Theologiae*）的最開頭，他（略帶敷衍地）列出五個「證明」（他較喜歡稱為五條「路」），論證亞里斯多德和菲拉素夫所說的第一推動者、動力因、必然的存有、至善或明智的監督者的存在。但就在大功告成之際，他卻放棄整個計畫。他說不知道自己證明什麼，只知道自己遇上的是不可解的奧祕：

> 沒有證據顯示人、天和石頭並非永遠存在，我們最好牢記這點，好讓我們不試圖證明那無法證明的，白白讓不信者譏笑我們，以為我們提出的理據就是我們信仰的理據。[9]

連《聖經》都無法告訴我們任何關於神的事——事實上，它的使命就是讓我們明白神是不可知的。「人最大的知識就是知道我們不認識祂。」多瑪斯說，「唯有在我們相信祂遠遠超乎人所能想見的關於神的一切時，我們才真正認識神。」[10]

我們甚至無法了解耶穌——神終極的啟示。保羅不是講過基督「遠遠超越……一切名號」嗎？《聖經》說耶穌升天時有雲朵遮蔽。換言之，在他離開塵世時，聖言再度被封印於超乎我們理解的領域，此後永遠不可知也不可名。[11]我們可以把多瑪斯的全部著作看成他的一場拚搏，力圖扭轉安瑟倫那種馴化超越的傾向。他的論述雖然冗長，對現代讀者來說甚至顯得詰屈聱牙，但我們應把他的分析視為一場知性儀式，引領讀者穿過思考的迷宮，最後以奧祕（musterion）或出神（ekstasis）告終。[12]對多瑪斯來說，信仰顯然不是毫不質疑地盲信。默想是一種喚起高度專注的狀態，多瑪斯將它界定為solicitudo（「掛念」）。solicitudo就像狗掛念骨頭，它會引起curiositas（不是無謂的好奇，比較準確的翻譯是「關懷」或「關注」）——一種伴隨深刻情感的知性覺醒狀態。[13]

多瑪斯十分尊敬一位六世紀的無名希臘神學家，也經常引述他的作品。這位神學家自稱亞略巴古的杜尼修（Denys the Areopagite），託名於第一位受保羅感召的雅典基督徒。[14]杜尼修的作品有被譯成拉丁文，在宗教改革之前，西方神學家幾乎無一不受他影響。現在連聽過他的人都少之又少的事實，也許是我們不再懂得欣賞宗教的症狀之一。杜尼修讓基督徒察覺語言的侷限。他指出，在《聖經》裡，人賦予神的名稱有五十二個。[15]神被稱為磐石和戰士，也被比作高山與大海。由於我們所稱的「神」無所不在，也持續傾注於祂的創造物中，所以每個名稱都能讓我們認識神的某個面向。舉例來說，稱神為磐石是要表達祂的穩固與永恆，但說祂就是磐石顯然大錯特錯。我們賦予神的名稱越複雜——例如至一、至善、三一等——就越有問題，甚至越危險，因為它們更容易讓我們誤以為自己知道神的樣貌。神不是我們所能了解的任何一種「善」，也不像我們經驗過的任何一種「三一」。即使神曾在《聖經》中向我們啟示這些「名稱」，但我們必須不斷提醒自己：我們其實根本不知道它們指的是什麼。

杜尼修說，《聖經》以神話的語言為神提供「馬匹、戰車，還有精心準備的宴席」，彷彿祂是人，這讓我們很容易把神當成與自己類似的存在，習慣以為祂像我們一樣有形體、味覺和好惡。《聖經》不但告訴我們：「神會憤怒、悲傷、立誓、後悔、咒詛、降災，會有各式各樣的表現，還為祂沒有實現諾言找奇奇怪怪的理由。」[16]這些說法顯然全都不妥，它們應該如當頭棒喝般讓我們醒悟，更複雜的神學論述一定同樣掛一漏萬。[17]讀經時，我們必須十分留意它究竟說了什麼，必須隨時覺察我們總是前言不對後語，必須在窘迫之餘陷入虔敬的沉默。

下一步是否定這些名稱，藉此從凡俗的感知模式升入神聖。否定自然界裡的具體名稱並不難，畢竟神顯然不是岩石、不是微風、不是戰士，祂和人類創作者或工匠也一點都不像。但否定這些還不夠，我們還必須否定神更抽象的名稱，因為神不同於我們所理解的心靈、偉大、權柄、光明、生命或真理，甚至不同於我們認知的善。[18]事實上，我們連說祂「存在」都有問題，因為我們對存在的經驗來自有限而必死的存在，而非存有本身：

> 人是透過知與不知來認識神。雖然我們有對祂的理解、推測、知識、接觸、感知、見解、想

像、稱呼和很多其他東西，但祂不可理解，無可訴說，無以名之。祂不是存在物之一，祂是一切中的一切，也是一切中的空無。[19]

這不只是左腦精心構思的枯燥謎語，杜尼修要希臘信眾在聖餐禮中勤加練習，深思玩味，讓自己的感覺和情緒都被動人的音樂、戲劇及莊嚴的儀式觸動，進而將聖餐禮轉化成右腦的直觀世界。從這個脈絡來看，杜尼修的練習所引起的出神猶如參梵。

在中世紀的西方，杜尼修的否定神學（apophatic theology，又稱「靜默」神學〔“silent” theology〕）與亞里斯多德式的神學恰成對比。和多瑪斯同時在巴黎講學的義大利方濟會士波拿文都拉指出，即使是基督——神的終極啟示——也沒有讓神變得更清晰明確。「請注意，」他提出告誡，「別相信自己能了解那不可解的。」[20]神在基督裡和《聖經》裡所說的聖言不斷指向不知之處，引領我們勇往直前，直奔不可知的天父。[21]啟示從來不給明確答案，反而總是把我們推入模糊。雖然對安瑟倫來說，耶穌之死是邏輯上的必然，可是波拿文都拉不這麼看，他說：聖言被釘上十字架，反映的是所有關於神的言語盡皆破碎。所以，我們也「必須死，必須進入這股黑暗。讓我們停止一切關注與想像，讓我們『離世歸父』。[22]……愛死亡之人得以見神，因為『人見神的面不能存活』乃絕對真實」。[23]波拿文都拉堅信，《聖經》的言語一定超越言語本身。自然科學、邏輯學和倫理學的確有助於我們認識神，但前提是我們從心裡認清神學的限制，顛覆平時思考與理解的方式。

這個建議十分可貴——事實上，這樣的建議是必要的。對多瑪斯和波拿文都拉來說，只要能堅守「神無以言詮」的立場，他們不認為科學理性和《聖經》水火不容。他們發展出一套以科學討論為範本的經院神學，主張神學也有邏輯一致性。他們的作品長於分析，不斷以問答方式進行。然而，多瑪斯和波拿文都拉之後才一個世代，有些歐洲人便已開始獨重左腦視野，無論他們想認識的是世界還是神。到了這時候，大學生是在學過邏輯、數學和亞里斯多德科學之後才開始學神學。他們進神學院時，已對科學方法瞭若指掌，也試著用數學思維解決神學問題。[24]在英格蘭，方濟會神學家約翰．鄧斯．司各脫（John Duns Scotus，一二六五－一三〇八）推崇理性，他像柏拉圖一樣相信理性能證明一切，只要運用我們與生俱來的推理能力，就可以對神產生足夠的認識。多瑪斯曾說，雖然我們所稱的「神」必定「存在」，但卻不知道「存在」在這個脈絡裡指的是什麼——神的其他屬性也一樣。[25]可是司各脫認為，無論說神、人、山、動物或樹「存在」，「存在」都是同一個意思。多瑪斯曾指出這種想法有偶像崇拜之虞，因為我們要是以為神只不過是存有，就很容易把自己的觀點投射到祂身上，以自己的樣子創造出偶像。同為英格蘭方濟會士的奧坎的威廉（William of Ockham，約一二八五－一三四九）也說，教理論述在字面意義上是真的，應該接受嚴格的科學檢證。

然而中世紀經院學者並未考慮到的是：以科學方法取得的自然界的知識，在本質上就與從文本獲得的知識不同。自然科學知識只能透過經驗觀察推進，並持續以實驗檢驗結果——換言之，這種類型的知識必須不斷修正。[26]隨著科學方法在歐洲發展，引起的緊張日益嚴重。到了十七世紀和十八世紀，科學家終於對亞里斯多德科學棄如敝屣。諷刺的是，他們之所以能這樣做，正是因為他們的研究奠基於亞里斯多德主義。[27]

⁂

伊斯蘭密契主義完全以《古蘭經》為焦點，什葉派奉穆罕默德五世孫賈法爾・薩迪格（Jafar al-Sadiq，公元七六五年卒）為烏瑪真正的領袖，他也發展出一套對蘇非密契主義至關重要的密契釋經學。這些冥想技巧另闢蹊徑，讓他的弟子能直觀《古蘭經》每一句經文的隱密（batin）智慧。不過，這種靈修方式不是為了取代塔巴里等學者的字面釋經，只是為了補其不足。賈法爾稱這個過程為回想（tawil），因為他相信，聆聽《古蘭經》時，釋經者應該讓自己猶如在天界聽《古蘭經》吟誦。伊朗什葉派歷史學家翁希・柯班（Henri Corbin）曾將此比作複音音樂（polyphony）：釋經者在聆聽人聲吟誦阿拉伯文經文的同時，也直觀《古蘭經》的神聖本質。以這種方式諦聽（sama），釋經者能停止批判思考，覺察圍繞經文的神聖沉默，從而尖銳地意識到我們對神的概念與不可說的實在之間的鴻溝。[28]

什葉派的發展與對《古蘭經》傳承的強烈焦慮有關，稍早提過《古蘭經》的版本不無爭議，而什葉派相信釋經需要先知般的洞察力。[29]他們認為，穆罕默德已將《古蘭經》的祕傳知識（ilm）傳給他的堂弟和女婿阿里，而阿里的後代也把這套知識傳給自己的兒子和繼承者。烏瑪的領袖對《古蘭經》必須有這種特別的認識，才能與時俱進更新詮釋，以回應不同的時代和環境。[30]什葉派相信《古蘭經》本身已經認可伊瑪目存在的必要性，在對聖裔（ahl al-beit，先知的家人）所發的經文裡提及，在談到伊瑪目應領導烏瑪的經文裡也說過。[31]有一句充滿密契色彩的經文說：真主是天地的光明，「用吉祥的橄欖樹燃著」——什葉派相信這裡的「橄欖樹」指的就是伊瑪目。[32]雖然一般的穆斯林也能懂《古蘭經》明顯的意義，但是只有伊瑪目擁有對《古蘭經》的特別知識，能解開每一句經文的隱義。[33]

賈法爾死後，什葉派發生分裂。大多數什葉派認同阿里以降十二位伊瑪目的傳承。隨著阿拔斯王朝式微，伊瑪目的龐大勢力逐漸引起哈里發忌憚，第十和第十一位伊瑪目都被下獄，可能也遭毒死，第十二位伊瑪目則莫名失蹤。傳說安拉行奇蹟藏起他，讓他「隱遁」（occultation），但他會在最後審判前歸來，建立合乎公義的秩序。其他什葉派則認為，阿里的傳承至伊斯瑪儀（Ismail）而絕（伊斯瑪儀是賈法爾的長子，先其父而死），也因此被稱為伊斯瑪儀派（Ismailis）。他們和前述多數派「十二伊瑪目派」（Twelvers）不一樣，不接受賈法爾次子的合法性。

阿布・亞谷布・希吉斯塔尼（Abu Yaqub al-Sijistani，公元九七一年卒）是伊斯瑪儀派的重要思想家之一。他對《古蘭經》中將安拉擬人化的經文感到不安，為此想出一套辯證的修行方式，藉由讓誦讀者意識到理性的言語不足以形容神聖，從而感受到真主超乎一切。這套方法先以否定方式談神，例如神是非存有，而非存有；神非無知，而非智慧。但是因為這樣的抽象敘述枯燥乏味，所以我們必須進一步否定這種否定陳述，說神是「非非無知」或「非非虛無」。

蘇非派的回想不把焦點放在歷史，而是以《古蘭經》為本，希望能體驗先知領受《古蘭經》啟示時的感受，所以力圖探索《古蘭經》的隱義，期盼能從中看出穆罕默德的內心狀態。相對於安拉嚴明的正義，蘇非更強調祂的慈悲與愛，也設計出能讓每個人覺察到神的超越性的修行方式，讓這種體驗不限於密契精英。這些修行中最通行的是讚念（dhikr，原意為「回憶」），亦即透過唱誦安拉之名（有如念咒）一同「回憶」祂的臨在。單調而重複的唱誦旋律，加上強而有力的身體共鳴，讓習於理性思考的心暫時靜止，也讓修行者向右腦更具體的思維模式敞開。修行者的姿勢與呼吸都需仔細調節，在出息和入息時專注於身體的特定部位。諦聽是蘇非的另一個重要修行方式，以音樂和讚美詩培養這種覺知。

伊斯蘭密契主義的原型神話是先知「登宵」（Night Journey）。相傳穆罕默德某晚從麥加直驅耶路撒冷，靈魂上升到真主的寶座。《古蘭經》只間接點到這則故事，[34]但注疏者大幅擴寫，讓它成為人人都應返歸己所從來之本源的寓言。當密契者了悟自身與真主密不可分時，自我將隨之「消融」（fana），並再次「重生」（baqa）。早期蘇非阿布．雅濟德．比斯塔米（Abu Yazid al-Bistami，公元八七四年卒）曾說過自己的經驗：他剝下一個又一個自我執念，直到自己彷彿與神融為一體。在那時，神對他說：「我是透過你的你，除你以外沒有神。」[35]

批評蘇非的人說他們忽視《古蘭經》淺白的意義，蘇非的回應則是，在《古蘭經》中，安拉也說過這部經是複雜的：

> 經中有許多明確的經文，是全經的基本，但也有許多隱晦的經文。心存邪念的人遵行隱晦的經文，為迷惑人心而隨意釋義，但只有真主知其真義。學問上有根基者說：「我們確信：不論是明確的還是隱晦的經文，都是從我們的主降示的。」惟獨有學問根柢的人才能領悟。[36]

因為《古蘭經》是真主的話語，所以它是無限的，不能被單一詮釋框限，只有「有學問根柢的人」才能參透「隱晦的經文」的「真義」。[37]在讀誦《古蘭經》時，蘇非會想像自己從塵世飛升入天，像先知在麥加和麥地那傳授《古蘭經》時一樣、像天使加百列（Gabriel）向先知啟示《古蘭經》時一樣，也像先知直接從安拉聽見啟示時一樣。正如一位蘇非所說：

> 我曾讀《古蘭經》但不覺甘美，直到我像聽安拉的使者向門徒讀誦它時那樣讀誦。接著，我超越這個境界，像聽加百列向安拉的使者讀誦它時那樣讀誦。後來，安拉領我進入另一個境

界，於是我從至聖訴說者那裡聽見它。現在，我知道它是我無法抗拒的祝福與喜悅。[38]

但這種經驗極其強烈，親歷者很可能像先知當年一樣瀕臨崩潰。賈法爾就和穆罕默德一樣不時失去意識，他說：「我在心中不斷複誦經文，直到我從至聖訴說者那裡聽見它，而我的身體不堪負荷。」[39]

有的穆斯林反對蘇非的釋經方式，塔巴里就曾說過：許多「隱晦的經文」在《古蘭經》其他地方已有合理解釋，在晦澀之處鑽牛角尖只會造成紛爭。[40]波斯學者法赫魯丁・拉齊（Fakhr al-Din ar-Razi，一二一〇年卒）也認為：對於艱澀難解的經文，釋經者只應接受最明顯的解釋。[41]不過，伊斯蘭教偉大神學家阿布・哈米德・安薩里（Abu Hamid al-Ghazzali，一一一一年卒）對蘇非主義是肯定的。安薩里的神學造詣極高，當時無人能出其右，在他的時代，蘇非運動已經傳遍帝國全境，吸引社會各個階層的穆斯林。對很多人來說，蘇非大師點出《古蘭經》中真確而關鍵的活力。一般信眾不但會一起讚念，也極為尊崇導師（pirs），還會在他們的墓前祈禱和舉行讚念。每座城鎮都有蘇非修院（khanqah），當地民眾會去那裡尋求指引。蘇非行者成立教團（tariqas），在穆斯林世界開枝散葉。安薩里相信蘇非的冥想儀式有助於發展內在靈性，他說：「有學問根柢的人」是指踏上蘇非之道的穆斯林，他們若能精進修行，終能獲得超越概念的知識。蘇非主義至此已勢不可當，連批判的人往往都曾加入蘇非教團，堅持字面解經的神學家阿赫美德・伊本・泰米葉（Ahmed ibn Taymiyyah，一三二八年卒）就是如此。直到十九世紀，穆斯林主要仍是以蘇非的修行方式經驗《古蘭經》。

波斯詩人賈拉爾・阿丁・魯米（Jalal al-Din Rumi，約一二〇七－一二七三），是著名的蘇非教團「旋轉行者」（Whirling Dervishes）的創立者，他用平易的方式說明某些較為艱深的蘇非觀念，讓一般穆斯林也能理解。弟子稱他為毛拉納（Mawlana，「我們的夫子」之意），他的偉大詩集《瑪斯納維》（Masnawi）告訴讀者，無論自己是否察覺，每個人都在尋找一位似乎缺席的神，隱隱感到自己與存有之源是分開的。[42]《瑪斯納維》鼓勵穆斯林看穿周遭一切事物的表象，發掘隱藏其中的超越。《古蘭經》不是也敦促你們，要把自然界的一切當成指向真主的「標記」（signs）嗎？由於魯米比其他蘇非詩人更常引用《古蘭經》，而且總是以不同方式說明經文的意義，[43]所以《瑪斯納維》甚至有「波斯詩中的《古蘭經》」之稱。[44]這麼說並未褻瀆神聖。有一則聖訓說，先知講過：「《古蘭經》有外在面向和內在面向，內在面向有七重意義。」魯米解釋道：

《古蘭》雖有外在，
但善人啊，它的內在更加有力。
即使才進入內在第三重——
所有的智者皆已渾然忘我。
第四重內，不見一切
唯見無可匹配之真主。[45]

《古蘭經》最深的意義唯有無限的安拉能解，所以將不斷產生新的意義。啟示不只發生在遙遠的過去，每當有蘇非向《古蘭經》敞開自己的心，便是新的啟示降臨之時。

這種觀念是穆伊德・阿丁・伊本・阿拉比（Muid ad-Din Ibn al-Arabi，一二四〇年卒）的核心思想。阿拉比是西班牙密契者和哲學家，他深信每個人都應探求聖典的隱義，不只密契者與神學家該這麼做。他堅信，「《古蘭經》對誦讀它的人萬古常新」。以同一種方式讀同一句經文兩次的人，一定尚未正確了解。[46]真正專注的穆斯林每次誦讀《古蘭經》都能發現新的意義，因為是在最恰當時完整聽見安拉對他們的意旨。[47]穆斯林必須謹記，真主的靈臨在於每一次誦讀，所以《古蘭經》不只是典籍，也是「神的屬性——這種屬性與其形容之物是不可分的。當它降臨你心，所言即《古蘭經》者（He Whose Word the Quran Is）亦隨之降臨」。[48]這不只適用於《古蘭經》，也適用於《古蘭經》之前的所有聖典——妥拉、〈詩篇〉、福音書和吠陀。[49]

因此，對《古蘭經》的任何一種詮釋都不是唯一的，每位誦讀經文的人都「獲得新的看法，每一次誦讀，他都是以自己的存在跟隨真主的誦讀者」。[50]我們不是非接受別人的詮釋不可。[51]《古蘭經》鼓勵每個人積極探求經節最深的意義，因為這些經節就像大自然裡的「標記」，是「給予思索者的標記」。[52]阿拉比說，有的人會撬開果殼，發覺果仁的豐富，有的人看見果殼已經滿足——這都是真主對他們的意旨。[53]釋經不可有精英主義或排他心態，因為《古蘭經》是無限的，如「無岸之海」。[54]不過密契主義需要謹慎思考，不應流於一時盲目的感動。直觀的洞見永遠必須以理性（aql）補充，《古蘭經》的文句必須理解正確，還原它們在先知時代的意思。[55]穆斯林必須像先知一樣渴望變成《古蘭經》，先知的妻子阿伊莎（Aisha）曾說：「他的本性就是《古蘭經》。」[56]

既然每次開始讀誦經文時必說「奉至仁至慈真主之名」，這提醒我們：《古蘭經》記錄的是慈悲之主的話語。不同於著重安拉的正義面的法學家，阿拉比不斷引用一則強調神的慈愛的聖訓。在那則聖訓裡，安拉說：「我的仁慈先於我的義憤。」《古蘭經》不是講過，安拉派遣穆罕默德是因為祂「慈憫」世界？[57]阿拉比極為強調神的慈愛，甚至因此堅稱地獄之苦不會是永恆的。[58]基於對神的慈悲的信心，阿拉比深信所有信仰傳統同樣有效：

> 我心接受所有形式，不論是
> 隱修者的修院、偶像的神殿、
> 瞪羚的草原、信徒的克爾白、
> 妥拉的石版，抑或《古蘭》。
> 神是我的信仰，不論
> 祂的駱駝轉向何方，祂都是我信的真實信仰。[59]

蘇非主義此時逐漸成為伊斯蘭教的主要形式，也將發展出對其他宗教的高度欣賞。

然而，有的穆斯林無法認同這種寬宏看待其他宗教的作風。一〇九九年七月，來自歐洲的十字軍發動突襲，攻下猶太人、基督徒及穆斯林和睦共處超過四百年的耶路撒冷，短短三天內就屠殺三萬人。在歐洲，歷史學家羅伯修士（Robert the Monk）對此大書特書，甚至認為這場征服的重要性僅次於創造世界和耶穌受難。[60]在十字軍東征之前，大多數歐洲人幾乎不認識伊斯蘭教，然而在此之後，穆斯林在西方世界成為眾矢之的，被指為「邪惡可憎的種族」、「卑鄙之徒」、「墮落到當魔鬼的奴隸」。[61]可是，即使在一〇九九年那場令人髮指的大屠殺之後，超過五十年的時間，穆斯林還是沒有合力對抗「法蘭克人」。當地的王公貴族仍舊為了爭奪領土彼此爭伐，無心聯手驅逐法蘭克侵略者，任憑十字軍殖民黎凡特、占地為王、分封采邑。穆斯林不但沒有被他們的聖典洗腦成聖戰士，反而似乎對於以軍事方式進行吉哈德興趣缺缺。直到一一四八年第二次十字軍的大軍殺到，才令一些阿拉伯貴族產生危機感。然而即便如此，努爾丁（Nur ad-Din，一一七四年卒）和薩拉丁（Salah ad-Din，一一九三年卒）還是花了四十年才凝聚民心，廣泛激起對法蘭克人發動宗教戰爭的熱情。在此之前，吉哈德與死亡兩不相干；到了這時候，喚醒吉哈德的依然不是《古蘭經》的暴力傾向，而是西方世界的持續攻擊。[62]

在黎凡特的穆斯林逐出十字軍的同時，蒙古大軍在兩河流域、伊朗山地、阿姆河盆地（Syr-Oxus Basin）和窩瓦河（Volga）流域攻下大片穆斯林領土，建立四大汗國。凡是不立刻屈服的統治者，都得眼睜睜看著城市化為廢墟、臣民遭受屠戮。事實上，泰米葉和魯米都是為了避刀兵之禍而逃離故鄉的難民。一二五〇年，穆斯林的馬木路克（Mamluk）軍隊總算擋下蒙古的攻勢，在加利利的阿音札魯特（Ain Jalut）之戰中擊退敵軍。

正是在這段恐怖的時期，穆斯林學者開始以更強硬的方式詮釋《古蘭經》論戰爭的經文。就像先前看到的，早期釋經家堅持軍事作戰的本質是自衛。可是對《古蘭經》第二十二章第三十九到四十節（若不努力反抗侵略，則「許多修道院、教堂、猶太會堂、清真寺」必毀於一旦），十三世紀以西班牙文寫作的穆罕默德·古圖比（Muhammad al-Qurtubi，一二七八年卒）有了新的解讀。在基督徒決心將穆斯林逐出伊比利半島的「收復失地」時期（Reconquista），古圖比說：不論《古蘭經》裡有多少命令穆斯林與敵人和平共處的經文，它們都已被第二十二章第三十九到四十節廢除。法赫魯丁·拉齊對這兩句經文也另有詮釋，他說：修道院、教堂和猶太會堂不算「常有人紀念真主之名的建築物」，因為正確敬拜真主的只有清真寺。除了這兩節之外，《古蘭經》的其他經文也被重新詮釋。例如《古蘭經》第二章第一九〇到一九三節（「不要過當」〔wa la ta tadu〕），早期釋經家的共識是它禁止主動開啟爭端，也禁止在抵抗侵略時出現過當行為，還認為這段經文只適用於當時特殊的情境：穆罕默德帶領一千名幾乎手無寸鐵的穆斯林進入敵方領域，費盡千辛萬苦才與古萊什人在侯代比亞井簽訂重大和約。當時陪先知進行這場高風險任務的穆斯林相當憂心：要是古萊什人在嚴禁打鬥的麥加哈蘭攻擊他們，他們能否還擊？在這種特殊情況下，《古蘭經》許可他們還擊：「你們在哪裡遇見他們，就在哪裡消滅他們」，即使在哈蘭也不例外——但是除非敵人先動手，否則不可以這麼做。然而到古圖比時，他卻將這些經文抽離歷史脈絡，並宣稱《古蘭經》已下達絕對命令：穆斯林必須與「非信士」作戰，無論他們先攻擊與否。[63]

再舉兩個例子。首先，早期釋經家不太留意《古蘭經》第二章第二一六節（「戰爭已成為你們的定制〔alaykum〕，雖然戰爭是你們所厭惡的」）。事實上，直到八世紀，大多數釋經家的看法仍是：在先知和他的門徒去世後，戰鬥不再是穆斯林的責任。然而拉齊現在主張，定制代表戰鬥是一般義務，和齋戒月禁食一樣，每個穆斯林都應奉行。拉齊親身經歷第三次和第四次十字軍東征，這種解讀在他在世時就已經成為主流。古圖比所見略同，更指出安達魯西亞（Andalusia）的領土之所以會被基督徒奪走，原因無他——西班牙穆斯林不願意戰鬥。此外，對於《古蘭經》第九章第五節（「你們在哪裡發現拜偶像者，就在哪裡殺戮他們、俘虜他們、圍攻他們，在各個要隘偵候他們」），早期釋經家認為它只適用於破壞《侯代比亞和約》的古萊什人，然而拉齊再次將經文抽離脈絡，堅持它是現在的穆斯林仍應履行的通則。不過，他倒是沒說它廢除《古蘭經》中要求與非穆斯林和平互敬的命令。[64]

⁂

拉比猶太教一向有密契主義之風，阿奇瓦拉比曾追求妥拉隱藏的靈性意義；在約哈納拉比與弟子討論以西結見到的天界戰車異象時，天上降下火焰，天使從火焰中對他們說話。[65]有人說，每當猶太人研讀妥拉時，都是重現西奈山上的神顯（theophany），都是重見神向以色列人啟示祂的榮耀（kavod）與臨在（榭基納）。[66]在穆斯林征服巴勒斯坦之後，猶太人更傾向這樣思考（也許是耳聞穆罕默德「登宵」見到神的寶座的故事，多少受到影響）。拉比們開始思索妥拉在宇宙中的角色，[67]七世紀在巴勒斯坦成書的《拉比釋經集》（*Pesikta Rabbati*）說：妥拉就是智慧，亦即神創世時伴祂左右的「巧匠」。當神說「讓我們照著我們的形象造人」，祂說話的對象正是祂的夥伴——妥拉。如果妥拉的話語就是讓宇宙得以存在的聖言，在猶太人研讀妥拉時，他們便與宇宙的神聖旋律合契。[68]八世紀成書的《以利以謝拉比之言》（*Pirke de Rabbi Eliezer*）甚至更進一步，賦予妥拉的書寫和字母宇宙之力。[69]研讀妥拉漸漸帶有法術意義：研經不只能維繫宇宙的存在，甚至能強化神本身的力量。塔木德裡有個故事：邁爾拉比將妥拉書寫成文時，以實邁爾警告他說這是代天行事，只要漏了或多了一個字母，就會摧毀整個世界。每個字母無論是方是圓、是大是小，都是神本身的形式，所以只要一個地方出錯，整卷書就不再是神的形象。[70]

雖然伊斯蘭帝國治下的猶太人也創造出自身版本的法爾沙法，但他們也認為很難調和亞里斯多德的第一推動者與《聖經》中的神。全然屬靈的神可能創造出物質世界嗎？薩迪亞．本．約瑟（Saadia ben Joseph，八八二－九四二）這樣質疑。他是巴比倫猶太社群的領袖，也是第一位以哲學方式詮釋妥拉的塔木德專家。他認為理性到某個程度會陷入泥沼，但是儘管如此，我們也只能邏輯而系統地傳達《聖經》的教導。[71]西班牙出身的摩西．本．邁蒙（Moses ben Maimon，一一八五－一二〇四）——西方稱他為邁蒙尼德（Maimonides）——也意識到亞里斯多德和《聖經》的衝突。[72]

但他的結論是，由於神的本質無以言詮，若想適切傳達，恐怕只有透過法爾沙法的理性抽象和密契主義的晦澀象徵，畢竟這兩種方式都需要高深的智性思考與冥想功力。因此這些慧見無法與一般人分享，必須成為祕傳知識，藏在《聖經》淺白的語言底下。先知們也不得不用寓意或象徵的方式傳達訊息，因為出於「神」的奧祕與任何一件世俗事物都不相似。

因此，邁蒙尼德認為討論神時最好用否定方式。由於我們對「存在」的經驗極其有限，所以說「神存在」並不恰當，應該說神並非不存在。同樣地，我們不該說神是「智慧的」、「完美的」或「大能的」，而該說神是「非無知的」、「非不完美的」或「非無能的」。要是不這麼做，我們等於是把自己對權能、完美和智慧的有限概念投射到神身上。不過，這種方法只適用於討論神的屬性，絕不可能用來描述神的本質，因為神最深的自我絕非言語之所能及。[73]邁蒙尼德在這個方面和伊斯瑪儀派所見略同，都認為否定方法有時能激發洞見，讓思索的主題「現身、一閃，然後再次隱身」，「讓真理被驚鴻一瞥，再重新隱藏」。[74]否定陳述儘管拗口，卻能讓人體會語言的侷限，從而領悟超越的意義。邁蒙尼德說自己對神之無以言表「激動萬分，顫抖不已」。[75]

邁蒙尼德相信，宗教真理非販夫走卒所能體悟。對崇尚平等的現代人來說，這種說法或許聽來刺耳，但這是農業社會的標準態度，畢竟在那樣的環境裡，農民和貴族之間存在無法跨越的教育鴻溝。不過，邁蒙尼德其實曾為不識之無之人草擬「信條」，亦即為求救贖所必須信仰的要理，包括信神之存在、統一、屬靈和永恆；信先知預言，禁偶像崇拜；信神知人之一切所為，並將給予相應之賞罰；熱望彌賽亞降臨與死者復生。[76]無獨有偶的是，阿布．瓦立．伊本．阿赫美德．伊本．魯什德（Abu al-Walid ibn Ahmad ibn Rushd，一一二六－一一九七）——穆斯林菲拉素夫之一，西方稱為阿威羅伊（Averroës）——也曾寫過類似的信條，但他和邁蒙尼德的信條都沒有發揮多少影響。換句話說，雖然我們現在以為「宗教」都會用這種方式界定信仰，但在前現代時期並非如此。在那個時代，宗教真理主要是在儀式化的行動中經驗和傳達的。

邁蒙尼德本身對猶太教的經驗，顯然也不是一組非接受不可的靜態信條。對他來說，信仰是動態的累積過程，每一代都為它添上新的律法、規範和爭議，每一場辯論也都是這個過程裡不可或缺的一部分。早期的拉比之所以辯論得那麼激烈，是為了在舊規範不再適用的後聖殿時代解決新問題，而不是像某些猶太人說的，是忙著拚命挽救被遺忘的重要教導。[77]邁蒙尼德不會認同後來將希伯來文神聖化的做法，因為對他來說，希伯來文只是人的產物，模稜兩可，充滿歧異，能揭露的並不比隱藏的多。相較之下，邁蒙尼德更依賴法爾沙法的理性語言，因為它能探索《聖經》語焉不詳之處的隱含意義，揭開曖昧不明之處埋藏的訊息。不過，邁蒙尼德也相信預言和密契主義中的直覺，因為直覺雖然依賴想像，卻能帶來更崇高的、神的視野。

到了十三世紀晚期，西班牙和普羅旺斯有一小群猶太人更進一步，開創出新的密契修行方式——他們稱為卡巴拉（Kabbalah），意思是「繼承的傳統」，因為它像拉比教育一樣，也是師徒相承。摩西．德萊昂（Moses de Leon）、以撒．德拉提夫（Isaac de Latif）、約瑟．吉卡提拉（Joseph Gikatilla）等人原本更熱中於法爾沙法，對塔木德興趣缺缺，但是後來發現法爾沙法無法觸及他們的經驗，於是回頭向阿奇瓦拉比尋求啟發。阿奇瓦拉比是塔木德裡一則密契故事的主角，那則故事說：曾有四名賢士大膽進行靈性實驗，進入「果園」（pardes）——一種十分危險的心靈境界，最後只有阿奇瓦拉比全身而退。卡巴拉修行者的結論是：他們的靈修是唯一安全的密契修行方式，因為緊緊扎根於《聖經》。[78]他們以peshat、remez、darash和sod四個字的縮寫，稱為PaRDeS，四個字指的分別是字面意義、寓意意義、道德意義，以及他們自己對妥拉的密契詮釋。雖然聽起來和基督宗教的釋經方法很像，但是每種意義其實各自代表猶太人先前的一種釋經方法，字面觀是指拉希的字面詮釋、寓意觀是指菲拉素夫更深奧的釋經法、道德觀是指後來的注疏作品（例如《拉比釋經集》）。卡巴拉派雖然禮貌地肯定以往的釋經方法，但還是認為自己的密契釋經扎實地以《聖經》為本，是會遇神聖的唯一安全之道。

有別於基督徒釋經時是依序探究經文的各層「意義」，卡巴拉派則獨獨深入神祕意義，從不討論它們的字面意義、道德意義和寓意意義。不過，卡巴拉派創造出有力的綜合體。[79]不但成功復興拉比傳統中的密契要素（有的拉比和菲拉素夫其實輕看了這個要素），也運用到菲拉素夫的宇宙論（菲拉素夫相信宇宙是神的發散〔emanation〕：無法定義的神放出十道發散，最後一道就是我們的物質世界）。不過，卡巴拉派不再認為啟示是為了連接神與人在本體層次的鴻溝，因為他們相信神的發散持續發生在每個人身上。同樣地，創世不是遠古時代的一次事件，而是人人參與其中的永恆過程。這是傳達實在的統一的深刻嘗試。而實在的統一，只有在我們停止分析、進入右腦視野時，才能隱約窺見。

《聖經》對卡巴拉修行至關緊要。在卡巴拉修行者研讀《聖經》時，不但沉入經文之中，也沉入自身之內——而這種沉入其實也是朝存有之源上升。神與《聖經》是不可分的，因為《聖經》是神具顯為人的語言，《聖經》故事是妥拉的「衣裳」。大多數人無法看穿這些敘事，但卡巴拉修行者有如新郎，他將脫下新娘的衣裳，與他的摯愛合而為一。[80]拉比們在《聖經》中尋找的是神的旨意，卡巴拉派在《聖經》中尋找的則是神的臨在，試圖從每一句經文裡看出隱密的解釋。他們和菲拉素夫一樣清楚言語無法界定神，但他們相信《聖經》的象徵即使無法讓人理解神，但至少可以讓人經驗神。既然詞語及其所象徵之物之間存在內在連結，不可說的聖名的四個字母

（Tetragrammaton，譯按：YHWH），便是神的本質。[81]妥拉其實是活生生的織品，由神不可知的聖名的各種名字編織而成。換言之，神以某種方式把自己壓縮在《聖經》裡，祂就是《聖經》。[82]

卡巴拉派將神最深的本質稱為恩所夫（En Sof），意為「無終」。恩所夫完全不可知，甚至連《聖經》和塔木德都沒提過。創世時，恩所夫如大樹般從牢不可破的隱密裡迸出，伸向各方的樹枝展現出它的屬性。這樣的發散有十道，卡巴拉派稱為瑟斐拉（sefirah，複數為sefiroth，字面意義為「數」）。恩所夫在語言所不能及之處，但每道瑟斐拉都揭示它的一個面向，每一道也都比前一道更容易理解，因為一道比一道接近物質世界。不過瑟斐拉並不是神性的「部分」，因為它們雖然伸向不同方向，但每一道都濃縮神性的全部奧祕。

神是不可知的，神讓自己可以被人理解的過程也是不可知的，發散瑟斐拉的神話就是為了讓人認識這個過程。十道發散不是連結神與物質世界的天梯，而是包覆著世界，向世界訴說真理。因為它們也存在於人的靈魂，所以也代表非人格的恩所夫變成《聖經》中的人格神的過程。雖然卡巴拉派對「從無中創世」的教義看待得非常嚴肅，但是他們完全顛覆傳統的詮釋——他們認為這個「無」在恩所夫之內，一切萬物都從它而出。第一道發散凱特（Keter）是開啟創造－啟示過程的黑暗火焰，之所以稱它為「無」，是因為我們所能感知到的任何實在都無法與它對應，它是神聖本身，是隱密而無可表達的實在，它的「面」向內，不朝我們，是永遠迴避我們理解的超越。[83]第二道發散是和克瑪（Hokhmah），意為「智慧」（Wisdom），它穿透無法穿透的黑暗，代表的是我們領悟力的極限；接下來是碧瑪（Bimah），神聖的「智性」（Intelligence）。後面七道較低的發散依序是：瑞卡敏（Rekhamin，「慈愛」〔Compassion〕）、迪恩（Din，「嚴格的審判」〔Stern Judgement〕）、赫希德（Hesed，「憐憫」〔Mercy〕）、內札克（Netsakh，「恆忍」〔Patience〕）、霍德（Hod，「莊嚴」〔Majesty〕），最後是瑪庫特（Malkuth，「王國」〔Kingdom〕），又稱榭基納。

亞當受造之後，原本應該在第一個安息日默觀神原（Godhead）的全部奧祕，但他挑輕鬆的做，只默想最容易理解的榭基納。這不僅導致他自己的墮落，還將榭基納扯離其他瑟斐拉，讓它無法繼續留在神聖世界。卡巴拉修行者決定擔負亞當本應完成的任務，學習默觀深藏於《聖經》中的神聖奧祕。所以對卡巴拉修行者來說，《聖經》猶如記載瑟斐拉之間的互動的加密紀錄。舉例來說，亞伯拉罕獻以撒的故事說明審判（迪恩）與憐憫（赫希德）總一起合作，相輔相成；約瑟抗拒性誘惑而攀上權力高峰，讓我們知道在神聖的靈魂中，節制（迪恩）與恩典和慈愛（瑞卡敏）必維持平衡；〈雅歌〉則象徵對貫穿一切存在層次的和諧與合一的渴望。[84]所以，卡巴拉修行者一邊以同一種方式探究《聖經》的不同層次，一邊默觀神性的各種層次。

《光明之書》（*Zohar*）以小說的形式闡述卡巴拉，故事背景設定在二世紀，據說是雷昂的摩西（Moses of Leon）所作。書中的主人翁西蒙·本·約海（Simeon ben Yohai）是早期拉比之一，他周遊巴勒斯坦，到處與同儕討論妥拉。這些對話顯示，隨著卡巴拉修行者層層深入文本，會發現自己逐漸升往存有之源。《光明之書》以寓言描述這個過程，有一位美麗的少女深居王宮，她的祕密情人為了看她一眼，總是在外頭街上徘徊不去。有時候她會打開大門，但也總是匆匆關上。一開始，她給他信號，「從她掛在面前的帷幕後面」與他對話，因為「這麼做才合乎認識的禮節，能讓他漸有進展」。[85]卡巴拉修行者也一樣，必須一層層逐漸進步，好讓帷幕日益透明。最後，他的情人終於「面對面站在他眼前，與他傾訴所有的祕密」。[86]他要像一位熱情的新郎，脫去妥拉的衣裳——亦即《聖經》中的故事、律法和族譜：

沒有領悟力的人只見得到敘事，也就是衣裳；較有洞察力的人看得見身體；真正的智者則在西奈山上服事至高君王，他們能洞穿一切，直視靈魂——妥拉，萬事萬物的根本要理。[87]

妥拉最初看似掛一漏萬，並不完美，但精勤釋經者將能看見深藏其中的神性。

透過守夜、齋戒和不斷自省等儀式，卡巴拉的神話化為現實。最重要的是，卡巴拉修行者必須過團體生活，克服自私與自我中心，因為憤怒會粉碎每個人都想在心中建立的神聖和諧。在分裂、破碎的狀態裡，人不可能經驗到瑟斐拉之間的合一。[88] 友情對達成卡巴拉的出神至關緊要，在《光明之書》裡，成功釋經的跡象之一是對話夥伴的喜悅，當釋經者成功詮釋一段經文時，他的同伴將為聽到的神聖真理歡喜高呼。最後，釋經者們彼此擁抱、親吻，繼續踏上密契旅程。卡巴拉一開始只是微小的祕傳追求，後來卻成為猶太教中的大型運動，連不具密契天分的猶太人都被吸引。在這個面向上，卡巴拉和蘇非的發展是一樣的。蘇非如何帶出伊斯蘭的關鍵活力，卡巴拉修行者便如何觸動猶太心靈中的主要神經。

⁂

雖然二程振興儒家的深層精神，也明言人人都能發現自己的天心，成為聖賢，但他們並未造成時勢，直到朱熹（一一三〇－一二〇〇）以經為本，將他們對「理」的追求牢牢扎根於經典，才真正帶動風潮。從此以後直到一九一一年革命，朱熹闡釋的理學一直主導中國知識界。朱熹出生於今日福建尤溪，幼時在家由父親教育，開始接觸二程的作品。父親死後，朱熹年方十九便通過科舉，並在出仕之前研究佛道思想。雖然他深受禪宗吸引，但終究認為自己從心底與儒家相契。

朱熹和二程兄弟一樣，也相信當時的儒家已經忘卻最重要的教誨。在《中庸章句》裡，朱熹說子思（孔子之孫）當初之所以作《中庸》，是因為「憂道學之失其傳」。朱熹提醒讀者，孔子在世時其實很不得志，並不像司馬遷說的那麼有權勢，但是這種際遇卻讓他發現道的真義，追求真理的成就甚至超過堯舜。然而，完全了解他的道理的弟子只有顏回和曾參，在孟子之後，他的教誨更遭到遺忘。幸好《中庸》保存下來，讓發憤「續夫千載不傳之緒」的二程可以著力。可嘆的是，如今連二程之學都有衰頹之勢。朱熹說自己設法「會眾說而折其中」，從可以取得的資料裡，盡力挖掘《中庸》真正的訊息。因此重拾「道統」絕非易事，需要有志之士細心蒐集殘章斷簡，深入考掘其意。[89]

決意投身儒學後，朱熹師從程頤的三傳弟子李侗（一〇八八－一一五八），也向他學習靜坐。雖然朱熹說靜坐讓他在自心深處會遇「天理」，[90]但他對這種修心方式有所保留，因為認為靜坐和禪宗的打坐太像，所以只建議弟子以靜坐為養敬的一部分。除了靜坐之外，李侗還指導朱熹研讀五經及其關於道德的理性論述。[91]朱熹完全認同程顥「以天地萬物為一體」之說，但也憂心要是沒有充分強調這則道理的道德意義，這種說法可能淪為模糊而自戀的自然密契主義。他寫道：

> 泛言同體者，使人含胡昏緩，而無警切之功，其弊或至於認物為己者有之矣；專言知覺者，使人張皇迫躁，而無沉潛之味。[92]

事實上，張載已明確表示「萬物一體」必須以道德行動實現，例如孝敬父母、友愛兄弟、盡忠職守等等。孔子曾說「克己復禮」是與人往來的根本，朱熹進一步解釋：「『克己復禮為仁』，言能克去己私，復乎天理，則此心之體無不在。」[93]

朱熹始終堅持，理學家既要在人心裡追求「天理」，也要在社會裡表現道德、盡好責任，兩者密不可分，缺一不可。他拒絕把儒家的仁等同佛教的「慈悲」，因為佛教缺乏實踐，「體」和「用」是分開的。朱熹說，儒家和禪宗的不同是理一分殊。在你自己的「人」心中發現天地之道，與在你身處的環境中盡好專屬於你的責任密不可分。李侗曾告訴朱熹，雖然中國佛教徒認為悟道是服務世人的前提，但是人不應把化解世間紛擾推延到自己獲得涅槃之後。真正的自我實現和心靈自由，必須在幫助他人的實際行動中完成。[94]

朱熹指出，為學與對人的情感和治國、平天下的政治活動密不可分，格物、致知及修身必然讓人入世參與社會行動。二程說過「學」是累積的過程，明白萬物事理之後，便「脫然自有貫通處」。朱熹也說，當你猛然領悟張載和二程所說的、了無分別的「全」，便能「豁然貫通」（或許可以說這是右腦的智慧），再也沒有人我、內外的對立，同時看見自己在天地之道的「全體大用」中的特殊位置，以及伴之而來的獨特義務。因為理一分殊，所以每個人的這種經驗都不一樣。為學到了一定階段，對天地事理的認識終能讓人與自己和世界相安，再無一物與己扞格不入。[95]這種經驗伴隨著對平凡事物中造化之功的敬畏，而且如二程所說，這種經驗同時結合身體和情緒、道德與理性。不過，程頤是透過客觀地格萬物之理而「貫通」，朱熹則是敦促弟子浸淫於儒家經典，在經典中獲得這份轉化自我的洞見。

朱熹清楚學習過程必須仔細規劃：學生應該從比較簡單的書入門，程度進步後再研究更深的作品。儒家這段時間把焦點放在《大學》、《中庸》、《論語》和《孟子》，因為這四部作品比五經更能呼應他們對自我轉化的渴望。一一九〇年，朱熹將它們併為一冊出版，合稱為四子書，並以注釋串連它們的內容。

他要求弟子先熟悉四子書，而且要以一定順序閱讀：[96]

> 先讀《大學》，以立其規模。次讀《論語》，以立根本。次讀《孟子》，以激其發越。最後讀《中庸》，以盡其精微。[97]

前兩本書用比較廣泛的方式談修身的重要性和德治的效果；《孟子》引領學生更深一層地思考仁與德；《中庸》則讓學生反思聖賢的內在生活，明瞭努力是成聖的唯一之路。

除了四子書之外，初學者還應閱讀幾本基本讀物。朱熹的《近思錄》是其中一本，它是語錄選集，協助尚未深入形上學的學生了解修身的過程。《近思錄》有一個深具革命性的特色：它不太談堯、舜、禹或周公，反而把焦點放在周敦頤、張載、二程等「今人」，因為他們證明此時此地亦可成聖。學生的入門書還包括《小學》和《資治通鑑綱目》，前者談的是深入哲學研究的社會和道德前提，後者則是朱熹摘要司馬光的巨作，刪除龐雜的細節，顯明其中的教訓。朱熹的弟子都是統治階級的成員，注定要入朝為官。這套精心設計的課程兼顧道德和知識，為他們做好終身為學的準備——因為朱熹相信，求學對服務他人與國家健全至關重要。[98]充分掌握這些基本讀物後，學生就能進一步研讀五經。

朱熹對中國當時的學風深感憂心。沽名釣譽的讀書人比比皆是，其中一些成日舞文弄墨，卻根本沒有讀過五經。朱熹認為科舉心態助長學子的道德怠惰，佛教禪師則從不鼓勵嚴謹為學，讓學生以為作學問和證悟輕而易舉。[99]此外，朱熹也擔心印刷術的負面影響。雖然中國人早在八世紀就已發明印刷術，但是這項技術直到此時才普遍流行。[100]讓典籍價格低廉又容易取得的確是好事，但在書籍唾手可得後，學生不再需要背誦，甚至只讀了一次就以為自己已掌握精髓。身為朝廷命官，朱熹熱心教育，有心鼓勵不求功利的學習，不但親自創立九所書院，也到其他書院講學。性質類似的書院在十二世紀快速增長，顯示他的理念確實呼應很多讀書人的需求。[101]

朱熹十分相信經典的轉化力量，曾說：「今人只辦得十日讀書，下著頭不與閒事，管取便別。」[102]不過熟悉經典的內容還不夠，學生必須努力體現先賢之教，「使其言皆若出於吾之口，繼以精思，使其意皆若出於吾之心，然後可以有得爾」。[103]遇到有疑義的地方不可輕易放過，而應全神貫注，徐徐精讀，直到完全掌握其意。[104]他告訴學生，自己還在他們這個年紀時，每天早上都誦《大學》和《中庸》十遍，他們也應不斷讀誦四書，直到它們成為自己的一部分。[105]

朱熹像二程一樣要學生「玩味」經典，緩緩地、沉浸地、慎重地一再讀誦，能讓讀者內化聖賢之言。朱熹也像本篤會修士一樣使用「反芻」的意象：讀得越慢，讀書滋味越是雋永。[106]有句諺語說「人如其食」（we are what we eat），朱熹也希望聖賢的話能這樣轉化我們，使我們成為真正的聖賢。此外，朱熹也像二程一樣將讀聖賢書比作親炙其人，[107]所以讀書人對書當心存敬意。若能讓聖賢的話成為自己的，就不只與經典為一，也與著書的聖賢的心為一。

學生不可濫以己意詮釋經典，朱熹感嘆：「今人多是心下先有一箇意思了，卻將他人說話來說自家底意思，其有不合者，則硬穿鑿之使合。」[108]學生必須去除一己之見，「看他冊子上古人意思如何」。[109]如果對某些地方百思不得其解，可能是因為之前已經不假思索地接受既定解釋，以致理解受到框限。所以讀各家注疏時應持批判態度，因為他們都有可能出錯。

朱熹堅持懷疑是學有長進的起點，為學必須拭去心中成見，讓心「如箇明鏡在此，物來畢照」。[110]若有志於學，每天應該半日讀書，半日靜坐，因為靜坐能去除心中自利之想，讓人能保持客觀，並養成敬的態度。朱熹和二程一樣，也相信端正身的姿勢能克制心的躁動——抬頭挺胸，坐立恭敬，舉止莊重。[111]學是辯證的過程，雖然經典與讀者本是不同之物，但多次讀誦通徹之後，兩者也將合而為一。[112]在中國，與其說超越存在於「另一個」領域，不如說超越是一種領悟——領悟啟迪聖賢的真我內蘊於每一個人，領悟真我讓自己與萬物在根本處緊緊相繫。[113]

⁂

十五世紀末，在當時屬於蒙兀兒帝國治下的拉合爾（Lahore）旁的一座村莊，有一名年輕人得到天啟。那納克（Nanak）生於一四六九年，《古騰堡聖經》（*Gutenberg Bible*）在歐洲出版三年後。雖然父親希望他成為帳房或牧人，但他性好獨處，常常一天花好幾個鐘頭冥想，把賺來的錢全部布施出去。有一天，他去河裡洗澡後不見蹤影，家人擔心他已溺斃，沒想到三天後他自行上岸，開口就說：「沒有印度教徒，也沒有穆斯林，我該跟隨誰呢？我該跟隨神的腳步。」[114]他後來談起這次經驗，說：

> 我本是無業吟遊詩人，祂給予我日夜吟誦聖言的使命。祂召我進宮，授我讚美祂的榮耀。祂賜我一杯神聖甘露，祂至真至聖之名的甘露。[115]

這次天啟之後，那納克四處旅行多年，東抵阿薩姆（Assam），西至麥加，一路吟唱他作的詩，在巴格達和瓦拉納西（Benares）等朝聖地與印度教徒和穆斯林對話，最後才回到故鄉。一五一九年返回旁遮普時，他在卡塔普爾（Kartarpur）建立教團，弟子稱他為那納克祖師（Guru Nanak）。

早期錫克教的教理和實踐，結合很多我們在其他聖典中看過的主題。他們堅持至高實在之絕對不可說，那納克稱為阿卡爾．普拉卡（Akal Purakh），意為「超越時間」。他們相信造物者關愛每個人，無論他們的性別、種姓或信仰傳統。人生充滿悲苦，宗教追求的目標是從苦與重生的輪迴中解脫（mukti）。那納克以美麗動人的詩歌傳達訊息，但他將一切創作歸於「聖言」（shabad），堅持自己對這些作品無尺寸之功。[116] 錫克教團平時會一同吟唱神的名字，有如念咒（與穆斯林的讚念有異曲同工之妙），並服務窮人。一五三九年，那納克去世時指定繼承者，此後師徒相傳一百七十多年。值得注意的是，那納克不但沒有正式寫下聖典，甚至還反對建立宗教正典。所以無論對吠陀還是對《古蘭經》，他一概不以為然。對他來說，錫克教徒應該以內在之耳聆聽聖言，而非用耳朵傾聽從外面傳來的神聖訊息。

無獨有偶地，這些聖典都強調神是無法言詮的。這讓我們不禁想起一開始提到的吠陀仙人——人類讀經藝術的先驅。從那時候開始，人們就一直吟誦或聆聽他們的神聖經文，藉此揣測語言所不能及的終極實在的樣貌。人們也在這個過程中發現，認識終極實在與吸收一般資訊不同，認識終極實在必須另闢蹊徑，培養各式各樣不同凡常的思考與感受方式。如那納克所說，有志認識神聖者必須打開「內在之耳」，不必參考聖典，也不必以聖典肯定自己的想法，只要努力向前取得新的洞見，讓聖典說出不一樣的道理，將傳統推向未知的水域。超越的經驗既有賴於實踐慈愛，也有賴於人、自然和宇宙的相互依存（後者在中國尤其如此）。不過儘管那納克已無意因循舊俗留下聖典，此時的西方卻朝著反方向發展。西方當時在社會、經濟和政治上都經歷巨變，人們開始獨獨依賴聖典，並漸漸淡化傳統上支持聖典的儀式與實踐的角色。

第三部
PART THREE

理性
LOGOS

第十二章

唯獨聖經

到了十六世紀初，歐洲人已清楚看出自己的社會正發生重大改變。他們發現新大陸；他們以無與倫比的精準探索宇宙的奧祕；拜新技術之賜，他們在繪畫和雕刻上成就非凡，傳達自身觀點的能力遠非前人能及。聖經學者賈諾佐・馬內蒂（Gianozzo Manetti）深信人類已發展到崇高狀態：

我們周遭的一切全是我們的作品，人的作品：房子、城堡、城市、華廈，遍布全地。它們彷彿出自天使，而非人類，但它們的確是人類所作……看著這些傑作，我們知道自己能做出更好、更美的作品。[1]

但是其他人沒有那麼樂觀。一三四七年到一三五〇年，歐洲有三分之一的人口死於黑死病；一四五三年，鄂圖曼土耳其人滅拜占庭帝國，並繼續進犯歐洲領土；一三七八年到一四一七年，多達三名教皇堅稱自己才是正統，爭鬥之粗暴讓許多人離心離德，史稱大分裂（Great Schism）。文藝復興之鄉義大利不但內戰頻仍，也屢遭外敵入侵。義大利詩人法蘭切斯科・佩脫拉克（Francesco Petrarch，一三〇四－一三七四）寫道：人們「不斷遭受與誘惑最殘酷的衝突」，他們「永遠暴露於險境，至死不得安全」。[2]

接觸古希臘羅馬經典作品後，人文主義者為歐洲今昔之別震驚不已，但這也讓他們相信根本的改變是可能的，即使在宗教上也是如此。這群人是文人雅士，非常看重文筆，他們之所以排斥阿奎納的作品，不是因為教義歧見，而是因為他文采欠佳。他們相信知識無法只靠理智獲得，也必須用心感受，並以感官體驗。不只要在神學上理解《聖經》，也要在情感上和美學上欣賞《聖經》，因為正如佩脫拉克對弟弟所說：「我們也許能說神學其實是詩，一首關於神的詩。」[3]

為了重振基督信仰，文藝復興人文主義者追本溯源，閱讀《聖經》原文。[4]羅倫佐．瓦拉（Lorenzo Valla，約一四〇六－一四五七）編著《新約彙編》（*Collatio*），選錄當時在大學裡傳授、用來證成教會正統教義的《新約聖經》經文，將熱羅尼莫的拉丁譯本和希臘原文並列。對照之下發現，它們顯然未必能證成所欲證成的教義。《新約彙編》原本以抄本形式流通，後來由荷蘭人文主義者德西德里烏斯．伊拉斯謨（Desiderius Erasmus，一四六六－一五三六）發行印刷版，讀者一時倍增。伊拉斯謨還出版希臘文《新約聖經》，並譯成典雅的西塞羅式拉丁文。拜印刷術之賜，懂拉丁文和希臘文的人此時都能閱讀到福音書原文，學者檢視翻譯並提出改進建議的速度也比從前更快，伊拉斯謨獲利後，又出了好幾版《新約聖經》。人文主義者尤其受保羅吸引，因為他的文字以原本的通用希臘文（koine Greek）讀來更具活力。基督徒雖然一向肯定保羅非常重要，但是因為他的概念和複雜的論證不易以口語傳述，所以在此之前經常覺得他深奧難懂，不過在卸下熱羅尼莫笨拙的拉丁譯本的桎梏後，他的作品重獲新生。伊拉斯謨深信，能領略《聖經》帶來的情感衝擊才能改革教會，而改革教會的關鍵是他們平信徒。[5]

商業經濟從十四世紀起已在北歐發展，此時正影響人們思索和經驗世界的方式。不同領域同時出現許多發明與革新，雖然它們此時看似無關緊要，但日積月累的效果將改寫歷史。推動這些創新的是一種務實、理性的心態，將日益反蝕傳統的神話精神。人們開始製作羅盤、望遠鏡、放大鏡等精確工具，用以繪製精準的地圖和海圖，在改善航海技術的同時，也揭露至今從未見識的天地。荷蘭顯微鏡學家安東尼・范・雷文霍克（Antony van Leeuwenhoek）對細菌、精蟲及其他微生物的觀察，引發對於繁殖和衰退、生與死的新探問。到了一六〇〇年，新發明增加的速度已讓進步勢不可逆。資本主義將使西方無限複製它的資源，甩脫農業經濟的侷限。這個過程最終造成十九世紀的工業革命，社會、政治、經濟與知識變革將環環相扣，彼此互依。[6]

然而，動搖根本卻難以察覺的變化是令人迷惘的。人們看不到社會走向何方，卻以凌亂而擾人的方式感覺到緩慢的改變。[7]對一部分人來說，支持西方基督徒超過一千年的信仰和儀式與新世界格格不入。另一方面，也許因為十五世紀的歐洲比前幾個世紀更篤信宗教，大家對教士階級的腐敗更為敏感，越來越多人質疑羅馬教廷對基督建立的教會毫無貢獻。有人憂心世界末日近在眼前，深信唯有徹底改革才能力挽狂瀾，拯救基督教世界免於天譴。[8]

威登堡大學（University of Wittenberg）聖經與哲學教授馬丁・路德（Martin Luther，一四八三－一五四六），是這股不安氛圍的縮影。這名年輕的修士雖然忠實奉行修會會規，卻覺得這些規定無法安撫他近乎病態的死亡恐懼（畢竟，它們是在非常不同的時空背景下制定的）。[9]最後，他從釋經中得到慰藉：在為〈詩篇〉的一系列講課做準備時，他重讀〈詩篇〉第七十一篇的一句話：「求祢照祢的義（justitia）解救我。」[10]他先從字面意義著手，將它詮釋為基督對聖父的祈禱，接著思考它的道德意涵，將這句話轉化為信徒對基督的祈禱——想到這點，他大喜過望，認為這意味著基督能將祂自己的義賜給罪人。[11]沒過多久，他在修院書房裡詮釋〈羅馬書〉，為保羅從哈巴谷（Habakkuk）先知引用的一句話感到困惑：

> 我不以福音為恥；這福音是神的大能，要拯救一切信的人，先是猶太人，而後希臘人，因為福音啟示了神的義：這義是本於信，而又歸於信。正如經上所說：「義人必因信得生。」[12]

路德一直以為神的義（justitia）是指將罪人打入地獄的審判（justice），他不懂這為什麼是「福音」？也不解「義」（righteousness）怎麼會和「信」連在一起？想到〈詩篇〉第七十一篇後，他總算有了答案——他相信保羅想說的是：神會將祂自己的義賜給信基督的罪人。他後來寫道：「我覺得自己猶如重生，彷彿通過敞開的門進入樂園。」[13]

路德著名的「人唯因信稱義」信條，指的是一名罪人只要有信，他就能說：「基督已為我做足一切。祂是公義的，祂是我的保護，祂已為我而死。祂已讓他的義成為我的義。」[14]路德的信（fides）指的並不是「信奉」一套教理，是指它的原意「交託」或「信任」。「信不需要資訊、知識或確定性，」他解釋道，「信是無條件地順服，歡喜地把一切押在你無可感受、無從驗證也無法窺知的（神的）良善。」[15]路德對保羅這句話的詮釋其實與原意不符，但他使用的是傳統釋經方法：賦予經文新的意義，讓它直接回應自己的處境。不過，他和傳統釋經之間有一項重大差異，讀經的技藝還包括虛己和慈悲，亦即放下自我、關心他人，但是他對〈羅馬書〉的詮釋卻都與自己有關——他的信、他的救贖，還有他對死亡的恐懼——那慈悲呢？我們馬上會看到，路德的美德並不包括慈悲。

一五一七年十月三十一日，路德將他的九十五條論綱釘上威登堡教堂的大門，宗教改革運動正式開始。這些論綱激烈挑戰羅馬教廷的赦罪與聖禮主張，抨擊它們毫無《聖經》依據。兩年後，在萊比錫（Leipzig）與因戈斯塔（Ingolstadt）神學教授若望・艾克（Johann Eck）公開辯論時，路德又建構唯獨聖經（sola scriptura）教理。羅馬教廷的立場是，只有教宗和主教會議有資格詮釋《聖經》。艾克問道：釋經乃授予教宗、主教會議和大學的精微之藝，沒有他們引導，一般人怎麼可能懂《聖經》？路德的回答是：「以《聖經》裝備的純樸平信徒，比沒有《聖經》裝備的教宗或主教會議更值得信任。」[16]路德的潑辣發言正中城市人下懷，他們原本已有當家作主之意，也早已唾棄教士從老實人身上訛錢。日耳曼中部和南部的城市此時已是商業重鎮，有實力與羅馬抗衡，實際上已不受教廷節制。[17]才識高的教士也在自己的書裡傳播路德的觀點，而拜新興印刷術之賜，這些作品以前所未見的速度快速流通，促成世界上第一場群眾運動。

唯獨聖經深具革命性，是開啟宗教改革的驚天一呼。就像已經提過的，在此之前，觸動人心的從來不是聖典本身。在傳統上，聖典是在儀式中展演和表現，而且儀式有時比文本更為重要。可是從這時候開始，讀經蔚為風潮。《古騰堡聖經》讓有機會讀經的人比以往都多，而由於新教改革者都嫻熟希伯來文和希臘文，這群人文主義者也掀起一場聖經文藝復興。[18]以瑞士來說，宗教改革是從人文學者研究團體開始的，瑞士的改革派不像路德那麼重視教理，只想重整道德風氣。不過，日內瓦的慈運理（Huldrych Zwingli，一四八四－一五三一）和路德一樣，也深信只有直接閱讀《聖經》才能成功推動改革。他在一五二二年寫道：「當神的聖言照耀人的知性，就能點亮知性，讓人明瞭神的話語。」[19]《聖經》不需要詮釋，因為它「自明其理，是確實的、無誤的、明白的，不會讓我們在黑暗的蒙昧中犯錯」。[20]

與慈運理同為改革派的巴爾塔薩．胡伯邁爾（Balthazar Hubmaier，約一四八〇－一五二八），也抱持同樣看法：

> 在所有的分歧和爭議中，我們應該也必須獨獨以《聖經》為準，除了神親自設立並宣告為聖的《聖經》之外，再無其他判準……獨獨《聖經》是真光、是明燈，能洞穿人類所有的爭執、無知和異議。[21]

然而我們已經知道：聖典其實並非「自明其理」；相反地，它們經常刻意把人帶往沉默和不知。聖典並未解決教理爭議：希臘神學家無法只靠《聖經》證明基督的神性；穆斯林律法學者在建構伊斯蘭法學時必須「獨立推理」（ijtihad）；拉比在《聖經》裡找不到回應後聖殿世界的明確答案，所以發展出米示拿；耆那教徒因為發現聖典也會出錯，因此更重視實踐慈悲。

所以並不令人意外的是，宗教改革者很快發現，儘管他們精通《聖經》，但是對《聖經》的教導依舊沒有共識。舉例來說，路德和慈運理對聖餐的解釋就南轅北轍——耶穌在最後晚餐時拿起麵餅說：「這是我的身體。」他的意思是什麼？[22]路德依然相信基督真實臨在於聖餐餅中，所以從字面意義解讀耶穌的話，說他的意思是「這塊餅就是我的身體」。但慈運理堅持它指的是「自然」意義，亦即「這塊餅代表我的身體」或「這塊餅就像我的身體，為你們捨的」。[23]從一五二五年到一五二九年，改革陣營發表二十八篇文章反對路德的觀點。這不是小事，因為這代表改革者無法一起禮拜。換句話說，宗教改革一開始就分裂成幾個陣營，彼此相爭。

有人說宗教改革運動象徵左腦思維的崛起，如我們所見，歐洲從十三世紀開始就已經有這種趨勢。[24]令改革派糾結的聖體化質說（transubstantiation），其實是中世紀神學家不成功的嘗試，他們原本有心以亞里斯多德的術語解釋聖餐禮，亦即在司祭唸出祝聖經文時，餅和酒的「實體」（substance，根本實在）真的變成基督的身體和血，但餅和酒的「偶性」（accidents，外在樣貌）完全不變。無奈說服力有限，連希臘基督徒都難以接受。

聖體化質說是一種抹除隱喻的「不善巧」。隱喻是右腦的自然表現模式，見到的是萬物互依互連，將甲物之全體與乙物之全體連結起來，讓我們看待甲、乙的眼光不再一樣。[25]說一個人是「色狼」，不只是把狼擬人化，也是把人獸性化。同樣地，在說一個人是「聖人」時，我們對人性和神性都有了不同的認識。這種隱喻的洞見是在左腦處理資訊之前出現的。[26]傳統天主教儀式刻意含蓄，充滿隱喻，令人難以捉摸，讓參與者默默領悟實在的統一。宗教改革則宣告書寫成文的聖言的勝利，偏好清晰和確定。基督說的「麵餅」現在只能指麵餅，這種思考模式導致重文字輕意象、重字面輕隱喻，使人只知固守《聖經》的明確意義。宗教改革者與米蘭的安布羅斯不同，他們沒有「仔細琢磨」《聖經》的話，也沒有好好窮究文字背後的深意，他們拋棄傳統的「四重意義」，只把焦點放在字面的、歷史的描述。除非無損文本的淺白意義，否則不可進行寓意詮釋。這個決定將使西方基督徒心靈陷入緊張，而這種緊張很快就變得讓人無法忍受。

在改革派對嬰兒洗禮的激烈爭執中，也可以看見這種新的字面解經作風。再洗禮派（anabaptists）是一群更基進的改革者，認為嬰兒洗禮「不合《聖經》」。的確，《新約聖經》並未明確提到嬰兒洗禮，不過東、西方基督徒都已接受，雖然原因不同，但他們都不排斥革新，也願意與時俱進。改革派卻自以為是地惡言相向，陷入他們理應透過讀經而超越的自我。康拉德．格列伯（Konrad Grebel）痛斥孩童洗禮是「無意義而瀆神的惡行，完全違背《聖經》」；費利克斯．曼茲（Felix Mantz）說嬰兒洗禮「違背神、羞辱基督，踐踏祂親口所說的真實、永恆的話語」；漢斯．胡特（Hans Hut）指控嬰兒洗禮不道德地「欺騙純樸百姓，是橫行基督國度的奸惡騙局，是窮凶極惡之輩掩護不敬神之徒」；原本是本篤會修士的麥可．沙特勒（Michael Sattler）也嚴厲譴責嬰兒洗禮，說它是「教皇大惡之首」。[27]

改革派似乎忘了瓦拉的警告：以經文佐證立場可能出錯。每當其中一方以《聖經》經文控訴對手，論敵便立刻引其他經文為自己背書。令人好奇的是，要是莊子、荀子、佛陀或拉比看到這些爭議，他們會怎麼說？——他們其實已經分別用不一樣的方式講過：這種來意不善又自我中心的爭吵是「不善巧」。沉溺於自己的見解是危險的，咄咄逼人的篤定感恐怕只反映出天大的誤解，甚至可能變成「執著」。朱熹曾特別告誡學生：不可將自己的想法代入經書——但這正是宗教改革者的做法。讀經的藝術是為了讓讀經的人產生根本蛻變，而不是以神之名認可他們必然有限的觀點。儘管改革派都敬重奧古斯丁，但似乎都忘了他的堅持：《聖經》教導的只有愛。「小心慈運理，要避他的書如避撒旦的地獄劇毒，」路德警告同儕，「因為此人已完全偏離正道，完全失去基督。」[28]

路德宣稱《聖經》只有一個意義：「不論用淺顯或深奧的話語訴說，整部《聖經》談的只有基督，別無其他。」[29]但他馬上發現，《聖經》裡有的經卷比其他經卷更強調基督。他的解決辦法是創造「正典中的正典」——亦即特別推崇能支持他的神學的經卷。威登堡神學家安德列・卡爾斯塔特（Andreas Karlstadt）因此與他爆發衝突，反對他將〈雅各書〉邊緣化。〈雅各書〉對路德的「人唯因信稱義」主張構成挑戰，因為其中有此一問：「我的弟兄們，若有人說自己有信，卻一件善行也沒有，這信能救他嗎？」如果一個人對別人攸關生死的需求袖手旁觀，光憑信心能得救嗎？〈雅各書〉的看法是：「有信心卻沒善行，信心就是死的。」[30]我們已經看到的是，聖典總是要人付諸行動，而一神論傳統總是強調社會公義的重要。大乘佛教之所以不苟同阿羅漢，是因為他們不覺得自己有責任協助別人減輕苦難。理學家也堅持仁民愛物、澤被天下是成聖之要。

從周公引入天命的概念以來，聖典便一直具有政治能量，剷除不公與壓迫也成為神聖的使命。

在宗教改革時，農民起義（Peasants' Revolt）將這個議題推上風口浪尖。[31]日耳曼中南部的領主有意集中權力，導致農民傳統權益受損。雖然部分農民堅定斡旋，也得到讓步，可是從一五二五年三月到五月，有的農民鋌而走險，選擇劫掠並燒毀教會產業。路德毫不同情他們的苦衷，堅持他們命該受苦，在他看來，農民應該遵守福音書的教誨，奉上另一邊臉挨打，接受生命與財產的損失。[32]豈料農民竟也引用《聖經》經文反擊，聲言基督所造之人皆為平等。對路德來說，此等忤逆之舉正是他們淪為撒旦之奴的明證，所以建議各地領主：

> 儘管使出法子痛打、擊殺、戳刺他們，明的暗的都好。記住：沒有任何一件事比造反更惡毒、更有害、更邪惡。這跟瘋狗非宰不可是一樣的道理：你不揍他，他就揍你，還奪你整片土地。[33]

他還說消滅叛亂者其實是仁慈之舉，因為這等於是救他們脫離撒旦的網羅。結果，在這些鎮壓中喪生的農民可能高達十萬。路德是第一個鼓吹政教分離的基督徒，他相信基督徒一旦因為堅信神的救贖權柄而稱義，就已屬於神的國度，必須對罪惡世界的政治事務保持超然。問題是這種真正的基督徒為數不多，大多數所謂的基督徒仍屬於世俗國度——一個自私、暴力、被魔鬼操控的世界，所以他們必須被國家強力限制。[34]

也許無可避免的是，詮釋《聖經》一直是知識階級和有閒精英的禁臠。農民起義後，路德收回他「純樸百姓亦可釋經」的大膽說法，但再洗禮派依舊堅持每個基督徒都有閱讀《聖經》的權利。可是到一五三〇年代，路德和慈運理帶動「威權宗教改革」（Magisterial Reformation），規定只有通曉希伯來文、希臘文及拉丁文的基督徒可以閱讀《聖經》，其他人學習《聖經》必須透過「濾網」（filters）——例如路德的《小教理問答》（*Lesser Catechism*，一五二九年）。[35]之後法國改革者約翰．加爾文（John Calvin，一五〇九－一五六四）也同意大多數基督徒無能閱讀《聖經》，而他的《基督教要義》（*Institutes of the Christian Religion*，一五五九年）也成為新教的標準《聖經》指南。[36]

不過，加爾文並不固執堅持字面解經，還是敬重奧古斯丁的「調適原則」，認為聖言的傳達方式會受歷史環境限制。用嬰兒話（balbative）能將複雜的道理簡單化，讓單純、沒受過教育的人也聽得懂，創世故事就是很好的例子。[37]加爾文說，我們不能「只因為某些狂徒總是魯莽地否定他們不懂的事」，就率爾譴責當代天文學家的發現。舉例來說，雖然摩西曾將太陽和月亮描述成天體中最大的，但是科學家如今發現土星比月球更大：

> 兩種說法之所以會有落差，因為摩西是以通俗的方式寫作，讓有基本常識的一般人不需教導也能懂；天文學家則是盡己所能探究秀異之人智力能及之事。

加爾文相信啟示是漸進的過程。因為人能力有限，所以神在每個階段都為人調整祂的真理。因此神的教誨會隨著時間改變和發展，變得越來越屬靈。[38]雖然路德只把「舊」約視為基督的前奏，但加爾文相信神給予以色列的啟示也是完整的，這讓西方基督徒比以往更重視《希伯來聖經》本身的意義。

在特利騰大公會議（Council of Trent，一五四五－一五六三）上，羅馬教會重申對《聖經》的傳統立場，反對宗教改革者提出的主張。主教們駁斥唯獨聖經之說，堅持教會傳承的傳統是《聖經》

不可或缺的輔助。他們除了指出新教的《聖經》非足本外，❶也肯定武加大譯本的權威性和教會詮釋《聖經》的特權，並決議禁止教士在取得長上核可前出版釋經著作，最後這項決定阻礙天主教《聖經》學術發展數百年之久。不過，天主教和新教一樣也發行一系列「濾網」和教理問答，試圖將《聖經》的訊息「凍結」在特定時空。在此之前，釋經者一直對《聖經》提出新的詮釋，讓它能回應不斷變動的環境，因此天主教會此舉不啻於阻礙聖經回應時代。[39]印刷術也改變人們對《聖經》的態度。[40]隨著印刷書籍逐漸取代口傳，宗教知識變得去個人化（depersonalised），或許也變得更缺乏彈性，畢竟真理以前是在師徒之間的動態關係裡發展的。印刷頁本身即是精確與嚴謹的典範，是新生的理智導向的商業精神的心靈徵候。[41]

西班牙出現另一種面貌的天主教改革運動。亞維拉的德蘭（Teresa of Ávila，一五一五－一五八二，譯按：以下稱為大德蘭）改革加爾默羅會（Carmelite order），讓女性修道生活發生根本改變，她確保修女受到一定程度的《聖經》和密契主義教育，使她們不致輕易陷入中世紀女修院常見的歇斯底里。她的朋友兼導師十字若望（John of the Cross，一五四二－一五九一），曾這樣描述密契者從日常意識轉向密契意識的變化：

> 默觀的境界——亦即當靈魂離開推理默想，進入進修者的境界——是天主在靈魂內的工作。因此，天主約束了內在的官能，不讓理智有所依靠，也不使意志有什麼喜愛，記憶也無法推想。[42]

這顯然是一種訓練過的遁出，讓默觀者暫時甩脫左腦的宰制，刻意「遮蔽」或控制它對理性和概念的注意，甚至停止它提升自我的意欲。大德蘭也談過類似的過程：

> 當靈魂的所有官能合一……它們什麼也做不了，因為智性彷彿陷入愕然。意志所愛超乎智性所知，但智性不知意志愛的是什麼，亦不知意志在做什麼……至於記憶，我想，靈魂那時沒有記憶，沒有能力思考，感官也不是清醒的，它們像是消失了一樣。[43]

加爾默羅會改革者和奧義書賢士一樣，也教導熟悉默觀者超越一般的感知模式，發現自己與梵——「一切」——為一。

不過，這並不需要完全出世；大德蘭不像路德那樣鄙視善功，她說：「這……就是祈禱的目的，這就是神婚的目的，善功，獨獨善功……我們應該渴望並專注於祈禱，這不是為了享福樂，而是為了獲得服事的力量。」[44]西班牙天主教改革運動的另一位重要人物是羅耀拉的依納爵（Ignatius of Loyola，一四九五－一五五六），他創立耶穌會，也寫下靈修經典《神操》（*Spiritual Exercises*），在作品中大力鼓勵會士們付諸行動。耶穌會士遠赴天涯海角（在本章稍後就會談到，他們甚至到了中國），透過傳教認識信仰真義。依納爵曾經歷異象時刻，一時「豁然開朗，彷彿成了另一個人，換了另一顆心」。[45]然而，曾是軍人的他仍信任左腦，他的《神操》引導每位耶穌會士進行三十天的內在旅程，每個階段都有明確路標；他的神學和靈修重視系統、分析及定義——拜這套

❶譯注：路德刪去〈多俾亞傳〉、〈友弟德傳〉、〈瑪加伯上〉、〈瑪加伯下〉、〈智慧篇〉、〈德訓篇〉、〈巴路克〉七卷書。

訓練之賜，耶穌會士在近代早期科學發展中引領群倫。

宗教改革的爭執讓天主教徒和新教徒相互敵視，而這股敵意又在所謂宗教戰爭（Wars of Religion）中擴大。大致上來說，在宗教改革之後，日耳曼東北部和北歐屬路德派，英格蘭、蘇格蘭、荷蘭北部、萊茵區（Rhineland）及南法以加爾文派為主，歐陸其他地區則仍屬天主教。雖然國際關係無可避免地因為這種分歧而惡化，但日耳曼領主對哈布斯堡王朝（Hapsburgs）的野心亦有警覺。哈布斯堡王朝當時已掌握西班牙、荷蘭南部和日耳曼許多地區，天主教皇帝查理五世（Charles V，一五一九年到一五五六年在位）有意在歐洲建立鄂圖曼式的霸權，日耳曼諸邦則一心循英、法模式建立強大的主權國家。另一方面，法國前後幾任天主教國王都想遏止哈布斯堡王朝的野心，兩大天主教強權鏖戰超過三十年後，查理五世終於承認失敗，在一五五五年簽訂《奧斯堡和約》（Peace of Augsburg）。此後，歐洲各地的宗教信仰由當地統治者決定，一言以蔽之，就是Cuius regio, eius religio（「地方歸誰，宗教隨誰」）。[46]

對捲入其中的人來說，這些戰爭一定猶如新教和天主教的生死之鬥。然而，如果這些衝突果真只因宗教而起，我們應該不會見到新教徒和天主教徒在同一陣營作戰。但事實上，這種情況屢見不鮮。換言之，宗教立場相同卻彼此攻擊的例子比比皆是，法國宗教戰爭（French Wars of Religion，一五六二年到一五九八年）和緊隨其後的三十年戰爭（Thirty Years' War，一六一八年到一六四八年）也是如此。在三十年戰爭裡，中歐甚至有高達三五%的人死於兵禍。[47]不過，這些衝突的創傷讓多數歐洲人相信，天主教和新教的神學分歧是不可解的，大家必須以不涉宗教的真理為共同基礎。

於是，當法國哲學家笛卡兒（一五九六－一六五〇）提出在三十年戰爭戰場上精心構築的解決方案時，很多人欣然接受。雖然笛卡兒至死都是虔誠的天主教徒，但他同意宗教不是解決眼前問題的辦法，而是造成僵局的原因之一。在此同時，他也對法國懷疑論者蒙田（Michel de Montaigne，一五五三－一五九二）在〈為雷蒙・塞邦一辯〉（The Apology of Raymond Sebond）結尾提出的挑戰坐立難安，蒙田說：除非我們能找到絕對確定的真理，否則我們什麼也無法確定。一六一九年，在笛卡兒以仕紳兵（gentleman-soldier）身分赴任時，大雪讓他不得不在多瑙河畔的烏姆（Ulm）停下，待在一間有暖爐的小屋子裡。他做了三個澄澈清明的夢，在夢中得到啟發，要以數學為主幹，統合神學、算數、天文、音樂、幾何、光學和物理學等所有學科。

相對於唯獨聖經，笛卡兒提出的是唯獨理性（sola ratio），他的解決之道是放下所有啟示和傳統神學，向同代人提出一個（他相信是）不證自明、清晰、明確的概念。不過，這個概念源於基進的懷疑精神：我們不能依賴感官提供的證據，事實上，我們甚至無法確定自己周遭的物體是否真實存在——因為在我們以為自己看見、聽見或觸碰它們時，可能只是在做夢。於是，笛卡兒全面清空自己以為知道的一切，但在他用這種方式思考和懷疑時，他察覺到自己的存在是真實的。[48]他以懷疑為苦行，嚴格實踐，沒想到從內心深處升起的竟是自我：

> 我思，故我在（cogito, ergo sum）這項真理是如此確定而堅實，不論懷疑者提出多放肆的見解，都絲毫不能撼動它。於是，我得到結論：我可以毫無疑慮地接受它為我所追求的哲學的首要原理。[49]

思考本身就是獨立自主的，它自成世界，不受外在影響，和其他一切存在分開。笛卡兒的我思標誌著歐洲啟蒙時代的開始，但這個轉折不同於聖典與虛己造就的蛻變，「唯獨理性」帶來的啟蒙是目空一切的自負。

以確定性的核心——我思，故我在——為起點，笛卡兒一步步證明神的存在和外在世界的真實性。在他看來，物質世界沒有生命、不信神又遲鈍，無法告訴我們任何與神有關的事，全宇宙唯一有生命的東西就是思考本身。由於「神」是人心之中明確而清晰的概念，所以我們不需要透過聖經、啟示或神學來認識祂。笛卡兒以稍嫌循環論證的邏輯說明：因為神即是真理本身，祂不會容許我們在「神是否存在？」這樣重大的問題上犯錯。儘管阿維森納、邁蒙尼德、杜尼修和阿奎納全都堅持不可說神「存在」，但笛卡兒卻毫不猶豫地稱神為「首要且至高的存在」。對聖徒、拉比和密契者來說無以言詮也無所不在的實在，就這樣被硬生生塞進人類心智有限的框架之中。[50]

將《首要哲學沉思錄》（*Meditations on First Philosophy*）獻給巴黎神學院的學者時，笛卡兒淡淡地向這群博學多聞的神學家宣示，像他這樣的科學家比他們更有資格討論神聖。他們欣然同意，因為教理僵局顯然不可解，而笛卡兒的答案很有希望讓大家脫困。由於改革者個個固執己見，而他們引以為證的經文往往無法證明什麼，唯獨聖經已引起太多無法調和的主張，但笛卡兒卻能信誓旦旦地說：「神既然是如此完美的存有，『有神』或『神存在』至少就和幾何學證明一樣確定。」[51]在他看來，雖然聖經有意讓人對自然世界產生敬畏之情，但科學的使命就是要破除這種心態。他相信自己的哲學能讓人成為自然的主宰，因為宇宙裡的現象不過是物理之必然。他堅信，拜科學理性之賜，不久後，「我們不會再對任何見聞感到驚奇……我們將能輕鬆相信，即使是世上最受崇敬的事物，我們也能找出它們的成因」。[52]

思覺失調症（schizophrenia）曾被界定為過度理性，它不是退回更原始、更缺乏自我意識的思考模式，而是「過度冷漠、過度理性、自我強烈、脫離現實而疏離的狀態」，患者往往極力與周遭事物保持距離，擱置「一切一般假設，以不帶感情的態度予以嚴格檢視」。[53]笛卡兒的情況即使並不意味他有精神疾病，也顯示唯獨理性恐怕已對他造成嚴重心理壓力。他說自己透過窗戶看著街上的人，好奇自己為何理所當然地認為他們是人類，而不是機器：「我其實不認識他們，只是推論我見到的是人……可是，我從窗戶看到的會不會是穿戴衣帽的機器呢？然而我判斷他們是人。」[54]他還覺得奇怪：「我胃裡那種被稱為『飢餓』的神祕搔痛，為什麼會讓我想吃東西？」[55]他甚至想盡辦法說服自己擁有身體：當然，「我有身體」這件事是「可能的推測」，但那「只是推測」，因為他對自己的身體沒有「清晰而明確的概念」。[56]

笛卡兒一手開啟理性時代。雖然這為科學、哲學和技術帶來可觀的進展，但是也改變西方人經驗聖典的方式。在此之前，讀經一直是以儀式為本的藝術形式，有身體動作、有集體吟誦，也有最具體的藝術——音樂；在此之前，讀經需要的是對人類一體同仁的關懷，而不是笛卡兒式的抽離與冷漠。

⁂

於是在西方，神學和《聖經》逐漸被轉譯成與它們格格不入的理性語言。可是理性言語無法撫慰我們的悲傷、無法激起我們的超越感，因此也無法說服我們生命是有意義和價值的——儘管所有理性證據顯示恰恰相反。的確，約翰．塞巴斯蒂安．巴哈（Johann Sebastian Bach，一六八五－一七五〇）和格奧爾格．弗里德里希．韓德爾（George Frederick Handel，一六八五－一七五九）的音樂，有助於讓《聖經》經文回歸右腦，《欽定本聖經》（*King James Bible*）除了提供讀者

（相對）沒有爭議的文本外，其優美的文體也在神聖語言與世俗用語之間做出區隔。但是漸漸地，天主教徒和新教徒都以閱讀理性語言的方式解讀《聖經》神話（mythos）。或許並不令人意外的是，在神學家的焦點日益偏向經文原意時，有些詩人、藝術家和劇作家依舊從較為傳統的視角看待《聖經》，繼續放手詮釋《聖經》故事，讓這些故事能回應當前的問題，在讀者心中實現宗教的精髓——個人蛻變。

彌爾頓（一六〇八－一六七四）在世時即負盛名，被尊為僅次於荷馬和維吉爾（Virgil）的大詩人。在一六六七年出版的史詩《失樂園》中，他澈底重詮亞當與夏娃墮落的《聖經》故事。彌爾頓是人文主義者，也是宗教改革之子，既體現出當時兩大運動的精神，也是一位過渡性人物。他原本是虔誠的新教徒，由衷相信「唯獨聖經」的教義，但後來逐漸厭惡宗派之間死守教條的作風，轉而將熱情投注在政治和知識自由——亦即十八世紀啟蒙運動的核心價值。不過，他十分排斥笛卡兒的唯獨理性原則，因為認為保羅已經說得很清楚：基督宗教本質上是非理性的。[57]他在〈論基督教教理〉（On Christian Doctrine）一文中說：「討論神聖事務時，讓我們忽視理性，只跟隨《聖經》的教導。」[58]不過，他不接受路德那種唯賴信仰以致貶抑「善功」的態度，也反對他堅持真正的基督徒不應涉入政治的立場。彌爾頓認為，我們固然是因信稱義，但這個「信」應該是「活的信仰，而非死的信仰」。他相信信仰「自有其功」，而最大的功就是政治，也不畏涉身政治亂局。英國內戰（一六四二年到一六四九年）之後，國王查理一世（Charles I）遭到處決，清教徒短暫建立共和，彌爾頓加入奧立佛．克倫威爾（Oliver Cromwell）的政府，發表好幾篇討論政治理論的文章。

一六六〇年王政復辟後，彌爾頓不得不退出政治。此後，他完全獻身於詩，《失樂園》就是在這個階段完成的。一六五二年失明後，從日出到黃昏，他每天口述詩句請祕書和苦命的女兒抄寫。

對他來說，這些努力不只是基於文學使命，更是受信仰啟發的「善功」，而目的基本上是政治的。在他著名的小冊《論出版自由》（*Areopagitica*）裡，這麼寫道：詩人比學者更善於教導，因為詩能迂迴發揮作用，不只是傳遞事實而已。詩能觸動我們現在所稱的潛意識，讓讀者將它的教訓吸收到比純粹理性更深的層次。[59]彌爾頓相信：對國家健全來說，公民的宗教和道德教育遠比憲政安排重要。政府的責任是「讓人民有選賢之能，讓獲選者有治理之才……改善我們千瘡百孔的教育，教導人民信仰之餘，也不忽視德性」。[60]對雙目失明、有志難伸，又已失去政治舞臺的彌爾頓來說，創作這部史詩是他唯一能為神建功的方式。

彌爾頓能閱讀《聖經》原文，也希望他的讀者對《聖經》一樣用心，他祈禱自己能「找到合適的聽眾，儘管這樣的人不多」。[61]不過他對《聖經》的運用彈性很大，還為亞當與夏娃的墮落故事加進新的元素，因為他覺得自己既受《聖經》作者啟發，也蒙繆思女神賜予靈感。我們可以說《失樂園》也是一部米大示：彌爾頓像拉比們一樣填補《聖經》故事的空隙，讓它能回應內戰亂局和王政復辟後的英格蘭處境。

《失樂園》和偉大古典史詩一樣，也是從中段寫起（in medias res）：開場時，撒旦和叛變的天使已經在天界大戰中敗陣，落入地獄。撒旦試圖鼓舞軍心，打算引誘新受造的人犯罪，把勢力擴大到人的美麗新世界。通過原初混沌的恐怖領域後，撒旦抵達伊甸園，窺探尚未墮落的亞當與夏娃。《失樂園》進行到中間時，故事倒回撒旦最初向神宣戰的時刻：聖父那時將聖子在天國的地位提到最高，於是撒旦像共和派似的向聖父爭取自由。接著看到亞當與夏娃的墮落悲劇，但故事並沒有在這裡結束。彌爾頓繼續讓天使長米迦勒向亞當揭示人類的歷史，不只道出他和夏娃墮落的後果，也談到重生的應許。整部史詩到這裡才畫下句點。

彌爾頓在全詩開頭點明的主題，是奧古斯丁的原罪教義：

人首次不從神意，乃偷嚐禁樹之果，
致命一口，死亡入世，
災厄自此不絕，伊甸從此永別。[62]

我們之前提過，東方教會堅拒奧古斯丁對〈創世記〉的詮釋；至於西方教會，雖然安瑟倫強化奧古斯丁的原罪論，但它對西方有很長一段時間的影響並不大。可是進入近代早期之後，原罪論卻成為天主教和新教一致重視的信仰核心。這是一種灰暗、悲觀的教義，強調的是人類根深柢固的罪。奧古斯丁認為，人即使在接受洗禮之後，本性還是破爛不堪。東方教會從未懷疑每個基督徒在此生神化的可能性，可是對西方教會來說，這樣的蛻變幾乎不可能。

到彌爾頓的時代，西方教會甚至變得更加陰鬱。雖然預定論（predestination）對加爾文本身來說並沒有那麼重要，但它已經成為加爾文宗的一大特色。在加爾文死後接掌教會的希奧多·貝撒（Theodore Beza，一五一九－一六〇五）更進一步主張，人對自己的得救無纖毫之功，而神的命令永遠不變。換言之，神其實在永恆中便已決定讓哪些人得救，也已預定讓其他人受永罰。於是歸信基督變成一場既痛苦又戲劇化的轉變，「罪人」經常必須經歷心理學說的情緒紓減（abreaction），在極度憂傷和劇烈狂喜間危險擺盪。有的人因為相信自己已注定永死，憂鬱得想自我了斷，可是自殺又被視為撒旦的作為。在當時的人眼中，撒旦似乎和神一樣既強大又不寬容。[63]

彌爾頓不這麼想，加爾文宗的神鐵面無情，違背他的人文教育信念。「亞當的墮落豈能無可挽回地株連這麼多人？」他憤慨地問道，「而且連他們的嬰兒子孫都逃不過永死？」[64]不過彌爾頓最有力的還擊不是對神的質問，而是對撒旦的刻畫。撒旦在《聖經》裡的出場次數其實不多，誘惑亞當和夏娃的也不是他（之前提過伊甸園裡的誘惑者只是一條會說話的蛇）。在《希伯來聖經》裡，惡的起源通常被歸於次級神祇或豪強，例如利維坦、巴比倫王或推羅王。[65]在福音書中，撒旦雖然被指為耶穌的敵人，但這個角色其實到〈啟示錄〉才充分發揮。儘管新教徒一再強調唯獨聖經，可是在近代早期，撒旦這個《聖經》裡的小配角卻占據基督徒的想像，輕而易舉成為《失樂園》中最強悍的角色。

彌爾頓的撒旦究竟是正是邪？評論者從一開始就沒有共識，有人說他是惡的縮影，也有人認為他是這部史詩裡的英雄。事實上，《失樂園》中的撒旦之所以那麼引人入勝，正是因為他始終是「矛盾無解」的謎，時而狂妄自大，無惡不作，時而悔恨頹喪，令人同情。[66]這個角色像大多數人一樣難以捉摸。在地獄裡向魔鬼徒眾演說時，他慷慨激昂，雄姿英發；可是第一次見到夏娃時，他為她的美麗與純真入迷，竟然一時忘了邪念，短暫重拾善良，後來才「回神」擁抱罪惡，恢復撒旦之姿。[67]敘事者告訴我們，在他的狂怒與蠻勇之下，其實是深不見底的絕望。[68]彌爾頓讓撒旦的獨白堪比哈姆雷特或馬克白，痛切流露他心中的煎熬與懊悔，讓我們不但同理他，甚至對他肅然起敬，佩服他在永恆之苦中保有的勇氣：

我逃奔之處盡是地獄，我自己就是地獄；
即令最深之處，仍有更深一層
張開大嘴要吞噬我，

在那裡，連折磨我的地獄都有如天堂。[69]

撒旦之所以是《失樂園》中發展最完全的角色——也是我們最感熟悉的角色——正是因為他最像人。他像每個人一樣複雜、費解而矛盾。透過賦予撒旦人性，彌爾頓試圖消滅逼惶惶清教徒走上絕路的恐怖夢魘。

彌爾頓對撒旦的描寫，讓我們不禁想到拉比怎麼看「作惡傾向」——作惡傾向與人類的進步和產能密不可分。撒旦體現了近代早期的許多成就，當他踏上穿越混沌的危險旅程，就像勇敢無畏尋找新世界的探險家；當他計畫闖入伊甸園時，與歐洲殖民者並無二致；而當然，在他猛烈抨擊聖子因世襲而登上高位時，胸中沸騰的是彌爾頓對共和自由的熱血。回想決意叛變的那一刻，他說自己「鄙視屈從」：「爾等豈願卑躬屈膝，低聲下氣，為人犬馬？」他問天使同儕：

於理於義，何人有權稱王，宰制與其平等之輩？
吾等縱無蓋天權勢與赫赫聲威，
於自由皆為平等。[70]

彌爾頓像拉比一樣暗示：惡並非無所不能的異己勢力，反而與創意和發明有千絲萬縷的連結。創意和發明是人性的重要部分，人類的成就莫不與它們有關。彌爾頓在《論出版自由》裡說：

我們對世間善與惡的認識總是一同增長，幾乎無法分開。對善的認識與對惡的認識緊緊糾纏

> 在一起，兩者之間有很多地方相似得難以分辨……對善與惡的知識就像一對雙胞胎，從淺嚐的蘋果外皮迸出，來到世界。也許，這就是亞當認識善與惡——也就是說，藉著惡來認識善——而落入的禍患。[71]

惡不但內在於人，也是人性的重要部分。近代早期的基督徒把惡投射到撒旦這個恐怖角色身上，彌爾頓的撒旦則邀請他們接受惡是人類的特質，像拉比那樣以更平衡也更務實的方式看待惡。

撒旦偷聽到亞當對夏娃的勸說：我們必須服從神的命令，不吃知善惡樹的果子，畢竟那是神唯一囑咐的「簡單禁令」。不令人意外的是，和彌爾頓一樣堅定抱持共和主義的撒旦說：這是神專斷獨行、不公不義的又一個證明。可是在亞當看來，不吃禁果「代表我們順服」，[72]禁令是象徵性地提醒他們和其他受造物無異：人與一切萬物都非「自生」、非「自養」，不是獨立自主的。[73]既然人的存在和地位都是神所賜的，就不該辜負神交付的責任，濫用管理自然世界的權柄來宰制與剝削。[74]不過夏娃最後還是被撒旦說服，摘下知善惡樹的果子。在彌爾頓眼中，這不啻於開啟人類濫用和破壞自然的悲劇歷史：

> 大地感到受創，自然從她的位子
> 發出嘆息，所有的話語都帶著不祥之兆，
> 一切都失去了。[75]

但彌爾頓也相信：我們並未失去一切。亞當和夏娃離開伊甸園的時候，天使長米迦勒向他們保

證：「你們……將擁樂園在心，比以往更加幸福。」[76]只要他們能切實調整自己與彼此和其他受造物的關係，就能達成這種蛻變。

在《失樂園》的最後兩卷，米迦勒向亞當揭示人類將來的歷史。他先講了六個《聖經》場景，從該隱殺害弟弟亞伯（Abel）到挪亞（Noah）造方舟避洪水。亞當聽見他的墮落竟為子孫帶來這麼多的苦難，原本十分驚恐，可是在米迦勒的解說下，他漸漸明白每件看似災厄的事，最終都會帶來重生、轉化及革新。耐人尋味的是，在《失樂園》最後，彌爾頓並未強調聖子的受難和死亡是救贖的關鍵（這件事是稍早在天界討論的）。[77]亞當之所以澈悟，是因為他同情人類同胞的悲苦，[78]而這股同情也帶給他希望。[79]亞當覺得自己終於領悟真理，喊道：

> 從今以後，我知道最好的是順服，
> 是愛與敬畏唯一之神，
> 是一言一行如在祂面前，是永遠遵循
> 祂的意旨，是獨獨依賴祂。[80]

但米迦勒立刻糾正亞當，純然內在的靈性蛻變是不夠的，還必須以「善功」實踐這份洞見。天使長不斷強調，信必須加上嚴謹而持續的努力：[81]

> 對你知道如何解決的問題
> 要加上行動、加上信仰、

加上品德、加上忍耐、加上節制，還要加上愛。[82]

亞當和夏娃終將尋見的「內在樂園」，不可只是個人內心平靜，人應該實際付出心血——無論是政治或社會上的——將世界重塑成神造人時所期盼的樂園。

對當時流行於加爾文宗的災難式撒旦形象，彌爾頓提出動人的反駁；然而，對同樣不妥、但當時正開始主導西方基督教的神的概念（這種概念將逐漸在宗教和知性上造成爭議），彌爾頓卻選擇屈服。雖然他對三一論深感懷疑（如我們所見，三一論並無堅實《聖經》基礎），但三位一體的術語已深深刻入基督徒心靈，連彌爾頓也不能倖免。由於西方基督徒從來未能掌握希臘三一論的密契基礎，對三位一體的詮釋在知性和神學上始終有所不足。如尼撒的額我略所說，「聖父」、「聖子」和「聖靈」只是「我們用的術語」，藉此表達極其超越而不可知的神讓我們認識的祂。我們對神的匆匆一瞥只是片面而不完整的，祂的本質（ousia）遠遠超乎一切意象和概念化。在《失樂園》中，彌爾頓從未說清楚聖子究竟是第二位神聖存有，還是像天使一樣只是受造物。另外，儘管聖子被公認是聖父的聖言與智慧，但在談到聖三時，《失樂園》總是和其他近代早期的作品一樣，把聖父與聖子描繪得像是肩並肩坐在天國的寶座，彷彿完全分開的兩個人，必須透過冗長的對話才能了解彼此的想法。

聖父的話多有牴觸《聖經》之處，聖子則怪異地預示尚未發生，但預表他會在未來某個時刻拯救世界的《聖經》事件。在《失樂園》裡，聖父講話生硬、重複、冷淡、乏味，有時甚至猶如詭辯。亞當和夏娃尚未墮落，祂便已對自己創造的人類失去溫情：

他和他的子孫將會墮落——
是誰的錯？——不就是他自己的嗎？
忘恩負義！他所能擁有的，我已全給了他。
我造的人是正直的，足夠他頂天立地，
可是，要墮落也是他的自由。[83]

儘管祂是全能的造物主，有能力阻止這件將來的災禍，但祂不容分說地粉碎一切可能：

即使我已預知，
我的預知影響不了他們犯錯，
他們犯錯卻正好證明有些事無法預知。
所以，這種結果絲毫不是命運的安排，
也不是我永恆不變的預知所能左右。
他們犯錯完全是咎由自取，
是他們自己的判斷、自己的選擇。[84]

這讓讀者很難不想到，在彌爾頓的地獄裡，有魔鬼正忙著進行荒謬的神學辯論，爭辯「神意、前知、意志、命運／預定、自由、絕對前知」等等，被敘事者嗤為「絲毫無益的智慧、虛假的哲學」的主題。[85]

彌爾頓的神是教理問答和「濾網」創造的教義之神，這些作品在宗教改革餘波中紛紛出現，目的不外是將信仰關進嚴格的正統體系。聖父顯得冷酷無情、自以為是，完全缺乏祂的宗教本應啟發的同情心。一旦讓口中的「神」像我們一樣思考和推理，「祂」就不再是存有自身（Being itself），反而變成存在物（a being）、變成放大版的我們，變成我們依照自己的形象所建構的偶像。聽聖父、聖子和米迦勒滔滔述說以色列史上已預定發生的悲劇，實在令人困窘，畢竟這些地方無可避免地會讓讀者想到，一定還有更簡單也更慈悲的方法可以拯救世界。強迫神像我們一樣說話和思考，正顯示出以擬人化的方式描繪神有多不恰當，可是這種方式在西方將變得越來越普遍。在《失樂園》裡，我們已經能看到憤怒的「天上老人」的雛形，歐洲後來之所以有那麼多人無法接受宗教，神的這種形象難辭其咎。這樣的神不是杜尼修、阿奎納或波拿文都拉的不可說之神，也不是卡巴拉修行者神往的不可知的恩所夫。不過，在世界其他地方，更傳統的神學和讀經藝術依然屹立不搖。

⁂

一四九二年一月二日，收復失地運動的基督教大軍攻下穆斯林在歐洲的最後堡壘——格拉納達（Granada）城邦；三月三十一日，天主教君王斐迪南（Ferdinand）和伊莎貝拉（Isabella）簽署〈驅逐令〉（Edict of Expulsion），要求西班牙猶太人在受洗為基督徒和驅逐出境之間二擇一。很多人因為捨不得離開安達魯西亞，決定歸信基督宗教；穿過邊界到葡萄牙的猶太人大約八萬，逃往鄂圖曼帝國的約在五萬之譜。[86] 斐迪南和伊莎貝拉有心打造現代中央集權國家，不容許中世紀行會與猶太人社群這樣的自治組織存在。換言之，西班牙的統一是透過族群清洗完成的。一四九九年，西班牙的穆斯林遭遇和猶太人一模一樣的命運，幾個世紀以後，西歐已沒有穆斯林。因此雖然對某些人來說，現代性代表的是權力、解放和啟蒙，可是對其他人而言，現代性是壓迫、侵略及毀滅。

全世界猶太社群都為猶太人從西班牙絕跡哀痛，對他們而言，這宛如妥拉本身陷入危境。在此之前，邁蒙尼德已經憂心妥拉會因為猶太人四散而分裂，所以將所有口傳律法摘要成《第二妥拉》（*Mishneh Torah*）。到了這時候，為了確保分散各地的猶太族群傳承一致，巴勒斯坦北方采法特（Sefad）的知名學者約瑟夫．卡洛（Joseph Karo，一四八八－一五七五）也寫出類似的作品——《備妥之桌》（*Shulkhan Arukh*）。《備妥之桌》分為三十節，每一節的篇幅都不長，可以天天閱讀。在卡洛看來，因為印刷術的緣故，現在書籍太多，觀點也太多：

> 隨著時間過去，我們從一個容器被倒進另一個容器……問題接踵而來，直到——因為我們的罪——先知們的預言實現，賢士們的智慧失傳，妥拉和學子不再有權力地位。因為妥拉如今不像只有兩部律法（按：口傳律法與成文律法），反而像是有多部律法——因為解釋妥拉規則與命令的書比比皆是。[87]

在波蘭，被稱為剌薩（Rasa）的摩西．以瑟利斯（Moshe Isserles）拉比為他的阿胥肯納茲（Ashkenazi）❷學生寫出類似的作品。看到妥拉詮釋作品數量暴增，而且每一本都宣稱蒙神啟示，剌薩相當感嘆：「時間流逝，他們的話卻沒有跟著消失……以後不論是這些書還是讀過它們的人，都會宣稱它們是在西奈山降示的。」[88]

這些拉比的作品試圖對新的《聖經》詮釋加上限制，作用有如當時在基督教歐洲發行的新「濾網」和教理問答。但值得注意的是，猶太世界立刻反對這些摘要。學者說這樣是錯的，因為塔木德不是可以簡化的律法體系。雅各·波拉克（Jacob Polak）拉比與夏隆·夏克內（Shalom Shachne）拉比——波蘭塔木德教育的奠基者——都拒絕為他們的學生編定這種「濾網」，因為他們認為這有礙創意，會限制學生創新和回應的能力。「我可不希望全世界依賴我的看法。」雅各拉比道：

> 當拉比權威之間意見分歧時，一名拉比應該決定或接受自己的見解，因為「法官只應依其親眼所見裁決」。因此，每一個人都應依照當時的需要和自己的心證裁決。[89]

拉比們和宗教改革者及特利騰會議的與會者都不一樣，並不打算統一見解（事實上，他們厭惡統一見解），也一點都不為出現歧見或創新煩惱，因為塔木德不只允許，甚至鼓勵多元意見。如人稱馬哈夏爾（Maharshal）的所羅門·本·耶歇（Solomon ben Jehiel，一五一〇－一五七四）所說，《聖經》是神的話語，因此即使蒼天與大海俱為墨水，也不足以解釋《聖經》裡的一段話、記錄因之而起的所有疑惑，並回答其所引發的諸多新問題。期待妥拉裡的每一段難解敘述都能得到解釋，是不切實際的，因為它們是故意用精鍊而晦澀的筆法寫下，好讓人必須為之激辯，產生不同看法。[90]

雖然歐洲基督徒似乎傾向遺忘《聖經》有向前推進的力量，但拉比們對這股力量卻有一種深厚的、近乎本能的欣賞。猶太人始終相信，妥拉會在啟發新詮釋的口頭討論中得到生命。錢姆·比撒列（Chaim Bezalel）拉比批評刺薩的規章無異於言論審查，可能導致以往的作品全部遭到遺忘。他

❷譯注：出身東歐和中歐的猶太人。稍後提到的「塞法迪」（Sephardi）猶太人則出身西班牙。

堅信，哈拉卡——猶太律法和法學體系——之所以可貴，就在於它不受束縛，是開放的。因為妥拉和哈拉卡都是神的話語，所以都是無限的。不訂封閉性的規章，拉比就不必勉強保持一貫，可以智慧地、創意地回應不同時間的需要。「拉比今天的裁決可能和昨天不同，」比撒列說，「這不代表他善變或能力不足。恰恰相反，這就是妥拉的路。」[91]在前面已經看到，《巴比倫塔木德》裡記錄的大多數討論，都避免對問題提出明確的答案。相反地，它們刻意保留回答過程中豐富的差異性和多元性，好讓將來活在不同環境裡的後人有機會參與，以更具創意的方式回應問題。

不過，拉比們對課程內容看法分歧。在法國，塔木德教學的興起造成《聖經》研究的衰落。「除了塔木德之外，猶太人不該研究別的東西。」十六世紀的雅哈隆．蘭德（Aharon Land）拉比這樣裁決，「連（構成《聖經》的）二十四卷書也不例外。」[92]波蘭有一種更細膩的看法有助於解釋這種偏好：「研究《聖經》無法讓任何一個人變得敬虔，因為我們讀不懂……即使只讀一點塔木德，都比鑽研其他主題更能讓人敬畏神。」[93]古代《聖經》文本太晦澀，對猶太人培養敬虔沒有幫助，不如把焦點放在塔木德，抱持這種立場的人顯然毫無追本溯源之意。按照馬哈夏爾的說法，《聖經》會不斷演進，口傳妥拉由米示拿記下，米示拿催生篇幅更大的塔木德，塔木德又啟發釐清相關辯論的陀瑟夫塔。❸可惜的是，《巴比倫塔木德》的崇高地位反而縮限對《聖經》——基礎書面文本的研究。

對於《巴比倫塔木德》是否可以與法爾沙法和卡巴拉一起學的疑問，拉比們也有討論。前面已經提過，邁蒙尼德相信法爾沙法能導正《聖經》對神的擬人化描述，在信仰學習上是不錯的防衛；他也把塔木德視為邁向更深的學問的中途站，認為塔木德比形上學的密契學習次一等。可是對卡巴拉修行者來說，研究塔木德必須把焦點高度集中在分析，可能會妨礙他們透過冥想技巧與神合一，達成依存（神）（devekut）的目標。不過，偉大的塔木德學者和密契者卡洛認為：密契直觀與傳統冥想沒有衝突，「因為研究妥拉能強化交融」。事實上，中斷研究妥拉會脫離密契境界。[94]

被逐出西班牙後，塞法迪（Sephardi）猶太人移往鄂圖曼帝國，有了與阿胥肯納茲同胞不同的遭遇。有的塞法迪猶太人在巴勒斯坦采法特安頓下來，在那裡認識出身北歐的孱弱猶太人以撒・盧瑞亞（Isaac Luria，一五三四－一五七二）。被逐出家園的經歷對他們造成嚴重心理創傷，他們的世界面目全非，一切似乎都錯了位置，而盧瑞亞開創的卡巴拉流派直接回應他們的困境。[95]在西方基督徒開始完全以字義和歷史解讀《聖經》時，盧瑞亞依然從神話的角度詮釋《聖經》，用創世故事帶出《聖經》隱含的意義（雖然他的創世故事別出心裁，與〈創世記〉次序井然的宇宙創生過程判然有別）。在《聖經》的虛己價值從基督教歐洲消失之際，盧瑞亞將創世描繪為空虛自己的行動，因為神無所不在，根本沒有世界容身的空間，所以不可知的神原（Godhead）恩所夫自願內撤（zimzum），縮入自身，騰出空間給世界。簡言之，恩所夫藉著讓自己變小，讓它的造物得以存在、得以生養眾多。

盧瑞亞的創世故事是一連串的宇宙意外、爆炸和爭搶，聖光的火花落入恩所夫內撤所造成的虛空，萬物全部錯位，連榭基納都在世界流浪，一心只想與神原重新結合。[96]盧瑞亞的故事雖然與《聖經》神話不同，但似乎比〈創世記〉更準確地勾勒出猶太人當時所處的亂局。另一方面，它確實沒有遺漏《聖經》歷史的潛在主題：以色列人一再遭到驅逐，不斷被迫遷徙。這則神話為心理受創的流亡者經驗賦予意義，將他們的悲劇與天地萬物的基調結合，連神都被迫與自己分離。猶太人不是

❸譯注：請參考第九章。

被拋棄的賤民，而是治癒破碎世界的核心要角，因為他們嚴守妥拉能終結這場宇宙混亂、能讓榭基納「回歸」（tikkun）神原、能使猶太人重返故土，也能幫助世界回到正軌。[97]到了一六五〇年，盧瑞亞派的卡巴拉已經成為猶太世界的大型運動，從波蘭到伊朗都有追隨者。在近代早期，這是唯一一種呼籲全心接受現實的猶太教《聖經》詮釋。[98]

雖然新教世界逐漸輕視或摒棄儀式，但盧瑞亞的神話要是抽離他所設計的儀式，就只是毫無意義的虛構故事，不再具有療癒性。卡巴拉修行者以守夜、哭泣、在塵土中蹭臉來接受自己的悲苦。他們徹夜不眠、在絕望中向神哀呼、在加利利長途繞行，藉此表現他們的存在本身就是流浪。不過，他們必須以有紀律的方式克服痛苦，在破曉時分，守夜以默想人類不再與神分離結束。他們練習集中精神（kawwanoth），以專注引發驚奇感和喜悅。同情是盧瑞亞極為重視的德行，傷害別人訂有重懲，猶太人自己已經受過太多苦，不能再為世界添加苦難。[99]

⁂

西方常有人說伊斯蘭教從未做出適當「改革」（reformation），但伊斯蘭史上其實一直都有伊斯拉（islah，「革新」）或塔吉迪特（tajdid，「復興」），這些運動往往在文化變遷期發生，或是隨著政治大難出現（例如蒙兀兒帝國入侵）。每當舊的答案不再能因應時局變化，改革者便以「獨立推理」回應新的現狀。[100]舉例來說，為了呼應蒙兀兒治下的穆斯林的需求，泰米葉曾試圖改革伊斯蘭教法。他和基督新教改革者一樣「追本溯源」，以《古蘭經》和「遜尼」（穆罕默德的「慣例」）挑戰當時已被神聖化的中世紀教法學。穆斯林改革者和基督徒不一樣的是，他們的焦點通常是實踐，而非教義。

另一個這樣的時刻出現在運用火藥之後，這項新的軍事科技不但讓統治者更能控制臣民，也協助他們建立更大、更集權中央的國家。從十五世紀末到十六世紀初，穆斯林世界陸續出現三個新伊斯蘭帝國：伊朗的薩法維帝國（Safavid empire）、印度的蒙兀兒帝國，以及疆域橫跨安納托利亞（Anatolia）、敘利亞、北非和阿拉伯的鄂圖曼帝國。它們都在一個重大面向上與舊穆斯林帝國不同，昔日的阿拔斯帝國未曾實施伊斯蘭教法，也從未發展出自己的伊斯蘭意識形態，但是這些新帝國都展現出明確的伊斯蘭傾向。在薩法維帝國的伊朗，什葉派成為國教；在蒙兀兒帝國，政治由法爾沙法和蘇非派主導；鄂圖曼帝國則是第一個嘗試以伊斯蘭教法治國的國家。與我們現在討論的主題特別有關的，是十七世紀和十八世紀伊朗與阿拉伯的「宗教改革」。

十六世紀初，沙王伊斯邁爾（Shah Ismail）征服伊朗，赫赫戰功震撼穆斯林世界。在此之前，什葉派大多是阿拉伯人，伊朗人多半是遜尼派，但是伊朗也有零星的什葉派中心，例如拉伊（Rayy）、卡尚（Kashan）、呼羅珊（Khurasan），以及古老的駐軍城市庫姆。由於什葉派基本上從薩迪格的時代便退出政治，穆斯林怎麼想也想不通，什葉派怎麼可能成為國教？不過沙王伊斯邁爾即將建立的什葉派國教，與傳統的十二伊瑪目正統派很不一樣。在此之前，什葉派和蘇非派關係緊密，但這時的伊朗不僅壓迫蘇非教團，還驅逐或殺害遜尼派的烏理瑪（ulema，精通神學與教法的學者）。伊斯邁爾對一般的什葉派可能懂得不多，因為薩法維人信奉的是盛行於蒙兀兒邊境衛戍邦（ghazi states）的「極端派」（ghuluww）神學。這些小邦雖然向蒙兀兒帝國稱臣，但基本上是自治的，它們都有強烈的蘇非傾向，也成立蘇非教團。這些教團同時具有蘇非派的狂放和什葉派初期的革命精神，奉阿里為神聖的化身，更宣稱教團中死去的伊瑪目其實是「隱遁」，如同第十二位隱遁的伊瑪目。伊斯邁爾或許和其他極端派領袖一樣，也相信自己就是隱遁的伊瑪目，如今重返世間建立秉公行義的什葉派帝國。

可是實際統治這麼龐大的農業帝國後，薩法維人很快發現他們的「極端派」意識形態不再適用。於是，沙王阿巴斯一世（Shah Abbas I，一五八八－一六二九）罷黜所有的極端派官員，從黎巴嫩延請阿拉伯什葉派，教導他的子民十二伊瑪目正統派教理。在阿巴斯治理下，首都伊斯法罕（Isfahan）誕生一場文藝復興。和歐洲的文藝復興一樣，他們也追本溯源尋求啟發，可是對阿巴斯來說，這個源是前伊斯蘭波斯文化。遠道而來的阿拉伯烏理瑪發現自己立場尷尬：由於什葉派認為所有的政府都是不公不義的，他們一向不問世事，也沒有自己的清真寺或經堂（madrasas），平時只在家中辦私人讀書會。但這些烏理瑪現在被授以大權，掌管帝國教育和司法體系，而且沙王不但大方提供經費，還為他們興建美輪美奐的經院。他們最後折衷——婉拒官職，堅持維持平民身分，但同時也明確表示，真正能代表隱遁的伊瑪目的是他們，而非沙王。

然而，暴得名利終究有損什葉派的平等精神。有些推動什葉派改革的烏理瑪變得跋扈，甚至偏執，穆罕默德・巴克・馬吉利希（Muhammad Baqir Majlisi，一七〇〇年卒）就是如此。什葉派長期以來已經發展出一種獨特的密契精神，同時兼具蘇非派和法爾沙法的元素，但馬吉利希認為這種革新乃是墮落，他堅持回到根本，不但一再迫害剩下的蘇非行者，也對遜尼派鄂圖曼人深惡痛絕。除此之外，他還試圖打壓伊斯法罕的密契神學和法爾沙法教學，逼迫烏理瑪把焦點轉向教法學（fiqh）。結果，很多烏理瑪變得猶如法匠，只知計較字面意義，墨守法條，理性至上。[101] 不過，馬吉利希看重的是儀式，不像新教改革者把焦點放在聖典。他禁止蘇非派的讚念和聖徒崇拜，反倒為當時主要仍屬遜尼派的伊朗引進什葉派哀悼伊瑪目侯賽因的儀式。雖然這個儀式具有潛在顛覆性，但馬吉利希周密地轉化它的意義，讓它成為服務帝國政權的工具。

每年穆哈蘭月（Muharram）❹，什葉派會舉辦遊行，盛大紀念侯賽因殉道（侯賽因是穆罕默德之孫，在卡巴拉遭哈里發雅季德的軍隊殺害），哀悼者以流淚、呻吟、拍額表達什葉派的核心精神——渴望正義，以及他們對帝國不公不義的悲痛。到了十六世紀，這套儀式變得更為複雜，代表侯賽因遺族的婦人和孩子騎著駱駝，淚流滿面；領頭的是伊瑪目和與他一同殉難友人的棺木，後面跟著總督和地方顯要；大批男性啜泣、嚎啕，用刀子砍傷自己。[102]為了致哀，他們還會吟唱〈殉道者的花園〉（Rawdat ash-Shuhada），這是一篇對於卡巴拉悲劇扣人心弦的紀錄。然而，馬吉利希對底層伊朗人的同理心不比路德對起義農民來得高，他非但沒有鼓勵群眾效法侯賽因的榜樣反抗暴政，反而告訴他們，只要奉侯賽因為守護者，他就會帶領他們進入天國。當權者用這些竄改的儀式為現狀背書，不著痕跡地鼓勵人民對權貴卑躬屈膝，把焦點放在個人救贖，而非烏瑪的政治福祉。[103]

到了十七世紀，伊朗什葉派發生分裂。[104]原本大多數人支持的是阿赫巴爾派（Akbaris），他們主張追本溯源——回到什葉派伊瑪目詮釋的《古蘭經》，反對讓馬吉利希這樣的烏理瑪擴權。可是，阿赫巴爾派在過程中漸漸失去傳統什葉派的神話特質，越來越傾向把《古蘭經》簡化為一套明確的指令。[105]阿赫巴爾派尤其防備的是一種新的觀點：大多數穆斯林其實無能自行詮釋伊斯蘭的根本要義（usul）。抱持這種較為悲觀的看法的人被稱為烏蘇勒派（Usulis），他們反對阿赫巴爾派，憂心後者過於尊古，恐怕難以回應隨薩法維帝國式微而來的挑戰。由於隱遁的伊瑪目仍不見蹤影，烏蘇勒派認為，沒有任何一個法學家是絕對權威，以往的判例也沒有拘束力，一般穆斯林應該聽從的

❹譯注：穆哈蘭月為伊斯蘭曆的元月。

是活的權威——有能力進行獨立推理的穆智塔希德（mujtahid）。

差不多在笛卡兒提出唯獨理性的同一時期，米爾・提瑪德（Mir Dimad，一六三一年卒）和穆拉・薩德拉（Mulla Sadra，一六四〇年卒）在伊斯法罕創立新的密契哲學學派，反對烏蘇勒派不斷縮限視野。[106]在歐洲，天主教與新教都要求信眾接受自己的教理，可是對提瑪德和薩德拉來說，在知性上順服權威並不能讓人獲得真正的知識，他們另闢蹊徑，綜合密契主義和法爾沙法的理性主義（用現在的方式說，就是讓左、右腦合作發揮創意）。薩德拉既批判烏理瑪輕看密契直觀，也指責蘇非派排斥理性思考。提瑪德則既是自然科學家，也是密契者。真正的菲拉素夫應該像亞里斯多德一樣理性，但更要進一步超越他，在出神中澈悟超越真理。

提瑪德和薩德拉都很強調想像力與潛意識的角色，在他們的描述中，潛意識是介於感官知覺和理性抽象之間的狀態，蘇非派稱為純象世界（alam al-mithal），這是在夢中浮現的，但也可以透過密契技巧經驗到。雖然這些經驗無法以邏輯分析，但我們不應嗤之為幻覺，因為它們也是人性的一部分，對我們的行為與品格有深切的影響。真理有超越我們清醒時的正常意識的內在面向，不是只有能以邏輯證明或理解的才是真理。

薩德拉被強硬派烏理瑪趕出伊斯法罕，獨居在庫姆附近的小村莊十年。他像修院中的路德，也像小屋裡的笛卡兒，一個人默默建構自己的哲學。他發現，儘管自己對密契哲學十分用心，但認識宗教的方法還是太抽象，也太倚賴理智。不過當他開始勤修心靈操練時，終於深深沉入純象世界，他說自己的心像是著火一樣，也突然領悟以前以為無法解開的奧祕。薩德拉相信，只要願意投入大量心力，人一定可以澈底轉化自己，透過體現神的屬性而獲得一定程度的神性——眾先知和伊瑪目都曾達到這種境界。[107]

但這不代表遠離世俗世界，達成這種轉化之後，密契者不能停留在出神中，必須像佛教說的那樣「回到鬧市」，回到政治生活，實際為創造更公義的世界付出心力。在《靈魂的四段旅程》（*The Four Journeys of the Soul*）中，薩德拉將造就魅力型領袖的過程分成四個階段：首先，他必須拋下經驗思考（也就是我們所說的左腦式思考），進入純象世界的全觀、想像的領域。接著，他在純象世界裡一一默觀《古蘭經》中啟示的神的每一個屬性，直到明瞭這些屬性在本質上是合一的——他也將被這個洞見轉化。到了第三段旅程，這位嘗到密契滋味的菲拉素夫回到人群，發現自己看待世界的眼光已截然不同。他的最後一個使命是宣講神的話，尋找實踐《古蘭經》的新方法，重建符合神的心意的社會。[108]對薩德拉來說，沒有密契和宗教的基礎就不可能達成公義與平等，他對什葉派領導人物這種新的期許，將轉化社會所需的理性努力並賦予其意義的神話和密契脈絡視為不可分割的。這趟旅程始於深刻探索自己的心，終於毅然回到政治生活，實現《古蘭經》的理想。

十八世紀，阿拉伯發生一場影響現代伊斯蘭教甚鉅的改革運動。這場運動和新教宗教改革一樣，也主張追本溯源。鄂圖曼帝國此時邊境多事，隨之而來的動盪激起多場改革運動，而且同聲疾呼回到《古蘭經》和聖訓。這些穆斯林改革者相信，當前危機的亂源是正統實踐墮落和引入外國儀式（例如尊崇蘇非聖徒的墓地），必須重建社會與道德才能撥亂反正。雖然這些運動都以《古蘭經》為中心，但改革者並不死守字面詮釋。相對於西方基督教要求學識有限的信徒透過「濾網」認識《聖經》，穆斯林改革者敦促所有信徒直接閱讀《古蘭經》，不要依靠注疏或介紹。不論是一句經文或一則聖訓，都要憑自己的獨立推理能力找出它們在原始脈絡中的意義。[109]

在阿拉伯這些鼓吹改革的人裡，穆罕默德·伊本·阿布德·瓦哈比（Muhammad ibn Abd al-Wahhab，一七〇二－一七九一）是十分重要的關鍵人物。較為保守的烏理瑪反對他，因為擔心穆斯林開始獨立讀經後，他們會失去權威。他們也指控瓦哈比宣揚暴力，但瓦哈比總是予以否認。他的「吉哈德」以教育為主戰場，肉搏只是最後手段。因為他需要保護者，所以在一七四四年與內志（Najd）的穆罕默德・伊本・沙烏地（Muhammad ibn Saud）結盟，兩人約定：宗教事務由瓦哈比主持，政治和軍事事務聽沙烏地號令。然而這個安排終究失敗，因為瓦哈比堅持吉哈德不是爭奪財富和權力的手段，不願為沙烏地所有的軍事征戰背書。瓦哈比於是展開一場書信吉哈德，廣邀地方領袖、學者和統治者加入他的運動，他的思想傳遍阿拉伯半島。[110]

瓦哈比要求所有穆斯林——無論男女——自己讀經，敦促他們把心思集中在《古蘭經》裡直接明瞭的教誨，不要浪費時間在那些「隱晦」難解的經文上。另外，瓦哈比也要他們好好參研五大支柱。第一支柱是宣告清真言（Shahada）：「萬物非主，唯有真主。」清真言的重點不只是「信」而已，更是堅持穆斯林最應重視，也唯一應該重視的是安拉，而非財富、權力、地位等假「神」。慕道者若能真正了解這點，並以此為準規劃人生，就能繼續勤修拜功，即一天禮拜五次。接著，他們可以繳納天課（zakat，「濟貧」）。到了這時候，慕道者已經成為真正的穆斯林，必須把注意力轉向外在世界，建立公義而慈愛的社會。[111]

在提倡讀經的同時，瓦哈比也強調討論、論證和澈底釐清《古蘭經》字義的重要性。其實，泰米葉才是第一個把不接受自己的觀點的人都視為非信士的穆斯林，但瓦哈比的一些學生也傾向這種非主流意見，瓦哈比始終堅持只有神明瞭人心，沒有任何人有資格認定別人是不是穆斯林。此外，他也不贊同一些學生從較好戰的角度詮釋伊斯蘭。他和早期釋經者一樣，也把那些關於吉哈德的經文放回歷史脈絡，為戰爭設下限制。[112]但較激進的瓦哈比派還是選擇與沙烏地站在同一邊，而後者一心只想為自己在阿拉伯半島開疆拓土。因為這些激進人士的關係，從十九世紀早期開始，瓦哈比派也人手一本泰米葉的著作，這個改變將使瓦哈比派對《古蘭經》的詮釋更為強硬。

❖

在西方基督徒宗派對立越演越烈時，印度走上截然相反的路。蒙兀兒帝國第三位皇帝阿克巴（Akbar，一五四二—一六〇五）在宗教上相當開明，不但建立敬拜堂（House of Worship）供各宗教的學者齊聚討論靈性事務，還設立獻給「神聖一神論」（tawhid-e-ilahi）的蘇非教團，相信只要一個宗教提供的指引是正確的，獨一神必在其中啟示自己。一五九八年十一月，阿克巴領著一群文士、藝術家、畫師和樂師來到旁遮普哥英德瓦（Goindval），親訪錫克教第五代祖師（Guru）阿爾瓊（Arjan）。阿克巴巡幸時總會展示皇家書稿，藉此宣揚蒙兀兒帝國國威。或許是有感於此，阿爾瓊祖師著手整理前四代祖師的詩歌與作品，又加入自己所寫的超過兩千首詩，編成第一部錫克教官方聖典。雖然第一代祖師那納克對編定正典頗有疑慮，但第三代祖師阿馬爾・達斯（Amar Das）其實已開始鋪路，將前三代祖師和幾位中世紀詩人的詩作編成兩卷本詩集。另外，在阿爾瓊成為祖師後，一些對手為了挑戰他的傳承地位，曾到處散布假那納克之名所寫的作品，這可能也是他決定出版經自己認可權威版正典的原因之一。[113]總之，這場在阿克巴到訪後隨即展開的龐大編輯工程，成果是編定《首卷》（*Adi Granth*）——錫克教的「第一本」聖典——教眾將它供奉在阿木里查（Amritsar）的金廟（Golden Temple）。

在這部新聖典中，可以看到很多其他傳統以不同方式傳達，但現代西方卻已經開始拋棄的價值。笛卡兒的哲學見解是從高度自我對話中得到的，從頭到尾完全依賴他自己的心。那納克在某種意義上也是如此（他從未得到外在神靈的啟示，他的超越經驗是深刻重組自身意識的結果），而他的方法也是內在對話——讓自己一部分的心和另一部分的心對話。[114]《首卷》裡幾乎每一節都以「喔，那納克！」開頭，但發話者不是擬人化的「神」或外在力量，而是他自己。我們聽見那納克的無意識之心不斷開口，猶如戀人一般懇求、引誘、追求他尚未覺悟的心。過程與理學家的「天心」與「人心」之辨頗有相似之處。

笛卡兒獨自苦苦思索後的得意結論，是對自我的強烈肯定：我思，故我在。但那納克的未悟之心之所以與更好的無意識之心分離，卻正是因為它執迷於保護和抬高自我，不但隨時忙著算計、發怒、操弄別人、利益自己，還陷在種種負面情緒之中，苦於始終知道自己終將消失。

心是橫衝直撞的發情大象
被俗世的魅力吸引，奔出叢林
在死亡的壓力下四處流浪
但若有上師指引，牠還是能找到回家的路。[115]

未悟之心的真正的「家」，是坦然接受死亡、必朽與無常的無意識之心。無意識之心明瞭《首卷》所說的「誡命」（hakam）：消亡是生命的根本之理。人若能全心接受凡存在之物——包括自己，必將消逝的事實，就能超越自我，獲得錫克教聖典稱為一（One）、聖名（the Name）或聖言（the Word）的超越經驗：

千思萬想參不透「祂」的概念
甚深禪定摸不著終極靜默
即使擁有全世界的財富，一個人的欲望也不會因此減低
逝去之後，萬般聰明對我們再也無用
那納克說：「如何清淨自己？如何打破自我之牆？
——遵守自天地之始即已頒布的誡命。」[116]

笛卡兒相信自己已找出證明神的存在的鐵證，錫克教聖典則明白表示，終極實在絕非人類思維能及。無論是「千思萬想」、「甚深禪定」，還是「萬般聰明」，都無法讓你認識終極實在，體驗它的唯一一條路，就是超越自我。

像笛卡兒那樣繃緊心智歷程（mental processes），是無法領悟終極實在的。那納克的取徑其實與笛卡兒並無二致——只在自己的心中尋找救贖，但他的方法輕柔得多，「雖然自我猶如慢性病，但它也有自己的解藥」。[117]這是因為在我們存在最深的核心——在無意識之心中——我們其實明白也接受生與死的「誡命」。為了超越躁動的自我，十位祖師設計出一種獨特的修行法門，名為憶念聖名（nam simerum）。simerum一字雖然源於印歐字根SMR（回憶），但也與MR（死）同源。所以，這個法門是要我們不斷提醒自己：我會死，每一個人都會死，世界萬物都是必朽的。這種修行與佛教的正念不無相似之處，都讓修行者看見自我曇花一現的本質。

笛卡兒刻意獨自進行心靈追求，對孤身探索的重視幾乎到了偏執的程度。然而，聖典總是強調群體的重要。《首卷》的詩歌和思索也明確指出，接受無常是存在的本質後，一定會對一切眾生產

生同理、尊重和一體感。我們因為同享必朽的命運而深刻相連，錫克教祖師稱這種人我之間的親密連結為「名」（nam）。笛卡兒嚴格的自律讓他成為孤獨的「思考之物」，無法相信眼前的路人是人，甚至對自己的身體都感到疏離。擁抱唯獨理性的結果，是讓他對驚奇和令人崇敬的事物都感到不耐。可是對錫克教十祖來說：

> 聖言妝點歌頌「多麼神奇！」的舌頭……
> 人們齊來崇敬被歌頌美好的一切，
> 恩典在門口賦予「多麼神奇」的榮耀。[118]

錫克教聖典稱這種狀態為薩剛（sargan），出自內蘊於一切萬物的神性。離開世間無法體驗絕對，我們必須朝內在尋求，找到之後更要把這份神聖投射到日常經驗。

錫克教徒既不出世，也不把宗教和世俗或政治生活分開，因為他們相信，如果密契經驗無法實現於偶然之事，這種經驗是貧瘠的。笛卡兒精心造就的擁有自我感（self-ownership），很容易轉變成自認擁有其他事物的權力感——這種心態將是資本主義社會的關鍵。相反地，憶念聖名幫助錫克教徒覺察到自己的有限，從而願意放下其他事物。由於這種觀念違反社會的經濟驅力，可以說它也是一種政治概念。錫克教聖典勾勒的理想社會以神聖公義為本，不壓迫任何生命。

阿克巴的到訪是穆斯林與錫克教友善關係的高峰，沒過多久，旁遮普的政治情勢就變得極其險惡。阿克巴死後，蒙兀兒帝國開始走下坡，叛亂層出不窮，令阿克巴之子賈漢吉爾（Jahangir，一六〇五年到一六二七年在位）疲於奔命。賈漢吉爾對阿爾瓊日益龐大的權力本已十分忌憚（錫克教弟子常稱阿爾瓊為「皇上」），敵對阿爾瓊的人又火上澆油，屢加挑撥。最後，阿爾瓊被指煽動叛亂，鋃鐺入獄，受盡酷刑，最後在一六〇六年被處死。四年後，賈漢吉爾又將繼阿爾瓊為祖師的哈爾哥賓德（Hargobind，一六四四年卒）下獄，因為後者為了自衛而下令武裝教團（Panth）。

錫克教與帝國政府在十七世紀多次發生政治和軍事衝突，最嚴重的一次是第九代祖師德格・巴哈都爾（Tegh Bahadur）在一六七五年被處死，他的兒子哥賓德・辛格（Gobind Singh）繼位為祖師，將父親的作品加入《首卷》。與蒙兀兒人鏖戰多年後，辛格在死前不久改變傳位方式，祖師之位不再傳人，以聖典為錫克教永遠的祖師。因為聖典具顯十位祖師的精神，所以改名為《錫克教的祖師》（*Guru Granth Sahib*）。錫克教擴大「祖師」一詞的意義，從此以後，「祖師」不只指給人啟發的上師，也代表啟發所有祖師的精神，而錫克教眾可以在他們的作品中經驗這種精神。因此崇拜這本書不是「崇拜偶像」，正如一名錫克教學者所說：「沒有十個不同的祖師。祖師只有一個，精神也只有一個——就是那納克的精神。這種精神先後體現在十位歷史人物身上，最後停駐在《錫克教的祖師》中神的話裡。」[119]

《錫克教的祖師》被獨立供奉在金廟的古德瓦拉（Gurdwara），用特製的布裹著，放在墊子上，外面有帷幕。它代表神的臨在，一如溼婆或毗溼奴的神像。錫克教徒踏進古德瓦拉前會先脫鞋，準備好與神相會後，才進去向它鞠躬。[120] 在印度教傳統裡，人主要是透過人來經驗神聖。這個人可能是仙人或上師，他是聖言的化身，會依弟子的個別需求來傳達神的話。在那納克和他的繼位者還帶領教團時，或許也是按照這種方式傳達聖言，但現在書寫成文的聖典取代他們的角色。正如印度教徒會向上師尋求個人建議，錫克教徒也會在名為瓦勞（vak lao，意為「領受神言」）的儀式中徵詢他們的聖典。瓦勞是常見的敬拜活動，在婚禮、入門式和命名式上也會舉行，主持的祭司會隨手翻開聖典，唸出左上方的第一句經文。被唸到的經文成為傳遞神意的訊息，對當前獨特的事件提出回應。

有一次，一群賤民階級的人想加入教團，但較為保守的錫克教徒反對。不過，他們都同意應該請示祖師。祭司像平常一樣隨手翻開經書，朗聲唸道：

即便是不堪之人，若他們拯救真祖師，祂仍賜恩典給他們。弟兄們，毋忘憶念聖名，為真祖師效力是高貴的。神將親自賜他們恩典與密契合一。弟兄們，我們都是不堪的罪人，但真祖師已將我們領入那至福的合一。[121]

神的訊息很清楚，對現代西方心靈而言，這不過是幸運的巧合，可是對錫克教徒來說，這種隨機性可以在某種程度上去除自我中心和個人偏見，留下聆聽神的意旨的空間。錫克教徒每天早晨都做瓦勞，視為祖師給自己的訊息，終日默想；在晚上，瓦勞則被當作祖師對這一天的總結。[122]

這種看待聖典的方法，顯然與近現代西方著重解析聖典的作風大異其趣，它與印度靈修傳統若合符節，重視咒語和奉愛，也看重聲音本身的神聖性。祖師們當初怎麼吟誦聖典，教眾現在就必須以同樣的方式吟誦，否則它們無法發揮轉化的力量。相對於理解經文的字面意義，錫克教更重視聆聽與吟誦聖言，這點和印度教一樣。與印度教不同的是，錫克教直到晚近才發展出釋經傳統——也許是受西方影響的結果。這提醒我們，近現代西方始於宗教改革的看待聖典方式，絕非普世皆然，或許也不應該普世化。[123]

❧

當西歐的靈性視野日趨狹隘時，十六世紀末到十七世紀初的中國卻放下門戶之見，向新觀念敞開胸懷。二程和朱熹在重振儒家精神時對佛道語多貶抑，晚明儒士則往往對儒釋道「三教」一體肯定，相信它們是互補的，沒有一個傳統可以獨占真理。西方和現代中國常常認為新儒學（理學）本質上是不科學的，但這種看法已經受到挑戰。美國漢學家狄培理（Wm. Theodore de Bary）指出，儒家從一開始就有一定程度的科學思考傾向，程朱學中追求超越的動力，很容易變成超越既有概念的渴望。無論是對「虛」心的練習，還是對君子「無自心」的信念，都鼓勵人養成中立客觀的知性態度。同樣地，不論是經書對「格物」和「致知」的強調，還是朱熹對懷疑的創造力的信心，也都鼓勵人對自然世界進行探索，對聖典採取批判態度。有時候對經書的批判甚至能滌故更新，大破大立，改造培養出這種態度的傳統。[124]

朱熹在《中庸章句》裡已明顯展露批判精神。對《中庸》鼓勵儒士的「博學、審問、慎思、明辨、篤行」，[125]他進一步申論道：

> 學之博，然後有以備事物之理，故能參伍之以得所疑，而有問；問之審，然後有以盡師友之情，故能反覆之以發其端，而可思；思之謹，則精而不雜，故能有所自得，而可以施其辨；辨之明，則斷而不差，故能無所疑惑，而可以見於行。[126]

這位理學家雖然和笛卡兒一樣「無所疑惑」，但他不是獨自思索，而是「反覆」與「師友」討論，而且他們不只是純粹動腦而已，彼此之間也有「情」的交流。他沒有服從既有學說的義務，所以能「有所自得」。

當歐洲天主教與新教嫌隙日深時，中國人反而越來越能欣賞多元。以明亡時自殺殉主的政治家倪元璐為例，他既是虔誠的佛教徒，也亟欲在亂世中捍衛傳統儒家的價值。真心相信「三教合一」的焦竑（約一五四〇－一六二〇）是這種新精神的好例子，[127]他深受道家影響，也認為佛教可以作為儒家的注解，不認同朱熹對佛教的敵視。對焦竑來說，沒有唯獨聖典這回事：道是動態的存在過程，非語言、教條和經書所能掌握。經書就像捕魚的籠（「筌」）或捉兔子的陷阱（「蹄」），捕到魚和捉到兔子之後便可拋開。求道時應該像馬一樣勇往直前，讓經書和前人的成果引導你，但永遠要超越它們。[128]文字揭示的只是道的蹤跡（「跡」）和意象（「象」），它們能提示你道是什麼，但不可能完全傳達道的意義。[129]

焦竑的信念與十七世紀西方的精神氛圍判然有別，他堅信學者不應固執任何主張，更不應為它們強辯，而且相信古人也懂得這個道理。他指出，古人明白每個見解都有不足之處，所以從不為正統爭執，反而向彼此學習。[130]雖然儒家常說孔子力駁佛道，但那時佛教根本尚未傳入中國，而且孔子也從未批評老子。[131]儒家之所以出現這種不寬容的態度，是因為孟子過度敵視楊朱和墨子。但即使是楊墨的學說，其實也是出自古代聖王：墨子出自大禹，楊朱出自黃帝。

焦竑不斷強調終極實在無以言詮，明顯反映出佛道對他的影響之深。在王陽明（一四七二－一五七九）開創的「心學」中，較為基進的成員也常抱持這種綜攝主義（syncretism）。還是相信儒家的一些價值，但常被稱為「狂禪」。相較之下，雖然焦竑質疑經書的終極價值，但認為它們是不可或缺的，畢竟，「苟可以得魚兔矣，何筌蹄而不可用？」[132]他強調道無法以文字描述，並以此證明所有的教導都是有效的、都以自己的方式反映真理。這種信念促使他挑戰理學的教學內容，鼓勵學生直接研讀五經，不要依賴標準注解。這當然也是追本溯源，但與新教的做法有重要差異——新教原本固然主張基督徒都應自己閱讀《聖經》，後來卻自失立場，要求信徒以教理問答為釋經標準。焦竑卻指出，藉由注疏理解經書是漢代才養成的風氣，而這讓儒學變得膚淺，因為「解者益明，讀者益略」。[133]焦竑無意阻止學者注釋經書，只是反對許多釋經家魚目混珠的做法，把自己的解釋說成聖賢的原意。所以雖然他自己也花了不少篇幅討論經書，但仔細把自己的見解與原文分開，也強調以前的注疏不會喧賓奪主：「古之解經者，訓其字不解其意，使人深思而自得之。」[134]

在嘗試回到原始解經方式的過程中，焦竑成為科學文本批評（scientific textual criticism）的先驅之一（到了十九世紀，文本批評將成為歐洲的顯學）。他指出，研究《詩經》和其他經典的關鍵差異，在於「他經可以詁解，而詩當以聲論」。[135]焦竑是多產的作者，也是藏書家，他蒐集很多經典的古老版本，編成中國目錄學的巨作。他以學術方式重建五經的歷史背景，藉此重新予以詮釋，還透過分析《詩經》的韻腳找出古代中文的發音，貢獻卓著。

晚明浮現的這股科學傾向，在方以智（一六一一－一六七一）身上以不同的方式表現出來。[136]方以智接受的是傳統經學教育，也廣泛研究哲學，但最喜歡的是詩。他對仕途充滿疑慮，在父親被下獄後尤其如此（好在方以智催人熱淚的求情信打動皇帝，讓父親從死刑改為革職），但他後來成為皇三子的老師。一六四四年，滿洲清軍會師首都北京，方以智像很多人一樣削髮為僧，以示不為新政權效力的決心。但有人說，雖然他人生的最後二十年過的是出家生活，卻從未忘記自己是儒家，在作品中也持續縮小儒佛之間的差異。

方以智也有受到來自「泰西」的耶穌會傳教士影響，他們讓自己的言行舉止有如中國士人，也充分滿足中國士人對歐洲數學、天文和自然哲學的興趣。由於方以智的父親受皇家贊助蒐集歐洲天文研究作品，方以智早已接觸西方科學，但他像忠實的孔門弟子一樣，從《大學》的角度看新科學。朱熹先前調整過《大學》的第三段，以點明格物是道德和政治行動的根本：

古之欲明明德於天下者，先治其國；欲治其國者，先齊其家；欲齊其家者，先脩其身；欲脩其身者，先正其心；欲正其心者，先誠其意；欲誠其意者，先致其知；致知在格物。[137]

不過，方以智不同意朱熹對於「格物」的理解。對朱熹來說，「格物」專指透過經書在人心之中發現天「理」。雖然這種看法已經成為標準的理學詮釋，但方以智認為這太狹隘，因為它忽略對自然現象的研究。[138]方以智也不贊同王陽明的「格物」觀點，王陽明堅持只能在心中「格物」，探索自然世界與修身無關。方以智則認為，「格物」的「物」必須包括一切萬物，無論它是具體還是靈性的：

盈天地間皆物也，人受其中以生，生寓于身，身寓于世，所見所用無非事也。事，一物也。[139]

心是「物」，自然是「物」，「天地」也是「物」。[140]方以智指出，古代聖王不但積極探索內在世界，也創造許多科技發明，他們「制器利用以安其生」。[141]在他看來，說這些發明不切實際又毫無益處的人實在可笑。[142]他無意貶低朱熹在經書中尋求「理」的努力，只是認為應該在更廣的脈絡中發現「理」。

笛卡兒為了追求確定性而退入自己心中，方以智的視野則更開闊也更寬容。另外，方以智和朱熹一樣，也相信人不應獨自摸索，而應在群體中開拓，人必須在天地萬「物」的脈絡裡認識自己：

> 若得世資，當建草堂養天下之賢才，刪古今之書而統類之，經解、性理、物理、文章、經濟、小學、方技、律曆、醫藥之故，各用其所長，各精其極致，編其要而詳其事。[143]

方以智對西學十分開放，似乎毫不猶豫就接受地圓說和地動說，也大量吸收哥白尼（Copernicus）和第谷．布拉赫（Tycho Brahe）的觀念。在他看來，堅信古代「地浮水上，天包水外」之說的中國人，其實「從未實究」。[144]

不過，他對西方哲學的態度是保留的，認為西方「詳于質測，而不善言通幾」。[145]他所說的「通幾」，指的是「不可知」、「隱」及「重玄」[146]——簡言之，就是焦竑和其他人所說的，不可知的道。要是知道笛卡兒聲稱自己對神的存在的證明，就像幾何證明一樣明確，方以智大概會詫異得講不出話。笛卡兒已經抹除世上的「驚奇」（wonder），因為他只想把終極框入人的思想體系，對無法言詮的事物已再無感覺——越來越多西方哲學家也是如此。

對星體軌道、原動天（Primum Mobile）、星體相對位置、金星相位、太陽以外的星體的距離和維度等西方概念，方以智樂於思考，可是他無法認同耶穌會士說神是「大造之主」，更難以理解他們為何相信「天主」住在「靜天」，對他來說，這些說法荒謬無比。無論如何，秉持科學思考的耶穌會士，接受司各脫和奧坎的有限的、左腦的「神」（可是對阿奎納來說，這樣的「神」是偶像）。道是無以名之的、不可知的、動態的，是貫通一切的實在，永遠在演進，也內在於一切存在。耶穌會士的「大造之主」卻不是這樣，祂被關進自己創造的宇宙裡的一小方天地，與彌爾頓的神相去無幾。在西方，卡帕多奇亞三教父、杜尼修、阿奎納和波拿文都拉的不可說之神，如今只不過是存在物之一。在方以智看來，耶穌會士談及終極時並不明瞭語言的限制：「往往意以語閡。」

（譯按：意義受語言所礙。）[147]

第十三章

唯獨理性

歐洲第一批自由思想家和無神論者不是啟蒙哲士（philosophes），而是被宗教裁判所逼著改信基督宗教的西班牙猶太人，他們被蔑稱為馬拉諾人（Marranos），意思是「豬玀」，但他們反而把這種羞辱當成榮譽的勛章。他們多半是迫於形勢而不得不接受基督宗教，此時除了被禁止離開西班牙之外，還被宗教裁判所嚴密監視有沒有改回猶太教的跡象，只要週五傍晚點蠟燭或不吃貝類，就可能遭到監禁、凌虐，甚至處死。不令人意外的是，許多改宗者（conversos）始終沒有全心接受基督信仰，反而陷入靈性空虛。在西班牙於一四九二年頒布〈驅逐令〉後，八萬名猶太人逃往葡萄牙，受國王若昂二世（João II）庇護。但若昂二世於三年後去世，王位由堂弟曼紐爾一世（Manuel I）繼承，岳父母——西班牙國王斐迪南和女王伊莎貝拉——要求他強迫境內的猶太人接受洗禮。不過，曼紐爾一世決定豁免猶太人不受宗教裁判所迫害五十年，給予改宗者組織地下運動的時間，讓其中少數的虔信者能祕密奉行猶太律法，並試著讓其他猶太人回歸原本的信仰。

但無可避免的是，遁入地下多年後，他們對猶太教的認識逐漸模糊。他們接受的是天主教教育，學到的也都是基督教的象徵和教理。最後，許多暗中堅持信仰的人其實對猶太教一知半解，他們的信仰既結合猶太教和基督教，卻又既不是猶太教，也不是基督教。[1]這些馬拉諾人無法舉行猶太教禮拜，能奉行的儀式和規定也非常少，可是妥拉卻需要這些宗教實踐才能成為活生生的真實。他們有些人在葡萄牙的大學裡學邏輯、物理、醫學和數學，也把這種理性而經驗主義的思考方式帶進宗教。他們的神是亞里斯多德的第一推動者，祂不插手世事，也不頒布誡命，因為自然的法則人人能懂。[2]

法國西南基恩學院（College of Guyenne）講師法蘭西斯科・桑榭斯（Francisco Sanchez，一五五〇－一六二三），是一名仍受猶太教吸引的改宗者，也是第一位駁斥學界權威（auctoritas）概念的近代思想家。「權威」一詞與「作者」（author）同源，當時學界很強調遵循偉大作者的見解，例如物理學應以亞里斯多德為準，醫學應以蓋倫（Galen）為依歸。[3]桑榭斯的馬拉諾背景讓他十分厭惡任何形式的言論審查。「別叫我引經據典抬出權威，也別叫我尊敬什麼『作者』，」他在一五八一年寫道，「因為這是無知的奴性，有心認識真理的自由人不該如此。我只依循與生俱來的理性。」這或許是我們第一次聽見唯獨理性的呼聲。在面對總是伴隨殘酷和壓迫的宗教時，這種聲音毫不猶豫地選擇分庭抗禮：「權威的目標是相信，理性的目標是證明。一個是為了信仰，另一個是為了科學。」[4]

在巴魯赫・斯賓諾莎（Baruch Spinoza，一六三二－一六七七）身上，我們再次聽見這種聲音。斯賓諾莎是第一位以科學方法研究《聖經》的學者，而且他成功地在既有宗教之外生存下來，在當時的歐洲，這並不容易。十六世紀末，當改宗者終於獲准離開伊比利半島時，斯賓諾莎的父母也跟著遷往阿姆斯特丹——許多猶太人心中的新耶路撒冷。荷蘭當時是共和國，其他歐洲國家則以宗教立國，亦即統治者所信的宗教就是全國國教，無論他們所屬的是天主教、路德宗或加爾文宗。有鑑於這套體系未能化解教派之間的緊張關係，而且基督徒君王多半顧忌福音書對金錢的譴責，不太願意支持貿易，所以荷蘭人決定，荷蘭共和國應採政教分離政策，雖然支持改革派新教教會，但不驅逐天主教神職人員，以免得罪他們還想做生意的天主教國家。這個政策雖然純粹出於現實考量，但是的確解決宗教立國的問題。結果，荷蘭不但經濟蓬勃，也躋身世界領袖之林。由於他們同樣賦予猶太人宗教自由，許多猶太人受吸引來到阿姆斯特丹，在這裡尋找社會和經濟機會。有的馬拉諾人亟欲尋回完整的猶太教信仰實踐，但這絕非易事，因為這代表他們必須重新接受整套信仰教育。不過，荷蘭的拉比的確值得讚賞，雖然一開始有些頓挫，但大多數人都改變成功。

然而，改不過來的人還是不少，他們的遭遇發人深省。對部分思辨成性的馬拉諾人來說，摩西五經的六一三條誡命不但無理，而且荒謬，奇特的飲食律法和潔淨儀式更是莫名其妙。他們習於自己想通事理，很難接受拉比的解釋。我們已經看到，勤習妥拉的過程能讓猶太人體會神聖，遵守誡命（mitzvoth）能將神的旨意帶入日常生活的每個細節。可是對這群慣於批判思考的馬拉諾人來說，這些儀式不但怪異，而且沒有《聖經》基礎。他們的困境提醒我們，沒有得自倫理實踐的洞見，沒有儀式的身體規訓，沒有研究、沉思和祈禱的智性鍛鍊，宗教的神話就無法維繫。

斯賓諾莎的父母成功完成這種改變，他們的兒子一開始似乎也調適得很好，而且十分投入。他從未經歷迫害，在妥拉學校表現傑出，也學了數學、天文和物理。可是他在二十二歲時開始懷疑，他發現《聖經》文本多有矛盾，不可能出自神聖，還認為啟示本身就是虛構的，因為「神」只不過是整體自然本身。最後，一六五六年七月二十七日，斯賓諾莎遭猶太會堂除名。他樂得如此，畢竟他有位高權重的靠山，也有出類拔萃的科學家、哲學家和政治家朋友。這個時代的歐洲沒有世俗主義者立足之處：你可以改變信仰，但如果不屬於任何宗教社群，你幾乎無法生存——除非你像斯賓諾莎一樣出色。我們有兩個馬拉諾人出了會堂難以為繼的例子，其中一個同時被猶太人和基督徒排擠，日子過得孤獨潦倒，最後舉槍自盡；另一個人性格叛逆，始終無法融入猶太社群，最後似乎走投無路，只好硬著頭皮回到他一生厭惡的天主教會。[5] 斯賓諾莎對宗教的態度顯然不見容於當時，猶太人和基督徒都拒他於千里之外。[6]

不過，斯賓諾莎並不是第一位單憑理性詮釋《聖經》的馬拉諾人。以撒．拉貝黑赫（Isaac La Peyrère，一五九六－一六七六）曾以桑榭斯的科學方法研究《聖經》，結果發現不但文本有誤，有的內容也不正確，他因此相信《聖經》絕非摩西所寫。[7] 斯賓諾莎則更進一步，像桑榭斯一樣說他無意理會權威：

> 個人才是解釋宗教和判斷是非的最高權威，因為這些事與個人權利有關。既然詮釋《聖經》的權威屬於每一個人，《聖經》詮釋的判準就只應是人人皆有的理性真光，而不是任何超自然或外在的權威。[8]

斯賓諾莎相信，想確定《聖經》的意義，「只能透過字義和理性，並只以《聖經》為基礎」[9]，不可訴諸後人發明的米大示，也不可把晚於《聖經》的教義套在《聖經》文本上。《聖經》必須以理性原則詮釋，畢竟以理性原則研究自然世界已獲得豐碩成果：

> 詮釋《聖經》的方法與詮釋自然的方法無異。詮釋自然必先敘述自然的歷史（按：有系統地記錄資料），再從這裡導出自然現象的定義。《聖經》詮釋當然也該從敘述《聖經》的真實歷

史開始。[10]《聖經》真正的主題，並不是《聖經》故事裡的事件，而是《聖經》的神學和道德教訓。神學和道德教訓應由人與生俱來的理性判斷，而與生俱來的理性告訴我們，至高存有存在，而秉公行義和愛鄰人就是順服與敬拜它的方式。因此《聖經》並不是最高權威，它仍在唯獨理性之下。我們之前談過，在傳統上，神學必須結合直觀、想像、儀式和其他能增進同理心的修為，但是隨著理性時代發展，宗教的概念日益稀薄——對《聖經》的認識也是如此。

在對宗教改革的神學辯論心灰意冷後，許多基督徒轉向科學新發現，希望能從中確認自己的信仰，找到一個能客觀經驗且確切無疑的神。以撒．牛頓（Isaac Newton，一六四二－一七二七）爵士做出宏大的統整，綜合笛卡兒的物理學、德國天文學家約翰尼斯．克卜勒（Johannes Kepler，一五七一－一六三〇）發現的行星運動定律，以及伽利略的地球運動定律，他指出重力是統合這些宇宙活動的力量，將行星拉向太陽而不飛入太空，也把月亮和大海拉向地球。但牛頓也說，這套複雜的系統「只可能是依從一個有智慧與權能的存有的計畫與主宰」。[11]這樣的神與盧瑞亞的空虛自己的恩所夫很不一樣，也與《新約聖經》裡虛己的聖言大相逕庭。牛頓的神是一股沛然莫之能禦的力，祂掌管宇宙、也控制宇宙，祂的主要特質是主宰（Dominion）。牛頓說：「能為主宰的靈性存有謂之神。」[12]造物主一定滿有智慧、完美、永恆、無限、全知而全能。

中國哲人方以智不幸言中：「泰西」的神被化約為科學解釋，在宇宙裡只被賦予有限而可界定的功能。神控制物質就如意志控制身體，祂的存在只是這個世界的設計的理性結果。祂內在於自己制定的定律中，重力就是神自己的活動。那麼，誰還需要《聖經》？至少牛頓不需要，對他來說，科學是正確認識神的唯一辦法：「除了透過自然的形式之外，別無認識神的方式。」[13]他深信科學理性主義是人類最初的宗教，後來之所以走樣，無非是因為人自甘沉溺於「怪誕傳說、虛假奇蹟、聖髑崇拜、放符施咒、神鬼之說，還有祈求、招請、崇拜神鬼及其他迷信」。[14]他寫過一篇題為〈外邦神學的哲學起源〉（The Philosophical Origins of Gentile Theology）的論文，說創立這種「原始宗教」（fundamental religion）的人被猶太人稱為挪亞，其他民族則用別的名字稱呼他。挪亞和他的兒子們曾在仿自宇宙的聖殿裡敬拜神：「他們認諸天為神真正的聖殿……他們以最適切的方式代表整個系統，沒有比這更理性的。」[15]

牛頓說，猶太人原本尊奉的也是這個信仰，這個信仰啟發他們以理性的方式了解世界。雖然他們三不五時走上歧途，重蹈迷信，但是總有先知呼召他們重回理性的宗教。耶穌也是這樣的先知，可惜他的自然宗教被亞他納修改得面目全非。為了吸引異教徒入教，亞他納修竟然捏造出道成肉身和三位一體的教理。對牛頓來說，三一論是「西方的怪異宗教」、「崇拜三個彼此平等的神祇」。在〈啟示錄〉裡，神已預言三一論的興起將招致天罰。[16]牛頓的「原始宗教」不需要儀式或冥想，只需要「信仰」（belief）。牛頓始終是以近現代意義的「belief」使用這個詞彙：在此之前，「belief」指的是忠實投入讓神學可以被直觀地領悟的信仰實踐；近代以後，「belief」指的是在智性上同意或多或少顯得未必可信的主張。[17]對牛頓來說，信仰只是在智性上接受教理。他在寫給古典學家理察．班特利（Richard Bentley，一六六二－一七四二）的信中說：「當我寫下關於我們的系統的論文時，也有意提出一些原則，希望能打動好學深思的人，讓他們對神有信仰（belief）。這樣做如果真能發揮效果，那會是我最高興的事。」[18]belief不需要「信心之躍」（leap of faith），因為太陽系顯然要靠一位「自主的能動者」（voluntary Agent）才能運作流暢，祂一定「精通力學和幾何學」，能平衡宇宙中的各種力量。[19]

牛頓明顯是按自己的形象創造出神。可是在厭倦宗教改革的激烈爭鬥之後，基督教領袖莫不樂見以唯獨理性取代唯獨聖經，畢竟後者只帶來徒勞無益的衝突。十八世紀初出現一種新的有神論——自然神論（Deism），完全立基於理性和牛頓科學，支持者聲稱它就是隱藏在《聖經》故事背後的原初信仰。不論是不列顛群島的馬太．田德爾（Matthew Tindal，一六五五－一七三三）和約翰．托蘭（John Toland，一六七〇－一七二二）、法國哲學家伏爾泰（François Marie Arouet de Voltaire，一六九四－一七七八），或是美洲殖民地的班傑明．富蘭克林（Benjamin Franklin，一七〇六－一七九〇）和湯瑪斯．傑佛遜（Thomas Jefferson，一七四三－一八二六），都有志以理性罩覆宗教，他們的目標是讓每一個人都能邏輯地思考、明智地辨別，掌握科學揭示的真理。[20]

和斯賓諾莎一樣，約翰．洛克（John Locke，一六三二－一七〇四）也否定啟示與寓言的必要性，他主張把《聖經》對墮落和創世的記述看作事實，傳達的是我們需要救贖。因為邏輯陳述不可同時帶有多種意義，我們不應以象徵方式解經（figurative exegesis）。相反地，解經必須遵循理性語言的規則，好讓每一個人都能自行發現真理：

> 我們單純的概念……是我們所有見解和知識的基礎和唯一的素材，我們必須完全依靠我們的理性——我們與生俱來的能力——絕不可從傳統啟示接受任何知識或見解。[21]

洛克也從理性面認可路德的政教分離主張，在他看來，宗教戰爭肇因於各方嚴重缺乏欣賞其他觀點的能力，但宗教基本上是「個人追求」，不應由政府以政令規定。混淆宗教與政治不只是危險的，而且從本質上來說就是錯的：

教會本身是絕對獨立於，也有別於共同體的東西，兩者的界線是固定不變的，兩者在原始目的、職責和一切事務上，也完全而無限地不一樣。混淆這兩種社會的人，就像混淆相隔最遠、也全然相反的天和地一樣。[22]

不過，對與洛克同一時代的大多數人來說，這種論述絕非自明之理，因為宗教向來鼓勵人投身社會和政治行動。然而，路德與洛克所界定的、近現代意義的「宗教」，卻有意要求信仰者轉向內在，掩蓋《聖經》中敦促人行動的一面。

對洛克這樣的自由主義哲學家來說，以理性方法釋經能發現《聖經》文本的原始意義。他們認為這是理所當然的事，而這種觀點也在十八世紀成為主流。依照哈勒大學（University of Halle）神學教授約翰．薩洛莫．山勒（Johann Salomo Semler，一七二五－一七九一）的看法，詮釋《聖經》的原則是很清楚的：

詮釋的技巧，取決於一個人是否正確而精準地了解《聖經》對語言的使用；取決於他能否分辨和陳述《聖經》敘事的歷史情境；也取決於他能否在時空背景已然改變的此刻，以能夠回應當下需求的方式闡述這些事件。[23]

無法接受《聖經》敘事有其歷史性的人，則依然堅持基督宗教所主張的真理對靈性是重要的。德國文學家高特霍爾德．萊辛（Gotthold Lessing，一七二九－一七八一）說：「宗教不是因為它是福音書作者和使徒所教導的，所以是真的；而是因為它是真的，所以福音書作者和使徒才教導它。」[24]

洛克的友人安東尼・柯林斯（Anthony Collins，一六七六－一七二九）則展現出另一種態度。在《論基督教傳統之基礎與原理》（*A Discourse on the Grounds and Reason of the Christian Tradition*，一七二四年）中，柯林斯揚棄傳統論點，不再認為以色列先知早已預言耶穌的生死，先知也是凡人，不可能預見未來。另外，以賽亞所預言的「童女生子」，指的是亞哈斯王時代的一名年輕女子將懷孕生子，而非馬利亞將童貞生子。既然理性的陳述不能同時具有多種意義，《聖經》的真義應以其凡人作者的意圖為準。[25]不過，這個論點威脅到《聖經》正典的統一性，因為基督徒從一開始就把「舊」約和「新」約併在一起。在一七七五年一篇深具開創性的論文中，山勒甚至更進一步，主張《聖經》不等於神的話語——它不過是人的作品而已。如果我們把《聖經》裡的每一卷書放回它們的歷史脈絡，不要用現在的眼光去看待，就會發現對現在的人來說，《聖經》裡有些經卷顯然沒有宗教價值。換言之，人應自行決定《聖經》對自己有何意義。[26]

啟蒙時代的理性精神，讓詮釋《聖經》成為失傳的技藝，對《聖經》故事的歷史可靠性的惱人辯論也在推波助瀾。這種類型的辯論在英格蘭和日耳曼尤其激烈，而歷史的概念也在改變。有史以來第一次，歷史學家以科學方法精確描繪過去的圖像，並以經驗證據支持自己的發現。由於新的歷史是「真」的，蘇格蘭哲學家大衛・休謨（David Hume，一七一一－一七七六）說：歷史能「增進理解……加強美德」。[27]應該多讀研究古希臘羅馬歷史學家的作品，因為從對過去的研究中可以找到對現在的教訓。[28]相較之下，閱讀充滿神蹟、異常現象和怪誕故事的《聖經》，有什麼意義嗎？我們已經看到，以前的人以《聖經》故事為神話，注重的是其中傳達的意義，而不是它們符不符合史實；而現在只要一則故事不是實際發生過的，人們就開始質疑它是「假」的。相關討論集中在對基督教神學影響最大的那些敘事，例如創世、亞當和夏娃的墮落，還有福音書裡的神蹟故事。

教會內亦不乏立場強硬者，例如哈勒大學神學教授齊格蒙・雅各・鮑姆加登（Siegmund Jakob Baumgarten，一七〇六－一七五七）。鮑姆加登堅稱新的科學發現與《聖經》紀錄毫不衝突，而《聖經》每卷書的一字一句、行文風格，都是神直接啟示的。哈勒大學是新教虔敬派（Pietism）創辦的學校，在三十年戰爭後不久成立。虔敬派反對令宗教改革名聲受損的嚴苛正統教理，把焦點放在善功和聖潔生活。哈勒大學學者出版《聖經五種》（*Biblia Pentapla*），將五種《聖經》譯本並排，鼓勵跨越宗派之見，一同讀經。無論你屬於路德宗、加爾文宗或天主教，都可以在這本書上讀到自己偏好的版本，但也能在對文字產生疑義時參考別的版本。雖然這種自由的態度鼓勵山勒從較為世俗的角度看待《聖經》，但虔敬派信徒非常重視個人讀經，他們相信《聖經》裡的每一個字都包含絕對真理的種子，只要虔心閱讀就能結出神聖經驗的果實。弔詭的是，這種精神讓德國人對《聖經》作為書面文獻的興趣始終不衰，即使在《聖經》的批判研究成為主要的世俗追求後，這股興趣仍持續很久。[29]

英國沒有類似虔敬派的運動，反倒是對《聖經》文本日益懷疑。一七四五年，威廉・惠斯頓（William Whiston，一六六七－一七五二）出版一本刪節版的《新約聖經》，將提及三位一體或道成肉身的內容全部刪去。愛爾蘭自然神論者托蘭試圖以一份古代抄本取代《新約聖經》——因為那份抄本據稱是亡佚多年的〈聖巴拿巴福音〉（Gospel of St. Barnabas），而且否定基督的神性。也有人說《新約聖經》文本已多次遭到竄改，充滿訛誤，現在已無法判定《聖經》的原貌。但牛頓的朋友班特利不表同意，他將分析希臘羅馬文學的新批判技巧運用到《聖經》，認為藉由核對和分析文本變化可以重建原始版本。[30]

然而，大多數英國學者更在意的不是文本可信度，而是福音書敘述的事件是否真的曾經發生。對他們來說，耶穌行奇蹟和復活的故事只有真或假兩種可能：如果它們真的發生過，就證明耶穌是神；如果它們根本沒有發生，就代表是不符史實的虛構。然而奇怪的是，沒有人想過能把福音書故事和一種新的文學類型做比較，這種文類當時正在英國與法國興起，也受到很多讀者歡迎——小說。小說想讓讀者相信那些故事真的曾經發生，但它們顯然不是「史實」。儘管如此，小說還是探索到人類處境的深刻真理，也受到日益敏銳的評論者認真討論。既然山繆・理查森（Samuel Richardson，一六八九－一七六一）、亨利・菲爾丁（Henry Fielding，一七〇七－一七五四）和後來的珍・奧斯汀（Jane Austen，一七七五－一八一七）的小說是有意義的，為什麼我們不能從同樣的角度品味《聖經》故事的意義？[31]當然，兩者還是有不一樣的地方，《聖經》故事說的是人類在悲劇和歷史興衰中的超越經驗，小說談的則是英、法兩國龐大的社會、歷史與政治變局對一般人的影響，這些變局界定小說中的角色，既給予他們提升的機會，也為他們的發展設下限制。小說廣受歡迎的現象顯示，這些作品為讀者帶來他們亟需的洞見，伴他們走過時而痛苦、時而振奮，但往往令人困惑的現代化之路。休謨盛讚新歷史學有益道德教化，小說家也細心地將自己作品與歷史書寫的新風潮結合。理查森的巨作《克拉瑞莎》（*Clarissa*，一七四七－一七四九）採書信集形式（副標題為一名年輕女子的歷史〔The History of a Young Lady〕），透過選錄信件來呈現不同的觀點；菲爾丁的扛鼎之作則是《湯姆・瓊斯的歷史》（*The History of Tom Jones*）。理查森和菲爾丁都關心道德與意義，後者甚至將《湯姆・瓊斯的歷史》一書獻給政治家喬治・利特爾頓（George Lyttelton）。雖然書中主角不時表現得像是登徒子，但是菲爾丁在題獻中說：「我真心盼望藉由這個故事勸勉善良與純真。」小說和《聖經》敘事一樣，也鼓勵讀者同理故事中的人物，與他們一同快樂和悲傷，並思索人在困境中面對的艱難問題。可是，新興的唯獨理性之風不允許學者把《聖經》故事當成虛構作品。唯一用類似看待小說的方式來看待《聖經》故事的，是德國詩人約翰．高特弗里德．赫德（Johann Gottfried Herder，一七四四－一八〇三），他深信了解《聖經》的唯一方式，就是在情感上認同其中的人物。

> 你若想品味孕育這些作品的氛圍，讀到牧羊人時，你要像個牧羊人；讀到游牧民時，你要像個游牧民；讀到古代東方人時，你要像個東方人。但千萬不要鑽進抽象，陷入新派學者的沉悶監獄。[32]

話雖如此，赫德還是花費很多心血探究《聖經》的歷史真相，從未完全結合這兩種非常不同的讀經方式。

赫德明顯厭惡的「新派學者的沉悶監獄」是高等批判法（Higher Criticism），這些德國學者以分析古代抄本的科學方法分析《聖經》，最後也做出結論：「摩西」五經絕非摩西一人之作，而是出自好幾位不同作者之手，而且每一位都有獨特的風格和想要傳達的訊息。這群學者留意到敘事重複的情形，也發現它們顯然是不同的人寫的（例如〈創世記〉裡的兩套創世版本）。巴黎醫生尚．阿斯特呂（Jean Astruc，一六八四－一七六六）和耶拿大學（Jena University）東方語言學教授約翰．高特弗里德．艾希宏（Johann Gottfried Eichhorn，一七五二－一八二七）指出，〈創世記〉包含兩份文獻：一份稱神為「雅威」（J典）；另一份稱神為「伊羅興」（E典）。不過，包括約翰．塞弗林·法特（Johann Severin Vater，一七七一－一八二六）和威廉·德·維特（Wilhelm de Wette，一七八〇－一八四九）在內的其他學者不表同意，認為五經是由一名編修者集好幾份殘本而成。在十九世紀，學界普遍接受五經有四個原本獨立的來源。維特相信〈申命記〉（D典）是最晚出現的；哈勒大學教授赫曼·胡普菲爾德（Hermann Hupfeld，一七九六－一八六六）則認為E典是由兩份原本獨立的文獻組成，較古的是E1（祭司作品），接著依序是E2、J典和D典。

不過，卡爾·海恩利希·葛拉夫（Karl Heinrich Graf，一八一五－一八六九）相信祭司文獻（E1）其實是四個來源裡最晚的。尤利烏斯·威爾豪森（Julius Wellhausen，一八四四－一九一八）支持他的理論，因為這能解開他困惑已久的問題：為什麼先知們都沒有提到摩西律法？為什麼D典顯然熟悉J典和E典，卻對祭司文獻（E1）一無所知？如果祭司作品較晚出現，這兩個問題就都能獲得解釋。威爾豪森也指出四源說過於簡略，因為他發現在四個來源合而為單一敘事之前，其實都已有所增添。雖然同儕推崇威爾豪森的研究將批判方法推向高峰，但他自己認為這只是開始而已——事實上，這套方法直到今天仍在使用。

歷史批判法大幅提升我們對《聖經》的認識，也讓我們看見它是經過什麼樣的過程併為一本。然而，過於重視文本批判的結果，是讓《聖經》的超越價值降低，這個損失也將成為近現代經驗的一部分。不過，這些學者的發現不只有學術價值而已，它們也有道德意義——顯示在古代編輯者將《聖經》文本併在一起時，即使各個來源的說法不盡一致，甚至有所矛盾，他們還是選擇兼容並蓄，收錄並尊重每一種洞見（例如同時併陳以色列南、北國的觀點）。如果新教和天主教的改革者像他們一樣有雅量，宗教改革或許不致陷入相互為敵的局面，往後的歷史也將大幅改寫。

由於歐洲神學家連對信仰最基本的部分都無法取得共識，歐洲人只好轉而以笛卡兒的唯獨理性為共同基礎。[33]在美國，領導一七七六年抗英革命的哲學家和政治家——喬治・華盛頓（George Washington）、約翰・亞當斯（John Adams）、山繆・亞當斯（Samuel Adams）、傑佛遜、詹姆斯・麥迪遜（James Madison）、富蘭克林，是自然神論者、理性主義者和啟蒙之子，也深受洛克與蘇格蘭常識哲學（Common Sense philosophy）的啟發。傑佛遜、富蘭克林和約翰・亞當斯起草的《獨立宣言》（*The Declaration of Independence*）以洛克的人權理想為本，而洛克將人權界定為生命權、自由權及財產權（財產權後來改為「追求幸福的權利」）。他們說這些天賦人權是「不證自明的」——但真是如此嗎？事實上，啟蒙哲士對人性的看法南轅北轍，結果就是唯獨理性和唯獨聖經一樣，既沒有帶來共識，也沒有對人權提出明確而無可爭議的存在理由。

洛克相信自由與平等是基本人權，他認為自然狀態中的人活在「完美的自由狀態，在自然法的範圍內，他們能以自己認為合適的方式規劃行動和處理財產」。他們的社會是平等的，因為「明確無疑的是，同屬一個物種和一個階層的受造物……彼此之間應該是平等的，沒有主從或隸屬關係」。[34]可是，湯瑪斯・霍布斯（Thomas Hobbes，一五八八－一六七九）不這麼看，他認為雖然自然狀態中的人在能力上是平等的，但這只讓他們「彼此殘殺，相互征服」。如果任人自行其是，沒有政府強勢管控，「人會活得孤獨、貧困、齷齪、粗暴，而且短命」。[35]尚－雅克・盧梭（Jean-Jacques Rousseau，一七一二－一七七八）的看法卻恰恰相反：人性本善，是政治體系讓我們由善轉惡。[36]美國開國元勛也是如此，他們連對「民主」這麼基本的議題都沒有共識，美國第二任總統約翰・亞當斯對任何可能損害上流階級利益的政策都抱持戒心；傑佛遜派則相反，堅持自由和獨立應人人共享，不分階級。[37]

對日耳曼哲學家伊曼紐爾・康德（Immanuel Kant，一七二四－一八〇四）來說，眾人對於他們以為「不證自明」的真理各持己見，其實一點也不令人意外。在《純粹理性批判》（*Critique of Pure Reason*，一七八一年）中，康德主張人的想法在本質上一定是主觀的，藉此削弱啟蒙運動的自負。他的想法和現在的神經科學家很像，我們以為自己在自然中看出的秩序，其實與實在沒有什麼關係。我們或許可以想出滿足心智的理性願景，但是根本沒有對每個人都一樣的客觀真理。康德曾對啟蒙提出一個經典定義：「啟蒙是人類脫離自己招致的監護狀態的過程。當人無法在沒有另一個人的指示時運用自己的理性，便是處於監護狀態。」[38]有現代學者說啟蒙運動是「人類朝自主和自治的一大躍進」，開始於「人類決心將歷史置於自己的監督與掌控之下」。啟蒙運動顯然是左腦的產物：它的「武器」是「理性……一種完美無瑕的能力，讓人類得以求知、預測、計算，將『實然』提升為『應然』」。[39]

傑佛遜尤其堅決要將歷史置於人的掌控之下，讓人的政治不再受制於所謂神的代表。雖然美國人分屬長老會、聖公會、清教、公理會（Congregationalism）等不同宗派，但大多是虔誠的新教徒，也依然堅信唯獨聖經，對傑佛遜的自然神論聖經觀頗不以為然。傑佛遜則是和十八世紀大多數思想家一樣，雖然還是相信《聖經》有其靈性價值，但態度已相當保留。在一七八七年寫給外甥彼得・卡爾（Peter Carr）的信中，傑佛遜鼓勵他以「理性的法庭」審視《聖經》的每一卷書：

> 必須嚴加檢視《聖經》中違反自然法的事實，從不同面向細細推敲。務必留意作者以「神的啟示」為託詞（pretensions）的部分。仔細檢驗這些託詞的證據，思考這些證據夠不夠堅實。同樣應該思考的是：認定相關證據是假的，是不是比認定自然法有所改變更不可能？[40]

舉例來說，約書亞讓太陽停止不動的事就不可信。傑佛遜也要卡爾考察基督教教理的一些「託詞」（例如耶穌的神性、童貞女生子和肉體升天），並勉勵即使你的結論是神不存在，也別擔心，因為「你自己的理性是上天給你的唯一神諭；你該考慮的不是你的結論是否妥當，而是對或不對」。[41]傑佛遜十分堅持唯獨理性，難以認可神話在宗教裡的角色——在他編定的《新約聖經》裡，刪去所有奇蹟、童貞女生子和復活的段落，只把重點放在耶穌的教誨。[42]

唯獨聖經引起的衝突令傑佛遜沒齒難忘，所以他清楚知道，如果聯邦憲法明定任何新教宗派為官方信仰，就不可能得到每一州的支持。他與洛克一樣重視政教分離，認為那是「創造和平社會最必要的一步」。[43]一七八六年，傑佛遜聲明在宗教事務上強加約束是罪惡的暴政，取消聖公會在維吉尼亞州的官方教會地位。在他看來，除非人民能形成自己的看法，否則真理將寸步難行，因此在宗教和政治之間必須建立「隔離之牆」。[44]在《權利法案》（*Bill of Rights*）中，憲法第一修正案就規定：「國會不得立法以特定宗教為國教或禁止信教自由。」不過，政教分離雖讓宗教擺脫國家天生的不義與暴力，卻也鼓勵宗教不理會世間的苦難，遁入以自我為中心的私我心靈。雖然美國開國元勛宣稱他們對人類尊嚴與平等的知識只來自於理性，但無論對宗教的戒心多大，他們的理想顯然有一部分是來自依然尊重的基督教和猶太教《聖經》。的確，基督徒統治者很少實現他們的《聖經》所宣揚的正義與平等；可是，世俗哲學家和政府也很少堅守他們奉之為圭臬的價值。在啟蒙運動經典之作《論寬容》（*A Letter Concerning Toleration*）裡，洛克堅決主張自由國家不應容忍天主教和伊斯蘭教。[45]在此同時，他也認為奴隸主對奴隸應有「絕對、專斷而獨裁的權力」，甚至包括「在任何時刻殺了他們的權力」，而美洲「諸王」對他們的土地既無管轄權，亦無所有權。[46]另外，美國《獨立宣言》雖然倡言人人生而平等，但是美洲原住民和非洲奴隸卻毫無平等可言。住在邊境的貧困美國人不但享受不到平等之利，開國元勛的橫征暴斂之狠也一點都不輸英國人。[47]

西方的現代化過程不時被極端不理性打斷，但另一方面，世俗主義者對信仰的輕視也經常使宗教產生扭曲（我曾在別本書裡花很多篇幅討論這一點）。[48]大多數美國人難以接受開國元勛的理性精神，反而試著透過宗教來適應新的世俗理想。雖然此時有一些新教徒急於否定或大幅刪除儀式，可是在以前，儀式曾幫助很多人化解內心世界的不安。舉例來說，盧瑞亞派的卡巴拉就曾引領塞法迪流亡者走過創傷，讓他們漸漸能吸收、抒發它，最後學會如何溫柔而有創意地與它共處。少了儀式的支持，有些美國新教徒只能在扭曲的過程中經歷激烈改變。佛陀要是看到他們的改變方式，恐怕也會搖搖頭說不善巧——「沒幫助」或「不健康」。

一七三四年，後來稱為第一次大覺醒（First Great Awakening）的宗教復興運動橫掃康乃狄克州、麻塞諸塞州和長島（Long Island）。對博學的加爾文宗牧師喬納森．愛德華茲（Jonathan Edwards，一七〇三－一七五八）來說，這股風潮不但讓教育程度較低的美國人認識啟蒙運動追求幸福的理想，[49]也留下被他們稱為「自由」的快樂回憶。[50]不過，這種出神狀態與幫助佛陀「悟道」的修行沾不上邊，也與那納克祖師與自己無意識之心的對話判然有別；相反地，它是對情緒危險的縱容。在愛德華茲講道時，會眾尖叫、吶喊、在走道扭動身體，甚至湧到講臺求他停止。約有三百人獲得「重生」，任情緒在極度亢奮和悔恨交加間轉換。據愛德華茲的紀錄，有的人相信自己已被神拋棄、有的人絕望到自殺，還有人出現「激烈出奇的幻覺」，陷入癲狂。[51]這不是為人帶來自由的虛己，因為這種對無意識的屈服不但十分危險，而且把焦點全放在自己身上——一心只有我的悔改、我的救贖、我的永死。

一七九〇年代又出現第二次大覺醒，但這次是由較為貧窮的邊陲美國人發起的反叛，挑戰的是以開國元勛為代表的精英階級。這場運動的先知對唯獨理性毫無興趣，因為他們已經認識《聖經》裡明確傳達的自由與平等理想。很自然地，他們強調的是《新約聖經》中的基進教導，而且態度遠比精英釋經者激烈。雖然他們高度情緒化的信仰表現與第一次大覺醒相似，卻峻拒愛德華茲那種認定只有學者有權解經的知識分子，指出耶穌和他的門徒都沒有大學學位。乍看之下，這群新的先知似乎屬於舊的時代，因為他們依仗的都是啟蒙哲士反對的東西，像夢境、異象、預兆、奇事和神蹟，可是在此同時，他們也以《聖經》的用語表達民主、平等、獨立、言論自由等現代理想。他們會舉辦火炬遊行和大型集會，合唱新的福音聖詩，最後，群眾紛紛進入出神狀態，痛哭流涕、狂喜高呼、身體猛烈搖擺、情緒極端起伏——這些都將成為美國基督教的特徵。[52]

一八四〇年代，查爾斯．芬尼（Charles Finney，一七九二－一八七五）將這種邊陲靈性情懷帶入中產階級。到了十九世紀中葉，以字面解經為本的「福音派基督教」（Evangelical Christianity）已然成為美國主流宗教。[53]雖然對福音派來說，傑佛遜的政教分離理念並非不證自明之理，但至少在北方各州，他們已將不可剝奪的人權視為《聖經》誡命，開始反對奴隸制和酒精飲料，爭取教育改革、刑法改革與女性平等權，創造出被某些學者稱為「啟蒙新教」（Enlightenment Protestantism）的混合體。[54]

然而，近代釋經者經常忘了奧古斯丁對「以愛為準」的堅持，這點在十九世紀末於美國生根的一種《聖經》解釋裡看得尤其清楚。這種解釋後來被稱為前千禧年論（premillennialism），因為它宣稱耶穌會像〈啟示錄〉裡預言的一樣，在祂建立千年王國之前回到世上。前千禧年論是約翰．尼爾森．達祕（John Nelson Darby，一八〇〇－一八八二）提出的，他是英國人，可是在故鄉沒有什麼人信他的話，反倒在美國十分受到歡迎。從一八五九年到一八七七年，他總共巡迴美國六次。他說人類已墮落至極，神很快就會摧毀世界，但虔信的基督徒將會得救，在神的國度中同享基督最後的勝利。[55]

前千禧年論是字面解經的好例子，它自詡「理性」，卻和大覺醒運動一樣近乎瘋狂。在達祕看來，眾先知、聖保羅和〈啟示錄〉的作者的話都不是隱喻，而是可以透過分析來解開的明確預言。達祕把《聖經》的全部歷史分成七個「時代」（dispensations），每個時代都以大災難告終（例如亞當與夏娃墮落、大洪水和耶穌被釘十字架）。達祕說，人類現在正處於第六個，也就是倒數第二個時代，而這個階段會以前所未見的恐怖作結。敵基督——保羅預言的假救主，[56]很快會帶來為期七年的大災難，殺戮不計其數的人，但耶穌將如〈啟示錄〉所預言的降臨人間，擊敗敵基督，與撒旦在耶路撒冷外的哈米吉多頓（Armageddon）決一死戰。得勝之後，祂將開啟第七個時代，以和平與公義統治世界一千年，直到最後審判為歷史畫下句點。

由於福音派基督徒近乎病態地渴望現代社會滅亡，因此對達祕的說法很容易產生共鳴。出身紐約上州農家的威廉・米勒（William Miller，一七八二－一八四九）相信，《聖經》裡的預言可以像科學或數學那樣精準解題。他在一八三一年出版一本手冊，宣布基督將於一八四三年第二次降臨。米勒認為每個基督徒都有權詮釋《聖經》，也鼓勵讀者挑戰他的解答——這麼做的人很少，倒是有大約五萬名美國人成為死心塌地的「米勒派」。不過基督並未在一八四三年降臨，米勒派失望不已。其他的前千禧年論教派（如基督復臨安息日會〔Seventh Day Adventists〕）則調整末日時間表，並聰明地迴避準確日期，讓往後好幾代的美國人能繼續期盼末日到來。[57]

達祕的前千禧年論之所以能吸引那麼多人，原因之一是他宣稱神的選民可以免於末世劫難。在〈帖撒羅尼迦前書〉中，保羅以抒情的筆調為信徒描寫耶穌再臨的情景，他說：到了那時，他們都會「被提到雲裡，在空中與主相會」。[58]達祕緊抓保羅的這句話不放，一口咬定真正的基督徒會在大災難前不久「被提」（Rapture），進入天國。前千禧年論者相信他們對《聖經》的詮釋是理性而科學的，對「被提」也發展出一套詳細的劇本：當重生的機師和司機被帶上雲端時，行駛中的飛機、汽車及火車將首當其衝，一一撞毀，接著乘客慘死，市場崩盤，政府崩潰。到了這時候，「被留下來」的人終於明白──但為時已晚──他們一向瞧不起的真基督徒，所信的全是真的。前千禧年論本身就是冷酷又容易引起爭議的，選民得意地想像自己高高在上，冷看那些曾經蔑視他們的人遭受天譴。

前千禧年論也貶低神的超越性，以前的釋經者總是堅持，談論神的時候，我們其實根本不懂自己所談的是什麼。但是達祕絲毫沒有這種保留的態度，他的神殘酷嗜血、睚眥必報，像放大版的凡夫，而且所有行動都可以預測。他的神代表的是美國「小民」的憤慨，因為在這個標榜平等的國家裡，他們感受到的只有漠視和鄙夷。但奇怪的是，前千禧年論竟然與十九世紀幾種精巧的科學和政治學說調性相似，與達祕同一時代的威廉·黑格爾（Wilhelm Hegel，一七七〇－一八三一）、卡爾·馬克思（Karl Marx，一八一八－一八八三）及查爾斯·達爾文（Charles Darwin，一八〇九－一八八二），都認為發展是衝突的結果，他們和達祕一樣把歷史分成不同階段，馬克思甚至也勾勒出烏托邦式的結局。另外，透過觀察岩層、峭壁與動植物化石，有的地質學家發現地球發展也能分成幾個階段，而每個階段都以災難告終。在講求字面意義和民主方面，前千禧年論也深具近現代精神：《聖經》裡沒有隱藏或象徵的意義，所以即使你不是有閒暇時間又受過教育的精英，還是能看出《聖經》的真義。《聖經》裡寫的就是它想表達的，一千年就是一千年、四百八十五年就是四百八十五年；在先知們談到「以色列」時，指的不是基督教會，而是猶太人；當〈啟示錄〉

預言耶穌和撒旦將在耶路撒冷城外決戰時，指的就是那個地點。[59]《司可福串注聖經》（*Scofield Reference Bible*，一九〇九年）發行後，一般基督徒甚至更容易從前千禧年論的角度讀《聖經》，它以大量注釋串連《聖經》經文和歷史事件，一出版就成為暢銷書。

聖典原本是讓人以想像力詮釋的藝術形式，但現在如果希望被認真看待，就必須和科學一樣理性。可是科學本身也在變。由於達爾文的理論當時大多是假說，有些基督徒嗤之為「不科學」，他們回過頭推崇法蘭西斯・培根（Francis Bacon，一五六一－一六二六），因為對培根來說，科學的任務只在於分類已知現象，並以人人都能理解的事實為基礎，將發現統整成理論。[60]十九世紀，浸信會牧師亞瑟・畢爾遜（Arthur Pierson）就講過，他希望大家能以「真正客觀而科學的精神」詮釋《聖經》：

> 我喜歡的《聖經》神學是……培根式的，先蒐集神的話語的教導，再演繹出足以解釋事實的通則，而不是以假設為起點，再用事實和哲學做包裝，讓它看似合乎教義。[61]

然而，《聖經》真理根本不在乎自己能不能被科學證明。於是，「科學」解經猶如東施效顰，空有理性論述之貌，實則讓宗教淪為笑柄。[62]

一八七三年，神學界終於對達爾文的演化論展開攻擊，首先發難的是紐澤西州普林斯頓神學院神學教授查爾斯・賀智（Charles Hodge）。當時，還很少基督徒看出達爾文假說的言外之意。對美國自由派神學家亨利・瓦德・比徹（Henry Ward Beecher，一八一三－一八八七）來說，神臨在於自然過程，所以演化也能視為神愛祂的造物的明證。但是後來當越來越多人明白天擇消滅多少物種時，演化似乎也不再善良可親。不過對推崇培根的賀智來說，達爾文主義純粹是壞科學。他說，科學家們已太過沉溺於研究自然，以致他們只相信自然因果，卻不相信宗教真理也是真確的。他憂心科學家們將來不再以神為終極解釋，呼籲宗教「為自身存續而戰，對抗科學人士」。[63]可是基督徒當初若能堅持本色，不讓自己依賴科學方法，或許也不至於會有今日。

不過，此時更讓福音派頭痛的其實是《聖經》高等批判法。一八六〇年——《物種源始》（*On the Origin of Species*）問世隔年——七名聖公會教士一起出版《論文及評論》（*Essays and Reviews*），用一系列文章向大眾介紹德國學術。此書造成轟動，不但兩年賣出兩萬兩千本——比《物種源始》前二十年的銷售量還高——並且引起大批文章和書籍回應，總數多達四百。[64]《論文及評論》中最重要的是班傑明．喬威特（Benjamin Jowett）的作品，他是牛津大學貝利奧爾學院（Balliol College）院長，主張《聖經》應像其他古代文獻一樣接受嚴格檢驗。對於這些概念，英國的福音派新教徒和美國的一樣深感不安。一八八八年，韓福瑞．瓦德（Humphry Ward）夫人出版《羅伯．艾斯梅爾》（*Robert Elsmere*），故事是一名教士被高等批判法毀了信仰，其中有一段是他的妻子抱怨：「如果福音書不像史實那樣真，我看不出來它們還有任何真實性或價值。」[65]這本小說非常暢銷，顯示心有戚戚焉的讀者不在少數。

在美國，帶頭對抗高等批判法的是普林斯頓神學院神學家。[66]一八七三年，賀智出版兩卷本《系統神學》（*Systematic Theology*）的第一卷，他在書中推翻千百年來的釋經傳統，主張神學家的任務只在整理《聖經》中的明確教導，將它們納入培根式的普遍真理體系，而不是發掘超乎字面的意義。《聖經》裡的每一個字都是神所啟示的絕對真理，所以絕不能用寓意式或象徵式的詮釋扭曲。在宗教改革之前，詮釋《聖經》之於西方基督徒是升向神聖的旅程，在通往不可說的實在的天梯上，經文的字面意義只是第一道梯。猶太教徒和基督徒認識的《聖經》教導從來不是明確的，因為它們傳達的意義無以言詮，但是現在《聖經》必須被理性體系收編。

賀智之子阿奇博德・賀智（Archibald Hodge）後來克紹箕裘，也成為神學家。一八八一年，他與後輩同事班傑明・沃菲爾德（Benjamin Warfield）出書捍衛字面解經，這本書成為經典之作。他們主張，《聖經》的每則故事和每句陳述，都「絕對無誤，吾人必須信仰之、順服之」。《聖經》所說的一切都「忠於事實」。既然《聖經》記載先知說他們的話是神所啟示的，那麼《聖經》就是神所啟示的。[67]《聖經》變成封閉的體系，甘願困入其中的釋經者只能以循環論證自圓其說，而這將成為新教基要派的特徵。

一八八六年，復興運動布道家德懷特・萊曼・慕迪（Dwight Lyman Moody，一八三七－一八九九）在芝加哥創立慕迪聖經學院（Moody Bible Institute），有志培養一群反對高等批判法的學術精兵。因為對慕迪來說，高等批判法會將國家帶向滅亡。基於同樣目標建立的學校不只這所——一九〇二年，威廉・萊里（William B. Riley）在明尼亞波里建校；一九〇七年，石油大亨萊曼・史都華（Lyman Stewart）也在洛杉磯創辦學校。簡言之，高等批判法此時猶如散發邪惡的光暈，象徵近現代社會的一切惡行。「如果我們沒有無誤的判準，」循道會牧師亞歷山大・麥可亞里斯特（Alexander McAlister）說，「所有高貴的價值將不復存在。」[68]循道會傳道林德・W・米契爾（Leander W. Mitchell）也認為：美國當前酗酒和性道德墮落的問題，都是高等批判法的錯。[69]長老會信徒M・B・藍汀（M. B. Lambdin）甚至相信：離婚、收賄、貪腐、犯罪和謀殺之所以會越來越多，全是高等批判法造成的。[70]

這是如今眾所周知的「基要主義」（fundamentalism）的開端，我之前曾在另一本書裡仔細討論這種信仰形式。[71]「基要主義」並不是理想的術語，是美國新教徒於二十世紀初所創，用來區隔自己和「自由派」基督徒。他們口中的「客觀」是回歸信仰的「基本要義」（fundamentals），而他們堅信的是字面解經和一組篩選過的核心教理。其他宗教傳統雖然也有類似的運動，但是焦點很不一樣。事實上，凡是世俗政府分離政教的地方，總是會出現試圖將宗教拉回中心的反文化。

馬丁・E・馬蒂（Martin E. Marty）和R・史考特・艾波比（R. Scott Appleby）曾合作主持基要主義計畫（Fundamentalist Project），並在一九九〇年代陸續出版六卷研究成果。據他們觀察，無論基督宗教、伊斯蘭教、猶太教、佛教、印度教或儒家，各大傳統的基要主義都依循類似軌跡發展：他們感受到危機，漸漸養成同仇敵愾的心態；他們不畏衝突，因為在他們眼裡，對手的世俗主義政策和信念對宗教本身存有敵意。基要派不把這些拚搏看成一般政治角力，而是當成正邪勢力的宇宙對決。他們害怕被消滅，也透過選擇性地恢復過去的特定教義和實踐，強化團結對外的認同感。他們感覺自己深受威脅，所以經常退出主流社會而建立反文化。以美國新教基要派來說，慕迪、萊里、史都華、鮑伯・瓊斯（Bob Jones）和傑瑞・法威爾（Jerry Falwell）等人先後建立的聖經學院（Bible Institutes），常常是這群疏離族群的堡壘。不過，基要派並非不切實際的空想家，他們吸收務實的現代理性主義，並在魅力型領袖的引導下，將「基本要義」淬鍊為能提供信徒行動方案的意識形態。最後，他們發動反擊，試圖將日益偏向懷疑主義的世界再神聖化。不過，他們的「反擊」通常不是訴諸暴力（只有極少數的基要派會採取恐怖策略），而是以文化、儀式或學術的面目出現。[72]

每個「基要主義」運動的焦點各有不同。猶太教基要派的焦點是以色列世俗國家，但支持和反對建國的都有。伊斯蘭教是三大一神教中最晚出現「基要派」的，而他們的基要派總是因為烏瑪

（穆斯林社群）遭受攻擊而起（無論是意識形態的攻擊或實際的攻擊）。雖然聖典在這類運動中有一定的重要性，但通常不是引發運動的起點，也不是他們的主要表達方式（基要派較常以儀式申明立場）。但新教基要派不一樣，如我們所見，《聖經》從一開始就是他們的焦點。這似乎不太令人意外，畢竟新教改革者一向強調唯獨聖經。我們或許能說，《聖經》是基督新教的生命和靈魂，是他們的一切。當《聖經》遭受攻擊時，基要派像是最根本的自我受到侵犯，這是他們如此恐懼高等批判法的原因所在。

基要派通常是因為占多數的世俗主義者的攻擊而起（無論他們發動的是實際攻擊，還是意識形態上的攻擊）。雖然新教基要主義運動發軔於一九二〇年，但是到了一九二五年著名的史考普斯審判（Scopes Trial）之後，才退出主流社會，建立反文化。史考普斯案的大致經過如下：佛羅里達州、密西西比州、田納西州和路易斯安那州的州議會通過法律，禁止在公立學校教授演化論。為了捍衛言論自由，年輕教師約翰．史考普斯（John Scopes）坦承自己違反法律，在為校長代生物課時教演化論。他在一九二五年七月出庭，由當時新成立的美國公民自由聯盟（American Civil Liberties Union，簡稱ACLU）請律師團為他辯護，團長由理性主義健將克拉倫斯．丹諾（Clarence Darrow）擔任。在政治人物威廉．詹寧斯．布萊恩（William Jennings Bryan）同意為反演化論法辯護後，這場審判儼然成為宗教與科學之戰。[73] 如今眾所皆知的是，丹諾展現出清晰的理性思考，布萊恩則顯得笨口拙舌、左支右絀，與時代嚴重脫節。雖然史考普斯最後被判有罪，但是丹諾和科學成為真正的贏家，美國公民自由聯盟也替史考普斯繳交罰款。

媒體樂得有大肆炒作的題材，基要派被貶為國家之禍、科學與自由之敵，根本不該存在於現代世界。這波惡毒的媒體攻訐之後，基要派退出公共討論，退入自己的教堂、電臺、出版社、學校、大學和聖經學院，自行建立忠於神的飛地。直到一九七〇年代末累積足夠力量之後，才重返公共生活，以《聖經》為名發動一連串反擊，試圖將國家導回信仰之路。這件事證明媒體的冷嘲熱諷只會造成反效果。在史考普斯案之前，演化論對基要派來說並不是重大議題，連賀智都知道世界遠遠超過《聖經》記載的六千年。雖然有人提出「創世科學」（Creation science），主張〈創世記〉的所有細節都合乎科學，但支持此說的基要派非常少。可是在史考普斯案之後，堅持字面解經成為基要派的核心立場，創世科學也成為他們的旗幟。這個發展應該讓宗教批判者有所警惕，攻擊自己認定蒙昧的信仰，有可能使它變得更加極端。

無論如何，宗教繼續在美國扮演重要的角色，美國福音派也依然堅持字面解經。但是歐洲的情況非常不一樣，我也在之前的作品中談過歐洲失去信仰的過程。[74]歐洲的狀況十分複雜，不只牽涉到《聖經》，也涉及政治和社會的發展。有的歐洲人認為科學理性主義就像新的世俗宗教，和宗教一樣要人皈依門下、完全投入，英國生物學家湯瑪斯・亨利・赫胥黎（Thomas Henry Huxley，一八二五－一八九五）的看法就是如此；也有歐洲人帶著憂傷告別信仰，既無普羅米修斯違抗天庭的豪情，亦無放膽追求自由的快意，詩人馬修・阿諾德（Matthew Arnold，一八二二－一八八八）說他只聽見信仰「黯然退去的長嘯」，「帶著永遠哀傷的曲調」。[75]

德國哲學家弗里德里希・尼采（Friedrich Nietzsche，一八四四－一九〇〇）思考同代人的心理狀態，發現神已在他們心中死去，可是完全意識到這一點的人非常少。在《歡愉的智慧》（*The Gay Science*，一八八二年）中，他講了一則故事：有個瘋子一早跑到市場，大聲高喊：「我要找神！」失去信仰又習於懷疑的路人停下來，開玩笑似地問他：神是跑了嗎？還是祂去了別的地方？瘋子回答：「我們殺了祂啊！你和我！我們都是兇手！」[76]科學與工業革命已讓人過於沉溺物理和經驗世界，以致他們不再了解宗教的美學面向，也不再能體會美學面向帶來的超越感。尼采說，神的死亡正為歐洲投下第一道陰影，少數敏感察覺到的人已經發現「太陽將落，深厚的信任已轉為懷疑」。[77]

當歐洲人把「神」變成純概念真理，可以用理性或科學的智力掌握，不再需要依賴儀式、祈禱和倫理實踐時，便已親手殺了神。我們或許可以這麼說，歐洲人過於勤練左腦，以致遺忘右腦的指示。此時的歐洲人就像倚靠唯獨理性的馬拉諾人一樣，開始覺得宗教貧乏、專斷、沉悶，聖典也不足為信。對馬克思來說，廢除宗教是預定完成的計畫，人類屆時將不再困於資本社會的矛盾與不義。馬克思以「社會學的達爾文」自詡，還曾想把《資本論》（*Das Kapital*）獻給達爾文。不過雖然達爾文是不可知論者，但是他一直尊重宗教信仰，所以最後仍婉言謝絕。相對於馬克思相信宗教將在未來消失，尼采認為上帝之死已經發生，也否定一切以因果、道德或必然解釋事物的宗教論述。至此，「神」從西方科學文明消失只是時間的問題。透過把神聖逼入與宗教相異的、全然理性的思考模式，透過把《聖經》當成史實檢視，歐洲人讓宗教難以存續。我們也已經看到，在美國，字面解經催生的末日觀近乎瘋狂，與開國元勛們推崇的理性主義背道而馳。

尼采相信，除非找到能取代「神」的新的絕對，否則西方科學文明將無所適從。畢竟現在不但沒有神，也沒有是非善惡的判準。「世界往哪裡去？」瘋子問，「我們難道沒有失去方向，猶如穿過無盡的虛無？」[78]歐洲的這個時代開始於牛頓的確定感，也曾經對人類無限的可能性充滿信心，但是現在卻結束於莫名的恐懼。

不過，在一八八二年夏天完成《歡愉的智慧》後，尼采經歷一場靈性與心理危機，他後來將這次經驗稱為「啟示」。當時，他覺得被一種「自由、絕對、權能、神聖的感覺」淹沒，而且那種感覺和一般人說的「神」截然不同：

突然，某種極其精妙、無法言喻，卻又充滿確定感的東西變得可見可聞，從內在深處撼動我、顛覆我……那是出神……那是深刻的幸福，在那裡，連最痛苦、最陰鬱的事都不是對立的，而是有條件的、必須的。[79]

在出神中經驗這種統一對立的右腦視野，讓尼采寫出引以為傲的作品——《查拉圖斯特拉如是說》（*Thus Spoke Zarathustra*，一八八三年到一八九一年），他相信這本書會成為「未來的《聖經》，人類才智的最高展現，人的命運盡在其中」。[80]尼采的父親是路德宗牧師，他自己也曾是虔誠的基督徒，對《聖經》知識淵博。他的每一本書都直接、間接提到《聖經》經文，即使在開始攻擊基督教之後，他也經常勤奮重讀《聖經》，正因為對《聖經》瞭若指掌，所以他能用《聖經》的文風批判傳統宗教。[81]

在筆下為他代言的是亞利安先知查拉圖斯特拉（Zarathustra），亦即希臘文的「瑣羅亞斯德」（Zoroaster），他在公元前一千兩百年左右得到天啟，因而創立波斯宗教——祆教（Zoroastrianism）。尼采認為，既然是查拉圖斯特拉創造出道德——「最致命的惡」，就該讓他重新復生，親口駁斥道德。[82]不過，在尼采這部沒有神的聖經裡，查拉圖斯特拉換了新的身分，變得和啟發悲劇的希臘酒神戴奧尼索斯一樣。多年以前，尼采曾在《悲劇的誕生》（*The Birth of Tragedy*，一八七一年）中說，雖然阿波羅崇拜代表清明、控制與理性，而戴奧尼索斯是轉化之神，但是在古典希臘悲劇裡，兩種崇拜合而為一。在觀眾看著主角與死亡、恐怖和無意義搏鬥時，合唱團的評論讓他們進入出神狀態（尼采相信這些評論有配上音樂，是用唱的），在悲傷與死亡面前肯定生命——就像他自己在一八八二年的經驗一樣。尼采將希臘失去悲劇的智慧怪罪蘇格拉底（根據柏拉圖的說法，蘇格拉底想將詩人逐出城邦），他認為蘇格拉底創造過度樂觀的文化，自負地以為光憑理性和科學就能解開人類存在之謎。古希臘和後啟蒙時代的歐洲一樣，用理性趕走了神話，於是上帝死去，我們只能藉藝術減輕生命的苦痛。[83]

尼采的《查拉圖斯特拉如是說》有三個設定。[84]第一個是仿諷（parody）——有人說是仿諷《新約聖經》。[85]尼采深信，在高等批判法戳破《聖經》不符史實之處後，基督宗教已被駁倒，它的消亡只是時間問題。《查拉圖斯特拉如是說》有的地方明顯影射《新約聖經》，例如查拉圖斯特拉帶著一群弟子到處漫遊，和耶穌一樣；有一章的章名叫「最後晚餐」；還有一章惡作劇似地取作「無玷的認識」（On Immaculate Perception）。❶不過，《查拉圖斯特拉如是說》絕不只是廉價地仿諷福音書，毋寧說它是為了肯定——在以《歡愉的智慧》否定神之後的肯定。由於尼采在世時，讀者不多，他必須當自己的評論者，所以作品裡經常會有兩個聲音：一個提出主張；另一個辯證主張。換言之，「仿諷」只是他的第一步，為了開拓新的視野，他接下來還會解構仿諷。[86]在尼采看來，基督宗教培養的是「奴隸心態」（slave mentality），而這種心態的基礎是怨憤（ressentiment）——一種受傷的感覺，起於對有權勢者的憤恨和不切實際的報復欲。對尼采來說，基督宗教既以禁欲為尚，又鼓勵消極忍受痛苦，代表它從本質上就是敵視人類生命的，因此強者必須放逐這種信仰。此外，雖然自由主義和社會主義的理想是「世俗」的——實現平等與解放，但因為它們已受到基督宗教影響，所以尼采認為它們同樣有害，必須加以超越。[87]

---

❶譯注：戲謔天主教之「聖母無玷始胎」（Immaculate Conception）教理。

不過，尼采還是在體制化的基督宗教和耶穌之間做出區隔，因為他認為耶穌已被早期教會扭曲，保羅又扭曲得尤其嚴重。尼采對耶穌頗能同理，彷彿視他如兄長，還說他死得「太早，要是他能活到我這個年紀，一定會收回他的教導！他夠高尚，所以他一定會收回！」[88]尼采對耶穌一體同仁的愛不以為然，因為他認為成熟的愛是有分別的愛——如果耶穌活得夠長，他一定明白。[89]因此，尼采對耶穌宣揚的博愛（compassion）持批判態度，但他把「博愛」誤譯為憐憫（Mitleid）。他在《歡愉的智慧》中說：如果你憐憫一個人，等於是輕看他的價值，因為磨難和幸福對我們的成長一樣重要，我們不該希望人生毫無逆境：

> 我的靈魂的一切順逆、被「不幸」影響的平衡、新春的開始和需求、傷口的痊癒、過去的流逝——恐怖、剝奪、貧困、冒險、危險、錯誤——對你來說，都像它們的反面一樣重要。[90]

因此，尼采對基督宗教的「仿諷」只是辯證過程的一部分。冒瀆的文詞只是第一步，目的是慫恿基督徒讀者進行不安的探索，重估他們熟悉的基督教價值——例如博愛，以及源於博愛的一些現代概念——準備好接受他真正的禮贈：一部由戴奧尼索斯啟示的「新新約」。從這裡可以看見尼采為《查拉圖斯特拉如是說》做的第二個設定：為讀者提供一個「反理想」（counter ideal），一套有別於禁欲而否定生命的基督信仰的價值觀。[91]

最後也是最重要的一個設定是，尼采要《查拉圖斯特拉如是說》是一部悲劇。[92]這不代表它的結局必須是不圓滿的（事實上，它在樂觀而欣喜的氣氛中結束），而是尼采希望它能發揮古希臘悲劇的效果，帶給讀者與戴奧尼索斯式出神相近的經驗，讓一切對立在這樣的出神中融合，乃至統一。

在希臘悲劇中，觀眾看著主角經歷深刻的心理和靈性轉變，自己的心態也跟著發生類似的蛻變。尼采希望他的「新聖經」能協助讀者同理查拉圖斯特拉——像欣賞舞臺上的希臘悲劇時一樣——在見到他發生戴奧尼索斯式轉變的同時，自己也發生類似的變化。當查拉圖斯特拉在書末離開人群，滿足地走向璀璨的未來時，尼采希望讀者能領會主人翁的新心境。他希望他們能明白，雖然我們平時把喜與悲、生與死看成對立，但這其實是幻覺，因為在戴奧尼索斯式出神中，它們會再次融為一體，回到原初整體狀態。而這種狀態極為古老，在阿波羅式理性主義做出人為分別之前就已存在。簡言之，尼采希望讀者能懂他以出神進入對立統一的用心。

但是說比做容易，全然平靜地歡迎和肯定人生裡的喜與悲非常難（坦白說幾乎不可能）。如果有心做到，一定需要具備尼采所說的「過渡」（Übergang）和巨大的勇氣，因為剷除自己根深柢固的價值觀絕非易事，我們的自我認同感必然在這個過程中深感威脅。這不是在短暫的狂喜中體驗喜悅與歡欣的交融，而是在永恆的肯定中將這些價值在心思與意念中結合。在查拉圖斯特拉的蛻變過程中，我們可以看見這麼做的張力：在他努力接受必須永遠打破的舊自我時，他陷入憂鬱、病倒，甚至昏迷一個星期。他說這趟精神暈眩的過程是他的「客西馬尼園」（Gethsemane）：

你可知道，在他入睡時攻擊他的是何等恐怖？
他連腳趾都感驚恐，因為大地似乎消失，而夢就此開始。
讓我用寓言向你敘述。在昨天最寂靜的時刻……我開始做夢。
我的手顫抖，我生命的時鐘屏住氣息——我從未聽過自己這樣寂靜，所以我的心恐懼不已。

在這黑暗的時刻，他似乎無力承擔自己的使命。他像個孩子一樣哭泣、顫抖，但是某種聲音無聲無息地對他說：「查拉圖斯特拉，你的價值是什麼？說出你的教導！突破吧！」[93]對尼采來說，查拉圖斯特拉是悲劇英雄，因為他完成「過渡」，能喜悅地向生命中的一切經驗——即使是悲傷和絕望——說「是！」這種蛻變無法光靠理性思辨達成。現在的他能看見生命中的矛盾化為和諧，也能勇敢地肯定看似互不相容的事物。他已達成原初的完整，在人類懂得分析與做出區別之前的完整。「我的世界變得完美，」他在倒數第二章喊道，「午夜即正午！」

痛苦即歡樂，詛咒即祝福，黑夜即白晝——去吧，你會發現：智者即愚者。

你可曾肯定一件樂事？喔，我的朋友，那麼你也該肯定一切悲傷。一切環環相扣、相互交織，一切都在愛裡。[94]

查拉圖斯特拉對「超自然」的基督教天堂毫無興趣，他宣揚的是自然世界賦予的萬事萬物的「永恆回歸」，無論它們是悲傷、痛苦，還是喜悅。

你若曾希望某個時刻能夠重來，你若曾說：「那一刻、那一瞬讓我快樂！」那麼你也該希望一切重來！

你希望一切更新、一切永恆、一切相連、一切交織、一切都在愛裡，喔，這是你愛這個世界的方式……你甚至會對悲傷說：「離去吧，但要回來！」[95]

既然上帝已死，尼采堅信人類必須填補祂所留下的真空，成長為比自己的物種更優秀的版本——Übermensch，即「超人」，為世界賦予終極意義。不過，這是非常危險的過程。「人是繩索，」查拉圖斯特拉解釋，「綁在動物和超人之間的繩索，繩索底下就是深淵，穿越十分危險。」[96]人必須「危險地活著」，必須反叛基督教的「神」，因為祂曾為我們的抱負設下限制，曾鼓勵我們疏離自己的身體和情緒，曾哀哀傾訴祂的博愛理想，好讓我們甘於弱小。超人無須虛己，因為他是權力意志的化身，必須逼迫各個物種演化到新的階段，在那個階段裡，至高無上的是人。

雖然聖典一直是貴族精英的藝術形式，但幾乎總是會留意關心「小民」。然而尼采卻將貴族理想帶到新的層次，毫不掩飾他對卑微低賤的人的鄙夷，他對平等不屑一顧，反而批評這種理想是基督宗教「奴隸心態」的產物。對凡夫俗子的憐憫之情讓查拉圖斯特拉深感困擾，因為這種情緒不斷逼他拋下山中的獨居生活，向世人傳揚他的新福音。不過，他對「下等人」幾乎有股發自肉體的恐懼，所以他也一次又一次地被作嘔感（Ekel）拉回來。他完全可以理解隱士為什麼總是遁入沙漠，而不是「同骯髒的駱駝伕坐在水池邊」。[97]查拉圖斯特拉坦言：與村夫野老一起生活時，他每天「暴躁易怒……只能隱忍不發」。[98]在傳統聖典中，先知和聖賢總會出山幫助受苦的黎民百姓，但《查拉圖斯特拉如是說》裡非但沒有這種淑世情懷，反而驕傲地以肯定自我作結。尼采的悲劇英雄離開那群不配跟隨他的同伴，孤獨地繼續他的旅程，尋找和他一樣優秀的人。

> 「這是我的早晨，我的日子開始了：升起吧，升起吧，偉大的正午！」
> 查拉圖斯特拉如是說了之後離開洞穴，耀眼而強大，猶如自黑暗群山之間升起的朝陽。[99]

《查拉圖斯特拉如是說》是尼采最受歡迎的作品，他說希臘合唱團的歌聲是悲劇經驗的核心，我們也已經知道，接納聖典的關鍵是音樂或以特定方式吟誦經文，因為這能為文字添上理性論述所不能及的情感層次。尼采似乎試圖以華麗的詞藻複製這種經驗，他自己也說：「整部《查拉圖斯特拉》或許能當作一首樂曲。」[100]他的散文通常嚴謹而節制，可是在《查拉圖斯特拉如是說》裡，他刻意以瑰麗的詩體行文（現代讀者或許覺得做作）。《查拉圖斯特拉如是說》不說理，不提出堅實的論證，也不給予理性說明，但最早的一群讀者被它深深打動。據卡爾・榮格（Carl Jung，一八七五－一九六一）說，連平素老成又不苟言笑的讀者都覺得它相當感人。不過，尼采也很清楚，無論自己在修辭上下了多少功夫，文字本身並沒有辦法改變讀者——希臘戲劇曾是祕儀（musterion），與艾留西斯儀式不無相似之處，而後者是透過嚴格的身體和心理規訓來轉化入門者（mustai）。尼采知道，有心達成過渡的讀者必須通過嚴峻考驗，像他的查拉圖斯特拉一樣志堅行苦。他只盼望有人能受他的「新新約」感召，帶領人類在超凡入聖的路上更進一步。

聖典是一種藝術形式（尼采也有察覺到這一點），所以並不令人意外的是，詩人比啟蒙哲士更懂宗教的力量。早在尼采之前，浪漫主義運動就已對啟蒙運動的宗教觀提出異議（但是尼采的某些看法恐怕也會讓他們卻步）。威廉・布雷克（William Blake，一七五七－一八二七）認為理性時代已經對人類造成傷害，竟然連宗教都屈從於讓人疏離自然、也疏離自身的偽科學。啟蒙運動創造的神是「恐怖的對稱」，就像他在〈老虎〉（Tyger）那首詩裡寫的一樣，如「深海高天」般遠離世界。[101]牛頓描述的那個專擅跋扈的神必須空虛自己，回到世間，在耶穌其人裡象徵性地死去，與人類成為一體。[102]工業時代裡真正的先知是詩人，而非科學家，只有詩人才能讓人類想起他們在科學時代遺忘的價值：

呼喚迷失的靈魂
哭泣而涕下
夜間的露水或許會操控
北極明星
重新射出泯滅的光輝。[103]

「神的形象」不是牛頓遙遠的「主宰」，而是「慈悲、憐憫、平安與愛」，是有「人心」和「人臉」的「人的形貌的神聖」（human form divine）。[104]

牛頓厭惡神祕的概念，避之唯恐不及；浪漫派詩人則崇敬無以言詮之物，樂於在其中尋找超越性。自然不該是用來檢驗、操控、主宰和剝削的客體，而該是啟示之源——印度仙人早在四千年前就已對此了然於心。華茲華斯對「多事的理智」心存防備，唯恐它用嚴苛的剖析「屠殺」實在、「支解」全體。詩人不應妄圖掌控自然，而應培養「觀照和接納之心」，因為「被動才是智慧」。[105] 透過默默等待和發揮右腦的感知，華茲華斯「學」會看待自然，並在其中發現神聖的「臨在」——那是「一種莊嚴的感覺」：

彷彿有某種深刻交融的東西，
寓於落日的光輝、
渾圓的碧海、大氣、

藍天，也寓於人類的心靈，
彷彿是一種動力，一種精神，
在宇宙萬物中運行不息，推動著
一切思維的主體、思維的對象
和諧地運轉。[106]

古印度仙人稱這種東西為梨多，後來又稱為梵；中國人稱為道；卡巴拉修行者稱為恩所夫；阿奎納稱為存有自身（Esse Seipsum）；[107] 阿拉比稱為慈悲。用字向來精準講究的華茲華斯刻意不稱這種「東西」為「神」，因為「神」這個字已經被賦予全然不同的意義。神不是存在物之一，而是將整個宇宙凝聚為一的實在。這種照見萬物相依相連的視界，讓華茲華斯體認到瑜伽士、聖徒和密契者都曾領悟的真理——帶來「安恬而蒙恩的心境」的不是唯獨理性，而是身體和「情感」：

直到這皮囊彷彿終止了呼吸，
周身的血液彷彿不再流轉，
軀殼已昏昏入睡，我們成了
翩躚的靈魂；萬象的和諧與怡悅
以其深厚的力量，賦予我們
安詳靜穆的眼光，憑此，才得以
洞察物象的生命。[108]

這是一種必須勤加耕耘的態度，比華茲華斯年輕一輩的約翰・濟慈（John Keats，一七九五－一八二一）稱為「無為之功」（negative capability）。修成「無為之功」的人能不受牛頓確定性之累，安於「無定、神祕、疑惑之境，不急躁地追究事實與理由」[109]——這也正是過去奧義書賢士、道家、儒家、佛教徒、拉比、蘇非行者及本篤會修士讀經的寫照。濟慈無意以盛氣凌人的理性掌控環境，反而樂於陷入不知之雲：「我年紀尚輕，筆耕不勤，在廣漠的黑暗裡奮力抓取光的微塵，無有主張，無有識見。」[110]他欣然自陳毫無識見，因為他沒有自我：他彷彿已經做到某種程度的「無我」（anatta），擺脫「唯我獨尊的崇高」（the egotistical sublime），超越自我成見是獲得真知的關鍵。[111]

近現代工業社會獨尊理性思考和經驗主義的結果，是讓歐美基督徒對《聖經》的詮釋跟著改變。然而，科學現代性的影響並不限於西方世界，因為殖民強權已將唯獨聖經和唯獨理性帶到別的地方，這對其他聖典傳統造成什麼影響？

⁂

第一個受到啟蒙運動衝擊的或許是猶太族群。哈西迪（Hasidim）意為「虔敬者」，大約與北美第一次大覺醒同時出現在波蘭，當時的背景是政府橫征暴斂，拉比們卻不問世事，只沉迷於討論枯燥的妥拉細節。猶太窮人既受苛捐雜稅之苦，又感覺被拉比拋棄，被稱為哈西迪的大眾傳道人於是應運而生。一七三五年，以色列・伊本・以利以謝（Israel ben Eliezer，一七〇〇－一七六〇）宣布自己是「聖名大師」（baal shem），成為他們的拉比。他也被稱作「貝什」（Besht）——「尊榮地位大師」（baal shem tov）首字母的縮寫。貝什晚年已有超過四萬名追隨者，到了十九世紀末，哈西迪不但成為波蘭、烏克蘭及東加利西亞（Galicia）猶太族群最主要的信仰流派，也已在俄國和羅馬尼亞站穩腳跟，甚至開始深入立陶宛。[112]

貝什自稱在身上的是以利亞先知的靈魂，曾獲示羅的亞比雅（Abijah of Shiloh，以利亞的老師）教導神聖奧祕。他說妥拉超越時間，《聖經》故事不是對遙遠過去的準確歷史記錄，而是要傳達當下活生生的永恆實在。[113]哈西迪不僅必須向經文敞開自己，讀出超越文字的神聖意義，也必須看穿自然世界的表面，體悟到神臨在於其間。雖然哈西迪的祈禱從一開始就劇烈、喧譁而情感豐富，但他們懂得虛己，對神的無所不在也心存喜悅，與第一次大覺醒神經質地執著於個人救贖並不一樣。哈西迪的心靈是右腦式的，與他者和身體深深契合，他們將敬拜活動與奇特而劇烈的動作結合，以完整的自我——身體和靈魂——投入祈禱。他們拍手、甩頭、用手拍牆、前後搖擺，以身體動作將心帶入新的境界，對神聖產生新的覺察，讓靈性生出新的敬意。哈西迪的整個存在都應順服於神，有如火焰隨風舞動。他們甚至會在會堂裡翻跟斗，用身體顛覆自我。一名哈西迪修行者說：「受驕傲侵擾時，應該翻轉自己。」[114]

這種富於情感的靈修風格雖然是以盧瑞亞的創世神話為本，但去除了後者的悲劇色彩：對盧瑞亞來說，神聖火花在原初爆炸時陷入物質之中，從此不復回天；哈西迪派卻欣喜地認為這說明神無所不在。虔心修行的哈西迪會時時覺察自己對神的「依存」（devekut），但他們的「神」比較接近華茲華斯筆下的「某種東西」，而不是耶穌會士口中的「大造之主」。哈西迪的神或許不致讓方以智不以為然，畢竟祂不囿於遙遠的靜天，而是遍在於一切萬物，也臨在於每一個當下——祂在食、色之中，不離百工百業，也參與政治生活。[115]

啟蒙運動到貝什晚年才開始影響東歐，而哈西迪在很多方面都是它的對反：貝什宣揚的是密契直觀，而非唯獨理性；啟蒙運動的理想是分離宗教與政治、思辨與神祕、理性與情感、身體與靈魂、人性與神性，哈西迪則戮力培養見萬物相連的右腦視野。貝什也反對啟蒙運動的理性主義，因為他不相信一般猶太人能直接與神合一。在他看來，他們只能透過已能隨時覺察神聖的義人（Zaddik）認識神。[116]這種看法在猶太教裡很新穎。在以前，拉比猶太教的賢士被當作妥拉的具顯；但現在，哈西迪領袖瑞貝（rebbe）被視為化為人身的神，在哈西迪社群中的地位有如印度的神明化身（avatar）。[117]不過，因為哈西迪運動饒富民主色彩，親近一般大眾，所以這些瑞貝也類似於第二次大覺醒中力斥哈佛大學（Harvard University）、耶魯大學（Yale University）神學精英的先知。由於在哈西迪派眼裡，拉比們空有學問，卻只忙著鑽研典籍，對民眾漠不關心，所以他們宣布獨立於拉比，也建立自己的會堂。

哈西迪運動並不認同唯獨聖經，他們的靈修著重的是儀式，貝什也認為祈禱比妥拉來得重要——對猶太教來說，這是革命性主張。哈西迪派發展出自己的讀經藝術，據說貝什有一次去拜訪以博學聞名的卡巴拉行者朵夫·貝爾（Dov Ber，一七一〇－一七七二，他後來成為貝什的繼承者），兩人討論一段關於天使的段落。貝什覺得貝爾的解釋雖然沒錯，但是少了某種東西，所以他對貝爾說天使現在就在房裡，要他起身向他們致意。貝爾照做之後，「整間房子充滿光輝，到處冒出火焰，他們兩人都感受到剛才談的天使就在這裡」。「這段話用簡單的方式解釋，的確就像你說的那樣，」貝什對貝爾說，「但你的讀法少了靈魂。」[118]純以理智研讀經文、卻沒有儀式性的身體動作，不可能認識雖不可見、但確實存在的真實，因為文字只能大致勾勒它的樣貌。

貝爾後來對學生說，是貝什讓他不再侷限於純文本研究：「貝什教我禽鳥的語言、樹木的語言、聖名的語言，還有整合神聖領域的方式。」[119]這讓貝爾與一般民眾溝通無礙，雖然他們無法像拉比精英那樣獻身研究妥拉，但也能接受他的洞見。另一方面，貝爾對博學的拉比和卡巴拉行者也能侃侃而談，其中有些人後來還成為哈西迪派下一代的領袖。他們對貝爾深具魅力的教學方式印象深刻，其中一位說：

我自己就看過好幾次：他開口講妥拉時，剎時變得完全不像凡塵俗世的人，彷彿神的臨在從他喉嚨說話。有時候他話說到一半，甚至一個字才講了一半，他會突然停下來，等一下子。他對我們講過：「我教你們的是傳授妥拉最好的方式：完全不要感覺到自己，要像個聆聽的耳朵——聽聲音的世界說了什麼，但自己不說。」[120]

貝爾不以《聖經》支持自己的論點，他毋寧是用華茲華斯的「被動的智慧」或濟慈的「無為之功」研讀妥拉——以靜候和等待的心境接近經文，讓《聖經》自己說話。有一次，他更動了〈列王記下〉的一句話，讓「樂師彈奏的時候，雅威的手降在他身上」，[121]變成「樂師被上主的手彈奏的時候……」若想藉由《聖經》感受神的臨在，就不能把自己的想法套在經文上，反而應該敞開自己，變成神在世上作為的器皿。[122]

貝什領導哈西迪運動時，拉比學者不太把他們放在眼裡，但博學的貝爾接班後，傳統派再也不敢小覷。以利亞·本·所羅門（Elijah ben Solomon，一七二〇—一七九七）及其支持者反對他們，斥責他們是異端，要求將他們逐出猶太社群，這群反對哈西迪派的人被稱為米斯納格迪（Misnagdim），意為「反對者」。所羅門是立陶宛維爾納（Vilna）拉比學院的加昂（Gaon，院長），看見哈西迪派貶抑傳統妥拉研究，他大為錯愕，畢竟鑽研妥拉是他的一生職志，他也向來沉醉於治學「功夫」（effort）。他所說的「功夫」，是指一種高強度的精神活動，能帶他進入另一種意識狀態，在密契中攀上神聖。但是除了「功夫」之外，他也撥出時間學數學、天文學、解剖學和外語。雖然他的靈修途徑與哈西迪派並非南轅北轍，但他對貝爾展開激烈攻擊，雙方衝突變得幾乎像天主教和新教之爭一樣劇烈。所羅門認為，唯獨理性本身無法達到神聖，密契者若想有所突破，進入新的感知模式，就必須依靠自己的直觀能力，不過這種密契攀升的確可以從理性功夫著手。猶太人學現代世俗學問時，若能挑戰知識極限，必能看出理性的侷限並加以超越，見到內在於一切現象的神的臨在。[123] 其實，所羅門和哈西迪派一樣，也是在存在深處遇見神聖的實在。他會在地上打滾直到進入恍惚狀態，和一般人一樣手舞足蹈。[124]

後來，哈西迪和米斯納格迪決定聯手對抗更危險的敵人——哈斯卡拉（Haskalah），即猶太啟蒙運動。猶太啟蒙運動是摩西．孟德爾頌（Moses Mendelssohn，一七二九－一七八六）開創的，他出身德國德紹（Dessau），父親是一名貧窮的妥拉教師。孟德爾頌隨老師到柏林後眼界大開，愛上現代世俗知識。他除了以驚人的速度學會數學和哲學之外，還精通德文、法文、英文及拉丁文。他原本期盼能參與德國啟蒙運動，卻痛苦地發現他們根本看不起猶太教。為了反駁啟蒙哲士的反猶立場，他寫出《耶路撒冷，關於宗教權威與猶太教》（*Jerusalem, Concerning Religious Authority and Judaism*，一七八三年）。然而，因為他堅稱猶太教是全然理性的信仰，又幾乎不談它的神話與密契面向，我們很難看出他寫的是猶太教。他說神在西奈山上啟示的是律法，而非教條，這讓猶太人能全然自由地思考，所以猶太教與啟蒙運動的現代性十分契合。雖然在哈西迪派、米斯納格迪派和歐洲較為正統的猶太人眼裡，這種說法離經叛道，可是對渴望擺脫猶太隔離區（ghetto）的層層限制的人來說，孟德爾頌的主張深具吸引力。

進入十九世紀之後，由於很多德國猶太人選擇融入近現代歐洲文化，改信基督宗教，猶太族群興起兩種運動對抗這股潮流，兩者皆以哈斯卡拉為本。其中一種有意透過改革建立「新教」版的猶太教：以色列・雅各布森（Israel Jacobson，一七六八－一八二八）在哈茨山（Harz mountains）旁的塞森（Seesen）創辦學校，讓學生同時學習世俗科目和猶太教學問。他還建立一所「聖殿」（temple，這樣稱呼是為了與傳統猶太會堂〔synagogue〕有別），不再以希伯來文唱詩和講道，改用德文。隨後，漢堡（Hamburg）、萊比錫（Leipzig）、維也納（Vienna）及丹麥也陸續建立聖殿。漢堡的聖殿有新教風格的堅信禮儀式，也不再沿用男女分坐的老規矩。改革派猶太教傳到美國之後尤其受歡迎，[125]無論是它務實、理性、自由、人道的作風，或是它對密契主義的興趣缺缺，都讓它相當適合現代世界。改革派猶太教已準備捨棄特殊主義（particularism），成為普世信仰。[126]

可是到了一八四〇年代，改革開始吸引一群深受康德與黑格爾影響的學者和拉比，他們成立猶太教之學（Science of Judaism）學派。里奧波特・楚茲（Leopold Zunz，一七九四－一八八六）、撒迦利亞・法蘭克爾（Zechariah Frankel，一八〇一－一八七五）、納赫曼・克羅赫馬爾（Nachman Krochmal，一七八五－一八四〇）和亞伯拉罕・蓋格（Abraham Geiger，一八一〇－一八七四）等人，不但以現代批判法剖析猶太《聖經》，也以現代歷史學重探猶太教歷史。他們認為，猶太教並不是天啟信仰，它經過緩慢的演進，現在正逐漸變得理性。[127]不過，這些學者還是試著在創新與傳統教導間取得平衡。舉例來說，克羅赫馬爾和法蘭克爾都同意成文妥拉是在西奈山上得到的啟示，但他們並不相信口傳妥拉源於神聖，反而認為它出自於人，所以也能稍做改變來適應現代環境。這些學者並非毫無原則地屈就現實，他們和改革派猶太人一樣，也一心要讓猶太傳統獲得存續，在這個似乎鐵了心要摧毀它的世界。

不過，他們難以苟同改革派拋棄儀式的做法。克羅赫馬爾始終嚴守猶太律法，楚茲也說，身體的行動與儀式的戲劇性能賦予猶太神話意義，防止猶太教淪為蒼白的抽象教條體系。法蘭克爾憂心改革派忘卻儀式的情感作用，表示唯獨理性不是通往真理的唯一之路，何況它無法引發全盛時期的傳統猶太教曾引發的喜樂。繁複的贖罪日儀式有助於猶太人培養敬畏感；在禮儀中宣告彌賽亞馬上就要回到耶路撒冷，能帶給際遇悲慘的猶太人希望。[128] 改革派猶太人後來承認這些批評的確有道理，恢復部分傳統儀式。

在此同時，東歐傳統猶太人的危機感日益增加，覺得自己身陷重圍，必須在不懷好意的世界裡孤軍奮戰。即使在各國政府正式解除對他們的法律、政治和社會限制後，他們還是一切照舊，繼續浸淫於妥拉與塔木德，也繼續逃避外邦人的影響，彷彿仍舊待在猶太隔離區。一八〇三年，沃洛欽那的哈英（Hayyim Volozhiner，一七四九－一八二一）拉比——所羅門的門生——在立陶宛的沃洛欽創立艾茲哈英猶太書院（Etz Hayyim yeshiva）。除了這所書院外，米爾（Mir）、特爾茲（Telz）、斯洛波德卡（Slobodka）、沃母札（Lomza）及諾沃格魯德諾克（Novogrudnok）等地，也紛紛成立類似書院。在此之前，書院只是會堂後方的幾個房間，供猶太人研究妥拉和塔木德之用；而現在為了師從頂尖的塔木德專家，數百名天資聰穎的學生從歐洲各地來到沃洛欽。哈英拉比傳授塔木德的方式，就和所羅門當年傳授給他時一樣：分析文本，強調其中一以貫之的邏輯，並相信這種密集的學習方式能帶來出神。換言之，學習過程本身即是儀式——無論是大量背誦經文、課前長時間仔細預習，還是在課堂中熱烈參與討論，都是祈禱形式的一種。書院裡的學生離開家人，生活完全交由書院安排，猶如置身修院。雖然有的書院容許學生花少許時間學習現代知識，但是研究世俗主題基本上被當成竊取學妥拉的時間。[129]

這些新成立的書院就像美國的聖經學院一樣，都是正統的堡壘、反文化的飛地，提供有別於現代社會的生活方式。在米斯納格迪派眼中，猶太啟蒙運動、改革派猶太教和猶太教之學甚至比哈西迪派更具威脅性，因為它們讓現代性的邪惡滲入猶太教本身。傳統派相信，唯有堅持研讀妥拉才能防止猶太教滅亡。近現代文化重視個人自主和創新，書院則反其道而行，院長對學生具有極大的影響力，他們必須絕對服從，嚴守誡命。猶太書院和聖經學院的目標其實不是與世俗文化作戰，而是透過讓學生浸潤在前現代世界的傳統之中，保護他們的人格完整。

有的猶太人選擇採取較溫和的做法。一八五一年，在改革派風頭正健的法蘭克福（Frankfurt），一群傳統派猶太人取得市政當局的許可，成立獨立社區，並邀請撒母耳．拉斐爾．赫許（Samuel Raphael Hirsch，一八〇八－一八八八）擔任拉比。赫許為現代新正統派奠定基礎，設立同時教授世俗科目和猶太教課程的中小學。他指出，猶太人在自然科學發展的過程中曾經扮演主要角色，在伊斯蘭世界尤其如此，他們不必恐懼和其他文化接觸，反而應該盡可能擁抱現代發展，但也不該像改革派那樣全盤否定過去。[130] 赫許不認同基要主義的字面解經立場，他鼓勵學生仔細研究經文，尋找隱藏在誡命背後的意義。有的律法也許看似不理性，但切實奉行卻能提醒我們重要真理。舉例來說，割禮讓猶太人謹記保持肉體純潔的重要；禁止混食肉與奶的律法則提醒猶太人：世界不是他們的，不可恣意妄為，人對神所建立的宇宙秩序，永遠應該知所節制。

十七世紀到十八世紀的中國，發生很不一樣的「啟蒙運動」。西方啟蒙哲士一心告別過去，掙脫蒙昧的桎梏；中國啟蒙運動則是從密契經驗開始，❷透過縝密的靈修體察萬物在道中俱為一體。道雖然不是人格「神」，卻也是一股生生不息、不斷創造、持續發展的力量，自孟子以來，中國人一再體認道內在於自身之中。[131]

十七世紀初，儒士高攀龍在《困學記》中寫下自己獲得啟蒙的艱辛過程。他在長期修身和靜坐後終於經驗到悟（illumination），從此永遠改變。他彷彿融入終極實在——道——回到生命的根本節奏，他的心與自然合而為一，進入一種喜怒哀樂之未發，被稱為「靜」的意識狀態。經過勤修，「靜」可以成為習慣，無論獨處或置身人群都可保持這種心境。[132] 高攀龍認為「靜」即是「敬」，一種「心中無事」、「心不著境」的狀態。親身悟道之前，他其實不太看得起吹噓這種經驗的文人，但他現在相信這是人的正常狀態，不足為奇。[133] 別的理學家在長期讀經之後也達到這種境界，體驗到兼融理性、美感和宗教的無所不包的秩序。[134]

「心中無事」和「心不著境」的經驗，高度類似佛教的「空」和程朱學派追求的「無自心」。這種靈性態度雖是藉由超越自我達成，卻也鋪好通向全然客觀之路，對焦竑的科學研經和方以智的自然探索都有幫助。到了清朝，這種精神帶動與《聖經》高等批判法類似的經學研究。滿清皇朝（一六四四－一九一二）同理中國文化，前三分之二的統治期和平而繁榮。理學家雖然仍居高位，但是對程朱學派不再照單全收，因為它已變得太過抽象。有些學者偏好漢朝對五經的詮釋，因為漢

❷譯注：對作者來說，「enlightenment」（「啟蒙」）和「illumination」（「光照」或「悟」）是十分接近的概念，所以本節將「啟蒙運動」、「密契主義」和「悟」連在一起詮釋，故有「中國啟蒙運動」之語。

儒的注疏比朱熹的《四書集注》更接近孔子的時代，他們稱這種研究途徑為漢學。這群漢學家和焦竑一樣，重視以文本批判與文獻學來判斷字面意義。與漢學密切相關的還有考據學，但考據學運用的方法更多，應用範圍也更廣，而且研究主題不侷限於漢代。

黃宗羲（一六一〇－一六九五）相信，考據學是回歸儒家更真實的面貌。[135]他認為孔子一向以有益人群的實際行動為先，理學家對內在之「理」的哲學追求已與孔子的教導不同。一六九二年，一間新的孔廟落成後，他撰文質問為何從祀者皆為程朱學者和密契者。他列出七位未獲從祀卻「任天下之重」的君子，他們雖然沒有為四書寫過評注，卻英勇地為眾人犧牲，「風節凜然，必不肯以刀鋸鼎鑊損立身之清格」。黃宗羲問道：

> 抑孔子之學餖飣拘謹，止於自為，不與治亂相關，凡古今震動之豪傑，一概溝而出之歟？[136]

中國需要的是勇於改變社會的聖賢，而非徒務靜坐、遁入「無何有之鄉」的聖賢。[137]

黃宗羲具體而微地展現出清代對經世與實踐的重視。清代學者決定活在當下，不再沉溺於緬懷過去。當然，二程和朱熹並非崇古賤今之人，朱熹的《近思錄》便圍繞著當代聖賢，而非古代聖王，但黃宗羲更進一步：在考察明代思想的《明儒學案》中，他不以是否忠於傳統來褒貶明代學者的學說，而是討論這些學說本身的意義，一一追溯它們的師承與發展。《明儒學案》成為中國第一部斷代史批判研究，它擺脫古聖先賢的包袱，不把中國史呈現為一連串朝代更迭，也不將它訴說成從理想化古代逐漸墮落的過程。中國啟蒙運動的「考據學」不但承認動態變化，還全心擁抱改變。[138]

中國當時也崇尚勇往直前的現代性精神。和歐洲一樣，新的歷史作品傾向以證據為本提出結論，不做玄談高論；焦點也轉向一個人原本的面目，而非他可能成為的樣子。結果是學者們對革凡成聖的興趣轉淡，開始改以更具批判性的態度研究經書。在明朝晚年，焦竑便已將焦點放在聲韻學和文本批判；而此時，「漢學家」進一步運用這些方法，對古代經典進行「高等批判」。[139]他們的研究興趣主要是五經，而非四書；他們的目標是嚴謹的學術研究，而非密契靈修。他們重視的文字學、訓詁學、聲韻學、校勘學後來合稱樸學（意為「樸實無華之學」），這些研究方法反映出新一代學者對資料和經驗的重視。

在班傑明．艾爾曼（Benjamin Elman）對「考據學」的出色研究中，表示考據學的目的是釐清五經對古聖先賢的記述是否可靠，想要達成這個目的，唯一的辦法是查明他們在文本中究竟說了什麼。因此，考據學者必須從科學和批判的角度深究聖賢的語言。[140]名聞天下的漢學家戴震（一七二三－一七七七）講過：「有一字非其的解，則於所言之意必差，而道從此失。」[141]不過對戴震來說，漢學不只是歷史批判而已，也具有宗教面向：

> 僕自十七歲時，有志聞道，謂非求之《六經》、孔、孟不得，非從事於字義、制度、名物，無由以通其語言。宋儒譏訓詁之學，輕語言文字，是欲渡江河而棄舟楫，欲登高而無階梯也。為之卅餘年，灼然知古今治亂之源在是。[142]

戴震亟欲調整中國心靈的方向，將它從深奧的形上玄思導回對凡塵人世的思索，因為後者才是升斗小民的現實。[143]不過，戴震並沒有拋下自我轉化的理想，他的學術初衷仍是「成聖的可能性」：「問學以通乎古賢聖之德性，是資於古賢聖所言德性埤益己之德性也。」[144]新的文本批判既是知性的探索，也是靈性的追求。

然而，其他考據學者對戴震的學術志向未能產生共鳴。在注意力逐漸轉向資料世界後，他們沉浸於以客觀和批判的態度研究古籍的語言細節，成聖之志離他們越來越遠，就像聖徒的理想在西方日益淡薄一樣。思維的世俗化顯然已經開始。不過，將漢學和「考據學」等同於近現代西方的唯物論是不恰當的，因為後者最終將「神」排除於理想世界之外，可是在中國，物質與心靈從來不是截然二分的。以「充塞宇內」的氣為例，也許清代學者更重視氣的物質層面，但是美國學者墨子刻（Thomas Metzger）指出，他們認知的氣仍是一種「注入神聖意義的具體實在」。[145]狄培理教授也有類似看法，他說清代學者仍將宇宙的「生機」（vitalism）稱為道，而道不但生生不息，而且有秩序、目的和方向。換言之，中國的「格物」有其神聖面向。然而，中國後來陷入西方思潮的泥沼，這些洞見乏人問津，中國傳統也遭到貶抑。部分中國人受西方唯物論的影響，不再把自然當成純粹永恆的實在，也不再像孟子和高攀龍那樣往自身裡尋道。中國讀書人開始像西方學者一樣，把「啟蒙」等同於擺脫蒙昧的過去。但我們馬上會看到，中國學者後來對傳統重拾信心，相信世界真正需要的是傳統中國對宇宙的敬意。[146]

⁂

為了替本國製造品尋找新的資源和市場，西方工業化國家最後紛紛加入海外征服的行列。新殖民強權占領一個個「未開化」國家，既榨取工業所需的原料，又將國內的廉價製造品傾銷到殖民地，對殖民地的經濟造成嚴重破壞。[147]到了十九世紀中葉，英國已控制大部分印度次大陸，並廢黜蒙兀兒帝國最後一位皇帝。印度人民對政權如此輕易落入外人之手深感不安，因為這代表他們的社會一定出了很大的問題。不過，他們從未把自己視為近現代歐洲意義的「國族」，因為他們雖然傳統上鼓勵不同族群相互合作，卻沒有成為組織化的統一體。然而隨著印度走上西化，他們根深柢固的階序社會也必須轉型，培養寬闊而跨種姓的群體認同。

英國人依自己的形象創造出「印度教」（Hinduism），不經意地把宗教對立的傳統帶進印度次大陸。他們摸不清印度五花八門的社會組成，卻自以為是地把印度人分成穆斯林、錫克教徒、基督徒及「印度教徒」。hindu一詞原本是蒙兀兒人指涉印度原住民的方式，用以區隔印度原住民和穆斯林領導階級，後來佛教徒、耆那教徒、錫克教徒及印度大多數人也跟著自稱為印度教徒（hindu）。[148]可是，印度從來沒有一個叫「印度教」的西式組織「宗教」——就像我們已經看到的，印度宗教猶如「各種崇拜、神祇、教派和概念拼湊而成的馬賽克鑲嵌畫」，[149]他們膜拜許多並無交集的神祇，他們的信仰沒有共同的神學核心。但是現在數以百萬的印度人，全被放進英國人稱為「印度教」的分類裡——這個分類注定成為「印度國族」的孿生手足。

如印度史學家羅米拉．塔帕爾（Romila Thapar）所說，「當同被殖民的不同族群開始競逐政治和經濟資源時」，「印度教」便化為現實。[150]當錫克教、「印度教」及穆斯林領袖開始爭取英國的青睞、資源和政治支持，他們發現如果以英國人理解宗教的方式來傳達立場，這群殖民者會更能接受自己。於是新的改革運動紛紛採用當時通行的新教觀念以求發展，但是這種做法無可避免地扭曲他們的傳統。舉例來說，看到新教標榜追本溯源，回歸早期教會的精神，達雅南達尊者（Swami Dayananda，一八二四－一八八三）也在一八七五年成立亞利安社（Arya Samaj），誓言復興古代吠陀正統，循西方模式建立權威正典。[151]達雅南達和他的繼承者將在北印度建立學校網絡，亞利安社也將持續擴大，到了一九四七年，已有一百五十萬名成員。[152]

「印度教徒」受制於外來帝國已久，先是被蒙兀兒人統治，這時又成為英國的殖民地。[153]其實從十八世紀末開始，他們已經飽受西方傳教士騷擾，不斷被強勢勸說改信基督。在這些經驗推波助瀾下，他們有意識地創造出明顯有別於其他「宗教」的「印度教」。[154]事實上，亞利安社回歸「基本要義」的嘗試就和新教基要派一樣，是前所未有的新發展。當然，印度人對吠陀普遍心存敬意，但最古老的經文對大多數人來說已意義甚微。舉例來說，《梨俱吠陀》的讚歌早已脫離原始脈絡，現在主要是在咒語中使用；奧義書雖然還是有很多人讀，但傳達的訊息不是單一的。十九世紀中，拉莫漢・羅伊（Rammohan Roy）在加爾各答（Calcutta）成立梵社（Brahmo Samaj）。這是一場由「印度教」精英主導的運動，致力於調和西方概念與印度傳統。[155]在羅伊看來，奧義書與基督教一位論（Unitarianism）的理性精神是相容的。然而奧義書的多元概念帶來分歧，運動後來分裂成好幾個團體，各自相信唯有自己掌握奧義書真正的訊息。見到梵社陷入混亂，達雅南達尊者決心追本溯源，回到最古老的吠陀。[156]

大多數印度人同意吠陀包含一切真理，但他們毋寧是將吠陀真理看成種子，相信後世的哲學和宗教都從它而生。美國學者布萊恩・K・史密斯（Brian K. Smith）說過，近現代印度教「最大的弔詭」是：「從以前到現在，以吠陀界定自身的人多半不知道吠陀的主題是什麼……另外，吠陀的主題有很多時候與印度教教義和實踐完全無關。」[157]不過，達雅南達尊者遇到的老師給他截然不同的觀點。這位高齡八十一歲、脾氣暴躁的大師是備受尊敬的梵文學者——對維爾揚南達尊者（Swami Virjananda）來說，《摩訶婆羅多》中的大戰是歷史分水嶺（普遍認為這場戰爭在大約五千年前發生）。因為它開啟迦梨世——也就是現在這個黑暗時代——所以此後寫下的一切注定是拙劣的。這場大戰之前成書的聖典是屬仙人的（ars），之後的作品則全部都是不屬仙人的（anars），必須拋棄，因為它們會引人走上歧途。[158]

維爾揚南達的理論同時為達雅南達決定正典和禁書，師徒之間不一樣的是，維爾揚南達僅止於與政府官員分享想法，達雅南達則將這些主張散播到民間。在此之前，印度聖典一直是堅決向前的，但亞利安社的追本溯源與當時盛行的新教概念完美接軌，一舉賦予「印度教徒」理性的有神論、字面解經的心態，以及一部古代神聖文本的正典。[159]亞利安社十規的前三條肯定神是一切知識的泉源、吠陀聖典裡有一切知識，還有所有的亞利安人都應該讀吠陀。他們從理性角度和字面意義來更新與改寫傳統印度概念：提婆被解釋成博學而有智慧的人，提婆的天界對手阿修羅是愚昧無知的人；[160]而吠陀經中談到君王和戰爭的部分，則被詮釋成軍事與政治指引。[161]和新教改革者一樣，亞利安社斷然拋棄中世紀的「蒙昧愚行」，例如奉愛和膜拜神像的儀式。拜神是大多數「印度教徒」的生活中心，卻被新教傳教士與殖民者斥為「偶像崇拜」，而現在亞利安社也對它棄若敝屣。

不過，達雅南達並未一味迎合殖民者的胃口，反而滔滔不絕地讚揚印度傳統的優越性——可是在這個過程中，他也扭曲了印度傳統。他深信「一切智盡在吠陀」的傳統格言，而且完全從字面解釋，堅持吠陀是神啟示給人的第一部聖典，「今日世界的一切知識俱出於亞利安．伐爾塔（Arya Varta）」——亦即古代亞利安人的心臟地帶。[162]舉例來說，吠陀祭祀有科學基礎：投入聖火的奶油與酥油能「淨化空氣、雨和水，從而提升世上的幸福」；[163]吠陀裡提到的地理和植物學知識都普世適用；[164]亞利安．伐爾塔之所以有「黃金之地」（Golden Land）之稱，是因為它出產黃金與寶石；那裡的君王曾統治全世界，將亞利安的智慧傳給所有的人；另外，亞利安人也發展出高超的科技能力，所以才能製造史詩裡提到的那些恐怖武器，馬嘶在大戰後發射的梵斯里斯就是如此。可悲的是，這些珍貴的知識在那場大戰之後全部失傳，而亞利安社現在的任務就是恢復古代的榮光。

被殖民的屈辱，讓達雅南達以近乎荒謬的方式扭曲他所推崇的傳統，但這種做法的確撫慰許多「印度教徒」受傷的自信。從某些層面來看，達雅南達其實也進行現代化：他提議改革繁文縟節，以較輕簡的方式保留古代儀式，好適應現代生活；他讓各種姓的人都能接觸聖典，並廣為低種姓族群舉行潔淨儀式（他死後，這些做法在一九二〇年代到一九三〇年代日益普遍）。在二十世紀初，亞利安社還照顧到有心保持傳統認同的印度僑民需求。但是進入一九二〇年代之後，隨著穆斯林和印度教徒的暴力衝突升級，亞利安社也變得更加好鬥，敦促亞利安人重振古代剎帝利精神，並建立自己的武裝組織——亞利安騎兵隊（Arya Vir Dal）。無獨有偶地，凱夏爾・B・賀吉瓦爾（Keshar B. Hedgewar）在一九二四年也創立類似組織——國民志願服務團（Rashtriya Svayamsevak Singh，簡稱RSS）。亞利安騎兵隊和國民志願服務團雙雙淪為現代國族主義的打手，對種族、宗教及文化少數族群毫不包容。在《真理之光》（*Light of Truth*）裡，達雅南達既揶揄基督教神學，又挖苦先知穆罕默德，還說那納克祖師空有善心卻愚昧無知，而且根本不懂吠陀儀式。

以前錫克教雖然受到穆斯林統治階級迫害，但是與大多數印度教徒一向關係和睦。可是在達雅南達死後，亞利安社對錫克教的攻擊變本加厲，還經常惡言嘲諷歷代祖師，這些攻訐或許無法避免地激化錫克教認同。到了十九世紀末，旁遮普已有將近一百個激進錫克教教團，矢志捍衛錫克教的獨立性，不但設立學校，還發行大量文宣與人論戰，其觀點之狹隘已經完全背離那納克祖師的初心。[165] 換言之，錫克教也出現基要派，他們選擇性地詮釋傳統，強調第十位祖師對武力的重視，忽略前幾位祖師的和平精神。這個原本對每個人敞開胸懷的傳統，現在卻懼怕印度教、懼怕異端、懼怕現代化、懼怕世俗化，也懼怕任何形式的政治管控。[166]

之前已經看到，在近現代西方，基要派之所以能不斷壯大，往往是因為害怕被消滅，他們深信宗教和世俗社會的多數派不懷好意，一心想要剷除他們少數派的傳統。[167]錫克教的例子告訴我們，這種擔憂絕非不理性的妄想。一九一九年，一名英國將領下令以機槍掃射在金廟裡和平聚集的民眾，造成三百零九人死亡，超過一千人受傷，其中絕大多數是錫克教徒。一九四七年印度獨立後，不但印度教徒對錫克教徒欺壓日甚，旁遮普的錫克教農民也生活困難，經濟極其艱困，有些人因而轉向極端主義，要求建立獨立的錫克教國家。一九八四年，印度軍隊攻進金廟，驅逐守在那裡的錫克教民兵。這起事件極具象徵意義，金廟是供奉錫克教聖典《錫克教的祖師》之處，一直以來，信徒敬聖典如歷代祖師的化身。聖典遇險，有如錫克教陷入重圍。在新的「印度教」國族認同造就出新的政治精英後，不甘伏首貼耳的錫克教徒逐漸被邊緣化。錫克教學者哈喬・S・奧布羅伊（Harjot S. Oberoi）表示，錫克教徒如今被迫「用一種語言述說和做夢」——哪一種語言？當然是「印度教」領袖的語言。於是錫克教也做出相應變革，以排他主義取代昔日的寬容：

> 清除供奉印度教神像的神壇，明確區隔出錫克教神聖空間；以旁遮普語為錫克教之神聖語言；建立專屬錫克教青年的文化場所；在教曆中加入錫克教祖師紀念日；最重要的是，引介新的生命禮俗。[168]

那納克祖師當初根本無意留下聖典，錫克教徒此時卻對《錫克教的祖師》產生強烈的保護欲。錫克教基要派就像基督教基要派一樣敵視高等批判法，完全無法容忍從歷史批判的角度解讀他們的聖典，如果有錫克教徒膽敢從事這種研究，一定會變成眾矢之的——這不只是比喻，而是真的成為活靶。一九八四年二月二十二日，蘇米特・辛格（Sumeet Singh）——旁遮普歷史最久的文學雜誌編輯——在阿木里查外遭槍擊身亡，原因是他自行研究錫克教意識形態。錫克教基要派要角辛格・賓德蘭瓦勒（Singh Bhindranwale，一九四七－一九八四）不斷提醒聽眾，不可容忍對《錫克教的祖師》的任何侮辱，只要有人對它有一絲不敬，我們都有殺死他的道德義務。[169]

對基要派來說，聖典既然是神的啟示，就絕對不可能錯，而且無論從歷史脈絡或其他新的角度來詮釋它都是褻瀆。然而千百年來，聖典總是鼓勵新的詮釋，這種強硬態度其實恰與傳統相悖。錫克教之所以會出現這種立場，是多次遭受血洗和屠殺所致。在其他宗教裡，暴力衝突也屢見不鮮。一九八九年二月十四日，辛格血案五年後，伊朗政府對英國印度裔作家薩爾曼・魯西迪（Salman Rushdie）發布教令（fatwa），呼籲穆斯林起而誅之，因為他把先知穆罕默德寫進小說《魔鬼詩篇》（*The Satanic Verses*），而相關描述在很多穆斯林看來是褻瀆。更危險的是，他暗示《古蘭經》遭到撒旦勢力汙染。在隔月召開的伊斯蘭會議（Islamic Conference）裡，四十五個會員國中有四十四個譴責這道教令不符伊斯蘭精神。然而，巴基斯坦和英國布拉福（Bradford）還是發生暴動，示威者燒毀《魔鬼詩篇》表達不滿。多年來的壓迫與詆毀已經對穆斯林造成創傷，英國最開明穆斯林之一的扎基・巴達維（Zaki Badawi）博士解釋，攻擊《古蘭經》「就像拿把刀刺你，或是強暴你」。[170]

不過對西方某些世俗主義者和自由派而言，伊朗的教令也傷害他們最神聖的價值。在他們眼中，萬物的尺度是人，而不是神。言論自由是神聖的價值，也是不可讓渡的權利。然而，在他們上英國媒體痛斥伊斯蘭教「邪惡」、「嗜血」，批評穆斯林社會「可憎」時，其實也破壞了自己的理念。[171]雙方都不懂另一方的感受。人類學家艾尼斯特・葛爾納（Ernest Gellner）表示，近代以後，「啟蒙理性基要主義」與宗教基要主義是一併發展的，不同的是前者不願正視超越性，但追求超越一直是人類生活的一部分。啟蒙理性基要主義「容不得救世主、容不得神聖人物，也容不得因聖禮而凝聚的團體」，而且「排斥奇蹟、排斥神聖的場合，也排斥他者（the Other）闖入世俗領域」。[172]

不過近現代以降，越來越多人讀的《薄伽梵歌》挑戰這種嚴加區隔人性與神性的做法。在黑天這個人身上，神也是人的面向之一，這部聖典將神的人性化和戰爭的不人道做出對比。[173]《薄伽梵歌》在印度獲得崇高地位的時間相對較晚，在很多面向上都是「殖民文本」（colonial text）。在印度人走向終結英國殖民統治的過程中，《薄伽梵歌》直接呼應他們在追求獨立之路上的困境。它既為反殖民政治提供基礎文本（foundational text），也回應任何一個後殖民社會都會遇上的問題，直截了當地把戰爭議題端上檯面，讓使用暴力與否成為討論印度未來時的核心問題。《薄伽梵歌》逼迫印度人面對他們並不樂見的事實：他們必須與英國人作戰。不過，《薄伽梵歌》的訊息並非「推翻外國帝國主義」那麼簡單：《摩訶婆羅多》中的戰爭是內戰，是兄弟相殘、朋友反目，弟子背叛老師——其實，印度人和英國人之間何嘗不是如此？英國人不是遙遠的、沒有面孔的敵人，他們往往是印度人的朋友和同事。所以印度人就和般度族一樣，已經走到某個歷史時代的尾聲，必須面對他們想像不到的未來。

《薄伽梵歌》其實也是給西方人的啟示，因為它挑戰東方主義者的一個刻板印象：「東方心靈是消極的」（而且他們常常自負地用新教理性主義西方的「積極精神」做對比）。[174]無論是暴力問題、個人對社會的責任及其限制，或是個體和命運之間的張力，《薄伽梵歌》都選擇直接面對，毫不閃避。此外，它不但挑戰洛克的政教分離主張，對曾經歷第一次世界大戰的西方人來說，阿周那見到生靈塗炭時的痛苦與悲傷，也讓他們深有共鳴。不過雖然《薄伽梵歌》似乎直接對現在發聲，但無論是印度人還是英國人，沒有人能確定這部聖典的意義：它直接挑戰啟蒙運動「清晰」、「明確」的理想，卻不像近現代新教那樣認定聖典的訊息必定毫無疑義；相反地，《薄伽梵歌》和《摩訶婆羅多》一樣曖昧難解。這提醒我們，真正的聖典或許永遠沒有最終詮釋。

對德國詩人暨評論家約翰・高特弗里德・赫德（Johann Gottfried Herder）來說，《薄伽梵歌》證明印度是真正的智慧泉源。《薄伽梵歌》的法的概念，也讓語言學家暨政治家威廉・馮・洪保德（Wilhelm von Humboldt，一七六七－一八三五）想到康德的定言令式：「你據以行事的行為準則，必須要你同時也能夠希望其成為普世法則。」[175]在美國散文家拉爾夫・沃爾多・愛默生（Ralph Waldo Emerson，一八〇三－一八八二）看來，《薄伽梵歌》本質上是一部佛教長詩。英國梵文學者拉爾夫・T・格里菲斯（Ralph T. Griffith）相信它也許能鼓勵印度人改信基督教。德國翻譯家尤金・布諾夫（Eugene Burnouf）認為《薄伽梵歌》傳達吠陀哲學的精髓，但東方學家馬克思・穆勒（Max Muller）相信吠陀更勝一籌。愛德華・阿諾德（Edward Arnold）爵士將《薄伽梵歌》譯為「天曲」（The Song Celestial），讓廣大的英語讀者能認識它的內容，他雖然讚賞它超越宗派之見，但也明確表示，在他看來，沒有基督宗教的東方傳統是不完整的。[176]

拜印刷術之賜，此時能接觸《薄伽梵歌》的印度讀者人數空前。它變成國族的象徵，新一代的知識階級幾乎人手一本，從寓意角度詮釋。它完美契合RSS宣揚的「印度為吾等祖國」的概念，也讓黑天信眾相信英國的政策違逆正法，因為黑天在《薄伽梵歌》裡曾說：每當正法蕩然，祂都會降臨人間，匡正世道。神智論者（theosophists）把《薄伽梵歌》看成寓言，阿周那與俱盧族為敵，代表的是人對抗低等衝動的永恆之戰。也有人從另一個角度解讀《薄伽梵歌》，認為它是古印度智慧對抗英國權力壓迫、技術宰制及傳教攻勢的隱喻。[177]

雖然《薄伽梵歌》的意義言人人殊，但最重要的討論莫過於聖雄甘地與斯瑞・奧羅賓多

（Aurobindo Ghose，一八七二－一九五〇）之辯。奧羅賓多是學者暨詩人，對武力抗英的正當性問題，他和甘地的看法南轅北轍。甘地的世界觀是以奧義書的洞見為中心，亦即所有的生命都是梵的展現，我們既然共享同一個神聖核心，與人相殘即違逆整個宇宙的形上基礎。甘地拒絕服從英國政令是基於三個原則：非暴力（ahimsa）、堅持真理（satyagraha，隨著了悟自身神聖本質而生的「靈魂力量」），以及自治（swaraj）。甘地認為，阿周那一開始不願作戰，其實並不是真的非暴力，因為他仍然以為「敵人」和自己是有分別的，如果他明瞭自己和般度族同享同一個神聖本質，就會得到「靈魂力量」，將敵意化為愛。但奧羅賓多認為，黑天在《薄伽梵歌》中對暴力的肯定，其實只反映出生命的殘酷現實，在世界真正堅持真理之前，人與人、國與國之間會繼續爭鬥，必消滅對方而後快。他還提醒甘地，非暴力抗爭所造成的死傷已經和暴力抗爭相去無幾，因為英國對非暴力運動的鎮壓，已經讓很多人失去生命。[178]

試圖解釋《薄伽梵歌》的人倒是有一個共同點，他們都相信這部聖典的意義是單一的。可是美國學者蘿禮．派頓（Laurie Patton）提出另一個角度，她說：早自《梨俱吠陀》開始，印度詩人就不曾把意義看成「非此／即彼」（either/or）的問題——他們往往把意義想得更寬，讓它成為「既此／亦彼」（both/and）的命題，舉例來說，阿耆尼既是提婆，也是火這種物質元素；蘇摩既是致幻植物，也是聖祭祭司。派頓認為我們也可以從這個角度解讀《薄伽梵歌》，以黑天命令阿周那參戰的話為例：

> 平心面對樂與苦、得與失、勝與敗，
> 整裝上陣，否則你會落入邪道。[179]

這句話當然能解釋為鼓勵戰鬥，甘地自己也承認這點，但他認為這句話也能解釋為靈性奮鬥。派頓認為，讀者或許應該同時接納這兩種解釋，這樣在決定投入戰鬥的同時，也能對自己莫衷一是的感受了然於心。因為即使一個人壓抑暴力，爭鬥的欲望還是在，除非能時時警惕、嚴格自律，這股欲望隨時會爆發。甘地十分欣賞的另一句話也有這種模糊性，它說的顯然是非暴力：

一個人無愛無恨
就能在自制中找到寧靜。
在寧靜中，他的一切悲傷消失，
他的智性變得澄淨，
他的判斷變得篤定。[180]

但派頓認為，這句話其實也適用於戰士：英勇奮戰時，戰士必須嚴格自制，恪守紀律，否則一旦失控，就會造成戰爭暴行。畢竟，阿周那和黑天是在戰場上對話的，一場慘烈的戰爭正在他們身旁進行。詮釋聖典時，我們或許不該用它證明自己的想法，而該多注意其模糊之處，因為那些地方更能傳達人類困境的複雜性。[181]

派頓還指出另一個重點，雖然過去常把《薄伽梵歌》解讀成意義單純的複雜文本，但是如果能把它詮釋為意義複雜的複雜文本，並藉此帶出深刻的討論和辯論，對我們的幫助會更大。然而直到今天，東方傳統似乎還是不得不向現代西方解釋自己，因為規矩是西方訂定的。舉例來說，在非西方的聖典出現態度強悍的段落時——其實每個傳統的聖典都有這樣的段落——大家往往傾向認為，與主導世界的西方的猶太－基督教聖典相較之下，這些非西方聖典從本質上就比較暴力，或者——用較為客氣的方式來說——比較「原始」。對於具備深厚的非暴力傳統的信仰（例如這裡的「印度教」），在大家看到他們的聖典出現較為暴力的段落時，則往往認為這些段落與這個「和平」的信仰「矛盾」，而不認為這是任何一種信仰都有的複雜面向之一。然而，既然每一種信仰的聖典都反映出人性，所以無可避免的是，它們都兼有暴力及和平的段落。[182]

⁂

《古蘭經》是這種偏見的明顯例子，從十字軍東征開始，西方基督徒就把它視為一部有害的經典，會以宗教之名要求信徒使用暴力。[183]在過去，伊斯蘭教將近一千年都是世界上的主要勢力，可是到了二十世紀初，大多數穆斯林都活在歐洲殖民霸權之下，而這些西方統治者通常不太掩飾對伊斯蘭宗教和文化的鄙夷。[184]驟然屈於人下讓穆斯林至感震驚，有人說這好比達爾文進化論對某些基督教派的衝擊，而這種互動一定會加深伊斯蘭與西方之間的敵意。加拿大學者威爾弗雷德・坎特韋爾・史密斯（Wilfred Cantwell Smith）指出：「現代穆斯林和——舉例來說——現代美國人之間之所以存在這麼深的鴻溝，主要是因為一個社會念念不忘過去的輝煌，另一個社會只看到自己現在的偉大。」[185]有些穆斯林像基督教基要派一樣，被屈辱推向更封閉也更保守的神學。

殖民者離開後，許多穆斯林社會因為政治敗壞而持續衰弱，有的落入不同西方強權支持的獨裁者之手，有的由軍方獨掌大權，例如伊朗的禮薩・汗（Reza Khan，一九二一年）、敘利亞的阿布杜．什沙克利（Abd-Shishak）上校（一九四九年），還有埃及的賈邁．阿布杜．納瑟（Jamal Abd al-Nasser，一九五二年）。這些改革者推行現代化的手段往往殘忍而暴力，成果也流於膚淺，為了完成世俗化，斷絕神職人員的財源，並有系統地剝奪他們的權力。[186] 將土耳其改造成現代共和國的穆斯塔法．凱末爾．阿塔圖克（Mustafa Kemal Atatürk，一八八一－一九三八），不但斷然廢除千百年來作為遜尼派權力象徵的哈里發制度，還關閉伊斯蘭經堂，讓蘇非教團領袖不得不轉入地下，殊不知這些政策過於躁進，造成人民在這個重大時代失去負責任的宗教指引。納瑟則是將烏理瑪法學家納入政府，授予職銜，讓他們被譏為御用學者。由西方世界首開先河，再由這些穆斯林領袖粗暴推行的世俗現代性，似乎不但沒有賦予人民自由與權力，反而對他們造成壓迫和傷害。領導階層強行引入現代性的結果，是讓穆斯林普遍相信伊斯蘭教有被外國作風削弱或汙染之虞。在此同時，西方則根深柢固地認定伊斯蘭教與現代性無法相容，將它視為從不改革的落後宗教。

然而，其實已經有穆斯林思想家對《古蘭經》展開深刻而創新的詮釋，他們效法西方學術的理性與進步精神，從新的視角宣揚《古蘭經》的平等和慈愛情操，不再讓這些價值被偏頗的詮釋掩蓋。他們不以傳統的逐句評注解釋經文（保守的穆斯林仍習慣這種方式），而把焦點放在《古蘭經》的特定主題或面向，再以它們為切入點，細細考掘部分經文的意義。他們很重視穆罕默德最初領受啟示的歷史脈絡，強調《古蘭經》也根植於獨特的社會環境和歷史時代。這些改革派學者很多都不是阿拉伯穆斯林，他們來自土耳其、巴基斯坦、塔斯馬尼亞（Tasmania）或南非，在美國大學任教的也不少，在這些地方，他們享有較大的學術自由。他們挑戰目前最廣泛的幾個對穆斯林的指控：《古蘭經》認可威權政府、壓抑女性、敵視其他宗教傳統，而且宣揚暴力聖戰。這些學者除了討論《古蘭經》表面的遣詞用字外，也探究特定啟示出現時的精確脈絡，他們指出，在過去，穆斯林法學家和神學家常常未能掌握經文的完整意義。[187]

這種批判方法始於殖民時期。蒙兀兒帝國衰微時，印度穆斯林學者沙・瓦里・安拉・迪赫拉維（Shah Wali Allah Dihlawi，一七六二年卒）主張改弦易轍，告別通行的塔格利德（taqlid，仿效過往成例），進入獨立判斷（ijtihad）的新階段。為了因應外國勢力的挑戰，伊斯蘭教法體系必須進行大規模改革。由於聖訓宣稱記載先知穆罕默德及其門徒的對話，從九世紀開始就主導《古蘭經》詮釋，所以如果想要改革教法體系，就必須重新檢視聖訓。以往的法學家的重大問題之一，就是太常依賴已經被正式歸類為「薄弱」的聖訓。對迪赫拉維來說，「遜尼」——先知穆罕默德的習慣做法——是更重要、也更可靠的參考來源，穆斯林若能細心研究穆罕默德於公於私的行為，就能了解《古蘭經》該如何運用於不同時空。後來，同樣在殖民體制下奮鬥的改革者也認同迪赫拉維的主張，其中較著名的有穆罕默德・阿布杜（Muhammad Abdu，一八四九－一九〇五）——英國軍事占領時期的埃及大穆夫提（mufti）——以及他的弟子拉希德・里達（Rashid Rida，一八六五－一九三五），他們同樣強調遜尼的重要性，也強烈批判以有疑義的聖訓為前例的做法。伊斯蘭世界正逢巨變，用牴觸《古蘭經》明確意義的聖訓做判斷的代價，法學家承受不起。

今日的穆斯林改革者延續這種理念，提出足以挑戰數百年來傳統解釋的重大問題。他們同樣反對不加批判地援用聖訓，也鼓吹恢復獨立推理精神。其中一位重要人物是巴基斯坦出身的法茲勒・拉赫曼（Fazlur Rahman，一九八八年卒），芝加哥大學（University of Chicago）伊斯蘭教法教授，他指出，中世紀烏理瑪依賴可信度薄弱的聖訓的結果，是阻礙《古蘭經》思想的自然發展。他們把穆罕默德當成斷案精神勝於先知精神的法學家，認定他「對人類生活的各個方面規範入微，從行政管理到潔淨儀式無所不包」。[188]但拉赫曼相信，穆罕默德的身分主要是道德改革者，他從未提出明確的律法裁決。令拉赫曼感慨的是，在法學家們亟需抵抗殖民主義及其餘毒時，他們還是緊抱著聖訓裡記述的過去，逐漸失去與《古蘭經》的連結：

> 在面對西方時，我們產生一種特殊的心理情結，以致我們像捍衛真主般捍衛過去……對我們來說，過去的一切幾乎都變成神聖的。雖然大家都同意除了《古蘭經》之外，別的東西都受限於歷史時空而有所不足，但這種敏感神經還是圍繞著聖訓。批判聖訓應該不只能移除我們的心理障礙，也能開啟對伊斯蘭教的嶄新思考。[189]

因此為了將《古蘭經》真正的訊息帶入此時此刻，學者們必須努力與過去展開創造性的對話。首先，他們必須知道《古蘭經》回應的是七世紀阿拉伯的特殊問題，這個認識能讓他們更精確地理解《古蘭經》對這些問題的回應。一旦他們能掌握《古蘭經》在降下啟示時想說的究竟是什麼，就能以妥切的方式重述訊息，讓它能回應現代性的處境和挑戰。[190]

拉赫曼與迪赫拉維、阿布杜一樣，也認為遜尼是詮釋《古蘭經》的關鍵，但他指出，長期不加批判地尊崇所有聖訓的結果，是促成一些沒有《古蘭經》基礎的概念。確實如此，九世紀法學家沙菲儀甚至認為整體聖訓與《古蘭經》平等。對他來說，聖訓是「未誦讀的啟示」（wahy ghayr matlu），而《古蘭經》是「誦讀的啟示」（wahy matlu），兩者的形式雖然有異，但本質並無不同。[191]不過，最早的穆斯林其實更加謹慎，第二任哈里發歐瑪爾曾訓斥先知的某些門徒，責備他們不負責任地散播不正確的聖訓。歐瑪爾已經預見這會帶來嚴重的政治、社會和宗教後果。他還特別警告喜歡自吹自擂的阿布·胡萊勒（Abu Huraya），說他要是繼續誤傳先知的話，他會給予嚴厲懲罰。然而，後世的法學家卻很認真看待胡萊勒所傳的聖訓，裁決時常常引用。[192]

儘管如此，拉赫曼並不主張唯獨古蘭經，他從未支持拋棄整體聖訓：「如果我們拋棄作為整體的聖訓（hadith as a whole），我們等於也丟下《古蘭經》的歷史基礎。」[193]真實的聖訓對拉赫曼的釋經方法十分重要，因為它們將《古蘭經》的訊息牢牢放回歷史脈絡，讓釋經者能將這些訊息靈活地運用於當代議題。無論是拉赫曼，還是我們即將談到的任何一位改革派思想家，都不屬於被稱為唯獨古蘭經派（ahl al-Quran）的那群穆斯林。唯獨古蘭經派主張完全不參考聖訓，[194]這個運動起於一九三〇年代的印度，二十世紀末曾短暫在美國復甦，二〇〇八年又以較溫和的形式出現在土耳其。西方有些評論家曾對他們寄予厚望，以為他們即將開啟新教式的宗教改革，[195]但唯獨古蘭經派一直是少數，多數穆斯林始終堅定地——有時甚至是激烈地——反對他們。

從拉赫曼對《古蘭經》的啟示何以認可多妻制的討論，很能看出他的脈絡式釋經特色。那段經文是這樣說的：

> 你們應當把孤兒的財產交還他們，不要以你們的惡劣的財產調換他們的佳美的財產；也不要把他們的財產併入你們的財產，而加以吞沒。這確是大罪。如果你們擔心不能公平對待孤女，那麼你們可以擇娶你們愛悅的女人，兩個、三個或四個；如果你們擔心不能公平地對待她們，那麼你們只可以娶一個，或是以你們的女奴為滿足。這麼做是更近於公平的。[196]

《古蘭經》這麼規定顯然不單純是為了滿足男性的情欲，拉赫曼解釋，七世紀的阿拉伯在社會和經濟上嚴重不平等，《古蘭經》這幾節是在處理新的問題。[197]當時因為麥加和麥地那頻頻發生戰鬥，穆斯林社群中的女性孤兒大幅增加，而監護人侵吞孤女財產的惡行時有所聞。[198]在此同時，由於七世紀的阿拉伯還不可能禁止多妻制，所以《古蘭經》藉由只准許穆斯林娶四名妻子來設下限制。然而拉赫曼表示，後來的法學家沒有看出這不只是律法裁決而已，它也帶有強烈的倫理色彩，指出「這個社會應該追求的道德理想」。[199]拉赫曼認為這個裁決的本質是要求平等，在前伊斯蘭阿拉伯社會，孤女根本沒有財產權，所以《古蘭經》這則啟示其實是打破傳統。此外，它還要求做丈夫的超越感情和情欲喜好，在婚姻生活的每個領域都不可偏心（在拉赫曼看來，這種公平「在本質上是不可能的」）。[200]而現在，有些穆斯林占多數的國家甚至以宗教為本禁止多妻制。

其他學者也指出，千百年來，有些穆斯林的確透過不適當的釋經擴大權力，採行與伊斯蘭基本原則牴觸的政策。加馬爾・班納（Jamal al-Banna，二〇一三年卒）表示，他們對「薄弱」的聖訓的依賴，不啻於將《古蘭經》降到次等地位。「叛教者死」就是這樣一個高度爭議的裁決，但它其實得不到《古蘭經》的支持。事實上，《古蘭經》用十分強烈的字眼禁止任何人（包括先知）逼迫別人接受宗教信仰：宗教無強迫（la iqra fi-l din）。[201]這句話的英譯或許看似平淡，但阿拉伯原文氣勢萬鈞，力道幾可比擬清真言——穆斯林對信仰的宣告——萬物非主，唯有真主（la ilahu illa Allah）。《古蘭經》聲明叛教者也許會在後世受懲，卻絕不該在世間就施以刑罰。[202]叛教者死的律法基礎只有一則孤立的「薄弱」聖訓，由伊克里瑪・伊本・阿巴斯（Ikrima ibn Abbas）傳述，收錄於布哈里的聖訓集：「改變宗教者處死。」[203]班納指出，哈加吉並沒有把這句話收入他的聖訓集，因為認為伊克里瑪不是可靠的聖訓傳述者。

班納認為，《古蘭經》的地位之所以降低，是因為釋經者開始採用廢止（naskh）原則。廢止原則的意思是，如果出現新的啟示，就可以修改或刪除之前的某些經文。結果，不同學者在不同時代廢止一百到五百節經文，但這些變更常常只反映出釋經者的世俗利益及社會、政治處境。[204]維吉尼亞大學（University of Virginia）宗教研究教授阿布杜拉齊茲・薩切迪納（Abdulaziz Sachedina）認為，廢止原則削弱《古蘭經》的宗教多元主義。[205]《古蘭經》從未講過它已廢止過去的聖典，反而強調宗教多元主義是神的意旨。穆斯林和非穆斯林若是要爭，就該在努力行善上爭，不該陷入毫無益處的神學爭辯。[206]《古蘭經》第二章第六十二節說得很清楚，信奉伊斯蘭教不是得到救贖的關鍵：

> 信道者（按：穆斯林）、猶太教徒、基督教徒和薩比教徒（Sabians）——凡信真主和末日並行善的——將來在主那裡必得享受自己的報酬，他們將來沒有恐懼，也不憂愁。[207]

主張伊斯蘭已取代舊的信仰的人所引的聖訓，是基於《古蘭經》第三章第八十五節：「捨全然順服（islam）真主而尋求別的宗教的人，他所尋求的宗教，絕不被接受。他在後世，是虧折的。」那則聖訓說這節經文是在第二章第六十二節之後啟示的，所以廢止了第二章第六十二節，也取消神先前的諾言，因此信奉舊信仰的人得不到救贖。但之前已經談過，在第二章第六十二節啟示時，「伊斯蘭」（islam）還不是《古蘭經》的宗教的正式名稱。在這節經文的原始脈絡中，它強調的是全然「順服」於神的人都能獲得救贖，無論他們屬於哪一種信仰傳統。雖然蘇非派依然保留這種寬宏的多元主義，但是排他的觀念也在穆斯林心裡生根，現在流行於伊斯蘭世界。

西方經常以厭女非難《古蘭經》，依賴「薄弱」聖訓的男性法學家們的確如此，千百年來，他們已經為自己的聖典抹上濃濃的父權色彩。可是在一九八〇年代，女性釋經者終於開始挑戰對《古蘭經》的這種詮釋——這是伊斯蘭史上極為重要的發展。萊拉・艾哈邁德（Leila Ahmed）和法蒂瑪·梅爾尼希（Fatima Mernissi）已經從女性的角度重寫伊斯蘭史；阿季莎·希布理（Aziza al-Hibri）、阿米娜·瓦杜德（Amina Wadud）及阿斯瑪·巴拉斯（Asma Barlas）等人，則發展出女性主義的《古蘭經》詮釋。

梅爾尼希注意到一件很重要的事，而且她相信它足以證明女性提出批判是有效的。穆罕默德是偉大的阿拉伯領袖，他娶了超過《古蘭經》規定的四名妻子，但他的後宮不是愛巢——這些婚姻是政治聯姻，目的是鞏固他與最親密門徒之間的關係。另外，當新的部族加入他建立的泛伊斯蘭聯盟，他有時也會娶對方首領的姊妹或女兒為妻。由於七世紀的阿拉伯把女性當次等物種，所以當時的人看到他顯然尊重妻子都深感困惑：他稱她們為「友伴」（Companions），而他平時只會這樣稱呼最親近的男性同儕；軍事遠征時，他經常帶一名妻子同行，而且會認真考慮她的建議。聰明世故的烏姆·賽萊邁（Umm Salamah）很快成為麥地那女性的發聲管道，她們有一天問她：為什麼《古蘭經》從來沒有提過她們？幾天後，她們得到回應——新的啟示言明穆斯林男女地位平等、責任相同：

> 歸服真主的男女——信道的男女、服從的男女、誠實的男女、堅忍的男女、恭敬的男女、好施的男女、齋戒的男女、保守貞節的男女、常念真主的男女——真主已為他們預備了赦宥和重大的報酬。[208]

神似乎立刻回答賽萊邁的疑問，並藉此表明女性也是《古蘭經》力挺的被壓迫者。[209] 梅爾尼希指出，這則故事被仔細保存在伊斯蘭傳統裡，但八世紀的法學家已經成功沖淡其中的重要洞見，重新確立傳統阿拉伯的沙文主義。[210]

這些新女性釋經家和男性改革者一樣，也拋棄傳統的逐句評注，傾向從更全面的角度詮釋《古蘭經》。如果某節經文獨立來看似乎支持性別不平等，必須把它放回整體脈絡重新解讀。她們強調合一（tawhid）在伊斯蘭神學中的核心地位，據希布理解釋，它代表一切受造物在形上層次是平等的。在《古蘭經》裡，當撒旦拒絕向亞當鞠躬，並宣稱自己是頭一個被造的，所以更高一等時，便否定萬物平等的道理。希布理指出，傳統穆斯林父權制背後也有同樣的「撒旦邏輯」。[211]瓦杜德表示，《古蘭經》對平等的堅持遭到漠視，因為千百年來只有男性可以閱讀和吟誦《古蘭經》。[212]巴拉斯則認為，《古蘭經》雖然以陽性的「他」稱呼神，但不代表神是男性，只反映出人類語言的侷限而已，畢竟《古蘭經》已一再強調神與一切受造物有別。[213]

安拉迅速地正面回應賽萊邁的問題幾天後，又啟示新的一章，這一章談的大部分是女性。《古蘭經》似乎堅定地站在女性這邊：規定不能再把女性像牲口一樣留給男性繼承人，她們自己反而就能像男性一樣分得一份遺產；[214]也不可違反孤女的意願將她嫁給監護人，彷彿她只是財產。[215]另外，雖然傳統上新郎必須送新娘一份聘禮，但實際上這份聘禮往往歸全家人所有；而現在《古蘭經》宣布聘禮是專屬妻子的財產，即使離婚，丈夫也不可收回。[216]雖然烏瑪的男性對《古蘭經》的這些革命性改變深表不滿，但是《古蘭經》堅持不收回成命。[217]有批評者表示，《古蘭經》賦予女性的權利還是低於男性，例如在法律上，要兩名女性作證才等於一名男性。[218]但他們應該知道的是，西方女性直到十九世紀還沒有這種法律和財產權利。

儘管今日十分關注頭巾（hijab）議題，但《古蘭經》對女性的頭部裝束其實著墨不多，談及女性服儀的只有兩處。[219]在第一個地方，《古蘭經》要求男性和女性在公共場合都要穿著端莊，「俯首下視，遮其羞體」，對女性的另一項要求是「不應當炫露她們的裝飾，除非是一般會露出的」。[220]第二處經文則是對麥地那當時的問題而發，有其特殊時空背景，應與今日無關：穆罕默德的敵人趁穆斯林女性出門小解時攻擊她們，事後又推託當時誤以為她們是女奴，於是《古蘭經》命令女性「放低罩袍遮住自己（adna al-jilbab），這麼做最容易被認出，而不受侵犯」。[221]瓦杜德指出，雖然這句經文是因男性作惡而起，但是很多穆斯林男性持續強迫女性穿罩袍（jilbab），說它和女性的弱小和不道德有關，無視「男性性行為不端才是問題所在」。[222]

不過，有一句經文倒是真的令人不安，它要求女性服從丈夫，似乎還允許丈夫毆打妻子：「你們若擔心妻子執拗（nushuz），就應當先勸誡她們，不與她們同床，甚至責打（wa-dribuhanna）她們。」[223]男性法學家往往忽略令他們不自在的事實：這一章經文後面也告誡丈夫不可執拗。[224]無論如何，這句命令丈夫責打「執拗」的妻子的經文，長期以來一直讓男性釋經者和女性學者困擾，因為不符合穆罕默德的作風。大家都知道先知十分厭惡對女性使用暴力，但是毆打女性在當時司空見慣，所以旁人覺得他這種態度很奇怪。「先知從不對他的任何一名妻子動粗，也不對奴隸動粗，事實上，他從來不對任何人動粗。」最早為先知作傳的穆罕默德・伊本・薩德（Muhammad ibn Sad）寫道：「他總是反對打女人。」[225]有的釋經者從阿拉伯語的多義性（polysemy）中找到解決辦法，他們說動詞詞根DRB在這句經文中，也可以指「交媾」、「立榜樣」，或「離開她們」、「拋下她們」。[226]之前已經提過，穆斯林一向接受經文會因讀法而有「變化」，這種詮釋或許也是變化之一。它的一大優點是與先知的作風相符，因為穆罕默德的確曾經「離開」他的妻子們整整一個月。他那一次之所以離家，是因為她們吵著要他分最多戰利品給家人，不顧這麼做完全違背《古蘭經》的精神。最後，他請她們自行選擇：放下對「今世的生活及其裝飾」的欲求，或是彼此好聚好散。[227]她們總算同意順服《古蘭經》的命令，維持婚姻關係，這場危機終於解決。

雖然這種解讀與千百年來的伊斯蘭傳統相悖，但是改革派釋經者並未因此卻步。加州大學洛杉磯分校（UCLA）伊斯蘭法教授卡里德・阿布・艾爾・法德爾（Khaled Abou El Fadl）表示，賦予聖典經文單一而無可挑戰的詮釋，是讓人們在不斷變動的世界中抱持虛假的安全感。事實上，從多元的角度解讀聖典有助於宗教茁壯：

> 典籍如果無法掙脫作者的束縛、沒有能夠挑戰讀者的細膩紋理，也沒有足以挑逗讀者的幽微意義……會變得沉悶、封閉、墨守成規。保持開放的典籍則活潑、切事、生生不息。[228]

法德爾和拉赫曼一樣，也反對不加批判地依賴聖訓，他說今日那些全盤接受聖訓的穆斯林猶如「清教徒」，他們透過死守嚴苛、僵化的正統來彌補「挫敗感、無力感和疏離感，除了這些感覺之外，他們在面對『他者』時還有一種獨特的、自以為是的傲慢，不論這個『他者』是西方、是非信士、是所謂穆斯林異端，或是穆斯林女性」。[229]在法德爾看來，他們的癥結是過於誇大聖典的角色，卻小看詮釋者的角色。[230]

把重點放在詮釋者而非天啟聖典上，是改革派新的釋經方法的特色。在過去，法學家總是強調《古蘭經》的神聖起源，卻未曾公平看待啟示的人的面向。改革派釋經者則試圖修正這種偏差，重新深究聖典的歷史脈絡。在本書中已經看到：聖典必須化身為人（incarnational）——必須進入領受或誦讀它的先知或聖賢的心與身，也必須進入探索它意義的詮釋者的心與身。聖言必須以某種方式化為血肉。拉赫曼表示，《古蘭經》既有人性，也有神性，因為它既是真主安拉之言，也是先知穆罕默德之言。[231]先知不只是被動接收明確的神命，我們絕不能忽視他對啟示的貢獻。《古蘭經》當然出於我們所說的「神」，但「它也與穆罕默德的深層人格緊密相連」。[232]在過去，釋經者說啟示來自永恆的源頭，而且把這個源頭擬人化，稱為天降凡間的「聖靈」（Spirit）或天使加百列。然而這種做法將神聖侷限於特定地點，而我們已經看到，神聖應該是無所不在、貫通一切的。拉赫曼認為，聖靈也是先知心中的力量、能力（faculty）或能動性（agency）。穆罕默德的角色是以阿拉伯語傳達聖靈，將祂釋入人間，改變世界。

伊朗學者阿布杜卡里姆．索魯什（Abdulkarim Soroush，一九四五年生）也認為，雖然《古蘭經》來自於神，但穆斯林必須承認它有人的面向；而他們如果接受《古蘭經》也是人的產物，就必須決定啟示的哪些面向與他們在當代世界的生活有關。索魯什和拉赫曼一樣，也相信穆罕默德在《古蘭經》的產生中扮演主動角色。先知領受的啟示無形無象、超越語言與概念，他的任務是「為無形的賦予形式，好讓人能認識它」。因此，穆罕默德的人格「既容納他的宗教天啟經驗，也產生他的宗教天啟經驗；既是他這份經驗的主體，也是他這份經驗的客體」。他不只是聖言的容器而已，索魯什說：「是他掌握啟示，不是啟示掌握他。」[233]換言之，《古蘭經》有依穆罕默德所處的環境調適，也深受他的個人史、問題和心境影響。索魯什甚至表示，先知如果更長壽、經歷更多事，對問題的反應和答案一定會跟著成長，《古蘭經》可能也會比現在長得多，甚至會有第二冊。[234]

對保守派穆斯林來說，這些觀點簡直驚世駭俗。可是古代伊斯蘭傳統其實肯定《古蘭經》有人的參與，也言明穆罕默德花費一番氣力才了解啟示的意義。畢竟，啟示不是以語言形式降示給他的。他的妻子阿伊莎說過，啟示是一連串難以言喻的暗示，沛然難禦，勢不能擋，但也具有改變一個人的力量：「賜給他先知身分的第一個徵兆是真正的異象，有如破曉之光（falaq as-subh）。」[235]

這個阿拉伯詞語表達的是天光乍現、世界驟變，沒有緩緩到來的黎明。穆罕默德經驗到的不是明確的訊息，而是帶著璀璨希望的懾人異象，將這種經驗化為語言的過程，他說常常痛苦萬分：「接到啟示時，我沒有一次不覺得靈魂被扯離自己。」[236]雖然神聖的「聲音」有時相對清楚，但經常是模糊而不連貫的：「它常常像鐘的殘響一般臨到我，這是最難受的部分。在我意識到裡頭的訊息時，殘響又漸漸淡去。」[237]神聖的聲音並不是從遙遠天上發布明確的誡命，畢竟神不是守在「彼處」又能明確定義的實在。安拉的聲音要向內才聽得見。我們已經看到，後來的蘇非在自己身上經驗到神的臨在，那份經驗對他們說：「萬物非主，唯你是主。」

阿爾及利亞學者穆罕默德・阿爾孔（Mohammed Arkoun，二〇一〇年卒）說，神的啟示與七世紀阿拉伯的社會、政治與文化結構緊緊交織，無法分割：「在人類的社會、政治處境和語言的媒介之外，絕對（the Absolute）無處可尋。」[238]《古蘭經》的經文蘊含超越萬物的神學潛能，所以具備豐富的意義。隨著經文與持續變化的歷史事件不斷互動，新的解釋將紛紛湧現。[239]從過去到現在，啟示都只有一個目的：改變世界現狀。為了達成這個目標，今日的釋經者首先必須熟悉《古蘭經》降示時的歷史脈絡，再以務實而新穎的方式向自己身處的社會傳達。他們的使命是發揮創意，以能夠改變當前世界的方式轉譯它的訊息，讓社會結構合乎穆斯林幾乎每次讀誦《古蘭經》之前都祈求的仁愛（al-Rahman）與慈悲（al-Rahim）。[240]❸

⁂

❸譯注：即清真言之「奉至仁（al-Rahman）、至慈（al-Rahim）真主之名」。

然而，近來的恐怖攻擊似乎佐證西方長久以來對《古蘭經》的看法：它從本質上就是一部好戰的經書。我在最近一本書裡已經討論宗教和暴力的關係，[241]這裡只簡單評估《古蘭經》在多大的程度上挑起這些罪行。就像我們已經看到的，《古蘭經》對戰爭行為並沒有系統性的教導，所謂「聖戰經節」其實隨機分散於各處，而且每一句都是針對特定處境而發。所以，早期釋經家認為它們並不是普遍適用的，即使穆斯林深受殖民主義及其餘禍之苦，他們的第一反應仍然不是訴諸暴力。無論是在埃及創立穆斯林兄弟會（Muslim Brotherhood）的哈桑．班納（Hasan al-Banna，一九〇六－一九四九），還是在印度成立伊斯蘭大會黨（Jamaat al-Islami）的阿布．阿拉．毛杜迪（Abul Ala Maududi，一九〇三－一九七九），都沒有鼓吹暴力革命，也沒有推行煽動仇恨和衝突的政策。毛杜迪堅持，反對行動必須「光明磊落，為人稱道」。[242]

然而，賽義德．庫特布（Sayyid Qutb，一九〇六－一九六六）為現代伊斯蘭論述引入一種新的好戰精神。一九五四年，穆斯林兄弟會謀刺納瑟未果，一千名成員被捕下獄（他們常常未經審判便遭定罪，而犯行不過是散發傳單），庫特布也是其中之一。庫特布是一位好學深思、性格敏感的人，埃及監獄的殘暴使他激進化，他在獄中寫成的《里程碑》（*Milestones*）後來被稱為「穆斯林極端主義聖經」。庫特布是出色的《古蘭經》學者，但《里程碑》的思想依據卻是遜尼──先知穆罕默德及第一代穆斯林薩拉非（salaf，「虔誠的先人」）的行誼──而非《古蘭經》。庫特布相信，在先知人生的幾個「里程碑」（重大轉捩點），真主都已告訴世人該如何建立有秩序的社會。

首先，穆罕默德將有志之士組成團體（jamaah），一同奮鬥，準備建立承認真主絕對主權的公義社會，取代蒙昧的（jahili）麥加。第二個里程碑是先知從麥加遷往麥地那的聖遷（hijrah），代表的是穆斯林最終必須與他們所處的腐敗社會澈底決裂。到了第三階段，穆罕默德在麥地那建立如手足般團結的伊斯蘭社會，穆斯林也趁這段時間準備即將到來的考驗。第四個也是最後一個里程碑，則是軍事的吉哈德——聖戰——最後以征服麥加畫下句點。然而庫特布扭曲了遜尼，他以暴力聖戰為穆罕默德先知生涯的高峰，忽視穆罕默德非暴力的《侯代比亞和約》的重要性（依據幾本早期先知傳記的評論，《侯代比亞和約》才是伊斯蘭教真正的轉捩點）。庫特布和早期穆斯林釋經者的另一個差異是，他堅持「以劍而行的吉哈德」以前是、以後也永遠是其他形式的「依真主之道奮鬥」的根本。[243]

此後在穆斯林世界掀起的好戰之風，有很大一部分是受到《里程碑》的啟發。[244]在過去，遜尼派穆斯林強調的是薩拉非先人的功業；但現在，矢志踵武前賢的薩拉非派（Salafists）看到的不是最終勝利，而是當年麥加與麥地那交戰時脆弱、無力、危險的烏瑪。當時的薩拉非就像今日的穆斯林世界一樣，外有強敵壓境，情勢岌岌可危，在麥地那被圍期間，他們甚至有全軍覆沒之虞。不過在現代聖戰士讀《古蘭經》時，激勵他們的並不是聖戰經節，他們其實很清楚，大多數穆斯林會譴責他們訴諸武力，但想到當年的薩拉非同樣遭到穆斯林同胞反對，他們便感覺釋然。在麥加和麥地那衝突時，部分穆斯林不願迎擊他們在麥加的親族與部落。《古蘭經》對這些「耽誤」戰士的拖延者（yubattianna）說了重話，指責他們無情、懦弱，甚至把他們比作偽信者（kufar）——伊斯蘭之敵。[245]

另一方面，薩拉非派也深受古代穆斯林「志願者」（tatawwa）的啟發，不過這並沒有《古蘭經》基礎。在早期帝國時代，有些穆斯林把倭馬亞帝國（和後來的阿拔斯帝國）邊界視為伊斯蘭整全的象徵，必須誓死阻擋敵人入侵。[246]八世紀時，烏理瑪、聖訓蒐集者、修行人和《古蘭經》誦讀家會聚集在邊境，以祈禱、齋戒及研經為部隊提供靈性支持，有時也參與戰鬥和駐防任務。巴勒斯坦組織哈瑪斯（Hamas）的規章沒有引用《古蘭經》中的聖戰經節，卻敦促巴勒斯坦人成為邊境守護者（murabitun）。[247]伊斯蘭聖戰運動（Islamic Jihad）倒是把庫特布的概念運用到巴勒斯坦的悲劇，自稱是對抗「傲慢（jahiliyyah）勢力」的全球大型鬥爭的前鋒。[248]志願者的理想最近也啟發所謂伊斯蘭國（Islamic State，簡稱ＩＳ）。二〇〇三年爆發伊拉克戰爭後，伊斯蘭國隨之成立，也很快從全球各地吸引「志願者」，他們決心恢復薩拉非建立的哈里發政體，打破殖民者劃定的疆界。

犯下九一一暴行的恐怖分子也崇尚薩拉非精神。從劫機主腦穆罕默德．阿塔（Mohamed Atta）的行李中發現的文件，可以看出薩拉非對他們影響有多深。[249]這份文件為這群恐怖分子提供「最後指引」，告訴他們在世間的「最後一晚」該怎麼做、開車去機場時該怎麼做、登機時該怎麼做、與乘客和機組人員打鬥時該怎麼做等等。文件的第二段就提到薩拉非的戰鬥事蹟：「謹記先知……在建立伊斯蘭國度時，曾發動抵抗非信士的戰爭。」[250]它也指示劫機者在最後一晚讀《古蘭經》第八章和第九章。第八章（「戰利品」）講的是薩拉非在白德爾之戰時危若累卵，「是少數，是被人認為軟弱可欺的」。[251]他們必須用有限的資源迎戰強大的麥加軍隊——就像劫機者即將對上美國龐大的軍事和經濟力量。第九章（「懺悔」）裡有著名的「劍之節」，但文件著墨更多的卻是「拖延者」的懦弱，並以《古蘭經》安慰恐怖分子：「難道你們喜愛今世勝過後世嗎？今世的享受比起後世的幸福是微不足道的。」[252]

《古蘭經》在這份文件裡更像護身符，而非智慧之書，劫機者必須對著手掌輕誦經文，將它的神聖性擦上行李、美工刀、短刀、證件和護照。[253]通過機場安檢時，他們應誦讀曾經救薩拉非出於險境的經文：「對於我們，安拉足夠了，祂是我們最優越的保護者。」[254]連這句經文的阿拉伯字母都有神奇的力量，因為它們「沒有點，這只是它的偉大之處之一，有點的字的分量不如沒有點的字」。[255]

劫機者在行動時應以薩拉非為榜樣：衣服必須合身，像先知和他的門徒穿長袍時一樣；與乘客打鬥時，他們必須「像薩拉非入陣時一樣咬緊牙關」，[256]並唱歌提高士氣，因為「薩拉非陷入鏖戰時總這樣做，好為他的弟兄們的心帶來沉著、平靜和喜悅」。[257]

發動攻擊六個月前，兩名劫機者錄下訣別影片。事件發生後，這兩段錄影在穆斯林世界瘋傳。他們都是齊亞德．賈拉（Ziad Jarrah）那一隊的成員，參與劫持聯合航空（United Airlines）九十三號班機（該架飛機後來在賓州墜毀）。兩段影片都配上畫面：世貿雙塔崩毀的畫面；聖戰士在阿富汗受訓的畫面；車城（Chechnya）穆斯林屍橫遍野的畫面；美軍攻擊坎達哈（Kandahar）清真寺的畫面；巴勒斯坦人的家被推土機剷平的畫面；巴勒斯坦孩童被以色列軍人射殺的畫面；巴勒斯坦人被拉出家門逮捕的畫面；巴勒斯坦人重傷躺在醫院的畫面；以及美軍在沙烏地阿拉伯演習的畫面。他們的訊息很清楚：烏瑪今日的處境甚至比先知時代更危險，然而在穆斯林飽受強敵欺凌時，大多數穆斯林卻像「拖延者」一樣袖手旁觀，只有賓拉登（bin Laden）和他的門徒像薩拉非一樣挺身而出，開創新局。

艾哈邁德．哈茲納維（Ahmed al-Hasnawi）出身沙烏地阿拉伯，年紀很輕，談吐鎮定而有自信，他的論點完全出於薩拉非和庫特布，言談之間流露出強烈的「志願者」特質。他說，在過去，伊斯蘭陣營若是遭到外敵侵略，每個身體健全的穆斯林都有責任加入聖戰；但現在，即使穆斯林在車城被俄國人攻擊、在印度被印度教徒欺壓、在巴勒斯坦被猶太人迫害，甚至連阿拉伯——伊斯蘭的心臟地帶——都被美國人侵門踏戶，卻沒有一個學者號召發動自衛聖戰，所以他——哈茲納維——決定登高一呼，呼籲「正直的烏理瑪」負起「被遺忘已久的責任」——聖戰。阿布杜拉齊茲．奧馬利（Abdulaziz al-Omari）是博學的《古蘭經》學者，所以他的「遺囑」信手拈來都是《古蘭經》經文——但沒有一句是聖戰經節，引述的也是薩拉非在戰爭中處於劣勢的段落。從頭到尾，他不斷訴說穆斯林同胞的困境，也批判很多人口惠而實不至，他們總說不忍看見弟兄姊妹在巴勒斯坦、車城、蘇丹和黎巴嫩受苦，卻什麼事也沒有為他們做。奧馬利一再提到《古蘭經》第四章的一句話：「你們為什麼不為主道和被欺壓的老弱婦孺而戰？只聽憑他們呼喊：『主啊！求祢從這個虐民所居的城市裡把我們救出去。求祢為我們從祢那裡派遣一位保護者！求祢為我們從祢那裡派遣一位援助者！』」[258]身為穆斯林，豈可對求救的哀呼充耳不聞？

這是令人痛心的諷刺，我們已經看到，利他主義和對他人的同情，是聖典的主要訊息之一。奧馬利從頭到尾一直提醒我們，宗教必須虛己，必須「空虛」一切自我利益。沒有人比殉道者更懂得自我犧牲，為了終結別人的痛苦，他們甚至願意付出生命——可是在九一一攻擊中喪生的無辜者卻將近三千人。每部聖典都強調不應只對自己人行善，我們必須把善意擴及全世界，擴及陌生人——甚至擴及敵人。在走向二〇〇三年伊拉克戰爭的過程中，英國首相東尼．布萊爾（Tony Blair）常說問題不在西方的中東政策，而在《古蘭經》裡一直存在的暴力傾向。然而，儘管哈茲納維和奧馬利封閉的眼界導致悲劇與罪行，但他們最後的訊息顯示，西方政策的確造成穆斯林世界極大的挫折。或許，我們此刻的當務之急是細品先知對烏瑪的遺訓。在那次講話最後，他引述《古蘭經》的一句經文作結：「眾人啊！我確已從一男一女創造你們，我使你們成為民族和部落，以便你們互相認識。」[259]

後記

從很多方面來看，現代社會似乎正在失去讀經的藝術。我們讀經不再是為了轉化自己，而是用它來肯定自己的看法——肯定自己的宗教是對的、肯定敵人的宗教是錯的，或是像懷疑論者一樣，肯定宗教全都不值一哂。現在有太多人固執地用字面意義解讀聖典，信徒如此，非信徒亦然，殊不知這種讀法與前現代心靈更具創意，也更偏密契的讀法大相逕庭。因為《聖經》的創世神話與晚近科學發現不符，無神論鷹派便將《聖經》斥為謊言集錦。在此同時，基督教基要派則發展出「創世科學」，聲稱〈創世記〉的每個細節都合乎科學；聖戰分子引用《古蘭經》的經文，為恐怖主義罪行背書；錫安主義者用《聖經》「證明」聖地屬於他們，並合理化對巴勒斯坦人的仇恨，有錫克教徒因為以現代文本批評方法分析《錫克教的祖師》，就遭到殺害；也有錫克教徒以自己的聖典自證高人一等，渾然不覺這直接違背那納克祖師的初衷。不令人意外的是，這些做法全都讓聖典名聲掃地。我們理性導向的心態也讓問題雪上加霜，我們已經拙於從傳統神話的角度切入聖典，這讓它們顯得更為費解。在瓦德夫人的小說《羅伯．艾斯梅爾》裡，有一個角色說道：「如果福音書不像史實那樣真，我看不出來它們還有任何真實性或價值。」現在，很多人會默默同意這句話。

字面解經蔚然成風，傳統讀經藝術則望風披靡。有些穆斯林試圖以《古蘭經》為基礎建立伊斯蘭科學，但他們的努力只是更凸顯出傳統讀經藝術的沒落。穆斯林在殖民統治之下，第一次接觸現代西方科學，這份經驗伴著屈辱。他們痛苦地發現，歐洲人之所以能在軍事上和知識上稱霸世界，都是拜科技成就之賜。有的伊斯蘭改革者把穆斯林國家的「落後」歸因於科學知識不足，進一步加深這種低人一等的挫敗感；有的改革者則說科學發現要是與《古蘭經》的啟示不符，錯的其實是科學。[1]穆斯林發現，以笛卡兒的懷疑原則為本的現代理性主義，與他們將《古蘭經》視為真主完整而最終的啟示的傳統格格不入。[2]於是，有的穆斯林重新解釋《古蘭經》對創世的敘述，發展出伊斯蘭版的基督教「創世科學」。[3]

這些經節被視為「標記經節」（sign [ayat] verses），因為它們點出知曉一切的超越實在的存在。從《古蘭經》的角度來看，晝夜交替與日月運行不只是宇宙的過程而已，也是引起我們注意的「標記」，讓我們領悟，有一股慈悲的力量，為人類的幸福設下這些宇宙法則。

你對他們說：「想想看吧！如果真主使黑夜為你們延長到復活日，那麼，除真主外，哪一個神靈能把光明帶來給你們呢？你們難道聽不見嗎？」你對他們說：「想想看吧！如果真主使白晝為你們延長到復活日，那麼，除真主外，哪一個神靈能把黑夜帶來給你們，以便你們安息呢？你們難道看不到嗎？祂為憐恤你們而為你們創造黑夜和白晝，以便你們在黑夜安息，而在白晝尋求祂的恩惠，以便你們感謝。」[4]

和其他聖典一樣，《古蘭經》的這些經節原本也是鼓勵信眾反思——「想想看吧！」——希望他們對宇宙心存敬意。另外，這些經節也呼籲行動：到了下一段，《古蘭經》便敦促穆斯林「以善待人，就像真主以善待你一樣」。[5]穆斯林對他們的人類同胞應該慷慨、體貼、細心，就像安拉為了人類巧妙設計宇宙秩序一樣。可是到了十九世紀末，部分穆斯林學者開始重新詮釋這些和其他一些經節，宣稱《古蘭經》早已預示西方科學的發現。

以巴迪・札曼・賽義德・布爾希（Badi al Zaman Said al-Bursi，一九六〇年卒）為例，《古蘭經》有一段帶有密契色彩的「光之節」（Light Verse），歌頌神聖之光無所不在，不囿於任何一個宗教傳統。可是對布爾希來說，這段經文預言電和燈泡的發明：

真主是天地的光明，祂的光明像一座燈臺，那座燈臺上有一盞明燈，那盞明燈在一個玻璃罩裡，那個玻璃罩彷彿一顆燦爛的明星，用吉祥的橄欖油燃著那盞明燈；它不是東方的，也不是西方的，它的油，即使沒有點火也幾乎發光——光上加光。[6]

看到《古蘭經》的訊息被拿來解釋這些瑣碎小事，著實令人悲哀。後來還有其他「科學」釋經者說《古蘭經》早就提出大爆炸（Big Bang）理論，在穆斯林世界造成極大轟動。他們說，安拉似乎用這則「標記」經節來挑戰現代懷疑論者：「不信道者難道不知道嗎？諸天與大地原是一體（ratq），而後我把它們劈開（fatq）。」[7]這群釋經者說，天地原本是在「稠密黏合物質」（dense fused matter/ratq）中合在一起，但神在創造宇宙秩序的爆炸（fatq）中將它們扯開，問題是這兩個阿拉伯文動詞根本不支持這種詮釋。[8]也有人說《古蘭經》預示現代胚胎學，加拿大胚胎學家凱思・摩爾（Keith Moore）就曾說，他很驚訝《古蘭經》對人類胚胎發展的敘述如此「精準」：[9]

我確已用泥土的精華創造人，然後，我把他造成一滴精液，放置在一個安全的住處；然後，

> 我把精液造成血塊；然後，我把血塊造成肉團；然後，我把肉團造成骨骼；然後，我使肌肉附著在骨骼上；然後，我把他創造成另一型態。願真主降福，祂是最善於創造的。[10]

但當然，這些「標記」經節並沒有為穆斯林提供事實資料，因為它們的本意是刺激思考——「想想看吧！」——鼓勵他們望向自然現象背後不可說的、超越的臨在。

這種釋經方式的問題出在混淆文類，聖典是一種藝術形式，目的是協助個體達成道德和靈性的蛻變，要是它未能促成合乎倫理或利他的行動，就是不完整的。科學的「藝術」則大相逕庭，因為它是道德中立的。事實上，這正是科學成功的原因之一，科學不會告訴我們該做什麼或為什麼要做，它不能也不會指示該怎麼應用它的發現，甚至連暗示都不暗示。換言之，科學與聖典南轅北轍，將其中一個的規範運用到另一個身上只會造成混淆。

現在，讓我們回顧從聖典的藝術學到的課題。我們首先看到的是，聖典總是在儀式的脈絡中被聆聽，儀式提高聖典的戲劇性，讓參與者體現聖典。音樂是右腦的產物，能暫停左腦的分析思考，讓參與者體會超越其凡俗經驗的實在的更神祕面向。儀式的脈絡能激發一個人讚嘆、尊重和敬畏宇宙與他人的態度，少了儀式的脈絡，聖典的核心面向也隨之消失。在儀式化的環境之外思考聖典，就像閱讀詠嘆曲的歌詞。在中國和印度，精緻的禮儀為梵書與《禮》枯燥的儀式科學賦予情感和感官面向。儀式也能激發一個人讚嘆、尊重和敬畏宇宙與他人的倫理態度。當以斯拉向猶大民眾引介他的妥拉時，他將它人性化（humanise），以教導他們住棚節儀式來減少新律法的衝擊。在聖殿被毀後，拉比們要是沒有精心設計家庭儀式來替代華麗的聖殿禮儀，米示拿深奧的靈性世界絕不可能在群眾中生根。

從很早的階段開始——在基督教會出現聖典很久之前——早期基督徒就在進餐儀式中紀念耶穌的慘死。後來，莊嚴的拜占庭禮儀不只改變參與者對基督的認識，也改變他們對自己的認識。在西歐，本篤會修士每週吟誦整部〈詩篇〉及部分《聖經》經文。這種修行不只需要控制呼吸，還有儀式化的屈膝和鞠躬，透過這些身體規訓，他們在比大腦更深的層次培養敬畏的態度。額我略聖歌重複又嫋嫋不絕的節奏，既限制也「束縛」左腦的理性推論，讓他們向右腦直觀敞開。除此之外，在既是心理儀式，也是身體儀式的聖言誦讀中，他們喃喃誦唸經文，猶如咀嚼文字。

《古蘭經》的意義原本就是「讀誦」，穆罕默德從一開始就採納東方以音聲為神聖的傳統，《古蘭經》中也記錄它對第一批聽眾產生的強烈效果。《古蘭經》讀誦是伊斯蘭世界的主要藝術形式，為聽眾喚起一種稱作呼愁（huzn）的心境（基督徒通常稱為「淚之恩賜」〔the gift of tears〕），一般譯為「憂傷」、「悲淒」或「哀愁」。如我們所見，音樂像詩一樣，本身就帶著悲傷，連結著《古蘭經》呼籲的熱愛公義與同理他人。在此同時，呼愁還傳達出另一種更複雜的心境：

呼愁是人面對造物主時的覺悟。人在呼愁中學到真正的謙卑和對神聖的敬畏，也認識到人的脆弱和必朽。透過聲音和藝術技巧，讀誦者將這種覺悟（和它在讀誦者身上激起的情感）傳達聽眾，聽眾的感性因之提高，從而感動落淚。[11]

宣稱自己「讀」過《古蘭經》的西方人，當然沒有體驗過這種心境。聖典從不提出明確無疑的訊息，也從不頒布簡單易懂的教義；相反地，在近現代之前，聖典一直被當成只能點出無以言詮的實在的「指示」。從古代仙人、參梵儀式到奧義書賢士，印度的聖典闡釋者始終心知肚明，他們試圖表達的「某種東西」非人類語言能及，只能說它「既非此，亦非彼」。唯有嚴謹地奉行儀式、從事身體修行和透過複雜的心理規訓，才能培養出不一樣的意識狀態，從而了解這些真理。《希伯來聖經》雖然將神聖擬人化，但它所描述的雅威深奧難解、反覆無常又無法捉摸。值得注意的是，神在猶太心靈中根深柢固的形象，是以西結在異象中驚見那無視一切分類的神的榮光。正因如此，猶太哲學家和密契家都強調：無論是《聖經》，還是《塔木德》，都沒有提過神的本質（亦即卡巴拉派所說的恩所夫——「無終」）。在基督教傳統中，卡帕多奇亞三教父、杜尼修和阿奎納也都認定，《聖經》完全沒有闡明神真正的樣貌。《古蘭經》裡雖然有點出安拉的九十九個名稱，穆斯林也把這些名稱當咒語吟誦，但它們卻彼此矛盾、相互抵觸，只能隱約指出那超越語言範圍的實在。

所以聖典沒有顯而易見的訊息，與唯獨理性重視的清晰、明確毫無共同點。聖典有時甚至會迫使我們經歷全然不知的震撼，這一點在《摩訶婆羅多》裡看得尤其清楚，雖然這部史詩無論在靈性或智性上都令人眩暈，但它依然是印度流通最廣的聖典之一。大乘佛教嚴加防備本質主義，汗牛充棟的聖典堅定地訴說一件事：我們對世界最基本的假設，全都站不住腳。在道家聖典中，得道之人嚴厲抨擊教條主義，批判世人執迷於追求確定感，以致囿於己見而不能自拔，殊不知「道可道，非常道」。《論語》讓中國人對明確的教條和決絕的主張常保懷疑；《希伯來聖經》沒有設立一套無懈可擊的教義；《新約聖經》裡不只有一部福音書，而是四部，而且每一部描繪的耶穌都相當不同；《古蘭經》也一樣，對戰爭之類的主題沒有提供明確教導，法學家必須依靠自己的「獨立推理」建構伊斯蘭法學（fiqh）。新教改革者發現彼此對《聖經》的解讀莫衷一是，以致他們連基本問題（如聖餐禮）都無法達成共識，宗教改革運動也因此各立山頭，相持不下。然而，儘管前車之鑑歷歷在目，後來的一神教信徒卻依然故我，繼續對聖典真正的意義提出武斷的主張，而且言詞之間常常有攻擊性。

聖典其實可以擺脫教條主義，因為直到相對晚近的時期，它們還不被視為最終定論——如同我們所見，它們有很長一段時間都是不斷調整的作品。早自《梨俱吠陀》開始，較晚出現的文本就被加入看法很不一樣的舊聖典裡，因為它們表達新的關懷。聖典不斷吸收過去的經驗，賦予現在意義，它的訊息從來不是一成不變的。在中國，儒士們總是把自己的想法讀進（read into）孔子的話，讓孔子成為他們播下自己的觀點和思考的沃土。在印度，奧義書賢士基進地重詮古代仙人的密契經驗，新的吠壇多作品也持續這個過程，直到今日。在猶太人流亡巴比倫期間，有一名或一群編輯者全然改寫以色列和猶大的古代傳統，讓它們直接回應猶太人當時的處境，《希伯來聖經》幾乎每一卷書都留下這場行動的印記。後來在聖殿被毀的大難後，拉比們發展出米大示的藝術，有意離成文妥拉而去。他們把原本沒有關聯的經文串成霍洛茲，賦予原始文本截然不同的意義；為了讓經文更顯慈悲，甚至不惜更動聖典的用字。《新約聖經》各卷的作者搜遍成文妥拉，創造出自己的別沙釋經法，將古代律法和先知的話重新詮釋為對耶穌的人生、死亡及復活的預言。後來有將近一千年的時間，東方和西方的基督徒將《聖經》的四重「意義」運用到每一句經文，為它們賦予原作者未曾想過的意義。在伊斯蘭教裡，雖然偏好以字面意義解釋《古蘭經》的法學家不乏其人（如泰米葉），但是什葉派很早就將自己的密傳信仰讀進特定經文，有很多影響深遠的密契家（如鼎鼎有名的學者阿拉比）也堅持，穆斯林每次讀誦《古蘭經》，經文對他都應該有不一樣的意義。

聖典和科學不一樣，它一定有道德面向。聖典本質上是行動號召，呼籲眾人實踐慈悲與利他，讀經的目的不是肯定讀者或聽者所抱持的成見，而是澈底轉化他們。朱熹曾告誡學生，將自己的看法讀進聖典是不對的，讀經時不應期待能在書中清楚看到目前流行的論點。讀經的藝術也必須伴隨積極的實踐，否則聖典只是終點，無法發揮其天生的動力。在吠陀時代的印度，聖典引發的行動是祭祀，以獻祭儀式來支持脆弱的宇宙秩序。在中國，天命要求統治者善待「小民」。儒家則進一步將視野從國擴大到天下，鼓勵君子在齊家之後同理更多的人，像同心圓一樣將仁愛推及全世界。佛教有一種修行法門是拓展慈悲心，修行者不斷將同理的對象延伸到世界上每個角落，直到能全然平靜，平等看待萬物。此外，佛陀自己也派遣弟子四處遊方，協助受苦的人處理煩惱；大乘佛教最後則是與阿羅漢分道揚鑣，因為後者只求遁入內在平靜，無意行菩薩道。耆那教重視儀式遠甚於聖典，因為相信儀式傳達對一切有情、無情眾生的慈悲與敬意。

一神教傳統從一開始就關切社會公義。見到坐享財富與特權，卻漠視窮人艱苦的統治者，以色列先知從來不假辭色。耶穌要求門徒關心窮人和被輕視的人、給飢餓的人食物、照顧病人、探望坐監者。保羅親手所寫的七封書信，一再提醒要根除不平等，因為在基督裡沒有猶太人與外邦人之分、沒有奴隸與自由人之別，也沒有男尊女卑。他堅信，愛是最重要的品德：

> 我若有先知講道之能，也明白各樣的奧祕，各樣的知識，甚至有堅強的信心能夠移山，要是沒有愛，我就算不得什麼。我即使把所有的財產都捐給人，甚至犧牲自己的身體被人焚燒，要是沒有愛，我所做的仍然沒有益處。[12]

然而後來託名保羅而作的書信，卻企圖抑制他的想法，這些書信的作者當時已心知肚明：短時間內，耶穌不會回來重建新世界了。於是如同我們所見，他們無視保羅對性別平等的基進觀點，反而勸告其他基督徒依循希臘羅馬的規矩。不過，基督宗教的基進訊息並沒有被遺忘，後來也曾在亞西西的方濟各和所謂異端（例如潔淨派）的作品中重新浮現。奧古斯丁曾說，《聖經》所傳者無他，唯愛而已。他甚至相信，一個常懷慈愛、樂在行善的人，根本不需要《聖經》。

最後，《古蘭經》也賦予穆斯林一項神聖的使命：創造符合公義與仁愛的社會，財富公平分享，對窮人與弱勢者不可輕慢。因此，讀經藝術的關鍵是中世紀歐洲修道士所說的intentio，亦即專注（concentration）或智性的「集中」（intensity）。專注促使讀經者付出實際的利他行動，讓世界變得更好。奧古斯丁有一句名言：「愛是心的行動，讓心為了神而充分樂在於神，也為了神而充分樂在於自己和鄰人。」[13]對這個理想最令人難忘的表述，或許是張載的〈西銘〉：「慈孤弱，所以幼其幼……凡天下疲癃、殘疾、惸獨、鰥寡，皆吾兄弟之顛連而無告者也。」

「以愛為準」原則近年的確不振，不只在薩拉非恐怖主義中是如此，在基督教前千禧年運動中也是如此，後者承襲〈啟示錄〉中惡毒的幸災樂禍心態，相信自己在末日來臨時會成為重生的基督徒，在天堂裡舒舒服服欣賞敵人受苦。近代早期對信仰「追本溯源」的訴求帶來反效果，不但鼓動字面解經之風，也讓許多人質疑傳統讀經藝術的進步和創新。舉例來說，一九八〇年代由德州商人蓋瑞・諾斯（Gary North）發起的重建運動（The Reconstruction Movement），便主張實行《聖經》的每一條律法、恢復奴隸制、處死同性戀和石擊不聽話的子女。[14]在沙烏地阿拉伯的瓦哈比意識形態裡，也能看到盲目尊古的現象，該國不但已經恢復七世紀的伊斯蘭刑罰，還縱容對什葉派和蘇非派的迫害（因為這兩派都是在穆罕默德過世後才出現的）。[15]不讓人意外的是，這些做法已經讓宗教與聖典雙雙蒙上汙名。

同樣令人憂心的是，信仰的私我化（privatisation）已完全阻礙讀經帶來行動力。世俗化——政教分離——雖然讓宗教擺脫內在於國家的不義，卻未能造就勇於批判社會的先知。將宗教化約為「個人追求」似乎只是讓它主觀化，甚至瑣碎化。讀經的藝術原本能助人澈底轉化靈性，在以前，人們渴望成聖、成佛或成神；但現在，我們只在意節食、購物，讓自己改頭換面。有社會學家說，在消費社會中，「我們透過物（things）來創造自己，也透過改變物來改變自己」。[16] 瑜伽本來是從心中拔除自我的修行方式，現在卻變成抒解壓力或增加柔軟度的有氧運動。正念原本是佛教徒修習無我的方式之一，現在卻用來讓人更安然沉浸於「我」，殊不知對佛教來說，我們如此看重的「我」根本是虛幻、不存在的。聖典昔日的虛己理想似乎已被放下。二〇〇二年到二〇〇三年進行的一項大規模訪問顯示，美國青少年和很多家長的主流信仰，是一種被社會學家稱為「道德性療癒式自然神論」（moralistic therapeutic deism）的宗教。這種宗教的目的是讓人「對自己和自己的生活感覺良好與快樂」，而神的「任務是解決我們的問題，讓人感覺良好」。神就像「宇宙治療師」：祂能助人更樂於做自己，而且祂隨時待命，什麼問題都能解決。[17] 福音書中嚴厲的基督被換成「我個人的救主」耶穌，像私人教練一樣，只在意我一個人的幸福。

在廣獲討論的《大師及其使者：分裂的大腦與西方世界的建構》（*The Master and His Emissary: The Divided Brain and the Making of the Western World*，二〇〇九年）中，英國精神病學家伊恩・麥可吉爾克里斯特（Iain McGilchrist）指出，近現代西方太勤於培養左腦的理性活動，以致右腦的重要洞見被邊緣化。[18] 結果，人們不再循傳統的虛己之路追尋超越——讀經藝術的核心——有時甚至將超越化約為小小的雀躍或失控的狂熱（第一次大覺醒時歇斯底里的「敬虔」便是如此）。這些現象有一個共同點，它們的焦點都是我。傳統的讀經藝術必須以植根於右腦的利他與慈悲為本，它們也是今日世界亟需的特質。

無論在國內或國外，有很多問題的根源都是不平等，儘管有心推動改變的人不少，但是現代社會始終無法減輕不平等的問題。難民潮驚心動魄的畫面是最明顯的例子，他們從非洲和中東搭上簡陋的船隻，不惜一死也要來到歐洲，人數成千上萬。二〇一七年六月，倫敦格蘭菲塔（Grenfell Tower）的大火奪走七十二條人命，其中有很多人是穆斯林。這棟公家興建的集合住宅之所以會發生火災，是因為肯辛頓－切爾西市議會（Council of Kensington and Chelsea）錙銖必較（但他們其實是大倫敦地區最富有的自治市），不但以廉價易燃建材搭建外牆，也未能充分提供消防設備。在世界上最富裕的美國，沒有適當健保的人數仍多得驚人。我們已經看到農業社會的貴族通常都把農夫當次等人，但是他們至少看得見這群「小民」下田勞作，可是在現代西方，儘管我們消費成性，但大多數人從未見過為我們製造物品的工人，也從不關心這群在遙遠貧窮國家的人工資有多低、工作環境有多惡劣。[19] 我們變得善於封鎖這些令人不安的真相，不再讓自己感覺對他們負有道德責任，這種心態已經讓政治參與和社會關懷大幅衰退，規模之大為一九六〇年代後所僅見。[20] 現在，晚間新聞主播似乎必須提醒觀眾畫面令人不安，好讓他們有機會轉臺或別過視線，免得看到敘利亞或葉門被戰爭蹂躪的慘狀。我們變成獨善其身的專家，精通將世上的苦難擋在門外。

社會公義是一神教聖典的核心關懷，而一神教聖典和其他聖典一樣，也堅持慈愛不應只限於自己人。你應該追求墨子所說的兼愛，亦即「關懷每一個人」：你必須愛陌生人、愛外邦人，甚至愛敵人，把你的愛擴大到每一個部落、每一個國家。事實上，我們現在已經建立全球市場，人與人之間應該比以前更依賴彼此，可是我們卻退回國族的界圍孤芳自賞，對廣大世界的問題視而不見。這一點在英國脫歐公投時看得非常清楚，在二〇一六年投票結束後的第一個星期，倫敦針對外國人的仇恨犯罪暴增四八%。二〇一七年，唐納．川普（Donald Trump）總統的就職演說也一樣，他信誓旦旦要讓「美國第一」。一九八九年拆毀柏林圍牆時，街上全是歡呼和跳舞的人；反觀川普總統的競選過程，在美、墨之間建立新圍牆的政見得到大量喝采。

唯獨理性似乎無法解決這些問題：我們從未想出該怎麼純粹以理性證成人權。二十世紀的社會和文化成就雖然傲人，但也見證一場又一場血腥屠殺：第一次世界大戰時發生亞美尼亞種族屠殺，接著是納粹大屠殺，後來又有波士尼亞大屠殺。在西方，一直為自己的人道精神自豪，可是在伊拉克和阿富汗戰爭時，雖然為自己的士兵戰死沙場哀痛（確實應該如此），但是對於高到不容接受的平民死傷人數，卻未曾堅持抗議，任由無辜百姓只因為在不對的時間、出現在不對的地點，便身受重傷或失去性命。這帶給人一種觀感：我們把某些生命看得比其他生命更寶貴。暴力衝突的增加與恐怖主義的崛起，顯示國家已無能壟斷暴力，我們的這種態度必須改變。

我們討論幾種傳統雖然各有鮮明而有趣的差異，但是讀經的藝術都很類似，這項事實讓我們看見人類處境的一個重要面向：在我們談到的幾個聖典傳統中，雖然沒有一個能根除農業國家的系統性暴力，但都提出另一個理想作為「提醒」，隨時指引我們應該怎麼做。雖然慈愛的觀念深植於人的神經，但這些聖典非常清楚，無論是對別人心存敬意，還是尊重陌生人，甚至敵人，都不是容易做到的事。這種態度必須勤加培養，透過我們在本書裡討論的禮儀和練習。這些聖典各以不同的方式指出，每個人的本質都是神聖的，隨便一個路人都能成「神」，或是變成堯、舜那樣的聖人。既然世俗意識形態無法證成人權，我們必須儘快對現代世界重申聖典的理想。在過去，讀經之人並不盲目追本溯源，反而總是信賴創新、不斷前進，以回應新的挑戰。除非我們的傳統能滿足這迫切的需求，否則就是讓聖典變得無足輕重，無法回應今日的重大議題。

當然，神學家曾試著對這些議題提出回應。猶太哲學家馬丁．布伯（Martin Buber，一八七八－一九六五）深受哈西迪靈性和儀式影響，他的神學作品始終強調神直接臨在於《聖經》。[21]布伯認為，與其說《聖經》是書，不如說它是活生生的聲音。正因如此，猶太人千百年來都稱《聖經》為米克拉（miqra），意思是「呼召」（calling out），所以釋經者的使命是參透《聖經》的文字，努力尋找布伯所說的「訴說性」（Gesprochenheit）。畢竟，《聖經》是一連串人與神的會遇。在神呼喚亞伯拉罕、摩西或其他先知時，他們往往回答「Hinneni!」——「我在這裡！」——以此宣告自己全然專注、全然在當下，也全然做好準備。現在的讀者也必須同樣專注，特別留意一再出現的字詞或片語，對神的話語的節奏保持警覺。如果能這樣讀經，讀者終能覺察神在每一刻都以新的方式向人啟示自己。布伯不認為神已在古代一次性地給予啟示，也不同意天啟只是傳達理論教義，他相信神從焚而不毀的荊棘發話時，已啟示祂的聖名：ehyeh asher ehyeh——「我就是我」，不同時空裡的祂都是祂。布伯也認為，西奈山的天啟是揭示神的臨在，而非宣告律法。

在猶太大屠殺後，布伯敦促猶太人反思《聖經》記載的這次臨在，持續覺察神臨在對他們的意義，好讓自己在這場慘禍之後能再次體悟：神是一切之源——既是惡之源，也是善之源。這樣的神不能以左腦的認知方式理解，認識祂需要的是右腦的全觀視野，在這種視野中，善與惡或能以某種無以言詮的方式融合。布伯將它命名為「聖經人文主義」（biblical humanism）的精神與近現代西方人文主義分開，他解釋聖經人文主義並不企圖「將個人提高到此刻的問題之上」；相反地，它尋求的是「鍛鍊一個人在面臨問題時堅定不移——並在問題中證明自己」。布伯告誡猶太人，萬萬不可「逃避問題，躲入理性和完美形式的世界！」[22]

以色列人在曠野流浪時，由於民眾依然眷戀埃及的物質享受，與摩西多次發生衝突。布伯指出，這種緊張關係的根源是：民眾想要的是更容易控制的神。「以色列」事奉的神應許的是開放的未來，「埃及」則較為保守，崇拜依人的形象所造的偶像。《聖經》雖然沒有提供確定的教義，可是在猶太大屠殺這場浩劫後，它能讓讀者對神在歷史中的臨在產生新的認識，並啟發我們進一步深思此刻的使命與挑戰。布伯相信，努力在歷史慘禍中尋找神能讓人蛻變。他對《聖經》的詮釋和所有偉大的米大示一樣，帶領讀者超越文本，直探生命的難解之謎。正如一句古老的拉比格言所說：「米大示的重點不是對經文進行抽象研究，而是透過米大示將經文轉化為力量的泉源，用它來更新個人和人際生活。」[23]

漢斯・弗萊（Hans Frei，一九二二－一九八八）出身猶太家庭，但後來成為聖公會牧師和耶魯大學神學教授。他指出，前批判世界的讀者雖然會把《聖經》當成歷史——前現代意義的歷史——但是向來會越過文本以回應當下的議題。[24]俄利根、奧古斯丁和阿奎納都曾以《聖經》為依據臧否時事，指出它們正面或負面地反映出《聖經》建立的模式。可是到了啟蒙時代，人們開始把《聖經》敘事當成近現代意義的歷史，忘了它們只是「形似歷史」（history-like）的故事。把《聖經》完全當成事實記錄加以檢視後，有些人不再認為《聖經》值得信賴。但弗萊指出，基督徒應該以耶穌其人為評判世界和時事的標準。歷史上當然有耶穌這個人，可是他之所以具有宗教意義，並不只是因為他曾經存在，他只有在化身在我們的日常生活時才成為事實（factual）。

因此，基督徒負有雙重使命：他們必須閱讀福音書和其中形似歷史的故事，使出自己所有的批判能力、文學素養和歷史知識；他們也必須解讀和詮釋自己的時代，押上自己對歷史、社會學與文化的一切敏銳度。弗萊和布伯一樣，也相信讀經應該結合對時事的批判性詮釋。這不該是艱深複雜的詮釋學理論，只代表《聖經》和報紙應該以某種方式合觀。

弗萊認為，政治與《聖經》應該在象徵的關係中並存，因為這能防止《聖經》成為教會和政治體制操縱的工具。《聖經》應該向體制問責，而非為其背書，因為福音在本質上是顛覆的。耶穌的教導已經讓跟隨他的人萌生希望和期盼，雖然他們的盼望一度因為他的死而粉碎，但他的復活恢復他們的盼望。福音書對神、公義、平等、慈愛和苦難提出許多不一樣的見解，我們必須把它們帶進世俗處境，對自己產生影響。當然，這不是膚淺地讀過一次《聖經》就能達到的成果，而是持續漸進的過程，讀者必須日復一日轉化對自己和身處世界的認識——並做出相應行動。

美國神學家喬治·林貝克（George Lindbeck，一九二三－二〇一八）也提出類似的結論。[25] 他認為，在一神教傳統（亦即「信奉天經的宗教」）裡，聖典固然是安身立命的典範，但是如果我們把聖典和其他文學經典斷然二分，則只會帶來問題。在印刷術革命和識字普及之後，我們的內在世界已經是由許多不同文本的片段共同創造的，這些文本在我們心中同時並存、相互應證。因此現在形塑我們道德觀的不只有《聖經》，還有《李爾王》（*King Lear*）、《米德鎮的春天》（*Middlemarch*），以及《戰爭與和平》（*War and Peace*）。我們無論是想像還是經驗世界的方式，都受到這些經典的影響。所以不管我們的信仰是什麼，我們對真實都有多文本的視角。可是對那些由衷尊崇自己的聖典的人來說，《聖經》或《古蘭經》提供的是全面而權威的詮釋框架。舉例來說，奧古斯丁努力想把知識體系和歷史事件放入《聖經》視角（雖然他未必成功），對柏拉圖的作品是如此，對羅馬淪陷之類的政治大禍也是如此。阿奎納也曾對亞里斯多德主義做過類似嘗試，主張詮釋者的使命是拓展聖經的意義，好讓聖經能涵容全部實在。[26] 在伊斯蘭教、佛教和印度教傳統中，也能看到類似做法。

基督宗教因為有聖經預表學（biblical typology）的特殊傳統，所以基督徒更進一步，他們不僅試圖將《希伯來聖經》併入《新約聖經》，還以《希伯來聖經》解釋當代的發展。於是，大衛王不只是基督的預表（type），也是未來歐洲君王（例如查理五世）的模範。所以，神學是依據《聖經》中的類型重新詮釋現實，而不是把《聖經》教導轉譯成《聖經》外的現實。可是西方逐漸脫離寓意解經，越來越依賴《聖經》的字面意義，也越來越強調互文性（intertextuality）——亦即以《聖經》的其他段落詮釋其中一個段落。隨著啟蒙精神逐漸抬頭，理性主義的、科學的、虔敬派的和歷史批判式的方法影響日增，昔日的預表解經迅速沒落，《聖經》不再是神學家們解釋世界的透鏡。今日不是《聖經》啟迪世界，而是世界解釋《聖經》，《聖經》本身變成研究焦點，傳統詮釋方法被側重事實的《聖經》解釋取代，這不僅造成基要派不健康的字面解經法，也導致懷疑論大為風行。

有鑑於此，林貝克主張以文學方式閱讀《聖經》——《聖經》裡的每個文本都應以合乎其文類的方法詮釋。舉例來說，不能把〈創世記〉第一章當生命起源的科學紀錄解讀；〈利未記〉既是律法文本，就不應完全從密契角度詮釋；〈約翰福音〉則擺明無意忠於史實。基督徒引以為範的不該是以歷史批判法重建的基督，而應是不同福音書各依其獨特文類所呈現的耶穌。整部《聖經》雖然是由我們稱為「神」的實在貫穿的，但它不像某些近現代神學，它從不企圖以形上方式描述神的本質。正如弗萊所說，雖然《聖經》並不試圖「合乎歷史」（likely history），但我們可以把它當成「形似歷史」。

林貝克認為讀經必須創新，就像我們已經看到的，過去為了因應環境變遷，《聖經》會被更動或大幅重新詮釋。林貝克相信我們應該延續這個傳統，但因為現代學術尊崇原典的完整性，所以我們必須有相當的學識技能才能逆風而行。雖然這條路並不好走，但是如果不發揮創意讓《聖經》能回應現代人的困境，《聖經》將無法通過時代的檢驗。我們必須詢問艱難的問題：只把《舊約聖經》當成《新約聖經》附屬品的基督教傳統看法，對猶太人和基督徒的關係造成什麼影響？以基督為神的終極啟示的信念，如何阻礙基督徒認識《古蘭經》？面對猶太大屠殺、亞美尼亞屠殺或波士尼亞屠殺時，西奈山或髑髏地的故事可以給我們什麼啟示？聖經學者該如何像以往一樣，把《聖經》的理念運用到現代社會？「如果要讓這些傳統保持活力，」林貝克總結道，「就必須以它們獨特的口吻，重新闡述其信眾實際所處的新的社會和知識世界，以及全體人類正在走向的新的社會與知識世界。」[27]

德國小說家托瑪斯・曼（Thomas Mann，一八七五－一九五五）也同意，《聖經》必須回應當代世界。他自己對希特勒和第二次世界大戰的回應，是以《聖經》中的約瑟（亞伯拉罕的曾孫）為主人翁創作四本小說。這一系列作品在一九三四年到一九四四年陸續出版：《雅各的故事》（*The Tales of Jacob*）和《少年約瑟》（*The Young Joseph*）的大部分內容在德國完成；《約瑟在埃及》（*Joseph in Egypt*）在瑞士寫成；《供給者約瑟》（*Joseph the Provider*）則是在他流亡加州時完稿。曼清楚宗教是一種藝術形式，他筆下的約瑟也像一名藝術家，不但深具宗教情懷，也積極投入社會和政治。戰爭結束前夕，曼在華府的國會圖書館（Library of Congress）發表演說，他說雖然我們曾經能夠從政治生活中劃出「純美學」、「純哲學」和「純宗教」領域，但是往後已不再可能這樣分隔，因為在五十年的恐怖衝突後，人類渴求的是一個「完整的、心靈團結的、一同負責的世界」。他相信世人「希望成為一體，從實際問題到經濟事務都合而為一」。[28]

約瑟的經歷是最膾炙人口的《聖經》故事之一，這或許多少是拜那齣知名的音樂劇之賜。在〈創世記〉裡，約瑟是雅各的寵妻拉結（Rachel）所生的孩子，平時最受父親寵愛，但雅各的其他十個兒子因妒生恨，很厭惡他（他們是雅各較不受寵的利亞〔Leah〕和幾個妾所生）。偏偏約瑟心高氣傲，讓情況更加惡化：他多次吹噓夢到自己將來會變得多麼偉大，他的哥哥們一怒之下決定除掉這個弟弟。有一次他們外出牧羊，離家很遠，約瑟的哥哥們扯下他那件有名的彩衣，把他扔進枯井，任他自生自滅，回家後對心急如焚的雅各說他的愛子被野獸咬死了。[29]雖然雅各的長子呂便（Reuven）曾經回去救他，但那時枯井已空，因為約瑟已被阿拉伯商人帶去埃及，賣給法老王的官員波提乏（Potiphar）。好在約瑟有天生的人格魅力，不久就成為波提乏倚重的侍從。可是拒絕波提乏的妻子引誘後，他反而被波提乏的妻子誣陷下獄。不過他在獄中還是贏得獄吏的信任，甚至在因緣際會下為法老王解夢。由於約瑟的解釋深具說服力，法老王對他相當賞識，不但釋放他，還任命他為首相，派他為埃及即將到來的饑荒做好準備。幾年後，約瑟的哥哥們也受饑荒之迫來埃及購糧，與他重逢，他巧施手段與他們和解。

雖然有些神學家和基要派十分堅持該從字面解讀《聖經》，但是身為藝術家的曼懂得《聖經》的神話訴求，他相信人生的每個階段都有不同焦點，隨著年齡增長，「人，永恆回歸的人，超越時間的人——簡言之，神話的人——會逐漸成為重心」。[30]他的知名小說《魔山》（*The Magic Mountain*，一九二四年）是以一所瑞士療養院為背景，猶如英雄旅程原型神話的現代版。[31]主角漢斯．卡斯托普（Hans Castorp）追尋的其實是神話中的聖杯，亦即為生命賦予意義的「知識、智慧和聖化」的象徵；療養院則是「入門儀式的神壇，勇敢探索生命奧祕的地方」。然而，傳統的神話英雄必須為裨益社會而承受磨練，卡斯托普卻耽溺於一場唯我的（solipsistic）、寄生的、終極無意義的追求。[32]曼也把約瑟的《聖經》故事視為反映當時議題的神話。由於一神教的神總是會在歷史事件中現身，所以對曼來說——對布伯、弗萊、林貝克、拉赫曼和法德爾來說也是一樣——「宗教性」（religiousness）需要敏銳留意社會中的變動，因為「繫念神」（concern with God）不是個人對神聖的追求，而是「以知性傾聽世界精神（world spirit）的需要」。[33]

曼寫約瑟四部曲時，神話的名聲不佳。自阿弗雷德・羅森堡（Alfred Rosenberg）以《二十世紀的神話》（*The Myth of the Twentieth Century*，一九三〇年）闡述極端納粹教條後（他後來更在東歐實踐這些教條），神話除了被當成虛構之外，更令人心生疑竇。頂尖的基督教神學家此時也想抹除《聖經》的神話色彩：在《新約與神話學》（*New Testament and Mythology*，一九四一年）中，魯道夫・布特曼（Rudolf Bultmann）提議將《聖經》去神話化（demythologisation）。因為在他看來，要已經開始使用電燈和現代醫學的人相信過去的神話，不啻強人所難。另一方面，西格蒙德・佛洛伊德（Sigmund Freud）將神話學運用在新興精神分析學中的創意，令曼深受啟發，也深感興趣。一九三九年，佛洛伊德以《摩西與一神教》（*Moses and Monotheism*）重述〈出埃及記〉的故事。巧合的是，曼的約瑟四部曲有一部分是以古埃及為背景，《摩西與一神教》也把背景設定在古埃及。佛洛伊德提出頗具爭議的看法：摩西不是希伯來裔，而是法老阿蒙霍特普四世（Amenhotep IV）的埃及追隨者。阿蒙霍特普四世即阿肯那頓（Akhenaton，約公元前一三五二年到一三三八年），曾試圖厲行宗教改革，以太陽神阿頓－拉（Aton-Re）的一神崇拜為埃及唯一宗教。佛洛伊德表示，阿肯那頓死後，摩西曾帶領一小群追隨者到沙漠，但是這群人後來反叛，殺了摩西，也把他們的罪惡感——「原罪」，傳給以後的一神論者。

曼的神話則較為正面。在約瑟四部曲中的第三部，他讓約瑟來到阿肯那頓治下的埃及。由於法老王的宗教改革受到強烈反對，這個時代充滿宗教和政治的暴力衝突。在曼筆下，反對阿肯那頓的勢力猶如納粹的翻版。那時的埃及同時存在進步和反動兩股力量，和曼當時的德國一模一樣。領導反對派的是大祭司貝可內丘斯（Bechnechous），他保守到幾乎與時代脫節，身穿高法蘭克風（High

Frankish）的服裝，披著一張虎皮，既眷戀往日榮光，又對權力永不饜足。他和納粹一樣對永不復返的過去抱持浪漫的想像，他的意識形態是充滿種族主義的狂熱國族主義。他要求無條件遵循舊崇拜的儀式，卻刻意忽略它們的道德精神。貝可內丘斯是這種邪惡的國族主義的貴族版，不願傾聽「世界精神」，只想以強制手段恢復過去。相較之下，侏儒杜達（Duda）代表的是法西斯主義的民粹面向，他認同貝可內丘斯的訴求，但方法更加粗暴（例如堅持約瑟不可與波提乏的埃及僕人同桌吃飯）。後來的研究顯示，曼的小說高度呼應納粹對威瑪共和（Weimar Republic）的攻擊。[34]

雖然曼勤於批判當時的政治局勢，但個人蛻變也是約瑟四部曲中的重要主題。曼在這一系列作品中勾勒約瑟的改變，描寫他如何從古代意識轉變成現代意義的自我意識。從頭到尾貫穿四部曲的虛構敘事者說，在神話主導的古代社會，人的個體性淹沒在集體之中。他們無意為自己開創新局，而是重複神話故事，也完全以分配給他們的神話角色界定自己。我們在約瑟兒時的老師以利以謝（Eliezer）身上看到這種古代意識，在講述亞伯拉罕當年的事跡時，他不自覺地用第一人稱單數說話，彷彿自己也實際參與那些故事。對他來說，那些故事不是遙遠的歷史事件，而是此時此刻活生生的現實。聽以利以謝說故事時，約瑟發現這位長者缺少明確的自我意識：

> 簡言之，他是典範（institution）……當年幼的約瑟坐在課堂……男孩……望著他年老的老師，發現他「肖似」亞伯拉罕，而且懂得怎麼用雄渾而高貴的方式說「我」，他年幼的心中一定曾經閃過奇特的想法和感覺……他充滿愛意和欽崇的目光牢牢盯著講課者的身影，但他的視線穿透他，見到數不清的以利以謝的身影，而他們都透過眼前的示現的口說「我」……無盡的身分不是在黑暗中失去自我，而是在光明中。[35]

在人類發展的早期階段，左腦的分析技能似乎尚未發展成熟，人還享有全觀的密契視野，過去的事像是一直都在發生。《少年約瑟》邀請我們一同進入過去的思維模式，《雅各的故事》（約瑟四部曲的第一部）則讓我們看到這種古代意識如何在前人身上發揮作用——無論亞伯拉罕、以撒、以掃、雅各，還是雅各的舅舅拉班（Laban），他們的自我都被神話意識的多重身分相對化。[36]

雖然少年約瑟一定有過這種心理，但他也是日益成熟的藝術家，從他對哥哥們說的故事裡即可看出這一點。然而他被殘酷地趕出群體，自我意識驟然驚醒，被孤伶伶地丟在枯井之後，他第一次稱自己為「我」；在隨著阿拉伯人去埃及的路上，他開始感到「新生」；我們也看到他落入自我膨脹的陷阱，將自己比作歐西里斯（Osiris）／阿多尼斯（Adonis）——掌管冥界的埃及神祇。他漸漸成為傳奇角色，得到越來越多榮耀，也成為一次又一次事件的神話英雄。在波提乏面前，他宛如自負又充滿魅力的救世主——在這個場景中，敘事者甚至將他比作耶穌。但他萌生的自戀是危險的，他顯然也一步步忘乎所以。波提乏的妻子慕特安艾梅內特（Mut-em-emenet）勾引他，讓他得意忘形。有智慧的侏儒高利布（Gottlieb）告誡他務必謹守分際，畢竟連吉爾伽美什那樣的英雄都無法抗拒女神伊什塔爾的甜言蜜語。但約瑟傲慢地充耳不聞，還是決定與慕特安艾梅內特見面。此時的他仍自負如救世主，相信自己一定能將對方導回正途。然而，他的身體幾乎屈服於慕特安艾梅內特的性誘惑，幸好他在十一點時猛然清醒，因為：

> 他見到父親的臉……他不是在這個房間裡看見某個人的形貌，而是在心中見到普遍意義的父親的面容。[37]

雅各的形象和佛洛伊德心理學中的父親很不一樣，他不是造成閹割焦慮的暴君，而是挽救約瑟身分認同的慈愛救贖者，他是約瑟很重要的一部分。[38]成長的自我無法拋下神話的文化遺產（在這則故事裡，象徵文化遺產的是雅各），因為這份遺產已深植於人性之中。

約瑟得到教訓，他被扔進埃及大牢，第二次象徵性地死去。但他不再自命為無所不能的救世主，也不再讓自己扮演無能勝任的角色，他經歷了虛己。約瑟依然是藝術家——從他對法老之夢的創意詮釋就看得出來——但是因為解夢而獲釋，並當上埃及首相之後，他兼容神話與理性，成為足智多謀的經濟規劃者，重新和他的社會責任取得平衡。他融入埃及文化，但也保持自己的希伯來神話傳承。他娶埃及女子為妻，甚至成為阿頓－拉的祭司，因為現在的他已經能說服自己，猶太人獨尊的神是普世的——他的神也在所有神明之中——不是排他的。

曼在約瑟四部曲中說了很多故事，但是沒有一個故事談到神。這是為什麼？敘事者把原因說得很清楚，因為神不是存在物[39]——神在火中，但神不是火；「祂是世界存在的空間，但世界不是祂存在的空間」。[40]神內在於萬物，又超越萬物，祂推翻人所能認知的一切範疇。敘事者告訴我們，亞伯拉罕意識到傳統諸神的限制後，終於發現神，此後堅持只服事至高神。換言之，敘事者說，亞伯拉罕發明人對神的概念，但是人的概念永遠無法測度實在本身：

從某個角度來看，亞伯拉罕是神的父親。神是他感知和思考出來的。他歸給神的種種特質也許是神本來就有的，不是亞伯拉罕創造的。然而，認出它們、宣揚它們、以思考讓它們成為真實的畢竟是他，所以難道我們不能說他在某種意義上創造了這些特質嗎？[41]

我們已經看到，長久以來，神學家和哲學家一直堅持，我們對神的概念與不可知的實在本身截然不同，關係也極淺。我們只認識為自己創造的「神」，也應該不斷提醒自己，被我們稱為「神」的某種東西，永遠比我們想像得更偉大。曼說神是人性的深層面向的一部分。[42]「神的特質其實是外於亞伯拉罕的某種東西，但也同時既在他內，也屬於他。在某些時刻，他的靈魂的力量與這些特質幾乎沒有區別。」[43]我們現在已經知道：即使對於我們周遭的事物，大腦讓我們感知到的也只是它們的表徵，而不是它們本身——對於神當然也不例外。正如伯達所說，人是呈現大宇宙全像的小宇宙。小說家曼明瞭現在很多神學家似乎遺忘的事，他透過約瑟四部曲中的敘事者對讀者說：亞伯拉罕對神、對自己，也對所有聆聽他的人做了一件大事——他「在人心中備妥認識祂的方式……他想出神，讓祂在人心中存在」。[44]

一九四四年，曼相信親身經歷這些悲劇的人會渴求團結，在約瑟與哥哥們和解的段落裡談到合一。雖然曼嚴格按照《聖經》原來的情節鋪陳，但也仔細把約瑟描繪成藝術家。兄弟分別多年後，哥哥們即使來到約瑟面前，都已認不出這位威嚴的首相就是他們的小弟。約瑟刻意安排一場心理劇，讓這群惶恐的哥哥們接受一連串考驗：他們先被打入大牢，接著有的人留下來當人質，有的人來回奔波迦南和埃及，最後還被指控偷竊。這是一場入門祕儀，它像艾留西斯儀式一樣，逼迫入門者進入不同的思維模式、產生不同的領悟。為了讓哥哥們完全覺察自己的罪，從而進入新的心境、得到深刻又持久的轉化，約瑟創作一場儀式化戲劇。他不斷以「詩人」之姿出現在讀者眼前，一手策劃這場戲的每個細節，甚至把僕人捲入這場神聖的遊戲。最後一幕是「轉化」，由他親自向這群詫異的入門者揭曉自己的身分。

在《聖經》裡，哥哥們得知約瑟的身分後目瞪口呆，沒有歡笑、沒有恍然大悟，也沒有鬆一口氣。在這段對話極其重要的《聖經》敘事中，他們的啞口無言十分耐人尋味。〈創世記〉讓我們留下鮮明的印象，他們的和解是單方面的，雖然他們一家終於團聚，雅各也被說服搬往埃及，但十七年後雅各去世，哥哥們還是惴惴不安：「如果約瑟懷恨在心，照我們從前對他所做的報復我們，我們怎麼辦？」[45]約瑟兄弟的關係在曼筆下也是如此。隨著戰爭進入尾聲，「世界精神」或許渴望和平，但曼不是盲目樂觀的空想家，他的心裡雪亮：在數十年的恐懼、仇恨及大屠殺後，和解並不容易。

在約瑟四部曲接近尾聲時，臨終的雅各為每個兒子祝福。和〈創世記〉裡一樣，儘管雅各很愛約瑟，但仍指定猶大為他的繼承人和選民的領導者，而曼的讀者很清楚：大衛王是猶大的後代，也是耶穌的祖先。另外，雖然約瑟是雅各的最愛，但雅各承認，約瑟的藝術恩賜並不是最偉大的恩賜——「那的確是令人欽羨的祝福，但不是最高的，也不是最讓人肅然起敬的……你對它嫻熟於心，將它運用得迷人可親，用它趨近救贖，但它嚴格來說不算呼召或恩賜」。無論如何，雅各祝福約瑟時所說的話，還是流露出曼對世界團結的渴望：「願你像一直以來一樣蒙福，願你的祝福來自高天之上，也發自地下深處，從高天的乳房噴出，從大地的子宮湧出！」[46]這句話刻意呼應約瑟四部曲的開頭，當時談到一則人類墮落的古代諾斯底（Gnostic）神話，敘事者說救贖恐怕需要天地相互貫通，彼此聖化。[47]在約瑟四部曲的尾聲，體現這個祝福的是藝術家約瑟。約瑟不只是雅各的最愛，也是曼的最愛，因為他相信，唯有透過藝術的媒介，宗教才能真正啟示給人，才能被人接受為文化的基礎。而依照曼的定義，宗教是對世界敏銳而同理的關懷。[48]

約瑟四部曲的尾聲和〈創世記〉裡一樣：雅各死後，約瑟的哥哥們還是對他懷有戒心。但約瑟對他們說：包括他自己在內，大家都只是依「神的劇本」演出。在這個不斷開展的神話裡，每個人各有分配好的角色，現在大家應該展望未來：「他這樣對他們說。他們喜極而泣，紛紛伸出手摟住他，他也張開手擁抱他們。」[49]約瑟四部曲以充滿希望與人情的最終和解畫下句點，但是見證往後發展的我們都知道，曼對世界合一的期盼並未實現。

無獨有偶地，以色列小說家大衛．格羅斯曼（David Grossman）近年也從《聖經》故事得到靈感，寫出短篇小說《獅子蜜：參孫的神話》（*Lion's Honey: The Myth of Samson*，二〇〇五年）。乍看之下，這似乎是一個陰鬱的故事，而且碰觸到一些我們今日似乎無法解決的衝突。參孫的故事在〈士師記〉裡只占三章，背景設定在以色列各族還生活在迦南高地時，是以色列史相當早的階段。當時非利士人憑著武器先進，經常侵擾以色列人的屯墾區。參孫的母親原本不孕，神行奇蹟讓她生下參孫，賦予他保護以色列人不受非利士人欺侮的使命。參孫一出生就是離俗人（Nazirite，立誓不飲酒也不剃髮之人），身具怪力。他的確造成非利士人嚴重死傷，但奇怪的是，他也深受他們吸引，甚至在非利士女子間尋歡，不願與以色列女子成親。在他迷戀的非利士女性中，最有名的是妖婦黛利拉（Delilah），就是她趁參孫睡覺時剪了他的力量之源——頭髮，讓非利士人有制伏他的機會。非利士人挖了他的眼睛，逼他在迦薩推磨。隨著頭髮重新長出，他的力量漸漸恢復，但是非利士人沒有察覺，將他綁在大袞（Dagon）的神廟示眾。參孫等到廟裡擠滿非利士人的首領與民眾，靠向神廟的柱子，喊道：「『讓我和非利士人同歸於盡吧！』他用盡所有的力氣向前推，廟宇倒塌了，壓在首領和所有的人身上。參孫死時所殺的人比活著時所殺的還要多。」[50]

參孫是一個既不迷人，也不像英雄的英雄，他似乎頭腦簡單，四肢發達，為所欲為，我行我素，凡事只圖一時之快。但是格羅斯曼以精湛的寫作技巧重塑他的形象，將他描繪成歷盡滄桑的悲劇英雄，改寫得遠比彌爾頓的《力士參孫》（*Samson Agonistes*）來得成功。格羅斯曼真正掌握到米大示的精髓，像拉比一樣深入思索這則精簡的《聖經》故事，幾乎每句話都仔細推敲、反覆琢磨。他以細膩而同理的筆觸描寫參孫的父母的心境，在聽見那個有點恐怖的「神的天使」宣報他們會生下參孫時，他們顯得既迷惑又恐懼。格羅斯曼在這裡對他們的恐懼提出犀利的洞見，說他們之所以恐懼，或許「也是因為那尚未出生的孩子——他們等待也祈求已久的孩子——此時的他不但隔著一層羊水，也包覆一層由謎團和威脅構成的穿不透的膜」。[51]

參孫的悲劇是，他的素質不足以勝任神創造他所給予的使命。格羅斯曼並不打算為神開脫，他發現《聖經》完全沒有談到參孫的內心世界、教育和「極度孤寂」。[52]參孫異於常人的力量與身材不但讓同輩敬而遠之，連父母都覺得他是一個可怕的謎。他孤獨地長大，雖然「名聞遐邇」，但也「難以理解，無法定義，充滿矛盾」。格羅斯曼認為，或許正因如此，他才不斷去迦薩拈花惹草，「好勾搭完全陌生的人」。[53]

格羅斯曼提到過去一些受參孫之謎吸引的名人，有畫家（林布蘭〔Rembrandt〕、杜雷〔Doré〕和范戴克〔Van Dyck〕），有作家（約瑟夫〔Josephus〕、賈鮑京斯基〔Jabotinsky〕和里爾克〔Rilke〕），也有精神病學家，但他不只回顧前人對參孫的解讀，也指出這個古老的《聖經》故事對今日世界仍有所啟示。舉例來說，他發現參孫的形象在猶太傳統中十分矛盾，有人指責他好勇鬥狠、粗魯無文，還和外邦女人勾三搭四，但也有人讚美他是民族英雄。格羅斯曼猜測，這或許是因為參孫表現出猶太人的典型特質——在長年遭受排斥和壓迫後，他們都「寂寞、孤立，強烈需要保護自己的獨立和神祕，但也無比渴求與外邦人融合和同化」。[54]此外，千百年來的積弱也讓猶太人為參孫的力量、勇氣和剛強自豪，羨慕他能「恣意使用武力，不受任何限制或道德束縛」。[55]不過，格羅斯曼也好奇，「參孫與自身力量的關係，是否體現出以色列政權的某種問題？」他指出，「以色列龐大的軍事力量是變成負債的資產……但以色列人並沒有真正意識到這一點。」[56]格羅斯曼認為，這恐怕不只會讓力量本身成為目的，還會讓以色列人「幾乎自動傾向使用武力，而非衡量其他行動方案」——換言之，讓以色列人養成非常「參孫式」的行為模式。[57]

最後，談到參孫選擇以身相殉，格羅斯曼說：「放在此時此地的脈絡，我們很難不去想：在某種意義上，參孫是第一個自殺刺客。」雖然參孫的遭遇似乎與今日恐怖分子的處境不同，但是格羅斯曼認為，「或許這種行為本身已經在人類意識裡種下一種模式——以無辜者為謀殺和復仇對象的模式——最近幾年，這種模式羽翼已成」。[58]參孫生活在威脅重重的社會，不斷遭到排斥，實際上形同去勢，他頻頻被復仇欲望淹沒，但也身受酷刑，遭到奴役。我們的時代之所以會出現恐怖主義這麼重大的危機，與這樣的人生經歷顯然直接相關。

除此之外，格羅斯曼的米大示也與貫穿本書的主題——聖典詮釋的藝術——息息相關。參孫的故事裡有一個十分奇怪的插曲，很多讀者都以為它無關宏旨：參孫愛上一名非利士女子，帶父母和他一起去提親。經過亭拿一座葡萄園時，一隻小獅子邊吼邊衝向他。雅威的靈臨到參孫，他赤手空拳撕裂那隻獅子，繼續上路向那名女子求婚。差不多過了一年後，[59]參孫回亭拿舉辦婚禮，他半途繞去看了一下那隻獅子的屍體，竟然發現有一群蜜蜂在屍體裡築巢，巢中滲出蜂蜜。參孫不顧蜜蜂，伸手就挖了一把蜂蜜，但他沒有繼續去亭拿，反而邊走邊吃，直接回到父母的家，與他們分享蜂蜜，之後才去辦婚禮。格羅斯曼對這段插曲的評論是，參孫壯碩的身體和幼稚的靈魂恰成強烈對比，「他邊走邊吃，邊走邊舔，回到爸爸、媽媽的家，給他們蜂蜜，『他們就吃了』——顯然是直接從他手上吃的」。但格羅斯曼相信參孫看見蜂蜜時有了變化，那奇特的畫面「猶如給他的啟示……一種全新的、近乎先知的直覺」。他「突然發現藝術家看世界的方式」。[60]

參孫顯然不符合一般人對藝術家纖細敏感的刻板印象，但格羅斯曼指出，當參孫看見死獅的屍體、嚐到蜂蜜的味道，又將這些感覺與他對即將迎娶女子的感覺連在一起，或許有某種東西在他心中乍現：「某種近似世界觀的東西，以新的方式串起感知和看待實在的角度。」[61]參孫恍然大悟，在殺死獅子的同時，他也創造出這個奇特的場景（雖然他原本根本沒有這個念頭）——曝晒後暗沉的獅骨、緩緩滲出的蜂蜜，還有嗡嗡飛舞的蜜蜂，竟然同時出現在一個畫面。他的力量創造出這個「震撼的景象，它有一股怪誕的美，極其獨特，同時放射出某種幽深、隱微的象徵意義」。[62]也許在參孫滿手蜂蜜衝進家門時，他想對父母說的其實是：「好好看看我的內心，一次就好！你們一定能看見『強者生甘甜』。」[63]後來在婚宴上，參孫出題考他那群「同伴」（可能是非利士人派來看著他的，他們忌憚參孫並不令人意外），要他們解開這道謎：

食者出食物，
強者生甘甜。[64]

格羅斯曼說，從這時候開始，已經發現藝術家之魂的參孫幾乎每句話都有詩意。他的「同伴」恐嚇新娘，逼她向參孫套出謎底，她照辦之後，他們卻輕視這道謎——換句話說，輕視讓參孫脫胎換骨的啟示。參孫為報復他們所想出的懲罰是一件複雜的藝術品——今天的藝術界會稱為「行為藝術」——它同樣具有高度象徵性：他捉了三百隻狐狸，把狐狸的尾巴一對一對綁在一起，再把火把綁在兩條尾巴中間，最後把牠們往非利士人的田裡趕。[65]格羅斯曼說，這異常複雜的行動透露出參孫新的「藝術需求，他需要為所作所為添上專屬自己的獨特印記」，這件事也透露出「他的雙面性、他心中燃燒的怒火，還有幾乎將他撕碎的強烈衝動，各種衝突的力量永遠在他心中交戰……虎背熊腰之下有一顆藝術家的心」。[66]

也許只有藝術家能看出參孫故事的藝術性，能察覺到這個乍看似乎毫無內心世界的人的苦楚。每位釋經者都該有這種藝術品味，都必須穿透經文的表層，找出深藏其中的「獅子蜜」，發現前人從未發現的新東西，像過去無數的釋經者一樣深究典籍，運用它們滿足個人內在需求，也回應當代社會困境。我們應該謹記阿拉比的提醒：每次閱讀聖典，都該讀出不一樣的意義。也許我們能把參孫的獅子蜜啟示當成右腦的產物，畢竟右腦長於察覺對立的統一（coincidentia oppositorum）——萬事萬物在根本處俱為一體。見到寄居死獅的蜜蜂精力充沛地忙碌工作，參孫或許領悟到生與死可以共存、暴力與甘美可以合一。他當下的反應是把手伸進獅子的屍體，掏出可口的蜂蜜，既讓它成為自己的一部分，也與別人分享。釋經不能止於經文表面，僅以字面意義為足。釋經者應該有所覺悟，如果他們的詮釋牴觸正統教說、風俗習慣或權貴利益，可能難逃一螫。最後，釋經者不可死守自己的發現，任信仰日益私我化；他們必須與別人分享自己的心得，並以聖典回應當代議題。

曼和格羅斯曼都以古代《聖經》故事回應現代政治議題；換言之，他們的焦點都是社會。但是我們已經看到，從聖典出現之初，它們的另一個主要關懷就是宇宙的狀態。二〇一七年，二氧化碳量達到有紀錄以來的最高值；在我寫作本書的二〇一八年夏天，席捲歐洲的熱浪帶來前所未有的高溫，不僅造成洪災，就連北極圈內的挪威都發生森林大火，釋經家當然應該回應這個問題。

儒家已經遭到世俗現代性重創，[67]傑出漢學家約瑟．列文森（Joseph Levenson）認為儒家長期抱持封建思想，早已跟不上時代，如今只是苟延殘喘而已。不過這個評判並不成熟，從一九二〇年代開始，一群自稱「新儒家」的學者便致力於重振詮釋，有系統地重新評價自己的經典。這群學者繼承歐洲啟蒙運動的精神，將柏拉圖、笛卡兒、萊布尼茲、康德、黑格爾、杜威（Dewey）和德希達（Derrida）的洞見帶進經典詮釋，以能夠回應現代世界的方式轉化傳統。舉例來說，他們知道自己必須思考女性主義和馬克思主義對儒家的批判。在過去三十年，錢穆、唐君毅、馮友蘭三名思想領袖不斷主張，儒家對現代世界可以做出的最大貢獻，是「天人合一」的理想。[68] 馮友蘭反對毛澤東的人定勝天信念，倡言張載的〈西銘〉切實可行；唐君毅指出儒家的仁同時包含仁心與理性。他們更不約而同地認為，近代以來對權力和操控自然的執迷，已經導致現代人對生態環境漠不關心。

在這個環境與社會雙雙陷入危機的時代，這是所有宗教人可以也應該為聖典做的創造性調整。新儒家援引《中庸》的主張：人和石頭、植物、動物同出於「天」，沾潤同一股生命力——

> 今夫天，斯昭昭之多，及其無窮也，日月星辰系焉，萬物覆焉。今夫地，一撮土之多，及其廣厚，載華岳而不重，振河海而不泄，萬物載焉。今夫山，一拳石之多，及其廣大，草木生之，禽獸居之，寶藏興焉。今夫水，一勺之多，及其不測，黿鼉、蛟龍、魚鱉生焉，貨財殖焉。[69]

不過新儒家堅持，光是在概念上同意這種見解還不夠，想克服近代以來將地球上一切商品化的習慣，我們還需要自知、內省和深刻的反思。這完全合乎《地球憲章》（*Earth Charter*）的精神，這篇為二十一世紀而擬的價值宣言，由獨立國際組織起草，於二〇〇〇年六月二十九日發布。它指出，唯有「以理解、慈悲和愛來關懷生命共同體」，才有可能建立公義、永續而和平的全球社會——培養理解、慈悲和愛的品德，恰好需要讀經藝術的修身功夫。

環保與宗教思考的共時性，在一九九〇年於莫斯科舉行的全球論壇會議（Global Forum Conference）裡也看得很清楚。參與這次會議的科學家對宗教領袖提出挑戰，呼籲重新思考人和地球的關係：

身為科學家，我們很多人在面對宇宙時都曾產生深刻的敬畏感。我們了解，人對他們視為神聖的東西，更有可能以關懷和敬意相待。我們的地球家園應該被這樣看待。保護和珍惜環境的努力必須注入神聖的視野。70

穆斯林釋經家與其以「標記」經節證明《古蘭經》超前現代科學，不如多加說明它們怎麼看待自然世界的神聖性；同樣地，印度教學者可以指點我們吠陀多麼尊敬和關懷宇宙，並尋找讓生主破碎的世界重歸完整的新方式。耆那教對世界萬物的悲憫，值得我們每一個人學習。在〈創世記〉裡，伊羅興為人類利用自然的自由劃下明確界線。當亞當逾越界線而吃下禁果時，原本豐饒多產的大地便長出荊棘雜草，從此荒蕪，亞當也從伊甸園的主人變成土地的奴隸。

常有人以為宗教和現代議題無關，但不論我們「信」的是什麼，找出重新發現每一個人的神聖性，並再次聖化世界的辦法，都是人類存亡的關鍵。儀式化語言可以為無所不在的神聖賦予生命，也有助於我們創造心中的神聖感。我們或許應該引古代的一段文字作結，它讓我們看到，當世界「老去」時，當我們不再以儀式化的語言看待和詮釋神聖時，世界將是何等情狀：

這無比美好的整體——過去、現在和未來都無法超越的美好整體——將有滅亡之虞，人以它為負擔、輕視它……沒有人舉目看天。他們以虔誠為瘋狂，以瀆神為智慧，以惡為善。神將離人而去——啊，何其痛苦的別離……

那時，大地不再穩固，大海不再能航行，天空的星辰不再依循軌道，所有敬虔的聲音歸於沉寂。地上結的果子腐壞，沃土成為不毛之地，空氣惡濁而沉重。這就是老去的世界，沒有宗教（irreligio）、沒有秩序（inordinatio），也沒有理解（inrationabilitas）的世界。[71]

致謝

一如過去，沒有以下諸君的協助，我不可能完成本書。首先是我的經紀人菲莉熙娣・布萊恩（Felicity Bryan，本書獻給她）、彼得・金斯堡（Peter Ginsberg）和安德魯・諾恩堡（Andrew Nurnberg）。在我生涯的低谷，他們以無比的信心與勇氣找我合作，三十多年來不斷給予不可或缺的熱情支持。我也非常、非常感謝菲莉熙娣・布萊恩公司的米雪・托芬（Michele Topham）和卡蘿・羅賓森（Carole Robinson），她們一貫的溫暖、友誼及實際的協助與建議，始終令我感激。

這次，我尤其感謝幾位編輯：波德立・漢德出版社（Bodley Head）的史都華・威廉斯（Stuart Williams）和——我最感謝的——約格・漢斯根（Jörg Hensgen），以及克諾夫出版社（Knopf）的丹・法蘭克（Dan Frank），他們的熱情、鼓勵和令人振奮的建議，讓編輯過程不但暢懷，也幾乎同聖典本身一般深具啟示。同樣可貴的是，審稿人大衛・米爾納（David Milner）的嚴謹審閱和鞭辟入裡的評論、愛莉森・雷（Alison Rae）仔細的校對，以及薇琪・羅賓森（Vicki Robinson）出色的索引工作。

最後，我也非常感謝出版公關喬・皮克林（Joe Pickering）努力而細心地推銷本書，還有助理南希・羅伯茲（Nancy Roberts）大力協助處理大量通信，確保我有時間好好研究和寫作。

名詞釋義

中文名詞的說明：中文不是由不具內在意義的字母構成的拼音文字。中文字既表音也表義。因此，讀者會發現某些音（如「shi」或「wu」）似乎有多種不同的意義。

abidharma（梵文）：阿毘達磨，佛教正典的第三部分，也是最後一部分，焦點主要在哲學和心理學議題。雖然阿毘達磨到公元前一世紀才完成，但上座部佛教徒認為它是佛陀結夏安居時傳給舍利弗的。

ad fontes（拉丁文）：回到信仰「源頭」，以恢復其最初精神，並開啟改革。舉例來說，路德為了攻擊中世紀經院哲學家，倡言恢復《聖經》和早期教父的「純粹基督教」。

adharma（梵文）：嚴重漠視法（dharma）——吠陀社會四階級應負的道德和靈性責任，是社群幸福的關鍵。

aggada，複數為aggadot（希伯來文）：說明拉比的教導與裁決的故事和傳奇。

ahimsa（梵文）：「不傷害」、「不害」或「非暴力」。

ahl al-beit（阿拉伯文）：「聖裔」，指先知穆罕默德的家人。

ahl al-kitab（阿拉伯文）：「有書之人」或「有經之人」，《古蘭經》這樣稱呼更早從神得到啟示的猶太人和基督徒。先知死後，祆教徒、佛教徒及印度教徒也被視為「信奉天經的人」。

akusala（巴利文）：不善，「無益」的行為。在印度，追求覺悟的棄世者必須禁絕暴力、偷竊、撒謊、醉酒和性行為。佛陀則更進一步，要求培養與這些限制相反的正面而「有益」的態度。舉例來說，有志開悟者必須溫和而慈悲地對待一切萬物，光是不害還不夠。

alam al-mithal（阿拉伯文）：「純象世界」，伊朗穆斯林密契者創造的術語，指介於感官知覺和理性抽象之間的心理狀態，這是想像或潛意識的世界，被認為是人性的本質部分。

allegoria（希臘文）：以具體或想像的事件表達抽象概念的敘事。希臘理論家以寓意解釋荷馬史詩，賦予不同的意義；猶太教和基督徒釋經家也以不同方式寓意解讀《聖經》。寓意意義是俄利根提出的聖經三重意義中最高的一種。

anatta（巴利文）：字面意義即「無我」。佛陀提出的教理，否定有不變、穩固而抽象的人格。

annals：見《春秋》。

apocalupsis（希臘文）：「天啟」或「啟示」，字面意義是「揭開」，拉丁文譯為revelatio，「啟示」即揭開此前不為人知的永恆真理，讓它突然變得清晰。

apophatic（希臘文派生詞）：「無言」、「無語」、「沉默」；一種強調神聖無以言詮的神學。

arahant（梵文）：阿羅漢，「成就者」或「尊者」。指達成涅槃的佛教僧侶。

asura（梵文）：阿修羅，落入魔道的原始神祇，與提婆爭鬥不休。

atman（梵文）：阿特曼，真我。依據奧義書的觀點，阿特曼是在每種生命形式最深之處行動的生命力，與梵為一。

AUM（梵文）：印度教傳統中最神聖的音節，被視為一切聖俗萬物的本質、一切真言的「種子」。在聖詩的「餘韻」裡能感受到「嗡」，隨之而來的沉默更傳達出無法言喻的梵／阿特曼。

ayah，複數為ayat（阿拉伯文）：神的力量展現於自然界和奇蹟之中的「標記」。由於神的臨在的最大「標記」是《古蘭經》，所以每則經文都稱為ayah。

bandhu（梵文）：天上與塵世之間的「連結」、「對應」或「相通」。參與者必須讓自己在梵書的儀式科學中覺察：祭祀裡的每個禮儀動作、法器和咒語，都與宇宙實在相連，所以神祇與人、動物、植物和法器也是相連的。

baqa（阿拉伯文）：「重生」，蘇非密契主義的高峰經驗，了悟神即一切。

batin（阿拉伯文）：「隱密」的智慧，存在於《古蘭經》的每一句經文中，也可以在蘇非派或什葉派的靈修中尋見。

Bavli（希伯來文）：《巴比倫塔木德》，約公元五〇〇年成書。

bhakti（梵文）：「奉愛」、「獻身」。印度教靈修方式之一，虔信者（bhakta）以特定神祇（毗溼奴、溼婆或提毗）為全然超越之神聖的示現，一心愛祂、敬崇祂。

Bhugu，複數為bhgavas（梵文）：布古，「有缺陷」的婆羅門，他們不守所屬種姓之法，娶剎帝利女子為妻，行黑魔法，擅長作戰而不守不害。《摩訶婆羅多》裡的婆羅門幾乎全是布古。

bin（中文）：儐，「待客」儀式。商周王室會精心準備宴席，在儐禮中儀式性地招待神、靈與死去的祖先。儐禮中由年輕的王室成員代表死去的親人，據信他們在儀式時會被祖先的神靈附身。

bodhisattva（梵文）：菩薩，「覺者」。在上座部佛教中，菩薩只指佛在達成涅槃之前在歷史中的前幾世人生。在大乘佛教裡，任何一名為幫助眾生離苦得樂而誓願成佛的慈悲者，都可稱為菩薩。

brahman（梵文）：梵，字根為BRMH，意思是漲或長。最早是指仙人從內在深處湧現的「偈語」。「偈語」有神聖之力，會被用在吠陀儀式裡。後來，梵指的是掌控儀式的婆羅門。最後，梵變成指非人格的力量根源、「一切」、存在的本質、一切存在的根本、凝聚宇宙，並讓它能成長和發展的力量。

Brahmana（梵文）：梵書，「對神聖力量（Brahman）的解釋」，包含在祭祀儀式裡吟唱的真言中。後來專指公元前一〇〇〇年到公元前八〇〇年出現的一種文類，除了定義和解釋吠陀的儀式科學外，也闡述以吠陀為本的神話與哲學思索。

Brahmin（梵文）：婆羅門，吠陀社會最高階級——祭司——的一員。

Brahmodya（梵文）：參梵，印度在公元前十世紀發展的儀式性競賽，參賽者提出一個又一個無法回答的問題，以界定梵之神祕而無以言詮的實在。當參賽者無言以對，遁入無聲的敬畏時，比賽便以沉默告終。在沉默裡，他們感受到梵的臨在。

Buddha（梵文）：佛，「覺醒」而了悟涅槃真理的「覺者」。在上座部佛教中，佛通常指喬達摩佛陀（約公元前四百年卒）。大乘佛教則相信眾生皆有佛性，都有開悟的潛能，所以「成佛」的概念變成普世原理。

Buddhanasmrti（梵文）：「佛隨念」或「念佛」，上座部佛教與大乘佛教共通的禪修方式。修行者仔細觀想佛陀的特質和身體特徵，直到進入不一樣的意識狀態，感覺自己已證得佛果，身在佛前。許多大乘佛典是這種禪修經驗的結果。

Buddhavacana（梵文）：「佛陀之言」，指佛教經典。雖然《巴利聖典》中大部分的阿毘達磨和卷帙浩繁的大乘佛典，都是在喬達摩佛陀死後很久才編寫的，但因為「佛陀」一詞指的是「覺悟者」，所以阿羅漢和菩薩傳下的「覺悟者的教導」亦可稱為「佛陀之言」。

canon（希臘文kanon〔規矩〕的派生詞）：正典，在宗教傳統中具有權威性的一套經書。經書在猶太教、基督宗教和伊斯蘭教裡之所以有正典地位，是因為信眾相信它們是神以某種方式啟示的。在其他傳統中，「正典」常常是指一套具有權威性和神聖性的經書，不過他們並不認為正典是以前述方式啟示的。舉例來說，印度教徒相信《吠陀經》是永恆的（參見Veda、Shruti和Smrti）；佛教徒相信佛經是佛的教導（參見Buddhavacana），而佛是憑自己的努力證得涅槃，所以他們並不認為佛經是天啟聖典。

Chan（禪：梵文dhyana的中譯，指「冥想」，由於日文讀音為zenno，故英譯通常譯為Zen）：佛教傳統之一，源於中國。禪宗由已證悟者直接傳承，不依賴經書（「不立文字」）。禪宗的見解與印度佛教不同，他們認為涅槃內在於人性，所以開悟並不需要刻意努力。

cheng（中文）：誠，「真實」或「真摯」。成為完整的我的過程；讓人不只實現自己，也同時成就別人，是改變世界的主動力量。

Christos（希臘文）：基督，為特殊使命而受膏立之人；《新約聖經》稱拿撒勒人耶穌為「基督」時，是翻譯希伯來文彌賽亞（messhiah）。

converso（西班牙文）：原意為「改宗」，指遭宗教裁判所逼迫改信基督宗教的猶太人。

Cuius regio, eius religio（拉丁文）：地方歸誰，宗教隨誰。在十六世紀和十七世紀多次爆發宗教戰爭後，歐洲決定賦予各地統治者決定該國官方宗教的權力。

Dao（中文）：道。「道路」；路；正路或正道。中國禮儀和道德的主要目的是確保人事合乎天道（參見Tian），亦即應然之道。在儒家中，道的象形文字是「教」。在道家裡，道成為終極而無法言喻的實在，是存有的神祕之源，也是一切存在的非創生的創生者，維繫世界的穩定與秩序。

Dar al-Islam（阿拉伯文）：「伊斯蘭陣營」。阿拔斯帝國意識形態的重要概念，由穆罕默德・依德理斯・沙菲儀（Muhammad Idris al-Shafii，八二〇年卒）提出，將人類二分為伊斯蘭陣營和戰爭陣營（Dar al-Harb）。沙菲儀認為，雖然穆斯林烏瑪只是由神引領的諸多群體之一，但神賦予烏瑪以武力拓展政治版圖的使命，以便讓身在不敬神之國的人脫離暴政，所以兩個陣營之間不可能永久和平。儘管這個理論成為古哈德的經典教義，但它其實沒有《古蘭經》基礎，只是前現代時期典型的帝國意識形態。

Dasas（梵文）：達薩，「蠻人」。吠陀經對印度原住民的稱呼。

de（中文）：德。「能力」、「品德」。人的行動合乎天道時在知識上，道德上，甚至身體上發揮的效果。以道德（「道的力量」）治國的君主，具有近乎魔法的倫理潛力。據說古代聖王堯和舜因為合乎應然之天道，所以「無為」即可帶來秩序與太平，不需強力施政。

deva（梵文）：提婆，字面意義為「放光體」。將提婆譯為「神祇」可能會產生誤解，因為在印度，凡是能反映梵之光明奧祕之物——無論是山、河、致幻植物蘇摩，還是人類上師——都被奉為提婆，過去如此，現在亦然。亞利安人會為這些自然力量賦予人類特質，以表達對它們的親近感。

devekut（希伯來文）：「專一」（concentration）；透過冥想技巧與神合一。

Devi（梵文）：提毗，印度的大母神。

dharma（梵文）：法。這個詞彙概念複雜，一開始是指事物的自然狀態、本質及其存在的根本法則；後來用來界定吠陀社會各個階級的規矩和責任；最後則指宗教真理，用以描述一個傳統的神聖教導。

dhi（梵文）：智。古代仙人得到的「內在之見」。

dhikr（阿拉伯文）：原意為「回憶」或「提醒」，是《古蘭經》的核心概念之一。《古蘭經》本身也是對人類責任的提醒，因為人經常遺忘終極關懷之事。蘇非派的讚念也是同一個字，指一種吟誦神名的集體儀式。這種儀式必須結合呼吸和重複特定詞語，並搭配特殊的動作，是憶念安拉與神聖責任的深刻經驗。

dhimmi（阿拉伯文）：伊斯蘭帝國中「受保護的子民」。雖然伊斯蘭帝國的統治階級是穆斯林，但他們准許猶太人、基督徒、祆教徒、印度教徒等保護民奉行自己的信仰，並享有一定程度的自治，只需納稅以換取軍事保護，這是前現代帝國的標準做法。

din（阿拉伯文）：「生活方式」、「風俗習慣和責任」，常譯為「宗教」，但是《古蘭經》和大多數前現代傳統一樣，並不將「宗教」視為獨立於世俗領域的活動。Din毋寧是整套生活方式。《古蘭經》將審判日稱為yawm al-din，「真理時刻」，出現在一個人完全明瞭真正重要的是什麼的時候。

disciplina（拉丁文）：本篤清規精心設計的儀式，日日進行，以重構修士的情感生活；清規要求修士養成的身體動作習慣，有助於他們在心中培養莊敬和謙卑的態度。

dogma（希臘文與拉丁文）：希臘語基督徒將教理區分為隱義（dogma）和顯義（kerygma）兩部分。隱義代表宗教真理更深層的意義，無法言詮，只能透過儀式裡的象徵動作和靜默的否定式（apophatic）默觀來領會。除非長年沉浸於靈修和聖禮，否則不可能認識基督宗教的隱義教理。可是在西方，dogma變成是指一整套分門別類且經過權威背書的見解。

dukkha（梵文）：常被譯為「苦」，但應該也指「錯誤」和「不足」。佛教的第一聖諦是承認生命本質上是有缺陷的，人生的目標是達成涅槃，從苦中解脫。

ekstasis（希臘文）：「出神」，字面意義是「走出去」，超脫自我，超越一般經驗。

Elohim（希伯來文）：伊羅興，通常譯為「神」，但精確說來，是指神聖對人所代表的一切。

emptiness（梵文為sunyata）：「空」是大乘佛教的核心概念，也是佛陀的無我教導的邏輯結論，否定任何事物具有實在本質。一切都是虛妄（包括佛教徒嚮往的涅槃在內），必須捨離，因為對開悟的追求也可能淪為肯定自我和自高自大的欲念。

energeiai（希臘文）：神的「活動」或「展現」，與神的本質（ousia）判然有別，後者和恩所夫（En Sof）一樣，人永遠不可能懂，我們只能透過神在世上的「作為」一窺不可知的神聖。

En Sof（希伯來文）：恩所夫，「無終」；在卡巴拉裡，恩所夫代表神永遠隱藏的本質，不可解、不可知、非人格。由於恩所夫不能向人啟示，所以連《聖經》和塔木德都沒有提到它。

evil inclination（希伯來文為yetzer hara）：「作惡傾向」。拉比們認為作惡傾向對人很重要，神創造它時說它「很好」，因為它與我們最有創意的一些成就密切相關。

ex nihilo（拉丁文）：「從無中」。公元三二五年的尼西亞會議首次確立神「從無中」創世的教理，在此之前，普遍認為世界是從神原（Godhead）中無限發散出來的。

falsafah（阿拉伯文）：「法爾沙法」，「哲學」。穆斯林菲拉素夫（faylasufs，「哲學家」）以亞里斯多德科學解釋《古蘭經》的嘗試。這群穆斯林試圖以統掌宇宙的理性法則規範自己的生活，所以法爾沙法不只是哲學，而是一整套生活方式（din）。

fana（阿拉伯文）：「消滅」、「消融」。在蘇非密契者了悟神是「一切中的一切」，而自己什麼也不是、什麼也沒有、獨獨屬於神時，所達到的完美狀態。「消融」是「在死亡之前死亡」，進入重生（baqa）狀態。

fatwa（阿拉伯文）：「教令」，由具備資格的穆斯林官員對引起疑慮，或尚無明確裁決的伊斯蘭律法提出的法律見解。教令並不是絕對無誤或永遠有效的，可以用現存判例對其提出挑戰。

fiqh（阿拉伯文）：對神的「律法」的「學問」或「知識」，伊斯蘭法學用語。

Four Masters：四書，宋代朱熹改革儒家教育時所訂定的一套教材，他認為應該先讀《大學》，再讀《論語》，接著讀《孟子》和《中庸》。

gemara（希伯來文）：「革馬拉」，字面意義為「完成」，是拉比們對《耶路撒冷塔木德》和《巴比倫塔木德》裡記載的米示拿的討論。

gewu（中文）：格物。《大學》說格物是個人覺醒和匡正世界的根本。有的中國哲學家認為格物是向內尋「理」——人心之中的神聖「原理」；有的哲學家則把焦點放在探索物理和經驗現象。

ghazi states：衛戍邦。十三世紀蒙兀兒帝國入侵後，在蒙兀兒控制的邊境地帶由穆斯林首領統治的小邦，他們傾向以極端（ghuluww）方式詮釋什葉派意識形態。

ghazu（阿拉伯文）：加楚，「掠奪式打劫」。在前伊斯蘭的阿拉伯，加楚是重新分配長期匱乏的資源的常態，幾乎是全民運動。部落之間相互攻擊，搶奪駱駝、牛羊和食物，但會小心不傷人命，以免引起仇殺。聖遷之後，為了避免麥加移民成為麥地那的經濟負擔，先知穆罕默德也曾進行加楚。

ghuluww（阿拉伯文）：「極端」。衛戍邦出現的極端意識形態，由後來被稱為極端派（ghulat）的什葉派理論家建構。他們受到基督宗教、猶太教和祆教神話影響，奉阿里為神的化身，同時相信他們的領袖不曾死亡，而是「隱遁」，將來會回來領導追隨者贏得勝利。也有人深信神的靈會降臨於人，傳授神的智慧。

Glossa Ordinaria（拉丁文）：「通行版注釋」，綜合教父時代和卡洛林王朝對整部《聖經》的詮釋，最早由法國學者於十二世紀編纂而成，後來很快成為大學裡的標準工具書。短的「注釋」（gloss）放在兩行經文之間，長的評述則放在頁緣。

Golah（希伯來文）：「哥拉」，公元前六世紀初被趕至巴比倫的希伯來流亡群體。

Golden Rule：黃金律。幾乎每個宗教傳統都曾以一句格言總結所有倫理行動，表述方式可能是負面的（「己所不欲，勿施於人」），也可能是正面的（「希望別人怎麼待你，你就該怎麼待人」）。

Gongyang（中文）：《公羊傳》，《春秋》三傳之一，公元前四世紀起開始編纂和口傳。

goyi（中文）：「格義」。公元前四世紀到三世紀漢譯佛經時發展的釋經方法，以道家哲學框架闡明佛教概念。

Guliang（中文）：《穀梁傳》，《春秋》三傳之一，公元前四世紀起開始編纂和口傳。

Guru（梵文）：上師、祖師。印度教上師被視為連通神聖智慧的管道，透過以身作則或開示弟子來傳遞神聖真理。錫克教一開始是稱那納克和他的九名傳人為祖師，由於他們後來進一步認為十位祖師展現的是同一道聖光，所以也將啟發十位祖師的精神稱為祖師。代表祖師的錫克教聖典《首卷》，現供奉於阿木里查的金廟。

gymnasium（希臘文）：希臘殖民地為希臘青年和本地精英灌輸希臘文化的教育場所。雖然這些地方也會要求學生背誦荷馬史詩，但教育重點主要是體育，因為體育能幫助學生主宰身體和鍛鍊強健體魄。

hadith（阿拉伯文）：「聖訓」，字面意義為「敘事」、「新聞」或「報導」，對先知穆罕默德及其門徒的對話、名言、事蹟和習慣作風的記錄。在英文裡，「hadith」一詞既是「敘事」的集合名詞，也指單一傳統。聖訓分文本（matn）和傳承鍊（isnad）兩個部分，傳承鍊是判斷聖訓可靠與否的關鍵。穆罕默德·伊本·伊斯邁爾·布哈里（Muhammad ibn Ismail al-Bukhari）和穆斯林·伊本·哈加吉（Muslim ibn al-Hajjaj）在九世紀蒐集的聖訓集是最權威的。

halakha（希伯來文）：哈拉卡一詞出自halak——「他曾去」（he went）——可以指單一律法，也可以指整個猶太律法體系（傳統上認為後者可追溯到摩西）。哈拉卡包括成文律法和口傳律法，前者即《希伯來聖經》，後者則是拉比們發展的，保存在米示拿和塔木德中。

hanifiyyah（阿拉伯文）：前伊斯蘭時代部分阿拉伯人信奉的一神信仰，《古蘭經》用這個詞彙指亞伯拉罕的「純淨的宗教」（亞伯拉罕生活在妥拉和福音書還沒有出現的年代，信仰尚未分裂，所以是「純淨的」）。

haram（阿拉伯文）：《古蘭經》中「禁止」的事物，也指聖地，如麥加。聖地專供敬拜和朝聖，所以禁止某些行為（例如麥加嚴禁暴力）。

harb（阿拉伯文）：「戰鬥」、「戰爭」，這個字在《古蘭經》裡只出現四次。

Heaven：參見「Tian」。

hesed（希伯來文）：常譯為「愛」，但基本意義是「忠」。

hexagram（中文）：重卦。《易經》的「重卦」是六條或實（陽）或虛（陰）的線所組成的圖像，八個單卦（trigram）可以組成六十四種不同的重卦。《易經》的象徵主義源自古代一種以蓍草進行的占卜。日久天長之後，每一卦都有謎語一般的卦辭（現在其實已難以解讀），卦裡的每一條線也都有類似的描述。

hijrah（阿拉伯文）：聖遷，指穆斯林社群於公元六二二年首次從麥加遷往麥地那。

hilm（阿拉伯文）：「慈悲」、「忍耐」。《古蘭經》早期經文的關鍵詞。

holy：參見「qaddosh」。

homoousios（希臘文）：「本質相同」。《尼西亞信經》（公元三二五年）用語，用以表達聖父與聖子共享神性的關係，反對亞流派「聖子為聖父所造」之說。迦克敦大會（公元四五一年）也用這個詞彙描述基督與其人性的關係。四世紀時，這個詞彙被擴及於說明聖靈與聖父、聖子的關係。

horoz（希伯來文）：「霍洛茲」，鏈、連結。拉比和早期基督徒釋經家用霍洛茲串起迥然不同的經文，賦予它們全新的意義。

Hudaybiyyah（阿拉伯文）：指先知穆罕默德與古萊什人於公元六二八年在麥加侯代比亞井簽訂的和約。麥加和麥地那當時戰事方殷，穆罕默德冒著生命危險與一千名穆斯林前去朝覲，幾乎赤手空拳進入哈蘭（Haram）。令同伴們震驚的是，穆罕默德竟然同意古萊什人的全部要求，淡然放棄穆斯林在戰爭中取得的許多利益。不過，《古蘭經》說《侯代比亞和約》是「明顯的勝利」（《古蘭經》第四十八章第一到十三節）。兩年後，麥加人自願敞開大門迎接穆斯林軍隊。

hypostasis，複數為hypostases（希臘文）：「個別實體」、「位格」。基督宗教「三位一體」（three hypostases and one ousia）教義所使用的術語。

ijtihad（阿拉伯文）：「獨立推論」。當社群遇上無法依既定慣例解決的律法或神學問題時，可以由經過充分訓練的專家進行「獨立推論」，對《古蘭經》或遜尼提出新的詮釋，進而做出能化解新問題的裁決。

ilm（阿拉伯文）：《古蘭經》的「祕傳」知識。什葉派認為：穆罕默德將祕傳知識傳給阿里——穆罕默德唯一活著的男性親屬——阿里傳給他的兒子哈桑（Hasan）和侯賽因（Husain，亦即什葉派的第二位和第三位伊瑪目），侯賽因再傳給他的子孫。但是什葉派對傳承結束於第七位或第十二位伊瑪目有爭議（參見「ismailis」和「Twelver Shiism」）。

imam（阿拉伯文）：穆斯林集體禮拜的「領袖」，理論上可以是任何一名穆斯林，但通常是由受過神學教育的穆斯林擔任。在什葉派裡，伊瑪目相當於遜尼派的哈里發。儘管大多數穆斯林以哈里發為全體烏瑪的領袖，但什葉派認為，只有阿里・伊本・阿比・塔力布（Ali ibn Abi Talib）一系的穆罕默德後人有資格領導穆斯林，因為阿里是先知的堂弟和女婿，他的子孫擁有《古蘭經》的祕傳知識，有能力以創新又無誤的方式詮釋《古蘭經》，以回應新的挑戰。

intentio（拉丁文）：聖言誦讀（lectio divina）時，釋經者全心專注《聖經》的每一個字，以發現新的意義。專注也需要把焦點從自己轉向他人，決心全力促成更慈悲的世界。

islam（阿拉伯文）：讓自我「順服」於為神和其他人付出。《古蘭經》要人順服，穆斯林禮拜時匍匐在地的動作也象徵順服。

ismailis：第六位伊瑪目賈法爾・薩迪格（Jafar al-Sadiq，七六五年卒）將《古蘭經》的祕傳知識傳給長子伊斯瑪儀（Ismail），不料伊斯瑪儀先他而死。伊斯瑪儀派相信傳承從他而絕，也發展出自己的密契和形上傳統。但十二伊瑪目派什葉派（Twelver Shiis）相信，伊斯瑪儀死後，賈法爾的次子穆薩・卡齊姆（Musa al-Kazim）有延續傳承。

istighna（阿拉伯文）：「驕傲」；目空一切、孤傲不群、自滿。

jahiliyyah（阿拉伯文）：常被誤譯為「蒙昧時代」（the Time of Ignorance），指前伊斯蘭時期的阿拉伯。可是從穆斯林的文獻來看，jahiliyyah的主要意義是粗暴、野蠻、易怒、傲慢和部落沙文主義。

Jatarka（巴利文）：《本生經》，佛陀前世的故事，內容是佛陀累世為菩薩時的正面行誼。

jian ai（中文）：兼愛，墨家的主要品德。常譯為「普世之愛」，但更精確來說是「關懷每一個人」，以不偏私為原則。

jihad（阿拉伯文）：吉哈德，「奮鬥」、「努力」或「發憤」。這個詞彙不等於「聖戰」，在《古蘭經》裡僅出現四十一次，而且只有十次明顯與戰爭有關。濟貧和謙卑也是「吉哈德」。「吉哈德」一詞最常與fi sabil Allah（「依真主之道」）一起出現，多半是穆罕默德宣道初期啟示的句子，要求穆斯林對古萊什的迫害不報復，也不暴力反擊。

jina（梵文）：耆那，以不斷力行不害而開悟的心靈「征服者」。

jing（中文）：一、「經」：具備獨特靈性重要性的作品，既讓人領會超越，也傳達普世真理。經原為編織術語，是指強化紡織結構的直線。紡織的經支撐織品，一如文獻的經支撐社會。二、「敬」：透過格物和靜坐而生的深刻敬畏感，是理學家勤加耕耘的心靈態度。

jingzuo（中文）：「靜坐」，中國式瑜伽，以放鬆的姿勢靜坐，培養內在之敬。

jiva（梵文）：「命」或「靈魂」，一種光明而有智慧的生命實體。耆那教徒相信，無論是人、植物、動物、樹木，甚至石頭，萬物皆有命，都能感受到痛苦和恐懼，所以應該受到保護與尊重。

junzi（中文）：君子，原指「貴族」或「仕紳」。孔子將這個術語平民化，用它指任何一名精勤習仁，以至心靈豐富、才德出眾的人。

Kabah（阿拉伯文）：克爾白，字面意義為「立方體」，指麥加哈蘭心臟地帶的立方體形古老聖址。地方傳說它由亞當所建，用以標示世界中心，後來亞伯拉罕到阿拉伯沙漠探望兒子以實瑪利時重建。到了穆罕默德的時代，克爾白已經成為所有阿拉伯人、異教徒和基督徒的朝聖地。公元六三〇年，穆罕默德將克爾白獻給安拉（見《古蘭經》第二章第一二五節與第二十二章第一二六節）。克爾白是穆斯林世界裡最神聖的地方。

Kabbalah（希伯來文）：卡巴拉，意指「繼承的傳統」。卡巴拉是影響深遠的猶太密契靈修方式，中世紀時發展於西班牙，修習者包括猶太菲拉素夫和密契者。卡巴拉密契修行者沉入《聖經》經文，考掘一層又一層的密契意義，並在過程中發現：這種沉入其實是上升，一步步靠近無可言喻的存有之源。

kafir（阿拉伯文）：常譯為「非信士」（unbeliever），可是更準確來看，指的是蔑視他人好意、粗暴拒絕安拉、不承認自己必須依賴造物主的人。

Karbala：卡爾巴拉，伊拉克庫法（Kufah）外的一處平原。公元六八〇年，穆罕默德之孫侯賽因及其家人和支持者在此遇襲，遭到倭馬亞軍隊屠殺。雖然全體穆斯林都為這場悲劇痛心，可是對什葉派來說，它尤其象徵著生命的不公不義，還有宗教命令與政治現實的水火不容。

karma（梵文）：業，「行為」。印度宗教中輪迴與重生教義的基礎。業在一開始專指儀式行為，累積儀式之業能讓人死後在眾神的世界重生。這個詞彙後來泛指一切聖與俗、身與心的行為。每種行為都有結果：善業讓生命投生到好的地方，惡業導致壞的輪迴。修行的目的是完全解脫輪迴，不再落入生死流轉。

kavod（希伯來文）：雅威的「榮耀」；神的「榮耀」是神聖的光明餘暉或映照，可能讓人灼傷，可能令人困惑，也可能堅定信心。人無法認識神本身，頂多只能一窺神的「榮耀」。

kenosis（希臘文）：「空虛」意（mind）與心（heart），不再只顧自己；超越自我中心是所有傳統的靈性必經之路。

kerygma（希臘文）：顯義教理，福音書中公開、明確、可以說明的訊息，不可與無法以言語清楚表達的隱義教理（dogma）混淆。

kevala（梵文）：全知。耆那教相信，勤修不害而開悟的聖人能登上宇宙巔峰，擺脫一切對自我的執著，變得無限、完整，卓然獨立於其他生命。

Krishna：黑天，印度傳統中的複雜角色，一開始是《摩訶婆羅多》裡的人物，在《薄伽梵歌》中揭露自己是毗溼奴的化身、奉愛（bhakti）的對象。他的身分轉變似乎顯示，人獻身宗教不是基於嚴格的哲學思辨，而是渴求人格和情感的轉化。

Kshatriya（梵文）：剎帝利，「權勢者」。吠陀社會中戰士階級的成員，負有軍事防衛、政治擴張和富裕社群之責。

kusala（梵文）：善，「有益的」。有助於開悟的正面態度和行為。參見「akusala」。

lakshanas（梵文）：「相」，構成往世書故事的世界觀的五個「主題」：創世；諸神與仙人的系譜；歷代摩奴（Manus，古代統治世界的半神族長）事蹟；世界的毀滅與重生；以及人類的歷史。

lectio divina（拉丁文）：「聖言誦讀」，本篤會的重要修行方式之一，修士們如「咀嚼」經文一般讀經。聖言誦讀和詮釋《聖經》不同，釋經決定經文的意義，聖言誦讀則是培養祈禱的態度，認識神的臨在。

Legalism（中文）：法家。法指工具，例如木匠的尺，可以將原料修改成固定模式。法家的目標是以嚴刑峻法打造務實的政治，讓政治能不偏不倚自動運作。儒家相信唯有聖王可以改造社會，法家則認為統治者的德行與治國無關。

li（中文）：一、「禮」：「得體的行為」的禮儀規矩，約束君子的日常言行。以身體的禮儀培養虛己和讓的內在態度。二、「理」：理學家一心探求的終極實在，它存於萬物核心，也內在於人心。

liqi fenshu（中文）：「理一分殊」。雖然「理」在本質上是同一的，但心在不同處境下，對它會有不一樣的體會，因為每個人獨特的環境、責任和義務都會影響他對「理」的認識。

logos（希臘文）：一、「理性」：左腦理性、務實、分析的活動，讓人能實際應對現實世界。為了充分發揮效果，理性必須精準了解事實，確切回應外在現實。當我們想完成某件事，或是想說服別人採納某個政策或行動時，就必須依賴理性。理性和神話（mythos）不同，理性是未來導向的，目標是對環境取得更大的控制權或發明新事物。二、「聖言」：聖言在早期基督教中成為基督的稱號，因為當時盛行的斯多噶哲學認為聖言（或「普世理性」）充溢世界秩序，而且希伯來傳統也有提到神的聖言（或智慧）。〈約翰福音〉的開頭說耶穌是神的聖言化為人身。

Mahayana（梵文）：大乘。多數佛教徒相信「大乘」佛教與上座部「小乘」佛教是不一樣的，上座部佛教的最終目標是達到涅槃，從輪迴中解脫；大乘佛教則強調慈悲。大乘佛教以開悟之後不離世間的菩薩為理想，志在協助所有眾生離苦得樂。

mantra（梵文）：咒、真言，「思想的工具」。真言可能是一句經文、一個音節或一連串音節，據信源於神聖，在儀式或冥想時使用。由於聲音在古印度是神聖的，所以真言本身即是提婆，它的力量出自創造宇宙萬物的原初音聲（參見「Vac」）。重複吟誦真言時，崇拜者體內的聲音震動具有轉化之力，舉例來說，奉愛者（bhakta）能與他崇拜的提婆和傳授他真言的上師合一。我們或許可以這麼說，這種單調的修行麻痺左腦的分析活動，讓右腦覺察萬物本質為一。

Marranos（西班牙文）：「馬拉諾人」，豬玀。對被迫改信基督宗教的西班牙猶太人及其子孫的蔑稱。但有些改宗者（conversos）反而以這個稱呼為榮。

memoria（拉丁文）：「記憶」（memory）。不過在中世紀歐洲，memoria不只是回顧過去的心理活動，也指追求自我轉化的創意和革新。

Messhiah（希伯來文）：彌賽亞，為特殊使命而在儀式上獲「膏立」的人。參見「Christos」。「彌賽亞」一詞原指肩負神聖使命的人，例如君王在即位時受膏成為「神的兒子」。一世紀時，猶太人冀望蒙神膏立的彌賽亞帶來拯救，讓以色列不再遭受帝國壓迫，而基督徒相信耶穌就是這位彌賽亞。

metaphor：出自希臘文meta（「跨越」）和pherein（「帶」）。隱喻能帶說話者與聽者跨越潛在鴻溝，將看似各自獨立的事物連結起來。隱喻是右腦的語言，顯示萬物根本為一，所以它也是詩和宗教的語言。

midrash（希伯來文）：米大示，出自動詞darash（研究、探索）。米大示是聖殿被毀後，由拉比開創的《聖經》詮釋，凸顯出《聖經》經文的意義並不是不證自明的。米大示旨在求新，因為舊的儀式和意義已不再適用於破碎的猶太世界。

min（中文）：民、「小民」。指前現代農業社會中的農民階級，他們常常不被當人看待，猶如農奴。

mishnah（希伯來文）：米示拿，「透過複述來學習」，原指早期拉比在一世紀末和二世紀發展的口傳律法。這群拉比被稱為坦拿（tannaim），意為「讀誦者」。這些口傳資料後來經過猶大．哈–納西（Judah ha-

Nasi）編定，書寫成文，分成六卷（sedarim），成為《巴比倫塔木德》和《耶路撒冷塔木德》的基礎。

mitzvah（希伯來文）：誡命、儀式責任或善行。

Mohism：墨家。中國哲學學派，由墨子（約公元前四八〇－三九〇）創立。墨子具強烈平等情操，反對孔子的貴族哲學。參見「jian ai」。在戰國時代，墨者致力化解戰爭，並協助保衛弱小的國家。

moksha（梵文）：明心見性，從無盡輪迴的生死流轉中「解脫」。

muslim（阿拉伯文）：穆斯林，依《古蘭經》之命全心全意順服（islam）神的人。

mustai（希臘文）：入門者，參與希臘祕儀（musterion）之人。祕儀猶如一場激烈的心理劇，常常能帶來強烈、切身而持久的神聖感。

musterion（希臘文）：奧祕（mystery）、祕儀、奧蹟。源於動詞muein（閉上眼或嘴），指某種晦澀難明的經驗，非日常所能遇，更超越理性與定義的世界。musterion一詞也與動詞myein（「入門」）及其名詞myesis有關。公元前六世紀在希臘世界（尤其是艾留西斯）發展的祕儀崇拜（Mystery Cults），能為參與者帶來莫之能禦的神聖感。基督徒後來也用這個字稱入門洗禮和聖餐禮為奧蹟。俄利根將釋經視為奧蹟，亦即具有轉化性的入門過程。

mysticism（英文，但也源自muein和myein——參見「musterion」）：密契主義。以身、心、靈的修行與規訓，追求語言、視野和一般思考範疇所不能及的超越性。為了認識既超越時空，卻又在自身之內的實在，所有宗教傳統都曾發展出密契主義，有神論與無神論皆然。

mythos（希臘文）：「神話」。故事的一種，旨在傳達事件或敘事的意義及其永恆而超越時間的面向，而非記錄事實或史實。神話在某種意義上是過去曾經發生，今後也將一再發生的事件。神話也能視為早期形式的心理學，描述複雜難解的心理世界。「神話」一詞也與muein和myein有關（參見「musterion」），是指不易以言語說明的經驗與信念，它很難以理性解釋清楚，也不同於涉及實務和一般事實的論述與思考習慣。

nirvana（梵文）：涅槃、「滅度」；「消散」。佛教相信去除自我能帶來覺悟，讓人從痛苦中解脫。涅槃就像深藏自我之內的寧靜而神聖的港灣，它是無法界定的實在，也不與任何概念對應，還陷在自私和自我泥沼中的人不可能了解。

occultation（阿拉伯文為ghaybah）：「隱遁」。隨著阿拔斯王朝在九世紀由盛轉衰，哈里發感到地位不穩，不再容許隱隱挑戰其合法性的什葉派伊瑪目維持崇隆地位。雖然第十一位伊瑪目死於獄中（可能是遭到毒死），但第十二位伊瑪目據說躲起來，保住性命。可是到了公元九三四年，第十二位伊瑪目似乎已經不可能還活在人世，什葉派得到一個訊息：神已經行奇蹟藏起第十二位伊瑪目，讓他繼續擔任什葉派絕對無誤的領袖，他會在最後審判前不久回到世上，展開公義的統治。第十二位伊瑪目的隱遁神話表現出神聖感的難以捉摸：它不在眼前，但令人渴望無比；它既在世間，卻又不屬世間。

Oral Torah：三世紀，拉比們認定從聖殿被毀之後發展的口傳妥拉（參見「midrash」和「mishnah」），是從西奈山開始的啟示過程的延續：「傳給以色列的妥拉有兩部：一部以口傳；另一部以文字。」（《論申命記》〔sifre on deuteronomy〕，公元三五一年）啟示是持續的過程，不只發生在遙遠的過去，每當猶太人與老師一同研究過去的聖典，便是啟示降臨之時。

ousia（希臘文）：「本質」、「讓某物之為某物的根本」；人或物的核心。希臘教父認為，雖然我們用這個詞彙指涉所稱的「神」的神聖本質、本性或實質，但是必須切記，人永遠無法理解或經驗到它，只能透過神的外在特質（hypostases）窺見部分神聖。

Pali Canon：巴利聖典，最早的一批佛教經書，以巴利文寫成（巴利文是北印度方言，可能是佛陀使用的語言）。這些經書從佛陀死後不久就開始流傳，但整套正典一直發展到公元前一世紀（參見「Abidharma」和「Buddhavacana」）。巴利聖典常被稱為三藏（Tripitaka），因為原始抄本被分成律（Vinaya，「寺院規則」）、經（Sutta，「佛陀的論述」）和附隨（Parivara）三類，附隨後來又發展成阿毘達磨（Abidharma，「進一步的討論」）。

pardes（波斯文）：「花園」、「果園」，可能源於希臘文paradeisos。十三世紀，發展出卡巴拉的西班牙猶太密契者把這個字當成四大釋經法的首子母縮寫。四大釋經法分別為peshat（字面意義）、remez（寓意意義）、darash（道德意義）和sod（祕傳或密契意義）。

Pentateuch（源於希臘文）：《希伯來聖經》的頭五卷書——〈創世記〉、〈出埃及記〉、〈利未記〉、〈民數記〉、〈申命記〉。

Pesher（希伯來文）：別沙釋經法，字面意義為「破解」。昆蘭公社和早期基督徒的釋經方式之一，他們把整部《希伯來聖經》當作密碼，認為古代《聖經》故事和先知預言已預示自身社群在末日的情況。

Pharisee：法利賽人，我們仍不清楚這個猶太派系的起源。法利賽人原本似乎是精通「祖宗傳統」的文士（據約瑟夫所述）。在福音書中，他們被描繪為猶太祭司貴族傳統的守護者，在羅馬人監管下治理猶大省。

philosophia（希臘文）：哲學，「愛智慧」。在古希臘，哲學不只是抽象的腦力思辨，也是開啟新的生命視野的啟蒙，必須實際表現在日常生活之中。

Pillars of Islam（阿拉伯文為Arkan al-Din）：伊斯蘭教的五項宗教義務：唸（唸清真言〔Shahada〕為信仰作證）、禮（Salat，正式禮拜）、齋（Sawm，於齋戒月守齋）、課（Zakat，捐獻濟貧）、朝（Hajj，至麥加朝覲），五功皆以《古蘭經》為本。

Pirke Avot（希伯來文）：《父祖之言》。這部作品廣受喜愛，約成書於公元二二〇年，不僅將拉比運動上溯到希列（Hillel）與煞買（Shammai），也保存許多敘述研究妥拉之靈性益處的格言。

polis，複數為poleis（希臘文）：民主制希臘城邦。

postiliae（拉丁文）：十三世紀方濟會士對《聖經》的逐句注疏，後來發展成通行版注釋（Glossa Ordinaria），將中世紀基督教釋經學帶向更哲學的層次。

Prajapati（梵文）：生主，直譯為「一切」。生主是《梨俱吠陀》晚期讚歌裡的提婆，是梵的人格化，後來在梵書中以創世神之姿出現，與原人（Purusha）合而為一。

principle of accommodation：「調適原則」，奧古斯丁提出的釋經原則，加爾文加以確立，直到近代早期仍為西方教會遵循。奧古斯丁認為《聖經》的宇宙觀早已被取代。神曾依古代以色列人的世界觀調整祂的啟示，好讓他們了解祂的旨意。換言之，神的目的是教以色列人道德和神學，而非科學，所以基督徒應尊重當代科學進展，否則是陷《聖經》於不義。

prophet（源於希臘文：pro=「為……」；fetes=「說話者」）：雖然prophet一詞現在多指「預言未來的人」，但原意是「為他者（例如神明）發言的人」。在古代近東，先知是神職人員，任務是讓不為人知的為人所知。希伯來先知可能大多是宗教人物，其中有些是在聖殿裡看見神的異象。穆罕默德說他得到的啟示與以前的先知所領受的啟示基本上是一樣的，只是神的訊息長久下來已漸漸被歪曲，所以他是恢復神的原始訊息的「先知的封印」。

psyche（希臘文）：在希臘心理學中，psyche代表的是意（mind）與心（heart）天生的力量，與靈魂（pneuma）有別。

Purana（梵文）：往世書，直譯為「古代之事」。雖然有的往世書自稱先於吠陀，但咸信它們是透過記憶（smrti）傳承的傳統。往世書可能是在公元五〇〇年到一五〇〇年間編纂的，但其中也包括更早的資料，可能源於將吠陀真理傳給女性和首陀羅的文本（雖然首陀羅不得學習吠陀，但他們後來與毗溼奴／黑天和溼婆的奉愛崇拜有關）。一般認為每部往世書都是對相（lakshanas，主題）的闡釋，它們被視為啟示，以對話體行文，強調奉愛的重要性。雖然攻擊往世書神學的印度教改革者不乏其人，但它仍是印度靈性的主流形式。

Purusha（梵文）：「（原）人」。原人出現於著名的〈原人讚歌〉（Purusha Hymn，《梨俱吠陀》10.90）：最初的人自願讓眾神以他獻祭，整個宇宙都出自他被支解的身體。他的犧牲成為吠陀一切祭祀的模範，吠陀的讚歌、格律和亞利安社會的社經階級都由他而生。在梵書中，原人與生主的角色合而為一。

「Q」（源於德文Quelle，「來源」）：學者以此表示一份並沒有留存下來的假設性文獻，似乎是耶穌的語錄，可能編纂於公元五〇年代，被認為由馬太和路加所著的福音書都以它為來源。

qaddosh（希伯來文）：通常譯為「神聖」，但字面意義更接近「分開」或「有別」。這個詞表現出神聖的絕對超越性。

qibla（阿拉伯文）：禮拜的「方向」。穆罕默德在聖遷之後得到天啟，要求穆斯林面向麥加的克爾白下拜，不再像以前一樣朝耶路撒冷禮拜。這個動作象徵他們想回到亞伯拉罕的純淨的宗教（hanifiyyah），因為克爾白是亞伯拉罕重建的，一神信仰那時仍保持完整，還要很久以後才會分裂成猶太教和基督宗教。所以，穆斯林履行禮拜（salat）時要朝向麥加，清真寺也有米哈拉布（mihrab，凹壁）標記麥加的方向。

quran（阿拉伯文）：原意是「誦讀」。這個字可能源於敘利亞文qeryana，「讀經」，可是在《古蘭經》中，quran主要指「讀」這個動作，它是伊斯蘭聖典經驗的核心，後來也發展為藝術。穆斯林相信《古蘭經》出自「經書之母」（Umm al-Kitab），亦即天國中永恆先存的經書。《古蘭經》最終定版共一百一十四章，大致上依篇幅由多至少排列。整體而言，越早啟示的章篇幅越短，所以排序在後。

Quraysh：古萊什族，穆罕默德所屬的部落，他們讓麥加成為貿易和朝聖的中心。穆罕默德聖遷之後，古萊什族決定留在麥加，甚至試圖消滅烏瑪，但和解後大多接受伊斯蘭教。

rang（中文）：「讓」，禮培養出來的態度。君子不為地位而爭，反而應該以虛己（kenosis）的精神禮讓他人。

religio（拉丁文）：連結、虔敬。在前現代世界，「religion」指的不是一套必須遵奉，而且獨立於一切「世俗」活動的信念和實踐。我們現在譯為「religion」的外語詞彙（例如阿拉伯文的din），指的都是更模糊也更寬廣的東西——一整套生活方式。近現代西方意義的「religion」概念是到十七、十八世紀才出現的。拉丁文religio的義務範圍並不精確，可能是法律責任、可能是職業責任，也可能是對眾神的責任。對基督教神學家來說，religio指的是對神和宇宙的敬畏之心；對奧古斯丁而言，religio指的是將我們與神和彼此連結在一起的羈絆；在中世紀歐洲，religio指修院生活，以此區別修士與進入「俗世」（saeculum）生活和工作的「入世」神父（譯按：secular priest的天主教正式譯名為「教區司鐸」）。

ren（中文）：仁，最初指「人」。孔子賦予這個字新的意義，但拒絕加以定義，因為仁超越他的時代的一切知識範疇。無論如何，仁一定有「人性」的意涵，有熱心、同情、愛和利他的意義，在此同時，也是禮節和關心的產物。仁讓人平和、恬靜而莊重。孟子將這個字窄化為「善」，並列為四樞德之一。

retainers：士、侍從。泛指前現代農業國家為貴族服務的軍官、家臣、文士、訟師、祭司等，他們支持統治階級，並將統治階級的意識形態傳遞給人民。

rishi（梵文）：仙人，原意為「先見」（seer）。仙人是吠陀讚歌的作者，他們在自身存在極深之處「聽見」或「看見」這些讚歌。最早的仙人是亞利安社群七大古老家族的祖先，據稱有超自然力量。

ritual（源於拉丁文ritus，有「結構」、「典禮」之意）：儀式與神話密不可分，在前現代世界，儀式也與聖典的展演密不可分。儀式的定義很多，有人說它是一種表演形式、有人說它是展現和肯定集體意識的方法，也有人說它能讓人抒解緊張。強納森．史密斯（Jonathan Smith）教授的定義對我們尤其有幫助，他說：「儀式有意識地展現應然與實然的衝突，讓人在失控的日常事物中得到儀式性的完美。」

rta（梵文）：梨多，「不變的秩序」、「規則」。古代亞利安人觀察到的宇宙根本秩序與平衡，必須以祭祀儀式加以支持。提婆（如伐樓那和密多羅）是梨多的「守護者」，而非其掌控者或創造者。梨多比眾神更為根本，是印度教中其他非人格力量（如業、法和梵）的先聲。

ru（中文）：儒，禮官，讀書人。在西方，主要是指追隨儒家的人。

sabr（阿拉伯文）：「忍耐」、「堅忍」、「堅定」。

sacrament（源於拉丁文sacramentum，「誓言」）：拉丁文《新約聖經》用這個字翻譯希臘文musterion。奧古斯丁的定義說明西方教會理解它的方式：「不可見的恩典的可見形式」。到了十二世紀，這個詞彙被用來指涉洗禮或聖餐禮等聖禮，其意義以具體的非言語象徵（如水、油、麵餅和葡萄酒）表達。在這層意義上，這個詞彙也適用於非基督宗教傳統中的類似儀式。

sama（阿拉伯文）：聆聽、傾聽。蘇非修行方式之一，演奏或聆聽能提升情感狀態的音樂，進而陷入神迷（trance），產生神聖臨在之感。

samsara（梵文）：輪迴，字面意義為「繼續走下去」。輪迴是無情的生死流轉，驅使眾生依其累積之業從一世進入下一世。這個詞彙也指人類沒有終點的無常困境。

sangha（梵文）：原指亞利安各族的部落大會，後來擴大指涉棄世者的教團（例如佛教僧團）。

sefer（希伯來文）：「卷軸」，尤指公元六二二年約西亞在位時，於耶路撒冷聖殿發現的經卷軸。

sefirah（希伯來文）：瑟斐拉，字義為「數」。卡巴拉術語，指恩所夫而出的十道發散。展現於存有鍊時，每道瑟斐拉各顯出神的創造性本質的不同面向，並一起構成動態的合一。這種動態的合一有時被畫成一棵樹，藉以揭示神的行動。卡巴拉生命樹是人描繪神聖的方式之一，試圖解釋極其無可言喻又超越的神如何與脆弱的具體世界互動。

senses of scripture：基督宗教的釋經方式，由俄利根開創，協助釋經者的靈性攀向神聖。釋經者首先研究經文的字面意義，再將它的道德意義運用到自己的生活和處境，接著再進入所謂預表意義。最後，最卓越的釋經者能進入深度默想，透過寓意的方式得到靈性意義。俄利根相信，不以寓意解經，就看不出《聖經》的意義。俄利根的釋經方法傳到西方之後，被加上第四層意義：揭示經文之末世內涵的奧祕

（anagogical）意義。到宗教改革為止，這一直是西歐閱讀《聖經》的主流方法。

Shahada（阿拉伯文）：清真言，字面意義為「作證」。清真言是伊斯蘭五大支柱中的第一支柱，穆斯林以此為信仰作證：「萬物非主，唯有真主，穆罕默德是真主的使者。」清真言不僅宣告安拉獨一無二，也肯定穆罕默德的先知地位。

Shang：商。中國第一個有史可徵的朝代（約公元前一六〇〇年到一〇四五年）。

Shekhinah（希伯來文）：榭基納，字義為「住所」，源於希伯來文shakan，搭帳篷。榭基納是停駐於耶路撒冷聖殿至聖所內的神聖「臨在」，與先知瞥見的神的榮耀（kavod）相同。聖殿被毀後，拉比們教猶太人以一同鑽研米大示來感受榭基納。對猶太基督徒來說，榭基納就是耶穌這個人，他們在一起讀《希伯來聖經》和舉行聖餐禮時經驗到榭基納。卡巴拉派認為榭基納是第十道，也就是最後一道瑟斐拉，代表神原（Godhead）中的女性原理。

Shen（中文）：神，人人皆有的神聖潛能。

shi（中文）：士，參見「retainers」。

Shiah（阿拉伯文）：什葉派，字義為「黨」或「團體」。「什葉・依・阿里」（Shiah i-Ali，意為「阿里的支持者」）堅信阿里才是穆罕默德的合法繼承者（khalifa），所以不接受頭三名拉希登（「正確引導的」）哈里發的地位（三人依序為阿布・巴克爾〔Abu Bakr〕、歐瑪爾〔Umar〕和奧斯曼〔Uthman〕），但大多數穆斯林都接受他們的正統性。什葉派也認為阿里的兩個兒子（哈桑和侯賽因）都有繼承權，但不幸遭篡。參見「imam」、「ilm」、「Ismailis」、「occultation」和「Twelver Shiism」。

Shiva（梵文）：溼婆，字義為「吉祥」。雖然《吠陀經》只稍稍帶到溼婆三次，但溼婆崇拜在前吠陀時期便已存在。溼婆的影響力是漸漸擴大的，是偉大的瑜伽士和苦行者，與生殖與毀滅有關，同時也是備受奉愛的提婆之一。

shruti（梵文）：「聽聞之事」，在過去的神話時代，由仙人「聽見」或「見到」的神聖而永恆的真理；在歷史時代中，則由婆羅門傳承。既然這些內容為「聽聞」所得，代表印度教聖典來自天啟。shruti是吠陀的同義字，於奧義書告終。

shu（中文）：「恕」，黃金律中將心比心的態度，是儒家重視的品德之一，也是仁的重要部分。

Shudra（梵文）：首陀羅，意為「僕役」，吠陀社會四階級中最低的一種。

Shun：舜。夏朝的第二位聖王。舜出身貧寒，常遭父母惡待，後來繼堯為帝。堯因為兒子殘酷暴躁，所以傳位給舜。

smrti（梵文）：「回憶」、「記住之事」：smrti指後吠陀時代的印度教聖典，被認為次於shruti，因為它是被「記住」的，透過口傳發展。雖然smrti是神聖的，也源於神聖，但它只是間接的天啟。smrti包括偈頌、法典、《摩訶婆羅多》、《羅摩衍那》（*Ramayana*）和往世書。

sola ratio（拉丁文）：「唯獨理性」；啟蒙時代相信推理或理性是通往真理的唯一之路。

sola scriptura（拉丁文）：「唯獨聖經」；新教徒相信基督信仰的真理和實踐可以，也必須只依《聖經》而定，不可隨神聖傳統而增添（可以理解為印度smrti的西方版）。

Spring and Autumn Annals（中文）：《春秋》，原為古代魯國的編年史，由禮官記下戰爭、饑荒、天災等大事，每天在祠堂向列祖列宗報告。這些紀錄是我們了解「春秋」時代（公元前七二二年到四八一年）的主要資源，每段開頭會注明季節。因為有公元前四世紀傳下的三部注釋（《公羊傳》、《穀梁傳》和《左傳》），《春秋》成為中國經典之一。

Sufi、Sufism：蘇非。源於阿拉伯文tasawwuf，指粗羊毛衣。因為穆罕默德穿粗羊毛衣，所以早期蘇非也這樣穿，藉此與帝國宮廷的奢華劃清界線；蘇非主義後來用以指涉伊斯蘭密契傳統。

sukkoth（希伯來文）：住棚節，原意為「棚子」。住棚節改自較早的聖殿儀式，從以斯拉開始每年在秋天收成後舉辦。新儀式要求以色列人以「棕樹的枝子、茂密樹的枝條與溪邊的柳枝」搭棚，在裡面住七天，以紀念祖先出埃及後的流浪歲月（見〈利未記〉第二十三章第三十九至四十三節）。

sunnah（阿拉伯文）：穆罕默德及其門徒（sahaba）待人處事的「習慣」，記載於《古蘭經》和聖訓。透過仿效他們的外在舉止，穆斯林希望能得到他們的內在性情。因此，「遜尼」是律法（fiqh）的重要來源之一。依從《古蘭經》和遜尼的穆斯林被稱為遜尼派。雖然什葉派也遵循大多數的遜尼，但他們很強調什葉派伊瑪目的角色和言行。

sutra（梵文）：「偈」或「經」，字義為「線」。在印度教裡，sutra是文字精鍊的散文體，使用於祭祀和家庭儀式。在上師住處和宗教聚會所吟誦的真言也是sutra。在佛教中，sutra（巴利文sutta）是指記載佛陀教誨的經書（參見「Pali Canon」）。大乘佛教還保存著其他經書（如《妙法蓮華經》），它們原以梵文寫成，但有些只有中譯本或藏譯本傳世。

Tanakh（希伯來文）：《希伯來聖經》。「Tanakh」是妥拉（Torah）、先知書（Neviim）和著作集（Ketuvim）的首字母縮寫。

tanna，複數為tannaim（希伯來文）：坦拿，字義為「讀誦者」。在亞夫內編定《米示拿》的早期拉比，以口傳方式傳承和發展他們的教導。

tapas（梵文）：「熱」。印度宗教認為：苦行——嚴格的身心修行——能放出具有創造力的熱，讓苦行者獲得靈性力量，達成解脫。生主透過苦行放熱而創造世界；在祭祀時，聖火（代表火神阿耆尼）的熱也讓坐近它的功德主汗流浹背。

Tariqa（阿拉伯文）：「道」、「路」。蘇非術語，用以區分不同蘇非教團教導追隨者的成聖之道，以及他們協助修行者達成消融（fana）和重生（baqa）的方法、戒律及儀式。

Tathagata（巴利文）：「如來」，據說是佛陀自己選擇的稱號。達到涅槃之後，他的自我消失無蹤。

Tawil（阿拉伯文）：以寓意解經對《古蘭經》的評注。

Theologia（拉丁文）：「論神之言」。以更偏哲學而非傳統讀經的方式認識神，在西方開此先河的是法國哲學家伯鐸．亞伯拉德（Peter Abelard，一〇七九－一一四二）。

theoria（希臘文）：原為「沉思」之意，可是在近現代西方，「theory」變成是指心靈建構之物或假設。

theosis（希臘文）：「神化」；對東方基督徒來說，分受神聖是人類存在的目標。人蒙神呼召要分受基督神化的人性，變得像他一樣。如認信者馬克西姆（Maximus the Confessor，約公元五八〇－六六二）所說：「憑藉本性，在靈魂和肉體上成為完整的人；憑藉恩典，在靈魂與肉體上成為完整的神。」

Theravada（巴利文）：佛教僧團（Sangha）「長老」的教導。上座部佛教是佛教的早期形式，以《巴利聖典》為本，與發展出自己的聖典的大乘佛教成對比。

Tian（中文）：「天」。一開始是周朝的至高神，雖然有類似於人的特質，但天這個稱呼顯示它更像無所不包的實在，而非人格神。天亦可譯為「自然」，它是權力與秩序的至高來源，從很早開始就與人的道德息息相關。因此，依天道而行是人生的目標。天是陽的具顯，地是陰的具顯。人與天、地是都是神聖的，三者實為一體。

Tianli（中文）：「天理」。新理學術語，指天的法度。天理現於人心。

tikkun（希伯來文）：回歸。在以撒．盧瑞亞（Isaac Luria）的卡巴拉脈絡中，這個詞彙是指榭基納「回歸」神原。信徒可以藉由遵循儀式和實踐倫理來修復殘破的宇宙，協助榭基納完成「回歸」。

torah（希伯來文）：妥拉，原指「教導」。在《希伯來聖經》中，「妥拉」成為（摩西）五經的同義詞；拉比猶太教為成文妥拉（《希伯來聖經》）和口傳妥拉做出區隔。猶太思想家後來賦予妥拉宇宙面向，將妥拉等同於〈箴言〉中的智慧，亦即創世時伴神左右的「巧匠」。

trigram（中文）：單卦。單卦是三條或實（陽）或虛（陰）的平行線組成的符號，是一種古代卜筮形式，起源不詳（參見「hexagram」）。八卦後來被認為出自聖王伏羲，傳說他在天上見到這些圖像，並將它們與他在地上觀察到的模式連結起來。在公元前三世紀到二世紀，《易經》被十本極具洞見的注疏轉化為智慧之書，勾勒出天、地、人三才之間的神聖關係。每個單卦都反映出這三股力量的動態互動。

Twelver Shiism：什葉派中最大的支派，接受自阿里以降十二名伊瑪目的合法性。

ummah（阿拉伯文）：烏瑪，穆斯林的「社群」。阿拉伯的部落原本各自為政，相互征伐，《古蘭經》命穆罕默德將它們凝聚為團結的烏瑪，反映真主獨一。

Upanishad（梵文）：奧義書，常被譯為「密傳」，因為它拆解開來是upa-ni-shad——「坐近一點」——反映出這種知識的傳遞必須建立在緊密的關係之上。它的另一種翻譯和詞源是「連結」，因為這些新的聖典是發展連結（bandhus）的儀式科學。由於這些神祕的典籍為吠陀文集畫下句點，所以也被稱為吠檀多（Vedanta）——「吠陀的終點」（end of the Veda）。

upaya（梵文）：「方便」，善用方法。依聽眾的環境、需求和靈性程度調整解說佛法的方法，在大乘佛教中尤其重要。方便的基本概念是，佛陀總是應機說法，給予點化的方式會因人而異：對某個時代的某些人有益的教導，對另一群人可能無益（kusala）。

Vac（梵文）：「聖言」（女神），體現語言的印度提婆，在早期吠陀時代地位崇隆，因為當時十分重視仙人聽見的永恆神聖之聲。Vac是創世之源，與希伯來和基督宗教傳統中的Word（聖言）、Wisdom（智慧）和Logos（聖言）不無相似之處。由於Vac是神聖之聲，所以她也是吠陀（Veda）和所有神聖真言的「母親」。

Vaishya（梵文）：「吠舍」，吠陀社會的第三階級，負責為社群創造財富，最早以畜牧和農耕為業，後來是貿易與商業。

Veda（梵文）：吠陀，字義為「知識」。印度教聖典最核心的四部本集（samhitas）是：《梨俱吠陀》

（*Rig Veda*）、《娑摩吠陀》（*Sama Veda*）、《夜柔吠陀》（*Yajur Veda*）和《阿闥婆吠陀》（*Atharva Veda*），它們一起構成天啟（shruti）聖典的基礎。梵書以散文體解釋這些核心文本中的真言，奧義書則是吠陀文集的最後一部分。

vinaya（巴利文）：律，字義為「分隔之物」，規範佛教僧團的規則。

Vulgate（源於拉丁文）：（《聖經》）武加大譯本，原義為「方言」、「通俗語」。熱羅尼莫對《希伯來聖經》和希臘文《新約聖經》的拉丁文譯本。

wen（中文）：文，中華帝國政府的常規文明秩序，受儒家官員支持，理想上以仁、文化和理性說服為基礎。

Wisdom（希伯來文為hokhmah，「分別」、「辨別」之意）：智慧展現出生命倫理的特質，為古代近東創造出一種特別的文學形式，並成為猶太教中別具特色的文化傳統。智慧被視為神的禮贈，也被擬人化為雅威創造世界的同工（見〈箴言〉第八篇），等同於讓世界從無到有的聖言（Word／Logos）（〈創世記〉第一章）。早期基督徒相信耶穌是這個創造性的聖言降生為人（〈約翰福音〉第一章）。

wu（中文）：武，中華帝國政府的軍事秩序。

wu-wei（中文）：「無為」，道家的行為模式。無為不是什麼也不做，而是為行為設限，只採取必要的作為，避免極端。為行為設限，讓道能自然運行，不受人為干涉。正如《道德經》第四十八章所說：「為道日損……取天下常以無事。」

xue（中文）：學。學在儒家中是群體活動，與道德上的修身密不可分。

Yangists（中文）：楊朱學派，楊朱（生卒年不確定）的追隨者。楊朱在險惡的戰國時代離開社會以保全生命，因為在他看來，生命最為神聖。

Yao：堯，夏朝的第一位聖王，據說他光是修仁就讓天下太平。

Yerushalmi（希伯來文）：《耶路撒冷塔木德》。

yi（中文）：「義」，正直、公平、正確且符合一般道德規範的倫理行為。義根植於早期儒家思想，包括敦促自己言行正直的心意和實際做出的善行。

yielding：參見「rang」。

Yijing（中文）：《易經》。《易經》源於古代以擲擺蓍草莖預測吉凶的占卜術。雖然六十四卦各有卦辭，但我們無法從中得到明確的哲學結論。在公元前三世紀到二世紀，注解卦辭的作品發展出正面而理性化的宇宙觀（這些作品被稱為「翼」，相傳為孔子所作）：宇宙井井有條，雖然不斷發生改變，但是這些變化只會產生善的結果（參見「yin and yang」）。

yin and yang（中文）：陰陽，無窮的道的兩個極端。變動不居的宇宙的各種形式都出自陰和陽的變化與互動。在中國宇宙論中，五行出自陰陽的混合，歷史和時間的過程也與陰陽變化有關。因此，陰／陽的對立是古代中國卜筮的重心（參見「hexagrams」和「trigrams」）。從某種意義上說，中國的占卜是企圖為變化的過程留下原始科學式（proto-scientific）的紀錄。雖然陰陽是一切對立之源，但兩者是相互依存的，也都包含對方的種子。陰代表實在的雌性面向，例如讓、反思、月、水、雲和偶數。陰的季節是冬季，它的活動是內在的，在黑暗、封閉的地方運作；陽則是雄性之源，它堅硬，與太陽和奇數有關，活躍於夏季與白天；它是外向、剛直的力量，不斷外放。

yoga（梵文）：瑜伽，字義為「軛」。指精勤修心，給心的力量上「軛」，以消除讓我們無法達成解脫和涅槃的自我中心。

Yu：禹，神話夏朝的英雄，功在治水，讓中原免於洪災。

yu-wei（中文）：有為，有紀律和目標的行動。

Zhou：周，中國王朝之一。擊敗商朝之後，周自公元前一〇四四年開始統治中國，直到秦始皇於公元前二二一年統一中國，結束戰國時代。

Zimzum（希伯來文）：內撤。據盧瑞亞開創的卡巴拉學說，恩所夫的虛己（參見「kenosis」）「內撤」讓世界有存在的空間。

Zuozhuan（中文）：《左傳》。《左傳》是公元前四世紀對《春秋》的注疏，原本可能是春秋時代的歷史紀錄，在釋經成為顯學之後被人修改，以符合《春秋》所記錄的事件。

注釋、參考書目

※編按：本書注釋及參考書目請掃描四維條碼，即可下載參考。

歷史大講堂

失落的聖典：追尋世界宗教的真義

2024年3月初版　　定價：新臺幣680元

著者　Karen Armstrong
譯者　朱怡康
叢書主編　王盈婷
校對　蘇淑君
　　　馬文穎
內文排版　林婕瀅
封面設計　張巖

出版者　聯經出版事業股份有限公司
地址　新北市汐止區大同路一段369號1樓
叢書主編電話　(02)86925588轉5316
台北聯經書房　台北市新生南路三段94號
電話　(02)23620308
郵政劃撥帳戶第0100559-3號
郵撥電話　(02)23620308
印刷者　文聯彩色製版印刷有限公司
總經銷　聯合發行股份有限公司
發行所　新北市新店區寶橋路235巷6弄6號2樓
電話　(02)29178022

副總編輯　陳逸華
總編輯　涂豐恩
總經理　陳芝宇
社長　羅國俊
發行人　林載爵

行政院新聞局出版事業登記證局版臺業字第0130號

本書如有缺頁，破損，倒裝請寄回台北聯經書房更換。　ISBN 978-957-08-7294-1 (平裝)
聯經網址：www.linkingbooks.com.tw
電子信箱：linking@udngroup.com

The Lost Art of Scripture

國家圖書館出版品預行編目資料

失落的聖典：追尋世界宗教的真義/ Karen Armstrong著．
朱怡康譯．初版．新北市．聯經．2024年3月．544面．17×23公分
（歷史大講堂）
譯自：The lost art of scripture: rescuing the sacred texts.
ISBN　978-957-08-7294-1（平裝）

1.CST：宗教學　2.CST：詮譯學　3.CST：宗教文化

210.16　　113001784